U1019007

科技税务

推动制度变革与领域应用

樊勇　陈飞◎主编

中国财经出版传媒集团
中国财政经济出版社
·北京·

图书在版编目（CIP）数据

科技税务：推动制度变革与领域应用／樊勇，陈飞主编．--北京：中国财政经济出版社，2024.3
ISBN 978-7-5223-2908-6

Ⅰ.①科… Ⅱ.①樊… ②陈… Ⅲ.①税收管理－研究－中国 Ⅳ.①F812.423

中国国家版本馆 CIP 数据核字（2024）第 052595 号

责任编辑：闫　娟　李肇晗　　　　责任印制：史大鹏
封面设计：陈宇琰　　　　　　　　责任校对：胡永立

科技税务：推动制度变革与领域应用
KEJI SHUIWU：TUIDONG ZHIDU BIANGE YU LINGYU YINGYONG

中国财政经济出版社 出版

URL：http：//www.cfeph.cn
E-mail：cfeph@cfeph.cn
（版权所有　翻印必究）
社址：北京市海淀区阜成路甲 28 号　邮政编码：100142
营销中心电话：010-88191522
天猫网店：中国财政经济出版社旗舰店
网址：https：//zgczjjcbs.tmall.com
中煤（北京）印务有限公司印刷　各地新华书店经销
成品尺寸：170mm×240mm　16 开　21.25 印张　350 000 字
2024 年 3 月第 1 版　2024 年 3 月北京第 1 次印刷
定价：88.00 元
ISBN 978-7-5223-2908-6
（图书出现印装问题，本社负责调换，电话：010-88190548）
本社图书质量投诉电话：010-88190744
打击盗版举报热线：010-88191661　QQ：2242791300

科技税务

推动制度变革与领域应用

樊勇 陈飞 ◎ 主编

中国财经出版传媒集团
中国财政经济出版社
·北 京·

图书在版编目（CIP）数据

科技税务：推动制度变革与领域应用／樊勇，陈飞主编．—北京：中国财政经济出版社，2024.3

ISBN 978－7－5223－2908－6

Ⅰ.①科… Ⅱ.①樊… ②陈… Ⅲ.①税收管理－研究－中国 Ⅳ.①F812.423

中国国家版本馆CIP数据核字（2024）第052595号

责任编辑：闫　娟　李肇晗　　　　责任印制：史大鹏

封面设计：陈宇琰　　　　责任校对：胡永立

科技税务：推动制度变革与领域应用

KEJI SHUIWU：TUIDONG ZHIDU BIANGE YU LINGYU YINGYONG

中国财政经济出版社 出版

URL：http：//www.cfeph.cn

E－mail：cfeph@cfeph.cn

（版权所有　翻印必究）

社址：北京市海淀区阜成路甲28号　邮政编码：100142

营销中心电话：010－88191522

天猫网店：中国财政经济出版社旗舰店

网址：https：//zgczjjcbs.tmall.com

中煤（北京）印务有限公司印刷　各地新华书店经销

成品尺寸：170mm×240mm　16开　21.25印张　350 000字

2024年3月第1版　2024年3月北京第1次印刷

定价：88.00元

ISBN 978－7－5223－2908－6

（图书出现印装问题，本社负责调换，电话：010－88190548）

本社图书质量投诉电话：010－88190744

打击盗版举报热线：010－88191661　QQ：2242791300

本书写作组成员

主　　编： 樊　勇　陈　飞

编写组成员： 樊　勇　寇恩惠　陈　宇　徐　涛　郭志东
索佳芙　陈　曦　赵金梅　蓝子君　陈　飞
李芷慧　彭　娜　但美莹　范美雯　李　媛
段程钟　吴　静　聂　迪　李中华

编 写 单 位： 中央财经大学智慧税务研究中心
用友网络股份有限公司税务云事业部

序

科学技术，是指人类利用自然规律，通过研究、实践、创新与发明，形成的知识体系与应用技能。人类历史发展过程中，科学技术发展通过提高生产效率、创新产品与服务、促进经济结构调整、提升国际竞争力、改善人类生活质量以及推动社会进步等途径，对人类经济社会发展产生了深远的影响。进入21世纪，科学技术已经成为人类现代化进程中的动力源和基本内核。除了在自然科学领域，大量科学技术在经济社会管理领域也得到广泛应用，并产生深刻影响。

在国家治理领域，科学技术的发展和应用在提高政府治理能力、提升公共服务水平、加强社会管理、促进民主政治建设、强化法治建设以及提高国家安全保障能力等方面发挥了显著作用，为实现政府治理体系和治理能力现代化不断提供新方法和新思路。在税收管理领域，科学技术的发展和应用在促进税收遵从、降低税收管理成本、提升纳税人满意度和管控税务风险等方面发挥了显著作用，并不断推动税收征管制度变革和税务管理方式创新，为实现税收治理体系和治理能力现代化提供新方法和新思路。科技税务是科学技术在税收管理体系中的各类应用的简称，是税收管理现代化的最重要特征之一。具体来说，科技税务是指基于税收管理的理论、制度与方法，将科学技术，尤其是现代信息科学技术，应用于票证管理、申报缴税、税收风险、纳税服务、税收监管等税收管理领域。

我国自20世纪80年代开始，科学技术，尤其是信息科学技术逐渐被运用到税收管理领域，科技税务经历了从无到有，再到系统集成应用的过程，在一些领域的应用带来的影响近乎是革命性的。特别是，随着信息科学技术的快速发展和数字社会的到来，我国与世界各主要国家的政府及企业税务部门正在积极尝试将大数据、云计算、区块链等最前沿的信息科学技术应用在税务管理领域，以推进税务数字化转型和智慧税务建设水平。从政府端的税务管理来看，科技税务已经从会计统计、报表管理、申报纳税，扩展到电子票据、纳税服务、税务风险管理、分析决策等领域，不断推进税务征管制度变革与税务征管现代化进程。从企业端的税务管理来看，科技税务应用已经覆盖到涉税数据管理、发票管理、计税管理、电子报税管理、税务风险管理、税务统计分析、税务优惠管理、税务知识管理和税务绩效管理等领域，大大提升了企业财税管理的效率、防范税务风险的水平以及纳税方案的优化能力。

科学技术在助力税收管理的同时，也在推动税收征管模式与制度的创新，如电子发票的产生和推广，以及智慧税务的出现。在此背景下，为总结科学技术在税收管理领域的运用经验，探索科技税务未来之可能，我们组织编写《科技税务：推动制度变革与领域应用》一书。本书从税务征收管理和企业税务管理两个角度梳理了科技税务在我国的发展历程及最新实践，介绍了国外科技税务的最新进展，在此基础上，对科技税务的未来进行展望。本书内容分为“科技税务与税收征收管理”和“科技税务与大企业税务管理”两大部分。“科技税务与税收征收管理”部分是从政府税务管理的角度，在介绍税务管理基本理论、基本制度和主要方法的基础上，梳理了我国税收管理从会计电算化到智慧税务的发展历程及成效，以及国外科技税务的最新发展。“科技税务与大企业税务管理”部分是从企业税务管理角度出发，在大企业税务管理的目标与内容基础上，介绍了在信息技术不断发展和应用的背景下，大企业税务管理从传统税务管理向数智化税务管理转型的技术体系、应用场景与典型案例。本书能帮助读者更全面了解科技税务的发展历程与未来可能趋势，为推进我国征管数字化转型与企业税务管理智能化转型提供参考借鉴。

本书由我负责总体构思和设计，并与用友网络股份有限公司税务云事业部总经理陈飞一同担任本书主编。中央财经大学智慧税务研究中心团队成员和用友网络股份有限公司税务云事业部团队成员参与各章撰写。第一章“科技税务概论”，由樊勇、寇恩惠、徐涛撰写；第二章“税收征收管理：理论、制度与方法”，由樊勇、郭志东撰写；第三章“科技税务在税收征管中的应用：从会电化到智慧税务”，由樊勇、索佳芙、陈曦撰写；第四章“科技税务在发票管理中的应用：从纸质发票到数电发票”，由樊勇、赵金梅、蓝子君撰写；第五章“科技税务在税收管理中的国际实践进展”，由陈宇、李芷慧和彭娜撰写；第六章“科技税务在税收管理中的应用场景”，由寇恩惠、但美莹和范美雯撰写；第七章“大企业税务管理概述”，由李媛、段程钟撰写；第八章“科技税务在大企业税务管理中的应用：从会电化到数智化”和第九章“科技税务在大企业税务管理中的应用场景”，由吴静撰写；第十章“大企业税务数智化转型案例：以建筑行业为例”、第十一章“大企业税务数智化转型案例：以房地产行业为例”和第十二章“大企业税务数智化转型案例：以酒行业为例”，由聂迪撰写。樊勇、寇恩惠、徐涛对全书内容进行了校对、修改。

本书是中央财经大学智慧税务研究中心的研究成果之一。由中央财经大学联合用友网络科技股份有限公司、北京元年科技股份有限公司发起设立的中央财经大学智慧税务研究中心，旨在“智慧税务”征管背景下结合税务管理理论与最新实践，从政府税收和企业两个视角，进行系统性的理论与应用研究，构建完善的“智慧税务”研究理论体系和学科体系，将在产学研项目申报、课题研究、产品研发、成果推广等方面进行深度交流与合作，共同推进我国智慧税务领域研究与复合型高层次税务人才培养。

本书部分内容也是国家自然科学基金项目“税制改革、税务征管与企业纳税遵从：理论拓展与基于微观税务数据的实证研究”的阶段性成果。

本书撰写过程中，吸收和引用了国内外众多同行、专家、学者的研究成果和观点，在此一并感谢！同时，受认识和时间所限，本书如有疏漏、不正之处敬请读者批评指正。

中央财经大学智慧税务研究中心主任　樊　勇

2023 年 12 月

目　录

第一部分　科技税务与税收征收管理

第二部分　科技税务与大企业税务管理

第一章 科技税务概论

科学技术的发展为人类现代化进程提供了重要动力。特别是进入 20 世纪以来，大量科学技术，尤其是现代信息科学技术在经济社会管理领域得到广泛应用。例如，互联网、移动通信、大数据、人工智能、云计算等现代技术促进信息快速传播，降低通信成本，快速分析大量数据，为智能审计、政务服务、公共安全、政策制定等提供有力支持。科学技术的发展和应用在提高政府治理能力、完善公共服务体系、加强社会管理、促进民主政治建设、强化法治建设以及提高国家安全保障能力等方面发挥了显著积极作用，为实现政府治理体系和治理能力现代化不断提供新方法和新思路。

税收在国家治理中发挥基础性、支柱性和保障性作用。税收现代化是国家治理现代化的重要组成部分，实现税收现代化离不开税收管理的现代化。税收管理是涉税主体对税收活动全过程进行计划、组织、协调和监督等一系列工作的总称，包括政府税务机关（征税人）开展的税收管理活动和企业（纳税人）开展的税收管理活动。税务机关开展的税收管理活动包括纳税人识别号管理、纳税凭证管理、发票管理、纳税申报、税款征收、税务执法、税收计划、税收会计、税收统计、税收分析、纳税服务、税收共治及组织体系建设等。企业开展的税收管理活动包括涉税数据管理、发票管理、计税管理、电子报税管理、税务风险管理、税务统计分析、税务优惠管理、税务知识管理和税务绩效管理等。

科学技术，尤其是现代信息科学技术与税收管理的结合，以及得到的有效实施，可以称之为科技税务。科技税务在我国经历了从无到有，从简单到复杂，从局部零散化到系统集成化，从会计电算化、电子化、信息化到数字化、智慧（能）化的发展历程。可以说科技税务的发展和应用对推进税收管理现代化发挥了关键性作用，在一些领域的应用带来的变化近乎是革命性的。如电子发票的产生和应用、“互联网+税务”的提出和实施、业财税一体化的提出和实施、税务数字化转型、税务数智转型、智慧税务的提出和建设等等，都推动了税收管理制度和方式的变革，推动越来越多的科学技术在各类税收管理领域的应用。

一、科技税务与税收征管现代化

（一）科技税务应与税收征管理论体系有机结合

税收征管体系是由税收征管活动中各个环节、各个层面、各个领域的相互关系和内在联系构成的有机整体，科学严密的税收征管体系是税收征管现代化的必然要求。改革开放以来，为推进不断深化的税制改革，我国历经多次税收征管改革，每次改革都不同程度地推进和改进了征管体系的不同方面，税收征管理论体系逐步形成并不断发展。

1. 理论渊源

结合税收征管活动的特点，有以下三个将直接影响税收征管体系的构建，或者说是发挥指导作用的主要理论体系。

一是中国特色社会主义理论体系。我国税收征管工作要坚持中国共产党领导，要在中国特色社会主义理论指导下进行，这是由税收征管活动所具有的客观属性决定的。中国特色社会主义理论凝结了几代中国共产党人的智慧和心血，坚定不移地坚持这一理论体系是我国税收征管理论体系的最大特色。必须以中国特色社会主义理论体系所蕴含的世界观、方法论，运用于税收征管理论体系的构建过程中，不断探索和把握中国特色社会主义发展的税收征管规律，不断提高理论体系内容的预见性和科学性，不断增强推进理论体系建设的协调性和持续性。

二是行政管理理论。从政府部门来看，税收征管实质上是一项行政管理活动，因此，行政管理理论是税收征管理论体系的理论来源之一。行政管理理论起源于西方发达国家，从主要理论的演进模式来看，包含行政集权组织理论（官僚制）、新公共管理理论和整体性治理理论等，这些理论在一定程度上影响了世界各国政府的管理活动，也对我国政府行政管理改革推进起到了较大的借鉴作用。行政管理理论提出的如官僚制、新公共管理、服务型政府、政府治理、把公民当“客户”、绩效评价、流程再造、一站式服务等理念和术语，被广泛应用于包括税收管理在内的政府管理活动中，大大提高了政府部门的管理效率和公众满意度。行政管理理论中，一些经过实践切实证明可推广、可复制的理念、术语、分析范式、客观规律等，都可以成为税收征管理论体系的组成部分。

三是税收遵从理论。掌握纳税人税收遵从行为的特征是开展有效税收征管的前提。在理想状态下，公民能够在正确的时期准确缴纳税款，而税务机构的任务只是简单地帮助实现这种支付过程。与理想状态相比，在任何国家，所有纳税人行为都会存在不同程度的偏离，即存在税收不遵从现象，这种现象将导致税收流失或税收缺口。这就需要税务机构通过对纳税人行为施加某种影响，如通过优化服务、税务检查、处罚不遵从行为等措施促进纳税人税收遵从，提高纳税人的遵从意识。然而，受到人力、财力等资源的限制，面对规模庞大、特征不一的纳税群体，税务机构不可能对所有纳税人进行全面或者有效的税务检查，因此，科学判断纳税人遵从特征是优化征管资源的基础。西方发达国家开展纳税遵从理论研究和实践应用的时间较早，近年来，我国学者对税收遵从也进行了广泛研究，形成了较为系统的知识体系，是征管理论体系的重要理论来源和依据。

2. 目标体系

税收征管目标是税务机关依法组织收入过程中所要达到的预期成果。目标体系由不同层级、不同部门乃至不同岗位的目标组成，既包括宏观层面的战略性目标、策略性目标，也包括微观层面的具体工作目标。不同目标可以激励或引导组织行为，相互联系，并可作为标准来衡量实际的绩效。具体来看，首先，随着税收征管由经济治理扩大到社会治理，将提高税收遵从度和社会满意度、降低税收征纳成本作为战略性目标。其次，将实施精细化管理理念蕴含在税收执法、纳税服务、税收监管和税收协同共治等管理中，作为策略性目标。最后，通过多种方式将智慧税务融入税收执法、税费服务、税务监管，将不断提升税务机关的执法效率、服务质量和监管能力工作效能，作为具体工作目标。

3. 制度体系

税收征管制度体系由税收基础管理、税收执法、税费服务、税务监管、社会共治和组织保障组成。税收基础管理包括纳税人识别号，账簿和凭证管理以及纳税申报；税收执法包括税收执法方式、标准，内部控制与监督制度；税费服务包括税费服务系统、纳税人和缴费人权利救济及税费争议解决机制；税务监管包括守信激励、失信惩戒和预防逃避税机制；社会共治包括部门协作、社会协同、司法保障和国际税收合作机制；组织保障包括机构职责、人员能力和绩效考评规范。这些构成税收征管制度理论体系的机制和规范，在以《税收征管法》为核心的税收征管法律法规体系中得以体现，这些“法言法语”构成了税收征管理论体系的重要部分。

4. 实现手段

推进税收征管现代化也需要不断完善税收征管方法，提升税收征管的规范性、便捷性、精准性，整体性，集成式提升税收治理效能。税收征收管理的方法主要包括：一是纳税服务。纳税服务是税务机关依据税收法律、行政法规的规定，在税收征收、管理、检查和实施税收法律救济过程中，向纳税人提供的服务事项和措施，也是税务机关行政行为的组成部分，构成了促进纳税人依法诚信纳税和税务机关依法诚信征税的基础性工作。二是税收计划、统计与分析。税收计划、税收统计、税收分析既有利于实现税款及时、足额入库，保证国家税收收入任务的完成，又可以加强税收征管，提高税收管理效率。三是风险管理。税收风险管理是加强税种管理的有效方法，也是加强日常征管的有效方法，还是加强大企业税收管理的有效方法，是完善我国税收管理体系、提高治理能力、实现税收现代化的有效举措。四是税务检查。税收征管现代化要求建立科学的检查制度，统筹安排检查工作，建立统一规范、协调高效的税务检查体系，以保障税务检查工作的程序化、规范化和科学化。五是科技应用。科学技术的发展是推动税收征管现代化水平提升的最主要客观因素，没有科技在税收征管领域的深度应用，就不可能实现税收征管的现代化。持续推进科学技术在税收征管领域中的应用，不仅能大大提高税收征管效率，还能推动征管制度、征管模式创新，创造性地解决税收征管中的难题。以金税工程为核心，我国形成了以税收业务管理应用系统、税务行政管理应用系统、外部信息管理应用系统和决策支持管理应用系统四大子系统为模块的税务管理信息系统，极大地推动了税收征管现代化的进程，并为税务数字化转型和智慧税务建设奠定了基础。数字化升级和智能化改造的持续推进，以及大数据、云计算、人工智能、移动互联网等现代信息技术的深度应用，为新征管理念、实施新征管模式提供技术保障，为新一轮税收征管创新提供新动力。

5. 评价体系

税收征管的评价体系同样是税收征管理论体系中不可或缺的一部分，能够及时地对税收征管工作进行反馈和总结。税收征管的评价体系，是指为了更好地评价税务机关的税收征管工作，建立在一定评价方法基础上，运用一定的指标体系对税收征收过程及其结果进行概括性、系统性的评价。评价体系主要有四个层次：一是以征管效率为核心的单一目标评价体系；二是以征管绩效为核心的多元目标评价体系；三是以“3E”+质量要素为内容的绩效评价体系。“3E”是对税收行政效率进行系统评估的方法体系，包括经济标准（纳税人依法纳税而投入的人力、物力及财力总量）、效率标准（税收管理投入与税收收入产出之间的比例关系）和效益标准（纳税人依法纳税的实现程度，或者是对税收流失的控制程度）；四是以“3E”+质量+满意度等要素为内容的绩效评价体系。第四个层次的绩效评价体系与我国税务机关的“服务管理型”征管理念相符合，这种绩效指标评价体系不仅包括“3E”结构中的定量指标，还包括公平、民主、服务质量以及公众满意度等一些定性的指标。

6. 建设途径

与体系完备、成熟定型的高水平理论体系标准相比，我国税收征管理论体系还需要不断完善，以满足实际需要。一是要在税收征管实践中不断完善。一方面要坚持用我国税收征管实践来检验理论体系，不断完善体系框架，校准内容体系，提高理论体系的完整性和适用性；另一方面要坚持不断吸收借鉴国外税收征管理论与实践的新进展、新经验，提高理论体系的普适性和开放性。二是要在吸收其他学科的先进知识中不断完善。管理理论涉及多学科，税收征管理论体系需要不断吸收经济学、管理学、法学和信息科学的新理念、新成果、新方法、新应用，提高理论体系的跨学科性和前瞻性。三是要在自我完善中不断提升。任何理论体系都有其自身的适用对象，税收征管理论体系要结合新征管实践，不断完善逻辑假设，提炼新概念、新表述、新定义并将其纳入理论体系中，实现自我提升。

（二）科技税务推动税收征收管理方式变革

科技税务可以通过推动征管方式的变革，推进税收征管现代化建设。一是信息化征税。科学技术的发展使得税务部门能够运用电子化手段进行税收征管，如通过电子税务局、移动税务等渠道，方便纳税人在线报税、查询税务信息，提高征税效率，降低征管成本。二是电子发票管理。通过运用电子发票技术，税务部门可以实现对发票的实时监控、核查和审计，提高发票管理效率，有效打击偷税漏税行为。三是“互联网+税务”服务。科学技术的发展促使税务部门将互联网技术与服务相结合，提供更加便捷的线上线下服务，简化办税流程，降低纳税人的办税成本。四是人工智能辅助。利用自然语言处理、机器学习等人工智能服务，税务部门可以更高效地处理纳税人咨询、解答税收问题，提升纳税人满意度。五是大数据分析。税务部门可以运用大数据技术，对纳税人的申报信息、财务数据进行深度挖掘和分析，以便更精确地评估税收风险，增强税收征管的精准性和公平性。六是防范管理风险。科学技术在网络安全、数据保护等方面的应用，有助于税务部门加强对税收数据的安全防护。

（三）科技税务助力实现“四精”税收征收管理目标

科学技术可以助力实现现代税务管理的精细化管理目标。

推进精确执法。科学技术可以帮助执法机构更加高效地采集和分析情报信息，比如利用大数据和人工智能技术对海量数据进行分析和挖掘，从中发现潜在的税收违法犯罪线索和趋势，为执法提供重要参考；可以利用电子立案系统、电子取证技术、虚拟庭审等，实现案件材料的数字化和在线审理，提高案件处理的效率和公正性；可以提高执法装备的性能和精度，利用高精度定位技术和智能传感器技术，实现执法车辆、无人机和便携式装备的精准定位和控制，增强执法的精准性和可靠性；可以提高执法机构的监督和评估能力，比如利用数据挖掘技术和人工智能技术，对执法过程和结果进行监督和评估，发现存在的问题和不足，及时纠正和完善；可以提高执法人员的培训和教育水平，比如利用虚拟现实技术和仿真训练技术，模拟各种复杂情况，让执法人员在模拟环境中进行实战演练，提升执法人员的应变能力和专业素养。

推进精细服务。可以运用互联网、移动互联网等技术，搭建线上平台，实现线上办理、查询、支付等“一站式”服务，提升税收服务的便捷性和效率；可以运用大数据、云计算等技术，实现政府部门间数据的整合与共享，提升税收服务的精确性和针对性，避免信息孤岛现象；可以通过人工智能、机器学习等技术，分析税收服务的需求和痛点，提升政策制定和执行的有效性；可以运用科学技术推动税收服务模式创新，如利用大数据分析、人工智能等技术实现精准扶贫，为有需要的群体提供个性化、精准化的服务；可以利用社交媒体、移动互联网等技术，鼓励公众参与税收服务的监督和评价，增强税收服务的透明度和公信力；可以运用区块链技术改进税务数据管理，增强数据安全性和透明度；可以运用信息技术，简化政府审批流程，降低企事业单位和个人办事成本，提高政府服务效率；可以利用现代教育技术，加强对税收服务人员的培训，提升相关人员素质，增强税收服务的专业性。

推进精准监管。可以运用物联网、大数据、云计算等技术，实现对社会各个涉税领域的实时数据采集、分析和处理，为税收监管提供有针对性的信息支持；可以利用人工智能、机器学习等技术，分析各类社会风险，为监管部门提供预警信息；可以运用遥感、视频监控等技术，实现对重点区域和对象的远程监控，提高税收监管的时效性和准确性；可以利用人工智能、自然语言处理等技术，实现对违法行为的自动识别和分析，提高税收执法与稽查的效率和精准度。

推进精诚共治。可以利用社交媒体、移动互联网等技术，鼓励公众参与税收治理，增强税收治理的民主性；可以运用大数据分析等技术，对税收网络舆情进行实时监控，及时发现并处置问题；可以利用信息技术手段，增强税收治理信息和监管信息的透明度和公开性，让公众更好地了解和参与税收治理，提升税收监管的公信力；可以建立多元化的社会协税组织，推动政府、企业、民间组织等多方共同参与税收治理；可以通过构建信息共享平台，实现政府部门、企事业单位和社会组织之间的信息互联互通，促进各方协同监管，共同应对税收风险。

（四）科技促进保障纳税人权益

科学技术的发展为保障纳税人合法权益提供了有力手段。可以运用大数据、人工智能等技术，分析法律法规执行情况，为政府完善税收政策和法律法规提供科学的决策依据，提高政策制定和执行的有效性；可以利用互联网、移动互联网等技术，建立便民投诉平台，鼓励公众维权和参与监督，及时发现并处理侵权行为；可以运用信息技术手段，提高法律法规宣传教育的覆盖面和质量，增强公民的法治意识，助其提升维权能力；可以利用区块链、云计算等技术增强个人信息的安全性，保障公民隐私权和信息安全。

（五）科技税务推动企业税务管理创新

科技对企业税务管理产生了广泛而深远的影响，这些影响涵盖了多个方面，包括效率提升、数据管理、合规性、风险管理等。推进数字化税务。科技使得企业能够采用数字化方式处理税务事务，包括电子申报、在线支付和数字文档管理。这提高了税务流程的效率，减少了纸质工作和人为错误的可能性。保障实时数据分析。利用先进的数据分析工具，企业可以实时监控财务数据和税务信息。这有助于更快速、准确地做出决策，并能够及时发现潜在的税务问题或机会。优化自动化流程。科技的自动化能力有助于简化烦琐的税务流程。例如，企业可以利用财务软件自动计算和申报税款，减少人工操作和减小错误的风险。推广电子发票和电子记账。采用电子发票和电子记账系统有助于企业更好地管理财务数据。这不仅提高了数据的准确性，还有助于在税务审计时更容易提供必要的文档。提升全球合规性。在国际业务中，税务合规性是一个复杂的问题。科技可以帮助企业跟踪各种国家和地区的税收法规变化，确保企业在全球范围内遵守相关法规。降低税务风险。利用科技，企业可以更好地识别和管理与税务相关的风险。通过数据分析和模型预测，企业可以预测潜在的税务风险，并采取适当的措施来规避或降低这些风险。构建企业大数据。云计算和虚拟化技术使得企业可以更灵活地存储和管理大量财务和税务数据，同时降低了基础设施的成本。开启数智化转型。通过使用人工智能和机器学习技术，企业可以改进税收合规性，自动检测潜在的税务问题，并提供更准确的税务策略建议。总体而言，科技对企业税务管理的影响是积极的，它提高了效率、降低了成本，并帮助企业更好地应对日益复杂和变化的税收环境。

值得关注的是，科学技术进步在推动人类社会快速发展和变革的同时，也带来了问题和挑战。一些社会现象和认识误区越来越受关注，如依赖科学技术解决所有问题的“科技中心主义”，滥用技术可能导致伦理争议和隐私泄露问题，技术鸿沟加剧的道德风险，过度依赖科技手段可能导致的对人文的侵犯，再比如，企业在采用新技术时可能带来数据安全性和合规性等问题。因此，在追求运用科学技术推进税收管理现代化的进程中，还要关注制度建设、人文关怀、社会公平、技术理性等方面的问题，坚持以创新、协调、绿色、开放、共享的新发展理念推进税收管理现代化建设。

二、科技与税务相结合的新型征管体系

科技税务与税收征管理论体系有机结合，实现税收征管现代化的全面升级。科技的深入渗透不仅改变了税务工作的基本方式，而且对税收征管体系

的理论架构和实践模式产生了深刻影响。随着信息技术的快速发展和大数据时代的到来，税务机关更要适应这一变化，通过构建科技与税务相结合的新型征管体系，实现对税收活动的高效管理和精准监控。这要求税务部门不仅要更新其技术基础设施，还要对税收征管理论体系进行创新，以适应数字化、智能化的新趋势，从而更好地服务经济社会发展的需要。

（一）科学技术推动中国税收征管系统的改革

自20世纪中期以来，科学技术的进步对全球产生了深远的影响，其中，信息技术和计算机技术的快速发展为税收征管带来了革命性的变革。在过去的几十年里，科技在税收征管中的应用经历了从无到有，再到深入发展的过程，走过了电算化、电子化、信息化、数字化四个阶段，目前着力打造新一代“智慧税务”平台，构建全联通的智慧税务生态系统。

税收征管电算化是指在税收征管工作中全面运用计算机等信息技术手段的处理方式。1982年底，湖北省税务局购进了一台Z80计算机，用于对部分税收计会统报表的初步处理。它的购进与应用标志着我国税收征管的信息技术应用历程正式步入电算化阶段。电算化阶段，我国相继公布并实施《税务系统计算机应用和现代化管理工作十年规划和“八五”计划》，评测全国税收征管软件水平，规范地方税收征管软件开发，开发出口退税管理系统——金关工程，建立中央地方税务条法数据库。主要取得的实践成效包括计算机应用范围进一步扩张，“两同步、三结合”试点推广工作进一步发展，税务信息系统规模进一步扩大，市级税务信息管理网络系统建设工作开始起步，税务信息系统管理工作进一步加强。电算化相较于传统的手工操作方式，具有高效、便捷、准确等优点，能够大大提高税收征管工作的效率和质量，其范围不仅局限于计、会、统、票的应用，还包括申报征收、出口退税、机关办公自动化等。

税收征管电子化是将计算机作为主要工具处理税收信息，例如把税务登记、纳税事项核定、纳税申报、税款征收、滞纳税款催缴、处理违章及各类台账稽查选案等主要税收业务纳入计算机管理，税收征管电子化的基础是电子计算机和税收管理软件。1996年，《中国税务年鉴》第一次在年鉴第二部分“全国税收概述”提出“税收电子化管理”，这也标志着我国税收征管步入了电子化阶段。电子化阶段里，我国公布并实施了《全国税收电子化工程“九五”时期发展规划》，开启金税工程一二期的建设，建成国税系统计算机广域主干网，积极推进税务系统办公自动化建设，构建税务系统一站式综合服务平台，大力推广中国税收征管信息系统（CTAIS），建设数据仓库基础框架，开发推广税务监控系统。主要取得的实践成效包括“科技兴税”意识显著提高，基础设施初具规模，软件开发推广取得进步，服务队伍效率显著提升，税务管理信息实现“一窗式”整合。税收征管电子化通过稳步发展阶段的建设取得了巨大的成绩，全国税务系统在电子化技术装备、基础设施、税收应用软件的开发应用和办公自动化等方面已具备一定基础，但仍存在着应用系统林立，软件功能交叉，条块分割严重；数据传输手段各异，方式混杂；各应用系统设备自成体系，重复投资，设备闲置与紧缺现象并存等问题。

税收征管信息化是指将现代信息技术广泛应用于税收征收管理，通过多维度开发、利用涉税信息资源，应用于纳税服务、税收监管等工作，提高税收征管效能，进而推进税收征管现代化建设的综合应用过程。2003 年，《中国税务年鉴》第一次将年鉴第二部分“全国税收概述”的“税收电子化管理”一节更名为“全国税收信息化建设”，这也标志着我国税收征管正式步入信息化阶段。信息化阶段主要取得的实践成效包括应用系统整合工作基本完成，税务机关信息安全程度提升，基础设施统筹管理水平提升，“互联网 + 税务”被纳入重点工作内容。

税收征管数字化是利用现代信息技术手段，例如大数据、人工智能和云计算等，将税收征管过程中的相关信息、数据和流程进行数字化处理和管理的一种形式。金税工程三期规划的顺利落地，标志着我国税收征管由信息化阶段进入数字化建设阶段。主要取得的实践成效包括初步构建了以数治税新发展格局，税务应用系统建设成果丰硕，数字人事激发干部活力。

智慧税务是指通过综合运用大数据、云计算、人工智能、移动互联网等现代信息技术，推进内外部涉税数据汇聚联通、线上线下有机贯通，驱动税务执法、服务与监管制度创新和业务变革，进一步优化组织体系与资源配置，高质量推进新时代税收现代化。2021 年 3 月，中办、国办印发《关于进一步深化税收征管改革的意见》中进一步强调了智慧税务建设的重要性，指出税务机关应充分利用现有的数字技术和人工智能技术，从而突破现有网上办税模式，打造新一代的智慧税务平台。在智慧化阶段，相继运用现代信息技术如区块链技术助力智慧税务发展，实行精准监管措施，加强新时代税收征管法制化建设，构造智慧税务蓝图——金税工程四期的建设前景。智慧税务建设阶段主要取得的实践成效包括纳税服务水平有效提高，税务稽查执行更为规范，税收风险管理体系深入推进。

（二）科学技术推动发票管理数字化转型

科学技术在发票管理中的应用已经越来越广泛。利用信息科学技术，我国发票管理经历了从传统纸质发票，到电子化纸电发票，再到全新的数电发票的转变。纸质发票虽然实施了长达 20 多年之久，但由于易于伪造和难以管理等问题，逐渐被电子发票所取代。依托增值税电子发票的稳步推进，增值税发票也因此而承载了交易流转与风险分析的原始数据，企业税源管理步入了数字化时代。纸电发票作为纸质发票向电子发票发展的过渡形式在一定程度上解决了纸质发票的问题，但由于推行时间较短，仍存在一些管理难点需要解决。

数电发票实现了全领域、全环节、全要素电子化，标志着我国税收管理模式逐渐从“以票管税”迈入“以数治税”分类精准监管新阶段。在这一趋势下，越来越多的企业加入了数电发票试点范围中，借由数电发票的直连快通，优化了原本烦琐的财务流程和低效的上下游协同方式。“以票控税”时期注重票面内容的填写是否满足要求而忽略业务真实性，数电时代则关注业务本质而非发票的外在形式。所以，推行数电发票就是实现“以数治税”的过程，有助于企业把工作重心回归到业务本身。同时，税务机关也可以通过大数据、人工智能等技术，对发票数据进行深度分析，更好地掌握经济运行情况，提高税收征管的科学性和准确性。展望未来，科学技术将在发票管理中发挥更大的推动作用，引领我国税收管理走向更加数字化、智能化的新时代。

（三）科学技术推动全球税收征管的数字化转型

随着大数据、信息化、区块链、云计算、人工智能等新兴数字技术席卷全球，数字经济通过重塑全要素生产力为经济社会发展提供了核心动力，引领全球新一轮人工智能科技革命的浪潮。各个国家及地区利用新兴数字技术积极推动了税收征管领域的改革，打破了目前依赖纳税人自愿遵从，依托资源密集型的集中核查与审计来解决不遵从问题的做法，推动税收征管数字化转型升级，提高税收征管效能，以应对税收征管在新业态新模式不断涌现、跨境交易复杂频繁的国际市场环境下而变得日益复杂多元的挑战。

全球范围内，多个国家在科技税务实践中取得了显著成就。例如，美国IRS的现代化战略包括提高纳税服务的数字化水平、税收执法智慧化、税务局运行智慧化等多个方面。英国、西班牙、新加坡等国家也分别在数字税务建设方面取得了重要进展，通过增强税收征管数字化，提高了税收征管效率。科技税务建设的国际经验表明，越来越多的税务机关选择在线纳税申报和缴税，数字沟通渠道成为主要沟通方式，第三方电子数据的应用也在不断增多。各国税务机关积极探索并采用自助在线登记、申报和缴税服务，通过电子纳税系统，纳税人能够便捷地提交税务信息。除了提升税收征管的数字化水平，国际税收多边合作也逐渐加强。为应对数字经济带来的税收挑战，各国税务机关及国际组织展开合作和磋商，共同制定国际税收框架，签订双边税收协定等，以协调税收政策和减少跨境交易中的逃漏税行为。OECD等国际组织在推动全球税收合作中发挥了重要作用，如通过BEPS项目和其他国际税收协议，促进了全球税收体系的公平与效率。

结合各国科技税务在税收管理中的实践经验，我们应将信息化与数字化技术嵌入税务征管系统实现纳税申报、税款缴纳及退税的自动化；逐步完善税收遵从风险管理制度，运用人工智能技术开发系统以降低税收征管成本、促进自愿遵从；积极促进纳税服务智能化、精细化，降低纳税人税收遵从成本；充分利用社交媒体，提高广大纳税人的纳税意识，消除对纳税人直接课税产生的税痛效应；利用国地税合并之机对征管系统进行全面升级，与国际社会接轨，建设国际化、智能化的税收征管体系。

（四）科学技术在税收征管中的创新应用

税收管理作为国家财政的支柱，其效率和精准度直接关系到财政收入的稳定和社会经济的可持续发展。数字化的兴起为税务管理提供了前所未有的机遇，从纳税人数字身份的建立到综合税务系统的全面应用，再到纳税人沟通、纳税服务、税收合规风险管理等多个关键领域的数字化转型，都为税收体系注入了全新的活力。

数字身份为纳税登记和身份识别奠定了坚实基础。在这一基础上，数字化手段为征收管理提供了更为高效、准确的工具，不仅提升了管理效率，更在很大程度上减少了税收漏洞，降低了合规负担。同时，全球数字身份的跨境应用也为国际合作提供了更加便捷的途径，尽管伴随而来的挑战也需要我们深入思考和解决。

综合税务系统的应用将税务管理提升到一个全新水平。通过整合核心征管系统、全景式纳税人画像和对外接口，税务管理者可以更全面、精准地了解税收体系的运行状况，为决策提供更为可靠的数据支持。这不仅增强了税收管理的透明度，也为未来的数字化发展奠定了坚实的基础。

纳税人沟通、纳税服务和税收合规风险管理等领域的数字化转型将税务管理推向了全新的高度。数字化沟通渠道的不断发展使得税务机关与纳税人之间的交流更为紧密，数字化服务的推广也进一步提升了服务质量和效率。同时，在税收合规风险管理方面，数字化手段为事前预防、事中管控和事后评估提供了更加科学、全面的方法，使得税务管理体系更为稳健。此外，通过税收规则嵌入企业自有系统，智能财务管理和应用程序接口实现税务数据自动上传，也极大地提高了纳税人的报税效率。

随着数字经济的发展，大数据、云计算、区块链等新兴技术正逐步渗透到税收管理的各个层面。关注数字化手段在税收管理中的综合应用将产生协同效应，推动税收体系朝着更加高效、智能、便捷的方向发展。科技税务的创新与应用正深刻影响和重塑全球税收管理格局，我国应积极推动科技税务创新，以适应数字经济形势和社会发展需求。

三、科技税务与企业税务管理

税收管理的数字化转型不仅极大提升了税务机关的征收效率和准确性，同时也为企业税务管理带来了深刻变革，使其能够更加有效地应对税收法规、合规要求和风险管理。

（一）大企业税务管理的目标及内容

广义的企业税务管理包含税务机关与企业双方分别作为税收征管方与纳税义务人进行征纳互动，最终完成税款征收与缴纳的过程；而狭义的企业税务管理是指以企业财税部门作为税收管理主体，依据税收法律、法规及政策制定符合企业业务情况的税务管理制度与流程，并按照既定的制度与流程完成税务合规业务、管控税收风险、分析税负成本与提供业务涉税咨询意见，以确保税款合规缴纳、防范税务风险并提高税收效益的活动，这也是大企业税务管理的内涵。

企业税务管理的工作内容可以细分为四类：税务合规业务、税务风险管理、税务统计分析与税务业务咨询。在上述工作内容中，中小企业业务体量小、业务模式单一或复杂度低，其税务管理工作一般以税务合规工作为主，合规纳税后其税收风险较为可控，税收优惠利用空间较为有限，业务税务咨询需求也较少；而大企业集团因业务类型多样，交易模式多变，跨区域经营且组织层级繁多，其合规履行纳税申报义务更为繁重、复杂，仅合规履行纳税申报义务也不能确保税收风险仍在可控范围，更不能确保税收效益得到提升，又因业务体量大、税收贡献高成为国家税务机关重点监管的对象，集团化的税收风险管控、税收优惠管理与业务税务专业咨询是大企业税务管理工作的重中之重，规模效应使大企业税收管理面临更高的管理要求，亟须运用科技手段以实现转型升级。

大企业税收管理的工作目标包括：确保各层级实体合规纳税，规避因不合规的税务处理带来的税务风险；统筹各层级的税收风险管理，及时识别税收风险，避免产生税收罚款滞纳金，更重要的是避免纳税信用等级降级导致接受办税服务、开展业务或融资活动收到不利影响；统计分析各级实体、各个业务板块、各个地区的税负成本，充分理解并合理利用税收优惠，降低税收资金占用，提高资金运用效率，回馈业务发展。

当前，大企业税务管理人员组织不健全，业财税信息呈分散化状态，税务管理信息化程度低，给大企业税务管理制度建设探索带来了挑战。在探索税务管理制度建设的过程中，大企业也面临着境内外税收监管环境日益变化与内部税务管理精细化的双重压力。大企业税务管理制度探索也经历了从分散式非专业化的管理方法，到集约式、专业化的管理方法的演进，再到自动化、智能化的管理方法的飞跃。

面临着国内外税务机关不断创新税收征管数字化手段、加速税收法治建设与国际税收规则协同带来的挑战与机遇，大企业也将通过税务管理数智化转型建设企业侧的“智慧税务”管理体系，实现其税务管理的工作目标。

（二）科技税务在大企业税务管理中的应用

科技税务，即利用信息技术、大数据、人工智能等科技手段，进行税务管理的一种新型管理模式。科技税务具有自动化、精准化、智能化等特点，可以帮助大企业以科技为企业赋能，实现业务模式、组织方式、文化理念等方面的变革，实现自动化精准税务合规管理，动态化精准税务风控管理，提升大企业税收效益与经营效益，助力企业业务发展。

随着全球经济的快速发展，大企业面临着日益复杂的税务挑战。税务管理作为企业管理的重要组成部分，对于降低企业运营风险、提高经济效益具有重要意义。采用分散式、非专业化的税务管理方法，已难以满足大企业的税务管理诉求。税务职能部门已愈发意识到利用科学技术提高效率、改良纳税流程及管理风险的重要性，不少大企业都在探索向自动化、智能化的科技税务管理范式转变。

在进行科技税务的探索中，大致可以将科技税务的发展历程划分为四个阶段，分别是会电化阶段、信息化阶段、数字化阶段和数智化转型。科技税务的发展历程是一个不断演进的过程，从会电化到数智化转型，每个阶段都有其特定的特点和贡献。数智化转型是当前的发展方向，代表科技税务管理的智能化未来。然而，值得注意的是，虽然我们已经看到了科技税务发展的巨大进步，但这只是一个开始。随着新技术的不断涌现，未来的科技税务将更加智能化、自动化和个性化。大企业应积极拥抱科技税务，提高自身的税务管理水平，以应对日益复杂的全球经济挑战。

当前，国内外税务机关不断创新税收征管数字化手段、加速税收法治建设与国际税收规则协同，这既给大企业税务管理带来了诸多挑战，也创造了更多机遇，为大企业科技税务管理指明了未来的发展方向。

（三）科技税务在大企业税务管理中的应用场景

科技税务在大企业税务管理中的应用并非目标，而是手段，科技税务必须落实到大企业实际税务管理业务当中。科技税务在大企业税务管理中包括十一大核心应用场景，分别为数智底座建设、涉税数据管理、发票管理、计税管理、电子报税管理、税务优惠管理、税务专项管理、税务风险管理、税务统计分析、税务知识管理和税务绩效管理。

数智底座建设，有效地将复杂基础设施、平台服务以及与财务、营销、采购、制造、人力等有关的共性业务服务进行融合，实现企业 IT 服务能力的集约和统筹；企业数智底座应该具备以下六大基础能力：连接与创新能力；数据运用能力；技术架构能力；核心基础能力；安全可靠的保障能力；社会化的连接能力。数智底座建设成为了大企业税务数智化转型的基础设施，其有利于发挥新技术变革带来的全新影响力，激活企业新的生产潜能，将技术与业务实现真正的有效融合，驱动业务创新和管理升级，助力大企业税务数智化转型和数智化业务的持续推进。

涉税数据管理，以业务需求为驱动，建立涵盖发票数据、财务数据、业务数据等相关涉税的数据集市，进行数据资源的梳理和治理，使财税操作人员和管理人员能够快速分析和决策，助力企业以更轻盈的步伐，应对瞬息万变的市场环境；涉税数据管理，利用云原生、微服务、大数据和人工智能等数据加工处理技术为基础，统一数据标准，构建数据模型，分析展现，实时分析辅助决策，支撑企业实现全面数据智能。涉税数据管理对于大企业来说具有非常重要的意义。通过解决传统税务管理方式的痛点，引入数字化工具和技术，加强数据安全保障，以及构建涉税数据应用平台等方式，可以实现涉税数据的有效管理和应用，为企业税务管理和决策提供有力支持，并推动企业的科技税务进程。

发票管理，可以和企业业财系统集成，实现发票的自动开具、多途径接收、智能稽核校验，多层次认证抵扣管理，从而对发票的全生命周期进行管控。全面数字化的电子发票，简称为“数电票”，它是依托可信身份体系和电子发票服务平台开具的增值税发票票种，以去介质、去版式、标签化、要素化、授信制、赋码制为基本特征，覆盖全领域、全环节、全要素，与纸质发票具有同等法律效力。在“数电票”不断深化推广背景下，建议企业利用科技税务管理模式，经过流程规范、数据治理等多项措施，全面实现多业务类型自动批量开票、批量交付、批量回写，并让单据、凭证和发票相关联，解决业财税差异问题。通过规范业务流程和制定数据标准，让单据、凭证和发票相关联，实现业财税对账轻松实现；支持多维度智能勾选，并自动生成勾选抵扣明细和旅客运输抵扣明细。这些功能的实现大大提高了企业的工作效率，减少错误率，并降低企业的财务风险。

计税管理，可以根据申报模板管理中配置指导规则，自动生成各税种的台账、申报表，从而有效提高纳税申报的效率和规范性。计税管理对于大企业集团来说具有非常重要的必要性，它不仅是企业必须履行的法律义务，也是企业财务管理、资源配置、声誉建设、内部控制等方面的关键环节。结合我国税收征管的数字化转型及企业内部计税管理的诸多管理难点，大企业集团亟须利用信息技术手段，建立符合内部管理需求的计税管理信息化系统，提高纳税申报、税款缴纳等的效率和规范性。

电子报税管理，则可以跑通纳税申报“最后一公里”，实现直连电子税务局进行一键申报、一键缴款操作。电子报税管理，可以避免税务会计手工填写财务申报表数据，减轻税务会计手工工作量及提高申报数据准确度。帮助企业实现各类申报表“一键申报”“线上缴款”“自动下载完税凭证”“完税资料集中管理”“申报和缴款数据全方面展示和动态追踪”，切实提升企业申报质量和办税效率。

税务优惠管理，基于研发费用、固定资产加速折旧等税收优惠事项进行系统化管理，帮助企业“应享尽享”，有效降低税负。通过科技税务方式对企业的研发费用，需要将与研发费用相关的信息按研发项目维度进行管理，需要企业判断到底哪些研发项目满足加计扣除条件，同时可以支持按照研发项目维度对研发费用明细进行拆分，更高效便捷地享受税收优惠。企业通过科技税务解决方案，对是否可享受资产加速折旧、摊销及一次性扣除政策，以及哪些资产可享受该政策进行智能判断和筛选，并根据系统预制的计算规则，对享受加速折旧摊销或一次性扣除的资产的税务折旧额等进行自动计算、自动生成相关申报表等，实现对资产全生命周期的自动化税会差异管理，以确保享受该优惠政策的合规性与税会差异管理的准确性，达到税收优惠应享尽享的目的。

税务专项管理，对如建筑涉税项目、地产税项目、海外税这些企业特定业务进行专项管理，可以使企业在资源有限的情况下，更高效地满足特定业务管理的需求。通过构建建筑企业数智化税务管理平台，打破系统孤岛，以项目为主线，以业务为源头，以数据为桥梁，以业财税一体化为建设路径，是建筑企业税务管理数智化建设的道路。地产企业一方面通过搭建统一的税务平台深化业务端与财税端，构建业财税制的一体化数字平台，实现多业务数据融合，围绕房地产项目全生命周期对涉税涉票流程进行梳理优化，通过系统集成和数据传递，实现业财税票资档一体化；另一方面可以充分发挥税务数据资产的要素作用，在数据标准化的基础上，加强税务风险管控和税务分析能力，实现房地产全生命周期土地增值税预测、增值税预测等，真正做到赋能业务、优化税负。在数智化时代，跨国企业在全球纳税遵从层面面临着多重挑战，这就需要境内集团总部与境外机构协同搭建业财税一体化的数智化税务管理平台才能有效应对。

税务风险管理，可以在系统内建立纳税指标评估体系与预警策略，快速计算、评估各纳税实体的税务风险，及时发现税务管理中的不足与问题，加强企业的税务风险管控能力。从企业税务数智化转型的角度，税务风险管控转型的核心在于：从被动型税务风险应对模式，逐步过渡到主动预测型税务风险管控模式。企业运用数智化手段和管理工具实现税务风险管理的落地执行，借助系统化的方式进行税务风险管理体系搭建，将税务风险管理的各个要点前置到各个流程环节中，在巩固好风险监控措施的同时，提前做好风险预防，变被动为主动，实现税务风险管控落地。

税务统计分析，以各种形式、各种维度的数据分析，进行可视化分析、大屏展示，以静态或者动态的方式展示税务数据，便于管理层全方位、全视角地快速了解所关注的税务数据。税务统计分析流程主要包括：数据采集；预制税务模型；多维度数据查询、统计与分析；管理驾驶舱。数智化的税务系统分析，可以聚合多个业财系统的数据进行统一管理，在此基础上可以根据各业务部门的需求，通过自助拖拽式创建分析决策报表，激活数据价值，让数据服务于业务决策。

税务知识管理，将税务数智化建设运营中大量有价值的方案、流程、经验等知识进行分类和管理，积累知识资产避免流失，构建知识管理体系，能有效地促进知识的学习、共享、创建和运用。数字化赋能税务知识沉淀与分享，是通过建立各种税务知识库，收集、解读、分享、传播税务相关的知识经验和案例，从而完成税务知识的沉淀与分享。典型的功能包括：税务法规库、税务案例库和税务问答库。

税务绩效管理，使得管理者和税务管理组织的每一名员工清楚自身的位置和岗位职责、目标，以保证税务管理组织为内外部客户提供稳定、持续改进的优质服务。实现科学、有效的绩效管理，应分别从设置科学的考核指标、形成有效的评价体系、制定完善的绩效管理机制、依靠智能化的系统工具几个方面进行。税务信息化系统实现对税务组织、税务人员的绩效进行管理，可以指导企业内部税务体系管理活动的有序开展，提升组织效率，提高作业质量，消除非增值环节，提高员工满意度，从而达到提升运营能力、实现组织价值最大化的目标。

在探索科技税务在大企业税务管理中的多元应用场景之后，我们展示不同行业的税务管理信息化建设具体案例，来深入理解这些科技手段如何在特定行业中实现有效应用，从而揭示税务数字化转型在具体行业背景下的实践效果和挑战。

（四）科技税务在企业数智化税务中的具体应用

1. 科技税务在建筑企业的应用

A 集团是以工程建设、房地产开发为主业，集建筑设计、建筑科研、设备安装、装饰装修、市政路桥、环保节能、物流配送等为一体的大型企业集团。A 集团建立起的税务管理平台打通了系统断点，打通主数据、合同、项目、结算、税务、收付款、核算流程，实现一体化开票、收票、认证、税金计算与申报，凭证推送，保证业财税数据一致；对涉税业务进行标准化处理，固化发票管理、税金计算、纳税申报等流程，避免人工干预，减少出错率；对税务风险进行动态监控，及时处理，集中管控；利用税务数据库沉淀的涉税数据，自动生成相关统计报表，助力企业进行集约化管理。通过建设税务管理平台，A 集团打通了整个业、财、税环节，实现了开票、收票、收付款、计税申报、风险分析全流程一体化管理，降本增效，挖掘了数据利用价值，提升了管理能力。

2. 科技税务在房地产企业的应用

B 集团坚持房地产开发、大服务、产业、商业四大主航道业务协同发展，形成了以房地产开发为主，同时涉及物业管理、智慧家居、商业物业、文旅、装配式产业等多元业务体系。在 B 集团财税管理层和 IT 公司高层的支持下，在税务平台整体规划和建设路线图的指引下，B 集团税务平台在多个涉税核心应用场景上实现既定目标。首先，完成了税务平台技术统一，实现了平台完全自主可控的诉求。其次，通过税务平台发票服务，实现了不同业务板块在业务端一键开票功能。未来发票服务将向 B 集团各个产业的上下游供应链延伸，提供发票协同服务，提升整体供应链协同效率。再次，通过对前端业务系统的改造，将需要前端把控的事项和规则预制到前端业务系统中，实现数字化、智能化赋能业财税一体化管理，为税务赋能前端业务创造了条件。通过税务平台一期，实现了计税申报自动化，核心税种全流程管理的诉求。在解决计税复杂问题、提高税务合规工作效率的同时，也提高了数据的准确性和及时性。税务平台支持税务会计根据应纳税额表提交“税金支付单据”，税务平台会对单据状态进行实时跟进，降低资金备付风险，提交付款审批效率。税务平台还支持税务分析功能，可实现自动采集纳税申报数据和财务数据，逐步实现涉税数据的集中管理。进一步能按层级自动汇总，实时查看结果，可按预定义主题和报告模板，自动统计、输出分析报告，灵活支持大数据量、多维度数据分析需求。伴随数字化工具以及系统的落地和施行，大大提高了 B 集团税务工作的效率与准确性，有效降低了税务管理成本，加强了集团层面对各区域、城市、项目公司的税务管控能力，实现了业财票税金档一体化管理。

3. 科技税务在酒业企业的应用

C大型集团涉足多个产业，重点围绕各类酒的制造、销售以及相关配套产品制造和服务拓展市场，以现代化管理机制体制推进企业内部信息系统的整体建设。根据C集团税务管理的系统定位和系统功能需求理解，以业财一体化整体规划和税务管理系统整体架构设计为指导，建立了C集团税务管理系统，包括税务管理层、运营层和系统基础层的应用，完全覆盖税务管理系统九大核心应用需求，实现全税种的计算、计提、申报和缴纳管理，包括C集团的消费税计算价格管理、研发费用加计扣除管理、政策法规及案例库管理、税务全面风险管理和税务分析管理。C集团借助税务管控数智化的建设和应用，进一步强化了集团对税务的管控力度，不仅实现了集团全级次范围内的税务数据的集中管理和共享，提高了税务管理的效率和精确度；同时，也为企业的税务规划和风险管理提供了更多的支持和保障。

科技税务在中国经历了电算化、电子化、信息化、数字化到智慧化的发展阶段，每一阶段都带来了税务管理的重大变革。随着技术的进步，从基础的数据管理到复杂的风险评估，科技在税务管理中扮演着越来越重要的角色。大型企业，特别是建筑、房地产和酒业等行业，面临着独特的税务挑战，而科技税务的应用显著提高了税务管理的效率和准确性，使企业能够更好地应对日益复杂的税务环境。通过构建信息化、数字化的税务管理平台，这些企业不仅实现了税务合规，还优化了税务风险管理，提升了整体运营效率。展望未来，随着新技术的不断发展和应用，科技税务将继续引领税收管理的创新，帮助企业和税务机关应对更多挑战，实现税收管理的持续优化和创新。

第一部分

科技税务与税收征收管理

第二章　税收征收管理：理论、制度与方法

税收征收管理（以下简称税收征管）是以税款征收入库为中心的管理活动，包括税务管理、税款征收、税务检查等多方面内容，以提高税收遵从度和社会满意度，降低征纳成本，推进精确执法、精细服务、精准监管、精诚共治为核心目标。征收征管的持续优化，有助于保障国家税收收入、保护纳税人的合法权益，也有助于充分发挥税收在国家治理中的基础性、支柱性、保障性作用。现代科学技术的发展是推动税收征管现代化的最主要客观因素，是不断提升税收征管效率、纳税服务质量和税收监管能力的最主要手段。税收征管作为现代科学技术的主要作用对象，对其理论、制度与方法的全面认识，构成了准确理解科技税务的基本前提。

一、税收征收管理的理论渊源

科学有效的税收征管活动应建立在科学的理论基础之上。税收征管理论界定了税收征管的概念、职责与边界，具有指导税收征管实践的功能。作为行政管理活动的一种，税收征管理论源于行政管理理论，但在实践中，税收征管体现出区别于其他行政管理活动的特殊性，由此也发展出诸多独特的理论，主要包括税收遵从理论、税收风险管理理论和税务行政效率理论。

（一）行政管理理论

税收征管理论源于行政管理理论。税务行政管理实质上是一种行政管理

行为，因此，税收征管理论以行政管理理论为源头，其发展也受到行政管理理论变迁的影响。20 世纪初，马克斯・韦伯提出官僚制理论，强调权力可以保障组织的有效运行、消除组织的混乱，理想的组织必须以理性合法的权力为基础。官僚制就是一种理想的组织模式，具有明确的组织目标、明确的职能分工、层级节制的权力链条、管理职业化和组织管理的非人格化等特点，这种组织模式下的管理活动由职务或职位负责，而不是通过个人或世袭地位。官僚制理论中理想的行政组织是科技进步和工业文明发展在政治领域中的体现，但官僚制机械的效率限制了个人的发展，阻碍了社会发展进步，其僵化刻板的特征也使得政府功能退化和反应能力下降。

20 世纪 80 年代，胡德提出新公共管理理论。新公共管理的特点是企业化管理，即政府管理采用私人企业的管理方法，强调引入竞争机制，在公共行政中运用商业管理模式，倡导将公共管理者视为政府企业家，将公民视为顾客，在提供公共服务、发挥政府职能时坚持“顾客至上”的价值取向。新公共管理提供了一种政府管理的新实践模式，提高了政府的服务质量和服务效率，尤其在政府与市场的关系、政府与纳税人的关系上取得了较大突破。但首先，新公共管理忽略了公共部门和私人部门的差异；此外，政府通过公开招标或者合作的方式委托私人部门生产公共产品和提供公共服务，存在寻租的风险；再者，政府机构分散化增强了各公共部门的自主性和灵活性，但也在一定程度上滋生了本位主义和保护主义，不利于达成政府的总体目标，削弱了政府对公共事务和社会经济的调控能力；最后，把公众定位为顾客，容易造成政府行为的短视，把纳税人视为政府服务的消费者，可能会剥夺公民的参与权，降低公民在国家中的法律地位。

1997 年，英国学者佩里・希克斯提出整体性治理理论。整体性治理的内容主要包括五个方面：第一，以公民需求、预防和结果为导向；第二，强调整体性整合，包含“治理层级的整合、治理功能的整合和公私部门的整合”；第三，整体性治理强调整合信息技术，简化网络，提供一站式服务；第四，整体性治理注重协调目标和手段的关系，即实现目标和手段的相互增强和良性互动；第五，整体性治理注重信任、责任感和制度化。整体性治理的优点在于整合了政策目标、顾客目标、组织目标以及结构目标，重视政策的连续性、鼓励公民参与、注重组织的协调以及平衡组织资源分配，最大程度上增进了公共价值，有利于公共利益得到良好的实现。但整体性治理也存在不成熟的一面，如过度强调信息技术而忽略政治因素在公共管理改革中的作用；

强调公共价值与协同行动却忽略了如何协调各利益主体多元化的目标；强调信任、责任感与制度化却忽略了各层级政府间职责的明确划分；等等。然而，作为一种对复杂政府组织治理问题的现实回应，整体性治理理论适应了当前公共事务跨界治理的需要，满足了公共需求和公共资源的多元化趋势。

（二）税收遵从理论

税收征管以提高税收遵从度为核心目标，确立了税收遵从理论的关键性。税收遵从是纳税人依照税法的规定履行纳税义务，它包含三个基本要求：一是及时申报，二是准确申报，三是按时缴款①。影响税收遵从的因素是多方面的，既有税收制度、税收征管、社会文化等客观因素，还包括纳税人特征、纳税人心理等主观因素。

第一，税制因素。首先是税制复杂程度。国内外学者大都认为税制复杂程度是影响税收遵从成本的重要原因，研究表明税制复杂程度对遵从成本至少有三个直接影响：一是需要请税务代理，货币成本上升；二是税收法典和申报单越来越复杂，花费的时间成本增加；三是心理成本增加。但也有学者认为税制的复杂可能给纳税人带来好处，如为纳税人提供了避税空间。其次是税制不确定性。税制不确定会增加执法难度，为不遵从提供可乘之机。税法的不确定性往往表现在减免条件、税基、税率、优惠政策、违规处理等方面，这种不确定性一方面增加了执法的灵活性，同时也难以避免税法执行中的漏洞。最后是税制的公平性。有研究通过对纳税人的诚信纳税问题进行抽样调查，结果显示纳税人认为税制的公平性影响其诚信纳税。

第二，纳税人的个体特征。纳税人包括法人纳税人和自然人纳税人两类，它们各自的特征一定程度上都可能影响着税收遵从度。对于法人纳税人，企业的规模、行业属性、股权性质等都会影响企业的税收遵从度。从规模来看，一般来说规模较大的公司相较于规模较小的公司会更经常地暴露在税务机关的监控之下，因此会更加倾向于依法纳税，此外，一些大型的上市公司通常愿意依法纳税来营造良好的公司形象，稳定股价，因此也具有较高的税收遵从动机。从行业属性来看，受业务特点的影响，制造业一般要比其他行业具有更高的税收遵从度。从股权性质来看，国有企业相较于民营企业

---

① 国家税务总局.2002—2006 年中国税收征收管理战略规划纲要［EB/OL］. 2003 年 3 月 10 日.

具有更高的税收遵从度，但也有学者认为国有企业比其他企业更容易享受税收优待。对于自然人纳税人，影响遵从选择的因素可以分为两类：一类是纳税人个体的客观因素，如年龄，性别、受教育程度和职业等；另一类是纳税人的道德观念、心理特征和风险偏好等主观因素。

第三，税收违法行为查处力度。政府部门对税收违法行为的查处力度对税收遵从具有重要影响。世界各国的税收征管实践表明，对偷、逃税的查获概率和处罚率越高，人们偷、逃税的动机就越弱。但政府对税收违法行为的查处需要动用一定的人力物力，需要付出一定的管理成本，所以应在综合考虑成本和收益的基础上，决定政府的稽查率以及查处力度。

第四，纳税服务水平。广泛而普遍地向社会宣传税法、税收政策、办税程序和税收知识等，可以潜移默化地增强全社会的纳税意识，提高纳税人依法履行纳税义务的自觉性，减少纳税人无意识的不遵从行为。高质量、人性化的纳税服务，可以减轻心理负担，还可以满足纳税人的个性化需求，而及时有效地反馈能够提升纳税人的满意度，有助于提升纳税人的税收遵从度。

第五，社会环境。在纳税人基本特征和心理特征固有的前提下，个人纳税人所处的社会环境对纳税人的遵从行为将产生最直接的影响，如税收文化、协税网络、中介机构、财政透明度等对税收遵从行为均存在影响。例如，税款的使用方向合理，财政支出透明，纳税人实在地感受着自己享受到政府提供的公共物品和福利，这将弱化纳税人对税收的抵触情绪，从而提高纳税人的税收遵从度。

（三）税收风险管理理论

税收征管现代化要求通过合理配置行政资源来提升税收遵从度，提示了税收风险管理理论的不可或缺性。税收风险管理是促进税收遵从的根本途径，是提高税务机关主观能动性的重要抓手。税收风险存在于征税的过程中，其结果是阻碍税收征收目标的实现。因此，税收风险管理贯穿于税收工作的全过程，税务机关运用风险管理的理论和方法，在全面分析纳税人税收遵从状况的基础上，针对纳税人不同类型、不同等级的税收风险，合理配置资源，通过服务提醒、更正提示、业务阻断、纳税评估、特别纳税调整、税务稽查等策略，防控税收风险，提高纳税人的税收遵从度。税收风险管理包括目标规划、信息收集、风险识别、等级排序、任务统筹、风险应对、过程监控和评价反馈，以及通过评价成果应用于规划目标的修订校正等内容。其中重点为风险识别、风险分析及排序、风险应对和风险监控四个部分。

第一，风险识别。税务机关建立覆盖税收征管全流程、各环节、各税种、各行业的风险识别指标体系、风险特征库和分析模型等风险分析工具。运用这些风险分析工具，对纳税人的涉税信息进行扫描、分析和识别，找出容易发生风险的领域、环节或纳税人群体，为税收风险管理提供精准指向和具体对象。

第二，风险分析及排序。根据风险识别结果，建立风险纳税人库，按纳税人归集风险点，综合评定纳税人的风险分值，并进行等级排序，确定每个纳税人的风险等级。结合征管资源和专业人员的配置情况，按照风险等级由高到低合理确定需采取措施的应对任务数量。

第三，风险应对。风险应对是指税务机关在风险分析识别的基础上，综合考虑风险性质类型、风险等级等因素，通过合理配置资源，采取各种应对策略消除税收风险，提高税收遵从度的过程。风险应对是整个风险管理的核心。根据风险等级的高低采取的应对策略主要包括对无风险纳税人避免不当打扰，对低风险纳税人进行风险提示提醒，对中风险纳税人实施纳税评估（或税务审计、反避税调查），对涉嫌偷税（逃避缴纳税款）、逃避追缴欠税、骗税、抗税、虚开发票等税收违法行为的高风险纳税人实施税务稽查。

第四，风险监控。税务机关对税收风险管理全过程实施有效监控，建立健全考核评价机制，及时监控和通报各环节的运行情况，并对风险识别科学性和针对性、风险等级排序准确性、风险应对策略有效性等进行效果评价。这主要包含过程监控和评价反馈。过程监控是各级税务机关通过设置监控指标等形式对本级及下级税收风险管理全过程实施监督，及时处理异常情况，提高风险管理质效。评价反馈是指税务机关对风险识别的科学性和针对性、风险等级排序的准确性、风险应对策略的有效性等进行效果评价。风险应对机关将应对结果、效果评价、完善和改进措施逐级反馈相关管理部门。

（四）税务行政效率理论

税收征管现代化要求不断降低征管成本、持续提高征管收益，凸显了税务行政效率理论的重要性。税务行政效率是指通过税务行政优化，来使得获取同样或较多的税收收入时，所付出的征收费用或额外损失最小。亚当·斯密在其代表性著作《国民财富的性质和原因的研究》（《国富论》）一书中论及税收征管效率，提出：在征税过程中，应尽量减少不必要的费用开支，须设法使人民所付出的尽可能等于国家所得到的收入。19 世纪末，阿道夫·瓦格纳在继承和发展亚当·斯密理论的基础上，提出税务行政原则：税收征收管理的费用应力求节省，以增加国库的实际收入。同时，他指出：征收费用不单纯指税务稽征的费用，纳税人因纳税而直接负担的费用也应包括在内。斯密和瓦格纳所提出的“便利、节省”原则，实质上就是税收的征管效率原则，在 20 世纪 70 年代以前，它是评价税务行政效率的最主要方法。但 80 年代以来，世界上许多国家逐步开展以绩效评估为核心的税务行政效率评价。

税务行政效率评价是税务机关建立在一定评价方法基础上，运用一定的指标体系对税收征收过程及其结果进行概括性、系统性的评价。对税务行政效率的评价方法，实际上可以归纳为两类：一类是主要以成本—收益法为基础的评价方法，另一类是以成本—绩效法为基础的评价体系，前者应用于早期的税务管理实践中，后者则随着公共管理理念的发展而不断完善。

第一，以征管效率为核心的单一目标评价方法及指标设计。在 20 世纪 70 年代以前，以征管效率为核心的税务行政效率评价体系基本以成本—收益分析方法为基础，这种评价方法将税务机关的人力资源投入视为税务管理活动的成本，将税务机关筹集的税收收入作为税务管理的收益，两者指标的比较值为税务行政效率。税务行政效率一般包括征管制度效率和征管机构效率两个方面。征管制度效率指税收征管的有效性，即税收征管制度及其实施对于提高纳税人遵从税法的影响力及税务管理人员对税法的执行程度；征管机构效率是指税务机关以较少的征管费用和执行费用筹集较多的税收收入。这类评价方法主要用税收征收成本率、人均征税额、税收成本收入变动系数等指标来加以评价。

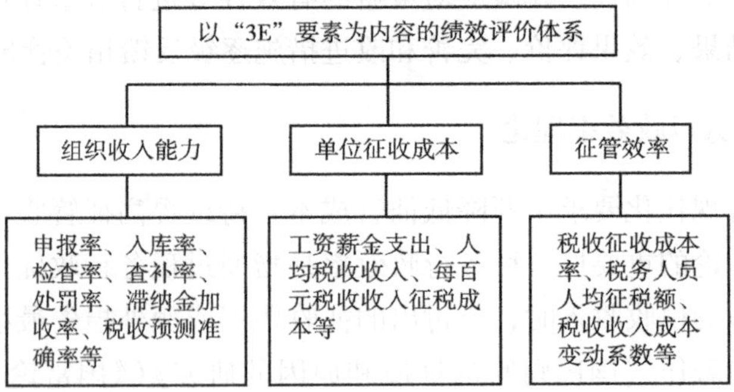

图 2－1　以“3E”要素为内容的绩效评价体系及指标设计

第二，以征管绩效为核心的多元目标评价方法及指标设计。随着公共部门绩效管理的理论与实践在20世纪80年代的英美国家盛行，许多政府和学者开始用“绩效”概念来衡量政府活动的效果，税务管理作为一项政府管理活动，税收征收绩效评价体系也不再是以征收效率为核心的单一指标体系，而发展成为一个以征管绩效为核心的，包括3E（图2-1）、质量、公众满意度在内的多元目标的综合性评价体系，是一个比效率更宽广、更复杂的概念①。

第三，以“3E”+质量要素为内容的绩效评价。20世纪90年代以来，“质量”（quality）指标逐渐成为评价政府绩效的又一个重要标准。英国学者奥克兰指出：“不管政府还是私营部门，全面质量管理都是整个组织改进竞争、高效、韧性的一种好的途径。”服务质量作为考虑绩效问题的基础得到广泛的认同，并有可能在今后成为改进绩效的主要推动力。因此，将质量要素纳入税务行政效率评估体系，可以适应当代政府管理实践的需要，进一步优化税务行政评估体系。

第四，以“3E”+质量+满意度等要素为内容的绩效评价。自20世纪末开始，许多国家纷纷树立起服务型政府理念，使得政府绩效指标评价体系不仅包括投入、产出、结果和效率等定量指标，还包括公平、民主、服务质量以及公众满意度等一些定性的指标。“顾客至上”原则要求政府绩效评价指标体系的确定应首先与顾客、公众沟通，明确公众的需求与愿望，在此基础上共同确定政府绩效评估的各项指标，而不是由政府单方面决定。

二、税收征收管理的制度体系

税收征管的制度体系是指在税收征管活动中，税务机关及其工作人员、纳税人及相关主体必须遵循的社会规范。建立稳定的、权威性、规范化的税收征管制度体系，为税收征管实践提供制度保障，是税收征管现代化的必然要求。税收征管的制度体系包含法律、行政法规、部门规章等多个层面的制度规范。

（一）法律层面

根据《中华人民共和国立法法》，税种的设立、税率的确定和税收征收

① “3E”即产出（efficacy）、效率（efficiency）、效果（effectiveness）。

管理等税收基本制度只能制定法律。1992 年 9 月，全国人民代表大会常务委员会通过《中华人民共和国税收征收管理法》，确立了稳固的税收征管制度框架，标志着税收征管的法制化、科学化、规范化①。《税收征管法》包括总则、税务管理（税务登记与账簿、凭证管理、纳税申报）、税款征收、税务检查、法律责任、附则六个部分，基本按照税收征管的基本程序和要求设置，即按税收基础管理、税款征收、税务检查、税务行政处罚分章，既明确了征纳双方的权力（利）和义务，又使履行的程序清晰可循。

第一，总则。主要包括立法宗旨、适用范围、税收征收权限划分、纳税人权利、税收机关权限、信息系统现代化建设、信息共享制度、税务机关队伍建设、内部制约和监督管理制度、保密和回避制度以及税务案件举报人奖励制度等。《税收征管法》明确要求：税务机关应当广泛宣传税收法律、行政法规，普及纳税知识，无偿地为纳税人提供纳税咨询服务。国家有计划地用现代信息技术装备各级税务机关，加强税收征收管理信息系统的现代化建设。

第二，税务管理。在税务登记方面，主要包括税务登记原则、税务登记基本规范、工商机关通报义务、金融机构协助义务。税务机关对同一纳税人的税务登记采用同一代码，信息共享。以此为基础，税务机关应当于收到纳税人申报的当日办理登记并发给税务登记证件，税务登记内容发生变化的，应向税务机关申报办理变更或者注销税务登记，并对税务登记证件实行定期验证和换证制度。纳税人应当将存款账户和其他存款账户向税务机关报告，税务机关依法查询纳税人开立账户的情况时，有关金融机构应当予以协助。

在账簿、凭证管理方面，主要包括账簿的设置、使用、保管，会计制度、发票管理办法、税控装置使用等。纳税人的财务、会计制度或者财务、会计处理办法和会计核算软件，应当报送税务机关备案，纳税人应当按照规定安装、使用税控装置，不得损毁或者擅自改动税控装置，并按照税务机关的规定报送有关数据和资料。税务机关负责发票印制、领购、开具、取得、保管、缴销的管理和监督。

在纳税申报方面，主要包括纳税申报原则、纳税申报程序以及延期申报制度等。税务机关应当建立、健全纳税人自行申报纳税制度。纳税人必须依

---

① 《中华人民共和国税收征收管理法》修订历程：1995 年 2 月，第 1 次修正；2001 年 4 月，第 2 次修订；2013 年 6 月，第 3 次修订；2015 年 4 月，第 4 次修订。其中，2001 年 4 月是大规模修订，条文从 62 条增至 94 条，其他数次修订均是针对个别条文。

照依法确定的申报期限、申报内容如实办理纳税申报，报送纳税申报表、财务会计报表以及税务机关根据实际需要要求纳税人报送的其他纳税资料，不能按期办理纳税申报的，经税务机关核准，可以延期申报，并应在纳税期内预缴税款，并在核准的延期内办理税款结算。

第三，税款征收。主要包括税款征收原则、税款征收方式、滞纳金征收、完税凭证、延期纳税、应纳税额核定、转让定价、预约定价、欠税管理、税收保全措施、强制执行措施、纳税担保、税收债权清偿、代位权、撤销权、退税程序等。税务机关根据保证国家税款及时足额入库、方便纳税人、降低税收成本的原则，确定税款征收的方式，并加强对税款征收的管理，建立、健全责任制度。税务机关征收税款时，必须给纳税人开具完税凭证，并负责纳税人纳税信誉等级评定工作。税务机关依法征收税款，纳税人应当按期缴纳或者解缴税款，未按期缴纳税款的，税务机关除责令限期缴纳外，从滞纳税款之日起，按日加收滞纳金。税务机关有权在法定情形下核定纳税人的应纳税额，有权对违反独立交易原则的关联企业之间交易进行合理调整。

税务机关有根据认为纳税人有逃避纳税义务行为的，可以在规定的纳税期之前，责令限期缴纳应纳税款；在限期内发现纳税人有明显的转移、隐匿其应纳税的商品、货物以及其他财产或者应纳税的收入的迹象的，税务机关可以责成纳税人提供纳税担保。如果纳税人不能提供纳税担保，税务机关可以依照法定权限和法定程序采取冻结存款，扣押、查封财产等税收保全措施。对欠缴税款的纳税人，税务机关有权在法定情形下依法行使代位权、撤销权。税务机关应当按照税收征收管理范围和税款入库预算级次，将税款缴入国库。纳税人超过应纳税额缴纳的税款，税务机关发现后应当立即退还。

第四，税务检查。主要包括税务检查权限、税务检查程序、纳税人接受税务检查义务、税务检查程序中的税收保全措施或者强制执行措施。税务机关有权对纳税人的账簿、记账凭证、报表、应纳税商品等进行税务检查，并得依法查询纳税人存款账户。税务机关有权向有关单位和个人调查纳税人、扣缴义务人和其他当事人与纳税或者代扣代缴、代收代缴税款有关的情况。税务机关应当建立科学的检查制度，统筹安排检查工作，制定合理的税务稽查工作规程，负责选案、检查、审理、执行的人员的职责应当明确，并相互分离、相互制约，规范选案程序和检查行为。税务机关进行税务检查时，发现纳税人有逃避纳税义务行为，并有明显的转移、隐匿其应纳税的商品、货物以及其他财产或者应纳税的收入的迹象的，可以采取税收保全措施或者强制执行措施。

第五，法律责任。主要包括纳税人税收违法责任、扣缴义务人税收违法责任、金融机构税收违法责任、税务机关税收违法责任、税务人员税收违法责任、税务行政处罚追诉时效、税务行政复议前置等。纳税人有违法行为的，税务机关有权责令限期改正，并可处以罚款，构成犯罪的，依法追究刑事责任。税务机关和司法机关的涉税罚没收入，应当按照税款入库预算级次上缴国库。金融机构拒绝履行法定义务，造成税款流失的，税务机关有权对金融机构和直接责任人员处以罚款。纳税人、扣缴义务人、纳税担保人同税务机关在纳税上发生争议时，必须先依照税务机关的纳税决定缴纳或者解缴税款及滞纳金或者提供相应的担保，然后可以依法申请行政复议；对行政复议决定不服的，可以依法向人民法院起诉。

2015 年 1 月，为适应新形势下税收征管工作需要，规范税收征收和缴纳行为，保护纳税人合法权益，国务院法制办公室发布由国家税务总局、财政部联合起草的《中华人民共和国税收征收管理法修订草案（征求意见稿）》，指明了税收征管制度的调整方向。《征求意见稿》确立的制度框架由总则、税务登记、凭证管理、信息披露、申报纳税、税额确认、税款追征、税务检查、法律责任、争议处理、附则所构成。在制度创新方面，《征求意见稿》增加了对自然人纳税人的税收征管规定：明确纳税人识别号制度的法律地位、明确纳税人自行申报制度的基础性地位、强化自然人税收征管措施并建立税收优先受偿权制度。与此同时，《征求意见稿》进一步完善纳税人权益保护体系：完善纳税人权利体系、减轻纳税人负担、取消先缴税后复议的规定并引进预约裁定制度。此外，《征求意见稿》进一步规范了税收征管行为：规范税收征管的基本程序、规范税收征管的时效、增强税务机关获取涉税信息的能力。最后，《征求意见稿》健全了争议解决机制：坚持涉及税款的税收争议实行复议前置，并鼓励通过和解、调解解决争议①。

（二）行政法规层面

国务院根据宪法和法律，制定行政法规。制定行政法规的事项包括为执行法律的规定需要制定行政法规的事项和为履行国务院行政管理职权的事

① 叶姗．中国税收征管法的重塑与再造［J］．中国法律评论，2018（6）：26－34．

项。1993年8月，国务院根据《中华人民共和国税收征收管理法》制定《中华人民共和国税收征收管理法实施细则》，其后始终与《税收征收管理法》同步修订。在《税收征管法》的基础上，《税收征收管理法实施细则》为《税收征管法》提供了程序性和操作性的规定，进行了进一步的量化、细化和补充，最大程度地保证了税收征管措施的合法性、合理性、可行性和前瞻性。实施细则包括总则、税务登记、账簿凭证管理、纳税申报、税款征收、税务检查、法律责任、文书送达、附则九章，在制度性质上主要包括：

第一，对《税收征管法》规定得比较笼统，而实际工作中又必须明确的内容作进一步的明确、解释。第二，对《税收征管法》已有规定，但没有具体的操作程序，包括自由裁量权比较大的内容进行一定程度的具体量化。第三，对《税收征管法》未作规定或规定不明确的内容而实际工作中又确实需要，而且根据《立法法》的规定，在国务院的权限内可以规定的内容，以不违反税收征管法立法原则和目的为尺度，进行补充规定。第四，将《税收征管法》未作规定或规定不明确，但在税收单项制度或办法等规范性文件中已有规定，并经多年工作实践检验行之有效的做法，上升为行政法规。

规范税收征管行为的行政法规，还包括《中华人民共和国发票管理办法》。1993年12月，国务院批准《中华人民共和国发票管理办法》，由财政部发布施行。这是我国第一部由国务院批准发布的发票管理行政法规，旨在加强发票管理和财务监督，保障国家税收收入，维护经济秩序，标志着我国发票管理在规范化、法制化方面迈上了一个新台阶。《发票管理办法》系统规范了发票的印刷、领用、开具、保管、检查，明确了发票包括纸质发票和电子发票、电子发票与纸质发票具有同等法律效力，强化了税务机关的发票管理职能，规范了发票管理程序，加重了对发票违法行为的处罚力度；同时，严格约束税务机关职权，体现了对印制、使用发票单位和个人合法权益的保护。

（三）部门规章层面

根据《中华人民共和国立法法》，财政部和国家税务总局有权单独或联合根据法律和国务院的行政法规、决定、命令，在本部门的权限范围内，制定部门规章，以系统性规范税收征管行为，主要规章如下：

第一，税务登记管理。从事生产、经营的纳税人自领取营业执照之日起三十日内，持有关证件，向税务机关申报办理税务登记。税务机关应当于收到申报的当日办理登记并发给税务登记证件。为了规范税务登记管理，加强税源监控，国家税务总局制定《税务登记管理办法》，全面规范纳税人的设立登记、变更登记、停业和复业登记、注销登记、外出经营报验登记、证照管理、非正常户处理以及相应的法律责任。

第二，税收会计制度。纳税人的财务、会计制度或者财务、会计处理办法与有关税收的规定抵触的，依照有关税收的规定计算应纳税款。为了规范和加强税收会计工作，保证税收会计资料真实、准确、完整，充分发挥税收会计在加强税收征管中的作用，国家税务总局制定了《税收会计制度》，规定凡是直接负责税款征收或入库业务的税务机关，都必须严格按税收会计制度，组织税收会计核算工作，并全面规范了税收会计的记账方法、会计科目、会计凭证、会计账簿、税收会计核算程序和会计报表。

第三，发票管理。国家税务总局根据《发票管理办法》，制定《中华人民共和国发票管理办法实施细则》，明确了发票在全国范围内的统一式样，进一步明确了《发票管理办法》相关条款的具体含义。为规范税收票证管理工作，适应税收信息化发展需要，国家税务总局根据《税收征收管理法》及其实施细则，制定《税收票证管理办法》，以规范税收缴款书、税收收入退还书、税收完税证明、出口货物劳务专用税收票证、印花税专用税收票证以及其他税收票证的管理工作。此外，为规范网络发票的开具和使用，国家税务总局制定《网络发票管理办法》，针对使用网络发票管理系统开具发票的单位和个人办理网络发票管理系统的开户登记、网上领取发票手续、在线开具、传输、查验和缴销等事项，作出原则性规定。

第四，纳税信用管理。为规范纳税信用管理，促进纳税人诚信自律，提高税收遵从度，国家税务总局制定《纳税信用管理办法（试行）》，规范税务机关对纳税人的纳税信用信息开展的采集、评价、确定、发布和应用等活动。管理办法明确规定纳税信用管理应遵循客观公正、标准统一、分级分类、动态调整的原则，国家税务总局负责推行纳税信用管理工作的信息化，规范统一纳税信用管理，国家税务局、地方税务局联合开展纳税信用评价工作，各级税务机关与相关部门建立信用信息共建共享机制，推动纳税信用与其他社会信用联动管理。

第五，纳税评估管理。纳税评估是指税务机关运用数据信息对比分析的方法，对纳税人的纳税申报情况的真实性和准确性作出定性和定量的判断，并采取进一步征管措施的管理行为。为降低税收风险，减少税款流失，国家税务总局制定《纳税评估管理办法（试行）》，全面规范纳税评估指标、纳税评估对象、纳税评估方法、评估结果处理、评估工作管理，尤其是明确了纳税评估通用分析指标及其使用方法、纳税评估分税种特定分析指标及使用方法。

第六，税收管理员。为加强税源管理，优化纳税服务，切实解决“淡化责任、疏于管理”问题，推进依法治税，进一步提高税收征管的质量效率，国家税务总局制定《税收管理员制度（试行）》，明确税收管理员是基层税务机关及其税源管理部门中负责分片、分类管理税源，负有管户责任的工作人员。税收管理员在基层税务机关及其税源管理部门的管理下，贯彻落实税收法律、法规和各项税收政策，按照管户责任，依法对分管的纳税人申报缴纳税款的行为及其相关事项实施直接监管和服务。税收管理员制度遵循管户与管事相结合、管理与服务相结合、属地管理与分类管理相结合的原则，是税务机关根据税收征管工作的需要，明确岗位职责，落实管理责任，规范税务人员行为，促进税源管理，优化纳税服务的基础工作制度。

第七，税收减免管理。纳税人依法享有申请减税、免税的权利，有权依照法律、行政法规的规定办理减税、免税。为规范和加强减免税管理工作，国家税务总局制定《税收减免管理办法》，针对税基式减免、税率式减免和税额式减免，较为系统地规范核准类减免税的申报和核准实施、备案类减免税的申报和备案实施、减免税的监督管理。

第八，纳税担保管理。纳税担保是指经税务机关同意或确认，纳税人或其他自然人、法人、经济组织以保证、抵押、质押的方式，为纳税人应当缴纳的税款及滞纳金提供担保的行为。纳税担保范围包括税款、滞纳金和实现税款、滞纳金的费用。费用包括抵押、质押登记费用，质押保管费用，以及保管、拍卖、变卖担保财产等相关费用支出。为规范纳税担保行为，保障国家税收收入，国家税务总局制定《纳税担保试行办法》，系统规范纳税保证、纳税抵押、纳税质押以及相应的法律责任。

第九，大企业税收服务。大企业税收服务和管理工作，以纳税人的需求为导向，提供针对性的纳税服务，以风险为导向，实施科学高效、统一规范的专业化管理，通过有效的遵从引导、遵从管控和遵从应对，防范和控制税务风险，提高税收遵从度，降低税收遵从成本。为规范大企业税收服务和管理工作，国家税务总局制定《国家税务总局大企业税收服务和管理规程（试行）》，从遵从引导、遵从管控、遵从应对、遵从保障方面，系统规范了针对大企业的税源监控、风险识别和风险评估、实施针对性管理、反馈和改进风险管理、遵从报告、信息管理、人才保障以及制度保障。

第十，税务稽查。税务机关应当制定合理的税务稽查工作规程，负责选案、检查、审理、执行的人员的职责应当明确，并相互分离、相互制约，规范选案程序和检查行为。为规范税务稽查案件办理程序，强化监督制约机制，保护纳税人和其他涉税当事人合法权益，国家税务总局制定《税务稽查案件办理程序规定》，明确稽查局办理税务稽查案件时，实行选案、检查、审理、执行分工制约原则，实现对选案、检查、审理、执行程序的全面规范。

三、税收征收管理的模式与方法

税收征管模式是税收组织机构、人力资源、管理程序、管理方法等资源要素有机组合所形成的相互协调、具有整体性特征的管理范式。税收征管方法是解决税收征管问题、提高税收征管效率的具体方法，征纳双方可以根据实际情况自行选择。税收征管的模式与方法直接影响税收征管效率。

（一）税收征管的模式

税收征管模式通常表现为征收、管理、稽查的组合形式，关键是要解决好征纳信息的不对称和不匹配问题，在保证征管效率的基础上实现税收的应收尽收。好的管理模式的重要标志是其对环境的适应性。税收征管模式不能一成不变，应适时通过不同的管理要素重新组合形成新的推动力，以适应税收制度改革，应对外部环境变化提出的挑战①。我国税收征管模式经历了长期的发展过程：

第一，税务专管员模式。这一模式可以概括为“一人进厂、各税统管、征管查合一”。新中国成立初期，为了适应私人资本主义经济和多税种、多次征的复合税制的需要，在税收的征管形式上，采取了以各税分管、固定管户（片、区）为主的征管模式。各税分管体现在，按生产环节的货物税、工商业户的工商税和地方税这三条线，分别设置三个科（股）来管理。固定管户体现在，在大中城镇则基本按行业，小城镇按区域或按行业和区域相结

① 樊勇，税收改革新蓝图、税收理论新拓展［N］．中国税务报，2022－01－12．

合，进行专责管理。社会主义改造任务基本完成后，为适应计划经济体制，税收体制也发生了重大变革。税制改革到最后，国营企业只纳一种税，集体企业只纳两种税。因此，在征管上已经没有必要继续实行分税管理，而被一员到户、各税统管、集征管查于一人的征管模式取而代之。税务专管员制度的特点有两个，就是各税统管与征管查于一人。这种模式的优点是可以发挥征收、管理、检查三大环节的衔接、协调优势，也可以缓解征收人员不足的矛盾，还可以使税务专管员全面掌握纳税人的情况，保证税收征管顺利进行。但随着经济体制改革的持续推进，税务专管员模式与经济体制、复合税制的不协调逐渐显现：首先，由于纳税人数量增多，税制复杂，加大了税收征管难度；其次，由于税收征收、管理、检查三权集于专管员一人，缺乏三权之间的监督制约，容易滋生腐败；最后，征纳双方权责不清，“保姆”式的管理不利于培养纳税人的纳税意识。

第二，征、管、查分离模式。这一模式可以概括为：多员进厂，征、管、查分离。20 世纪 80 年代中后期，随着我国经济体制改革的不断深入，原有的税收征管模式与经济的飞速发展极不相适。因此，国家税务总局在 1988—1994 年进行了以征、管、查分离为核心内容的税收征管改革，在税务机关内部划分征收、管理和检查部门，实行征管权力的分离和制约，同时实行专业化管理、以提高征管效率。同税务专管员模式相比，三分离模式将税收征管工作划分为征、管、查三个方面，分置机构承担相应责任，分工清楚，职责分明，各司其职，相互制约，实行专业化管理，有利于提高税收征管效率，促进依法治税，还有利于提高税务人员的业务素质。但这种模式没有在根本上改变对纳税人的“保姆”式管理，征纳双方的职责没有明确，权利与义务仍未充分体现。

第三，申报、代理、稽查模式。1994 年，在保持原有征管模式的同时，“纳税申报，税务代理，税务稽查”三位一体的税收征管模式启动试行，意在取消专管员固定管户制度，把纳税申报、中介机构的税务代理和税务机关的征管结合起来，形成一个相互依存、相互制约的有机整体。1993 年，国务院批转《国家税务总局工商税制改革方案》，提出：“彻底改变目前征管制度不严密、征管手段落后的局面，从根本上提高税收征管水平，建立科学、严密的税收征管体系，以保证税法的贯彻实施，建立正常的税收秩序。”具体措施包括：普遍建立纳税申报制度；积极推行税务代理制度；加速推进税收征管计算机化进程；建立严格的税务稽查制度等；建立申报、代理、稽查三位一体的税收征管格局，同时辅之以对偷逃税行为进行重罚的办法。这一方案在强调划分征纳双方的职责、强调税务代理的作用、加大税务稽查与惩治的力度方面具有一定积极作用，但总体上思路不够清晰，在实施中存在一定问题。

第四，“30 字”税收征管模式。1997 年，国务院办公厅转发国家税务总局《关于深化税收征管改革的方案》，明确提出：“税收征管改革的任务是：建立以申报纳税和优化服务为基础，以计算机网络为依托，集中征收、重点稽查的新的征管模式。到本世纪末，先在全国的城市和县城实施，并逐步向农村推进，力争在 2010 年基本完成这项改革。”方案提出征管改革应遵循“依法治税、规范统一、整体协调、实用易行、监督制约”的基本原则。方案提出的税收征管改革内容包括：建立纳税人自行申报纳税制度；建立税务机关和社会中介组织相结合的服务体系；建立以计算机网络为依托的管理监控体系；建立人工与计算机结合的稽查体系；建立以征管功能为主的机构设置体系，即“一个制度，四个体系”。这一方案第一次从体系化角度来认识税收征管，对于税收征管的范畴进行扩展，税收征管不仅包含征、管、查三个环节，还包括计算机应用、税务机构设置与纳税服务等相关内容。此次征管改革，初步实现纳税人自主申报、初步形成相对独立的税务稽查体系、税务代理中介服务体系，并使计算机技术在税收征管工作中得到应用。

第五，“34 字”税收征管模式。2004 年，全国税收征管工作会议在 30 字模式的基础上补充了“强化管理”，并提出在全国税务系统建立税收管理员制度和纳税评估制度。由此，税收征管模式演变为“以申报纳税和优化服务为基础，以计算机网络为依托，集中征收，重点稽查，强化管理”。这种征管模式特点明显：首先是突出纳税人主动申报纳税的义务；其次是突出税务机关工作人员为纳税人服务的义务；再次是在税收征管中普遍应用计算机；复次是税款征收上实行集中征收；最后是强调税务稽查的重要作用，建立了税务稽查体系。这一税收征管体系最终建立起相互联系、但相对独立的五大分支体系：一是纳税人自行申报纳税制度体系；二是税务机关和社会中介组织相结合的服务体系；三是以计算机为依托的管理监控体系；四是人机结合的稽查体系；五是以征管功能设置机构划分职能的组织体系。

这种模式的优点是：实现了由计划经济体制下的传统征管模式向适应社会主义市场经济体制要求的新的征管模式的转变。改革的涉及面比较广，注意对构成税收征管体系的要素的全面改革；征纳双方职责划分清楚，权利与义务关系明确；实行自行申报、集中征收有利于提高纳税人的纳税意识，提高征管效率；重视计算机运用，加快了我国税收征管现代化进程；开始由传统的分散征收、分兵把口的粗放型管理向现代化集中征收、重点稽查的集约型管理的转变。这种模式的不足之处在于：征管机构的适应性和协调性不强，有待进一步调整；从征管体系的角度来看，各个要素的改革还有待进一步配套与完善；税收征管模式运行的外部环境不良。

第六，税收征管新模式。随着我国经济社会进入新的发展阶段，税收征管面临着新的改革任务，需要通过大数据、智能化应用实现税务执法、服务、监管、共治乃至组织深度融合、高效联动的模式创新①。2021 年 3 月，中共中央办公厅、国务院办公厅印发《关于进一步深化税收征管改革的意见》提出“着力建设以服务纳税人缴费人为中心、以发票电子化改革为突破口、以税收大数据为驱动力的具有高集成功能、高安全性能、高应用效能的智慧税务，深入推进精确执法、精细服务、精准监管、精诚共治”，实质上蕴含新的征管模式，即通过大数据智能化应用实现将税务执法、服务、监管、共治乃至组织深度融合、高效联动。新的税收征管模式更加突出了问题导向、目标导向和结果导向，并将问题、目标、结果合成辩证统一的有机整体，是推进税收征管高质量发展的思维导图和方法路径，也是进一步深化征管改革的基本遵循②。

总体而言，我国税收征管经历了从“经验管税”到“以票控税”再到“以数治税”的变革，完成了从经验式征管向科学精确征管的跃进③。首先是经验管税。无论是税务专管员模式还是征、管、查分离模式，都是采取对纳税人“保姆”式的管理方式，严重依赖征税人员的经验。经验管税的突出特征，一是征管方式粗放，存在大量的手工重复操作，难以精细化；二是征管恣意性强，权力缺乏监督；三是征管规范性差，税收遵从度低。继而是以票管税。以票管税是利用发票的特殊功能，通过加强发票管理，实现对纳税人行为的监控，进而保证税收收入④，尤以增值税专用发票为重。相较于经验管税，以票管税的规范性、稳定性有显著提升，并逐步与信息技术相结合，极大地提升了税收征管成效。然而，随着经济社会的迅速发展，以票管

---

① 樊勇，姜辛．论我国税收征管理论体系建设的推进［J］．国际税收，2021（11）：42－47．
② 樊勇，税收改革新蓝图、税收理论新拓展［N］．中国税务报，2022－01－12．
③ 李平．税务“放管服”改革助推营商环境持续优化［N］．中国税务报，2022－09－14．
④ 陈林春．关于推行以票管税的几点思考［J］．税务研究，1997（3）：54－57．

税越发遭遇挑战：在最终消费环节，基本不用发票，以票管税形同虚设；在生产流通环节，大量的真票虚开虚抵，造成税收流失，导致宏观税负名实不符，并严重损害营商环境①。最后是以数治税。科学技术的迅速发展迎来了“以数治税”的时代，税务机关基于税收大数据，采用数据挖掘的方法，能够实现深度挖掘纳税人的涉税信息，评估潜在逃税风险，并对高逃税风险的纳税人重点监测，以“双随机、一公开”监管和“互联网＋监管”为基本手段、以重点监管为补充、以“信用＋风险”监管为基础，构建税务监管新体系，进而促进税收遵从②。

（二）税收征管的方法

税收直接参与国民收入分配和再分配，广泛地介入经济、社会的各个领域，处于利益分配的焦点，内在决定了税收征管方法极端重要。同时，推进税收征管现代化也需要不断完善税收征管方法，以提升税收征管的规范性、便捷性和精准性。税收征管方法主要包括：

第一，纳税服务。纳税服务是税务机关依据税收法律、行政法规的规定，在税收征收、管理、检查和实施税收法律救济过程中，向纳税人提供的服务事项和措施，也是税务机关行政行为的组成部分，构成了促进纳税人依法诚信纳税和税务机关依法诚信征税的基础性工作。纳税服务以聚财为国、执法为民为宗旨，坚持依法、无偿、公平、公正的原则，促进税收遵从，提高税收征管质量和效率，保护纳税人合法权益。纳税服务的持续优化，需要大力推行优质高效智能纳税服务，不断拓展“非接触式”“不见面”办税服务，积极推行智能型个性化服务，精准提供线上服务、持续优化线下服务，构建“线下服务无死角、线上服务不打烊、定制服务广覆盖”的纳税服务新体系，实现从无差别服务向精细化、智能化、个性化服务转变，切实减轻纳税人办税负担。

第二，税收计划、统计与分析。税收计划是税务机关在现行税收制度下，依据国民经济和社会发展计划以及国民经济发展情况对一定时期税收收入进行测算而编制的收入计划，包括计划的编制、分配落实、计划执行情况检查分析和考核、税收预测以及经济税源调查、税源监控等各个环节，构成

① 焦瑞进．以票管税之困［J］．中国财政，2018（14）：61－62.

② 樊勇，杜涵．税收大数据：理论、应用与局限［J］．税务研究，2021（9）：57－62.

了相互联系、相互作用的有机整体。税收统计是税务机关根据国家税收政策和税收计划管理的要求，按照统一的制度和专门的方法，对税额、税源以及税政等税收经济现象所进行的统计工作，此项工作是征收机关和征收人员执行税收政策、组织收入、进行税收征管所取得成果的反映，是国家进行决策不可缺少的工作。税收分析是运用科学的理论和方法，对一定时期内税收与税源、税收政策、税收征管等相关影响因素及其相互关系进行分析、评价，查找税收征管中存在的问题，进而提出完善税收政策、加强税收征管的措施建议的一项综合性管理活动，是促进税收科学化精细化管理、充分发挥税收职能的重要手段。税收计划、税收统计、税收分析既有利于实现税款及时、足额入库，保证国家税收收入任务的完成，又可以加强税收征管，提高税收征管效率。

第三，风险管理。税收风险管理贯穿于税收工作的全过程，是税务机关运用风险管理理论和方法，在全面分析纳税人税收遵从状况的基础上，针对纳税人不同类型、不同等级的税收风险，合理配置税收管理资源，通过风险提醒、纳税评估、税务审计、反避税调查、税务稽查等风险应对手段，防控税收风险，提高纳税人的税收遵从度，提升税务机关管理水平的税收管理活动。税收风险管理的基本内容包括目标规划、信息收集、风险识别、等级排序、风险应对、过程监控和评价反馈，以及通过评价成果应用于规划目标的修订校正，从而形成良性互动、持续改进的管理闭环。实施税收风险管理，就是要把有限的征管资源优先配置到高风险领域和大企业税收领域，实现税源管理专业化，推动服务管理方式创新和税收管理体制变革。税收风险管理是加强税种管理的有效方法，也是加强日常征管的有效方法，还是加强大企业税收管理的有效方法，是完善我国税收管理体系、提高治理能力的有效举措①。

第四，税务检查。税务检查是指税务机关依法对纳税人履行纳税义务情况进行分析、审查，以确认其是否依法正确缴纳税款的专业检查，以强化税收管理，提高税收遵从度。税务检查是税务机关的法定权力，税务机关应当依法行使税务检查职权，而纳税人必须接受税务机关依法进行的税务检查，如实反映情况，提供有关资料，不得拒绝、隐瞒。此外，税务机关依法进行税务检查时，有权向有关单位和个人调查纳税人和其他当事人与纳税有关的

① 《国家税务总局关于加强税收风险管理工作的意见》（税总发〔2014〕105 号）。

情况，有关单位和个人有义务向税务机关如实提供有关资料及证明材料。税收征管现代化要求建立科学的检查制度，统筹安排检查工作，建立统一规范、协调高效的税务检查体系，以保障税务检查工作的程序化、规范化和科学化。

第五，科技应用。持续推进科学技术在税收征管领域中的应用，不仅能大大提高税收征管效率，还能推动征管制度、征管模式创新，创造性地解决税收征管中的难题。以金税工程为核心，我国形成了以税收业务管理应用系统、税务行政管理应用系统、外部信息管理应用系统和决策支持管理应用系统四大子系统为模块的税务管理信息系统，极大地推动了税收征管现代化的进程，并为智慧税务建设奠定了基础。随着数字化升级和智能化改造的持续推进，以及大数据、云计算、人工智能、移动互联网等现代信息技术的深度应用，税收征管将真正实现“全过程强智控”，为贯彻新征管理念、实施新征管模式提供技术保障，为新一轮税收征管创新提供新动力。

第三章　科技税务在税收征管中的应用：从会电化到智慧税务*

自 20 世纪中期以来，科学技术的进步对全球产生了深远的影响，其中，信息技术和计算机技术的快速发展为税收征管带来了革命性的变革。在过去的几十年里，科技在税收征管中的应用经历了从无到有，再到深入发展的过程，走过了电算化、电子化、信息化、数字化四个阶段，目前着力打造新一代“智慧税务”平台，构建全联通的智慧税务生态系统。初期阶段，科技在税收征管中的应用主要体现在数据的电子化和计算机化处理上。这一时期的计算机主要被用来处理大量的手工数据，如税务登记、申报、计税和开票等。这大大提高了数据处理的速度和准确性，降低了手工操作中的错误和误差。随着技术的进步，计算机的应用逐渐从简单的数据处理扩展到更复杂的领域，如税务审计、风险评估和决策支持等。这些应用主要依赖于人工智能和数据挖掘技术的发展，能够自动分析大量的数据，发现潜在的税务风险和欺诈行为。进入 21 世纪，互联网和移动通信技术的普及使得税务服务和管理实现了全面的信息化。纳税人可以通过网络平台进行远程申报、支付和咨询，大大提高了税务服务的效率和质量。同时，大数据和云计算技术的应用也使得税务部门能够实时监控纳税人的行为，进行精准的税务管理和风险防控。未来，随着人工智能、区块链和物联网等新技术的不断发展，科技在税收征管中的应用将进一步深化。智能合约和自动化审计将使得税务流程更加透明和高效，而大数据分析和预测将为税务部门提供更准确的决策支持。回

---

* 本章根据 1993—2022 年《中国税务年鉴》相关内容整理。

顾科技在税收征管中的应用发展历程，我们可以看到一个不断进步和深化的过程。未来，随着新技术的不断涌现和应用，科技在税收征管中的作用将更加重要和突出。

一、电算化阶段

电算化是会计实务领域中将电子计算机及当代电子技术和信息技术进行实际应用的简称。这一概念的实践实现了数据处理活动的自动化过程，进而使得传统的手工会计信息系统逐步演变为电算化信息系统。税收征管电算化是指在税收征管工作中全面运用以计算机等信息技术为手段的处理方式。这种方式相较于传统的手工操作方式，具有高效、便捷、准确等优点，能够大大提高税收征管工作的效率和质量，其范围不仅局限于计、会、统、票的应用，还包括申报征收、出口退税、机关办公自动化等。20 世纪 80 年代初，湖北省税务局购置了一台 Z80 计算机，专门用于初步处理部分税收计会统报表。这台计算机是我国税务系统购买的第一台计算机，它的购置与应用标志着科技税务在我国税收征管中的应用正式进入电算化阶段。

（一）电算化发展背景

1. 实行两步利改税改革

1983 年开始，我国对国营企业全面实行了利改税的第一步改革。第一步改革较好地处理了国家、企业和职工个人三者的利益关系，体现了“国家得大头、企业得中头、个人得小头”的原则；扩大了企业财权，调动了企业和职工的积极性，既明确了企业对国家的经济责任，又扩大了企业权力。此外，在利改税第一步改革中，财政部门做了大量调查研究，测算了各种方案，为后续解决国家同企业的分配关系摸索了经验，统一了认识，坚定了信心，培养和锻炼了干部，为执行利改税第二步改革准备了条件。

1984 年，党的十二届三中全会通过的《关于经济体制改革的决定》中对进一步完善税制提出了更高的要求。1984 年 10 月，随着第二步利改税的实施，我国工商税收制度作了全面的改革。为了适应经济体制改革的新形势，这次改革从有利于宏观经济的调节和控制出发，建立和恢复了 11 个税种，加上原有的税种共有 21 种税，改变了过去税制过于简单的局面，初步建立起适应我国经济情况的复税制，使我国的税制结构趋于合理。

在新的税收体系中，按商品流转额征收的产品税，增值税、营业税的收入占各税总收入的57.5%，按所得额征收的各种所得税收入占各税总收入的35.9%，这两种类型的税种共占各税总收入的93.4%，其他各税只占6.6%。这说明当时的税制是以按商品流转额征收和所得额征税为主体的税制，实践证明，新的税制基本适应了当时的经济情况，它对于保证国家财政收入的稳定增长和促进国民经济的发展发挥了积极作用，有利于进一步发挥税收的经济杠杆作用。在这次改革中，我国还建立和恢复了若干地方税种，作为地方财政的固定收入来源，为进一步改进财政体制、按税种划分中央和地方财政收入创造了条件。

2. 统一全国税收征管工作

1981年经国务院批准，税务总局发布了“关于清查偷税、漏税和拖欠税款的通告”，在有关部门的配合下，经过广大税务干部的努力，查出偷税、漏税、欠税13亿元。1982年经国务院批准，税务总局又发布了“关于办理纳税登记的通知”，清查出漏税户25万多户。1983年经国务院决定，税务总局又发布了“关于个体户必须依法纳税的通告”。

1986年4月21日，国务院发布了《中华人民共和国税收征收管理暂行条例》，结束了税收征管规范“一盘散沙”的局面，使得税收征管法规第一次实现了全国范围内的统一，税收征管工作开始逐步走上规范化道路。为适应我国经济发展的需要，建立科学、严密的税收征管体系，从1988年开始，总局还在河北省、湖北省、吉林省和武汉市（统称“三省一市”）开始进行征管改革的试点工作，其他地区也先后开展了这一工作，对传统的“一员到户，各税统管”的征管运行机制进行改革。1990年，国家税务局决定在全国范围内进行征管改革，逐步废除“一员到户、各税统管，征管查一人负责，上门收（催）税”的传统模式，提出了以“征收、管理、检查三分离”或者“征收管理、检查两分离”为主体的新的征管模式，变税务人员下户征税为纳税人主动上门申报纳税的改革思路。一些地区在国家税务局的组织指导下，进行了“两同步、三结合”（即征管改革与会计改革同步，征管、会计、计算机应用结合）的试点工作，并取得了初步成效。

3. 颁布《税收征收管理法》

1992年9月4日，第七届全国人大常务委员会第27次会议通过了《中华人民共和国税收征收管理法》（简称《征管法》），自1993年1月1日起实施。这部法律于1989年4月产生初稿，经过1992年1月国务院常务会议讨论通过提请全国人大常委会审议，到第七届人大常委会第 27 次会议通过，历时三年零四个月。《征管法》的颁布，标志着依法治税又迈上了一个新台阶，使中国税收征管纳入规范化、法制化的轨道。

《征管法》是中国第一部统一的税收程序法。它是以现行税收征管法规为基础制定的，同时总结、吸收了近年来全国税收征管的成功经验，借鉴了国外税收征管工作一些有益做法，结合改革开放和经济建设对税收征管的新要求，作出了一系列新规定，在税收征管法制建设方面取得了重大突破：一是统一了对内税收和涉外税收征管制度，过去对内税收征管和涉外税收征管不一致的问题得到了解决；二是强化了税务机关的行政执法权和税法的刚性，增强了税务机关反偷税、抗税和反避税的能力；三是完善了对税务机关的执法制约制度和对纳税人合法权益的保护制度。《征管法》颁布后各级税务机关在当地党委、政府的领导下，迅速组织学习、宣传、培训。在各有关部门大力支持配合下，利用各种形式，掀起了声势浩大的宣传热潮，引起了社会各界的关注，取得了良好效果，为《征管法》在 1993 年 1 月 1 日顺利实施奠定了基础。

（二）电算化推进历程

在国家的重视和各有关部门的支持下，国家税务局和各地税务机关积极开展计算机推广应用工作，税务信息系统建设取得较快进展。1992 年国家税务局出台的电算化建设相关重要法规制度如表 3－1 所示。

表 3－1　1992 年电算化建设相关重要法规制度

文件	时间	编号
国家税务局关于确定微机计算机和外部配套设置购置范围的通知	1992 年 5 月 22 日	国税函发〔1992〕808 号
国家税务局关于印发《税收业务分类代码》的通知	1992 年 8 月 3 日	国税函发〔1992〕1197 号
国家税务局关于印发《税务系统计算机应用管理工作规则（试行）》的通知	1992 年 8 月 8 日	国税发〔1992〕183 号
国家税务局关于印发《税务系统计算机应用与现代化管理工作十年规划和“八五”计划》的通知	1992 年 8 月 14 日	国税发〔1992〕191 号

续表

文件	时间	编号
国家税务局关于做好国家级税务条法数据库推广应用工作的通知	1992 年 10 月 19 日	国税函发〔1992〕1475 号
国家税务局关于计算机及配套设备维修管理有关问题的通知	1992 年 10 月 19 日	国税函发〔1992〕1476 号

1. 公布实施《税务系统计算机应用和现代化管理工作十年规划和“八五”计划》

1992 年 6 月 26 日至 7 月 2 日，全国税务系统第二次计算机应用工作会议在国家税务局扬州培训中心召开，会议就《税务系统计算机应用和现代化管理工作十年规划和“八五”计划》《税务系统计算机应用管理规则》《税务系统信息分类标准代码》等文件进行了讨论。

1992 年 8 月 7 日，国家税务局以国税发〔1992〕191 号文正式公布实施《税务系统计算机应用和现代化管理工作十年规划和“八五”计划》。十年规划的主要目的是：在全国大部分地区建成较为完善的一体化四级（国家、省、市县）集中分布或税务信息管理网络系统并延伸到税务所；在区、县级以上税务单位基本实现税收征管现代化，并对各项税收业务信息、目标任务、内容进行全面管理，逐步实现与国家经济信息系统和其他信息系统的连接，充分发挥税务机关在国民经济宏观调控和微观管理中的重要作用。“八五”期间的主要任务则是配合税收征管模式的改革和税收会计制度改革，在税收征管中全面实行计算机管理。此外，还制定了“八五”期间的建设步骤；各地应用发展计划；系统建设原则和开发计划；计算机管理部门发展计划；现代化管理队伍干部建设及系统建设投资计划。

2. 评测全国税收征管软件水平

1991 年初，总局在全国税务系统内进行了一次税收征管软件统计调查，统计结果表明，有 18 个省级单位开发了自己的征管软件，21 个省市应用了征管软件，各地的征管软件应用水平都有了不同程度的提高。为了交流经验，提高了各地的征管软件开发应用水平，总局于 1991 年 4 月在山东省潍坊市对全国税收征管软件进行了测评，评选出中国科学院中计公司在沈阳铁西税务分局开发的《微机通用税收信息系统》、武汉市税务局开发的《能用基层税务管理软件》和辽宁省税务局在辽阳市开发的《税务管理信息系统》等三家软件，作为向全国推荐使用的软件。根据国税函发〔1992〕1123 号文公布，税务系统优秀计算机应用软件评选结果如表 3－2 所示。另外，在这次会议上总局明确提出各地要以省为单位组织开发税收征管软件，避免了一省内出现多个征管软件，不利于工作考核的局面。

表 3－2　　税务系统优秀计算机应用软件一览表

软件名称	开发单位	获奖等级	颁奖单位
微机通用税收信息系统	沈阳市税务局 中科院计算所	一等	国家税务局
能用基层税务管理软件	武汉市税务局	一等	
税务管理信息系统	辽宁省税务局	一等	
税务办公自动化系统	广州市税务局对外税务分局	一等	
人事信息管理系统	辽宁省税务局	二等	
湖南税务征收管理系统	湖南省税务局	二等	
税收会统票处理系统	江西省税务局	二等	
税收征收管理系统	河南省税务局	二等	
基层征收管理系统	山东省税务局	二等	
国营企业所得税税源管理软件	哈尔滨市税务局	二等	
税收现代化管理系统	邯郸市税务局	二等	

3. 规范地方税收征管软件开发

1991 年 2 月，总局正式下发了《税务系统计算机应用软件评测标准》，从软件的功能到用户评价等 10 个方面对征管软件提出了技术方面的要求，并给出了详细评分表和征管软件业务规范。1991 年 7 月，经过修订，总局正式下发了《税收征管软件业务规范》。1992 年初，总局为加强全国税务系统的计算机应用管理工作，保障计算机应用工作的健康发展，根据国家的有关法规和税务系统的具体情况，制定了《税务系统计算机应用工作规则（试行）》（简称《规则》），并经过全国第二次计算机应用工作会议讨论，在 1992 年 8 月正式下发。《规则》确立了计算机应用管理工作必须按照“统一领导、统一规划、统一标准、分级管理、分步实施”的原则进行，并在项目管理、软件应用管理、硬件设备管理和运行管理方面作了严格的规定，有效地规范了税务系统计算机应用管理工作。从 1991 年开始，总局就已经考虑税务系统的信息编码标准化问题，并进行了《税务信息分类标准代码》的制定工作。1992 年 8 月发布了第一部分《税收业务分类代码》供各地试行。这些制度和标准的制定规范了各地税收征管软件的开发，提高了整体应用水平和效率。

4. 开发出口退税管理系统——金关工程

（1）实施背景。

我国从 1980 年开始对 17 种机电产品实行出口退税，1985 年开始对全部产品实行出口退税，实行凭销售账退税。1992 年以前，退税额的 90% 由中央负担，10% 由地方政府负担；从 1992 年起，改为退税额的 80% 由中央负担，20% 由地方政府负担。在此情况下，各地对出口退税基数产生了争议，要求将 1992 年以前的出口退税进行清算，以尽可能减少 1992 年的退税额。因此，1991 年底，国家税务局对出口退税实行集中退税，办法是：各地将出口退税单证全部送到北京，由财政、海关、外汇、税务、外贸等部门进行集中办公，集中退税。各部门对出口退税的纸质单证逐一进行审核，因为仅凭肉眼对纸质单证进行审核，各方常常就某张单证和某笔出口业务的真实性争执不下，不仅工作量大，审核也不严谨，而且更不可能逐笔进行销售出口业务的实地调查。现实表明出口退税管理工作必须进行改革，必须实行现代化管理，于是出口退税计算机管理从此揭开了序幕。

（2）实施情况。

1993 年，为了防范日益猖獗的出口骗税活动，促进外贸发展，国务院提出建立“金关”工程，并动用 400 万美元的总理预备金作为工程的启动资金，出口退税计算机管理系统是金关工程四个子系统中至关重要的一个。1995 年，适应新税制的出口退税计算机管理系统基本开发完成，1996 年开始在全国使用。1996 年 4 月，为了加强出口货物的进货环节的征税管理，国家税务总局恢复使用出口货物专用缴款书，进货凭证改为以专用税票为主，出口退税计算机管理系统也作了相应修改，并全面推广。1997 年，全国的退税系统已经全面使用了出口退税计算机管理系统，出口退税的基本业务实现了计算机化。2001 年以前，总局从海关取得出口报关单数据，基本靠每月光盘传输，现在总局已经与国家口岸电子执法系统联网，税务总局和海关总署共同推行口岸电子执法系统“出口退税子系统”，该系统在 2002 年 6 月底实现全国联网，海关各口岸的报关单信息能够及时准确地传输到各地的退税部门，同时实现了企业出口结关信息的网上查询和报税。由于成立了由相关部门参加的出口退税业务协调小组，从而建立了部委间就出口退税相关问题进行协商的新机制。

（3）实施效果。

通过实行出口退税计算机管理，加强了出口退税管理工作信息共享基础上的专业化分工，加强了各岗位之间的相互制约和监督，减少了执法随意性，提高了退税的规范性、严谨性、科学性，提高了工作效率。随着出口贸易的增加，退税量增加了几十倍，但税务系统的出口退税管理队伍的人数却始终保持在3000人左右，没有大的增加，可以说，出口退税计算机管理系统是退税管理工作的生产力。

出口退税实行计算机管理，是税务系统首次利用权威部门提供的电子信息加强管理的成功实践，为税务部门与其他部门的信息共享和利用提供了范例，开创了税务部门利用网络进行信息传递的初步尝试。由于出口退税系统的建立，税务系统建立起X. 25网络向各地税务机关传输从海关取得的报关单数据，开始网络利用的初步尝试。出口退税利用相关部门的执法单证电子信息，加强了相关部门的执法管理，促进了相关部门加强该单证的数据质量的提高。例如，由于出口退税工作的不断使用、核对和反映，海关报关单数据的核对准确率由初期的不到50%提高到98%以上；由于出口退税需要出口收汇核销电子数据，促使出口企业自觉到外汇管理部门进行核销，从一个角度帮助外汇管理部门提高了出口收汇核销率。出口退税计算机管理系统的建立和运行，是利用信息技术对出口退税业务进行重组的过程，该系统的成功运行，既是对当时观念的冲击，也传播了新的管理理念，对税务系统全面利用信息技术加强出口退税管理起到了积极的促进作用。另外，出口退税系统的开发推广，建立了税务系统的初步网络，通过外经贸部门无偿提供、税务系统自身配备等方式，税务系统配备了大量的计算机设备，同时还进行了大量的计算机基础知识培训，培养了一大批既懂出口退税业务，又懂计算机知识的复合型人才。

5. 建立中央地方税务条法数据库

税务条法是税务人员加强税务管理、征收税款的重要依据，随着税收法制的不断完善，越来越多的新的法规、条文不断出台。税务部门历来重视法规的汇编工作，也付出了辛勤的劳动，每年都出版上千页的法规条文汇编。随着信息化意识的提高，税务人员也开始尝试建立税务条法数据库。

1990年初，吉林省税务局就在省局领导的重视和支持下，依靠自身的技术力量，在税务条法库的建立、扩充、完善等方面做了大量工作，并实现了税务条法库计算机联网运行，积累了一定的经验。1990年底，吉林省向总局提交了建立国家级税务条法数据库的请示报告。1991年5月，总局对吉林省局关于建立国家级税务条法数据库问题进行批复，决定由吉林省税务局协助承担建立税务条法数据库的有关工作，主要参与税收法规的归类、整理、录入、校对以及提供计算机网络运行技术等任务，正式开始建立国家级税务条法数据库。总局在开展建立国家级税务条法库的同时，也号召各地开始进行地方税务条法数据库的建库工作。8 月份，总局印发了《国家税务局关于建立地方税务条法数据库若干问题的通知》，随文附发了《税务条法分类表》，以加强对各地建库工作指导。在总局各司局和吉林省税务局的共同努力下，税务条法库的建库工作终于在 1991 年底完成，并在 1992 年在全国税务系统进行推广。

（三）电算化实践成效

1. 计算机应用范围进一步扩张

计算机在会统票处理方面的应用趋于成熟。1992 年底，税收会统票业务全面实现计算机管理的区县（市）已达到 85%；有 20 个省市税务系统的税收会统票业务几乎全部实现了计算机管理；微机远程通信网已向区县一级延伸，进一步提高了信息传递速度和准确性。

涉外税收和海洋石油税收管理计算机应用步伐加快。1992 年，海洋石油税务局已有两个分局实现了税收业务的计算机管理，国家税务局确定的全国第一批 39 个涉外税务分局已基本进行了涉外税收计算机管理软件的应用。

第一批应用软件陆续完成研制开发投入推广使用。辽宁省税务局开发的《税务系统人事管理软件》1992 年内开始在全国税务系统推广；由国家税务局委托哈尔滨市税务局开发的《国营企业所得税税源管理软件》也已通过国家税务局组织的初步验收，将进行小范围试用；国家税务局组织 15 个省市税务局集中开发的《AS/400B10 小型机机关事务管理系统》于 6 月在石家庄联调成功，陆续在河北等装备 B10 小型机的省、市税务局进行使用；《U6000 小型机税收信息管理系统》的集中开发于 11 月完成，在烟台等 9 个 U6000 小型机装机单位加以应用。

2. “两同步、三结合”试点推广工作进一步发展

根据国家税务局“征管改革和会计改革同步进行，两项改革要与计算机应用相结合”的工作部署，1992 年 5 月，国家税务局批准了河北省石家庄市郊区税务分局等 9 个单位的“两同步、三结合”试点方案；8 月，批准了山西省太原市南城区税务分局等 14 个县级税务局为国家税务局税收会计改革试点单位，其中无锡市税务五分局等 6 单位为计算机联网核算试点。1992 年

内，这两批试点单位都完成了试点方案的设计，初步进行了软件的完善和优化并逐步投入实际应用，收到了初步效果。1992 年底，全国税务系统已开展税收管理软件应用、初步实现税收征管计算机化的征收单位（税务分局、税务所等）已达 1318 个，占全国征收单位的 4%，比 1991 年底增加了 900 多个；纳入计算机系统管理的纳税户超过 100 万户，使用计算机处理的税收业务达 1450 万笔，征收额为 378 亿元，接近全国工商税收总额的 15%。

3. 税务信息系统规模进一步扩大

随着税务系统计算机应用范围的不断扩大和各级税务机关计算机应用水平的不断提高，特别是全国范围内“征管改革、会计改革同步进行，两项改革与计算机应用相结合”工作的蓬勃开展，各级税务机关都在税务信息系统建设方面给予了积极投入。1992 年全国税务系统投资近两亿元，增购设备，扩大计算机应用规模，加强计算机专业技术力量，为税务信息系统的建设和发展奠定了较好的物质基础。国家税务局和 30 多个省市税务局配备中小型计算机 45 台；约 5000 个各级税务局和征收机关配备微机和终端 11566 台，打印机 10407 台，调制解调器 1728 台，电源 5377 台。其中微机和终端装备量比 1991 年净增 3066 台，为 1987 年以来增长数量最多的一年。

1992 年，税务系统的计算机管理队伍发展到 8095 人（其中具有专业技术职称的 1500 余人），比 1991 年增加 1000 人。县以上各级税务机关均有专门机构或专门人员管理计算机应用工作，有 13 个省、自治区、直辖市、计划单列市税务局建立了处一级的计算机管理机构。

4. 市级税务信息管理网络系统建设工作开始起步

国家税务局批准的深圳市以中小型计算机为主体的全市性税收管理网络系统试点项目在 1992 年内取得了决定性进展，实现了全市 10 个税务分局税改业务处理的自动化和初步的全市间联网运行。

1992 年，国家税务局决定申请使用日本政府为中国政府提供的第三期贷款，并确定鞍山、吉林、苏州、厦门、潍坊、郑州 6 个城市，以中小型机和高档微机网络为主要手段，作为深圳试点后第一批城市一级税务信息管理网络系统的建设单位。9 月，这一方案得到国家批准。这是国家税务局首次引进国外资金开展税收电子化项目。与此同时，为促进各地开展城市税务信息系统建设，1992 年内国家税务局还利用财税信息系统建设经费为湖北、黑龙江等 15 个省市税务局进口小型计算机和配套设备，共计用汇近 300 万美元。

5. 税务信息系统管理工作进一步加强

针对税务系统计算机应用方面统一协调工作较为薄弱，整个信息系统的标准化工作较为缺失等问题，国家税务局陆续制订并公布了《税收征管软件业务规范》《税收业务分类代码》《税务系统计算机应用管理工作规则（试行）》等一系列文件，并要求各级税务机关重视标准规范问题，以保障今后信息系统的正常发展。

为加强税务系统计算机设备管理，防止劣质产品流入，国家税务局对税务微型计算机和外部配套设备的购置范围作了规定。列入购管范围的设备型号有：联想、浪潮集团的 286 微机和 386 微机，AST 和 OLIVETTI 的 386 微机，COMPAQ 和 AST 的 486 微机及网络服务器，伊藤忠 ASL—320K 和 ASL—3201 票据打印机，富士通 DPK—8200 票据打印机、LQ—1600K 普通打印机，GOMA600VA 后备式和 LITOS800VA 在线式不间断电源，HAYES1200 和 HAYES2400V 调制解调器。

计算机的应用改变了税收会统人员传统的手工核算方法，减轻了劳动强度，提高了工作质量，加速了信息反馈，也对加强征管、组织收入、强化税务部门职能起到了积极的作用。而电算化阶段存在的主要问题是：信息技术应用缺乏统一规划，重复建设较严重；软件开发缺乏统一管理，各种规范标准推行力度不大；网络覆盖面积小，不能形成规模应用。

二、电子化阶段

电子化是指运用现代信息技术（电子技术）通过基于互联网的电子平台进行活动的过程。这个过程将以前手工完成的任务转化为由电脑或传感器完成，将信息从物理记录变成电子记录。税收征管电子化是将计算机作为主要工具处理税收信息，例如把税务登记、纳税事项核定、纳税申报、税款征收、滞纳税款催缴、处理违章及各类台账稽查选案等主要税收业务纳入计算机管理，税收征管电子化的基础是电子计算机和税收管理软件。在完成电算化阶段之后，1996 年，《中国税务年鉴》第一次将年鉴第二部分“全国税收概述”的“税务信息系统建设”一节更名为“税收电子化管理”，这也标志着我国税收征管步入了电子化阶段。

（一）电子化发展背景

1. 推进税收征管模式改革

1996 年 7 月，国家税务总局在重庆召开了全国税收征管改革工作会议，提出了“全面深化和积极推进征管改革，为实现我国税收管理现代化而努力奋斗”的目标，并确立了“以自行申报和优化服务为基础，以计算机网络为依托，集中征收，重点稽查”的新的税收征管模式，彻底改变了传统的“一员到户、各税统管，征管查一人负责，上门收（催）税”的征收模式，分清了征纳双方的法律责任。这一模式在2004年增加了“强化管理”，进一步形成了“34字”征管模式。1997年1月，国务院办公厅转发《关于深化税收征管改革的方案》，提出税收征管改革的任务，包括建立纳税人自行申报纳税制度、税务机关和社会中介组织相结合的服务体系等。

2. 逐步推广使用税控装置

针对现金结算盛行、税收难以控管的现实，推行税控装置十分必要。1997年，国家税务总局与财政部国内贸易部电子工业部和国家工商行政管理局联合下发了《关于在商业、服务业、娱乐业推行使用税控收款机的通知》。此文下发后，又及时草拟并下发了《关于开展推行使用税控收款机试点工作的通知》，确定了北京、青岛、济南、合肥、长沙、西安、江门为首批试点城市，并与信息中心配合及时对试点城市进行了动员部署和培训。1998年，国家税务总局先后与有关部门联合下发了《关于逐步推广使用出租车税控计价器的通知》（建城〔1998〕86号）、《关于推广使用出租车税控计价器有关问题的通知》（国税发〔1998〕164号）和《关于加强加油站税收管理有关问题的通知》（国税发〔1998〕100号）。规定在出租车行业推行税控计价器，在加油站实行税控加油机。国家税务总局成立了税控加油机（专家）认定小组，制定下发了《加油机税控功能技术条件》，参与制定了国家技术监督局加油机税控装置技术标准检测大纲。积极参与清理整顿小炼油厂和规范原油成品油流通秩序的各项工作，为规范道路和车辆收费改革创造条件。继续在商业、服务业和娱乐业推行税控收款机的试点工作。

3. 制定税收基本法

税收基本法是税收领域中的宪法性法律，制定税收基本法是完善税收法律体系的重要一环。1996年3月，起草完成了税收基本法讨论第一稿；4月，国家税务总局在北京召集全国人大财经委、国务院各部委、最高人民法院以及部分专家、学者，征求对税收基本法讨论第一稿的意见；6月，分别在福建、湖南召开座谈会，听取部分税务机关和专家、学者对讨论第一稿的意见。在三次座谈会上，与会人员主要就税收基本法的调整范围、基本原则中央与地方税收立法权的划分、税务行政协助、税务警察与税务司法制度、税收用途等问题展开讨论，提出了许多具有建设性的意见。根据各方面意见，1996 年底修改形成了税收基本法讨论第三稿。

（二）电子化推进历程

20 世纪 90 年代中期，电子信息技术突飞猛进。硬件技术的发展大大降低了机器的成本，加快了硬件更新的周期。操作系统的图形化以及操作的简单化，使微机的使用更加普及。网络技术的发展，特别是 INTERNET 技术的发展使计算机应用进入“网络时代”。大型数据库技术的不断完善，使数据集中处理和存储更具优势。Visual Basic、Power Build 等图形化的设计工具，被越来越多的技术人员所掌握。计算机的普及和应用让人们掀开了计算机的“神秘面纱”，使之成为日常工作不可缺少的工具。

1. 公布实施《全国税收电子化工程“九五”时期发展规划》

1996 年，根据第八届人大四次会议通过的《中华人民共和国国民经济和社会发展“九五”计划和 2010 年远景目标纲要》和中共中央、国务院作出的《关于进一步加速科学技术进步的决定》，国家税务总局制定了《全国税收发展“九五”计划和 2010 年远景目标纲要》，正式把“实施科技兴税战略”作为在今后的工作中应认真遵循的一条重要原则，强调了税收电子化工作对于整个税收工作的重要性，要求各级税务机关给予充分重视，把这项工作作为战略性和方向性的工作来抓。

为加强对全国税收电子化工作的领导，1996 年 11 月 20 日，国家税务总局正式公布实施《全国税收电子化工程“九五”时期发展规划》。这一规划的公布实施明确了“九五”时期全国税收电子化工程的建设目标、实施步骤、有关技术标准和具体措施，将对税收征管电子化工作和整个税收工作的发展产生重要的推动作用。

全国各级税务机关坚决贯彻国务院领导和国家税务总局领导的指示和上述会议的精神，通过认真学习国家税务总局关于征管改革的方案、电子化工程发展规划和分析总结近年来税收电子化工作的成绩、效果和经验，对税收科技工作重要性的认识又有了进一步的提高，“科技兴税”观念深入人心。各地区都陆续制定了本地区的税收电子化工程建设规划，许多地区还得到了当地党委和政府的关心和支持，全国的税收电子化工作出现了前所未有的好形势，以更高的发展势头迅速向前推进。

2. 开发增值税管理系统——金税工程一二期

国家税务总局于 1994 年 3 月起，组织实施了以建设 50 个城市为试点的增值税计算机交叉稽核系统，即金税工程一期。金税工程一期建设的主要内容是建设增值税专用发票计算机交叉稽核系统、推广应用增值税专用发票防伪税控系统和税控收款机。1998 年，金税工程二期开始建设，其内容主要包括增值税防伪税控开票系统、防伪税控认证系统、增值税计算机交叉稽核系统和发票协查系统等四个应用系统。金税工程二期在全国国税系统建立了从区县国税局、地市国税局、省国税局到总局的四级广域网络。在区县设立了数据采集中心，在地市以上设立了三级稽核中心。建立了覆盖全国区县以上稽查局的四级协查网络。在区县或以下配备了防伪税控企业发行和发票发售子系统，在区县以下税务征收机关配备了防伪税控报税子系统和认证子系统。将防伪税控开票子系统推广到了全部增值税一般纳税人。金税一、二期工程的不断建设和完善，对加强增值税专用发票管理，打击偷、骗税犯罪行为，增加税收收入等方面起到了积极有效的作用：

（1）建成了全国增值税发票监控网。对全国百万元、十万元和部分万元版专用发票进行监管，这些增值税发票占全部增值税发票数量的 46%。截至 2002 年中，全国已有 40 万户增值税一般纳税人配备防伪税控开票系统，约占全国一般纳税人总数 120 万户的 1/3，用票量约占全部专用发票用量的 54%，这些企业缴纳的增值税约占全国增值税总量的 60% 以上。百万元版、十万元版专用发票已取消手工开具。通过监控网络，税务机关可以有效监控企业和税务机关内部增值税发票的使用和管理，也促使企业销售额如实申报。

（2）认证系统已部分发挥作用。全国区县级国税局已配备防伪税控认证系统，对百万元和十万元版专用发票全部进行认证。由于防伪税控认证系统的全面投入使用，利用假票、大头小尾票骗抵税款的违法活动初步得到遏制。据统计，2001 年全国累计涉嫌违规发票占认证发票总量的比例由 1 月份的 0.22% 降至 12 月份的 0.02%。

（3）促进了企业依法申报纳税。增值税计算机交叉稽核系统已在全国 3835 个区县以上税务机关联网运行，销项发票采集率逐月提高。2001 年通过稽核发现涉嫌违规发票占全部稽核发票的比例逐月降低，由 2 月份的 8.51% 降至 12 月份的 0.10%。

（4）提高了稽查工作效率。税务机关可以通过认证和交叉稽核及时发现问题，并迅速组织协查，加快了发票案件查处速度，提高了稽查工作效率。

（5）各项征管工作逐步实现了系统化和规范化。从发票发售、申报认证、稽核一直到协查全过程的各个环节都建立了严格的岗责制度，实现了不同环节在信息共享基础上的相互监督和制约，基本上堵塞了增值税专用发票管理中存在的漏洞，大大减少了基层税务机关执法的随意性，提高了税务机关的执法水平。

（6）金税网络建设已经覆盖了全国区县（含）以上国税机关，建立网络节点4161个，其中总局1个、省局36个、地市局497个、区县局3637个。形成了总局、省局、地市局、区县局的四级广域网，成为国税系统的网络通信平台。

（7）在金税工程建设过程中，国税系统约有50%的税务干部参加了总局组织的大量技术、业务培训。通过培训，技术人员的技术水平有了很大程度上的提高，业务人员的电子信息化意识和能力也不断增强，成为整个税务系统电子信息化建设的中坚力量。

3. 积极推进税务系统办公自动化建设

1998年9月，公文处理软件在国家税务总局机关全面投入运行，向实现公文运转计算机网络化迈进了重要一步。根据该软件在国家税务总局机关和部分省市税务机关试点运行情况，1998年10月国家税务总局作出决定，在全国税务系统全面推行公文处理软件，并于12月举办了第一期公文处理软件推广应用培训班，邀请微软公司、中软公司信源公司的专家分别讲解WINDOWS NT、SQL SERVER有关技术，公文处理软件的安装与前后台的维护，以及网络防病毒知识，并邀请使用公文处理软件效果较好的南京市国税局介绍了使用公文处理软件的经验。到1998年底，已有近20个省、市税务局开始应用公文处理软件，其中部分单位还实现了与国家税务总局远程收发文功能国家税务总局公文处理软件、局秘办公系统、税收快报综合查询系统、计算机信息采编系统、备忘录、税收旬报上报与汇总系统、税收法规检索系统等应用系统运行良好。到2000年，已有40多个省级单位推广使用公文处理软件，省级国、地税务机关全部应用公文处理软件开通了远程公文收发系统。

2000年2月，国家税务总局举办了总局领导和各司级领导计算机应用培训班。介绍税务系统办公自动化系统中的公文处理软件、税收法规数据库、税收快报查询系统、税务系统电子邮件和因特网的使用。领导干部带头学习新知识、新技术，对国家税务总局办公自动化建设的步伐起到了推进作用，大大提高了办公效率。为充分利用网络资源，进行了网络电话系统建设等的论证工作，研究提出进一步完善办公自动化软件、扩展内涵、建设税务系统行政管理信息系统的方案。

4. 构建税务系统一站式综合服务平台

税务系统一站式综合服务平台服务的对象为纳税人、税务系统工作人员和其他相关部委的用户，与此相对应的是因特网（Internet）、内部网（Intranet）和外联网（Extranet）。利用先进的企业信息门户（Enterprise Information Portal）技术和理念，整合系统内的各种应用和服务，并对不同用户进行严格的授权，为纳税人、内部人员、其他部委人员提供统一的界面便捷的一站式服务，充分实现数据的共享和信息的交流。

1999 年是“政府上网年”，国家税务总局机关加入国际互联网工程于 7 月完成，并建立了国家税务总局网站，在网上公布重要税收法规、税收工作重要新闻、纳税辅导材料等。全国各地各级国地税局都建立了相应的因特网站，为广大纳税人提供了及时和便捷的服务。2001 年 6 月完成了对国家税务总局因特网站内容、版面的全面改造，增加了新的税收法规和统计信息，增设了“专题报道”和“重要讲话”等频道。

基于税务系统的四级广域网，利用 WEB 技术，国家税务总局内部办公业务网络平台框架初步建成。在这个统一的内部网络平台上，利用现有的信息采编发布系统，国家税务总局各个部门能及时地更新所开设的每日动态等频道及各司局的栏目，便于进行税收法规和网站内容的全文检索查询，随时浏览各省市国税局内部网站的内容。同时，还开设了论坛及留言板，以便税务系统内部人员讨论热点问题。此外，还集成了基于地理信息查询系统的税收收入、出口退税宏观分析、增值税发票和一般纳税人分析、专用发票稽核子系统，协查信息管理系统、青岛监控系统、金税信息发布平台系统、公文处理、个人邮件、机构代码查询等现有的应用系统，并在统一的界面上划分成税收业务、行政办公、外部信息、决策支持 4 个部分。

5. 大力推广中国税收征管信息系统（CTAIS）

根据《税收征管业务规程》，开发全国统一的税收征管信息系统（CTAIS）是国家税务总局“九五”时期的重要工作任务。2000 年，税务总局进行了大量的 CTAIS 软件优化完善和推广工作。2000 年上半年，完成了中国税收征管主体软件的设计、开发、评审、测试、试运行和验收等工作，并按预定计划进入了软件推广应用阶段。

为保证软件推广实施和软件完善升级工作的顺利进行，国家税务总局对世界银行贷款项目 19 个试点城市、日元贷款项目 4 个试点城市和西安等 24 个城市试点单位进行了税收征管信息系统需求调研。合理调配各方面力量，促使 CTAIS 试点单位推广工作的顺利进行。从 2000 年 9 月 22 日开始，CTAIS 项目组在提高试点单位思想认识，落实软件定版工作，完成试点单位 CTAIS 操作师资培训，协调软件推广支持等方面做了大量组织和落实工作。2000 年 10 月 8 日召开了 CTAIS 软件推广工作会议，有 16 个试点单位的有关人员参加了会议，时任国家税务总局副局长许善达到会并做了题为《用信息技术改造我们的税收工作》的报告。此次会议着重解决各试点单位及所在省局的思想认识问题，调动各试点单位的主动性和积极性，进一步明确推广目标、任务和步骤，提出推广准备工作的具体要求，强化责任意识研讨并落实各地二次需求及接口需求，为确保 CTAIS 软件的顺利推广打下良好基础。

国家税务总局利用世界银行贷款采购的设备在 2000 年内已经到货，集成工作进度已经完成。世行贷款项目、日元贷款项目等 22 个试点城市已经完成 CTAIS 的推广和应用。通过 CTAIS 软件的开发应用推广，锻炼了一批技术骨干和业务骨干，形成了一支能够开发和维护高平台税收征管软件的宝贵力量，积累了丰富的经验教训，为全国统一税收征管软件项目的实施进行了卓有成效的探索，并为之打下了坚实的基础。

6. 建设数据仓库基础框架

2001 年，总局在税务信息一体化建设的总体目标确定后，为实现以总局为主、省局为辅的高度集中进行数据处理的长期目标，总局决定分阶段、分步骤地将各地税务部门沉淀的各类涉税数据抽取上来，并应用数据仓库技术集中存储，按照各个方面业务发展的需要，逐步进行多角度、深层次的分析和加工，并充分加以利用，为各级领导的税收决策提供科学、合理的依据，同时，也使数据从采集到利用处于一种良性循环状态。

（1）开发数据仓库原型系统，开始单项数据的综合利用。

2001 年 2 月，总局信息中心为探索数据分析利用的方法，开始建立数据仓库的原型系统，该系统主要是基于增值税专用发票和海关报关单数据等单项数据的综合分析和利用。2001 年 5 月完成了第一版本，并为业务人员进行了原型系统的演示。2001 年 7 月，数据仓库原型系统又进行了调试，初步实现了纳税人档案分析、增值税专用发票资料分析和海关报关单分析等功能。数据仓库原型系统的开发完成进一步证明了数据综合利用的可行性，积累了可贵的经验，在数据综合利用方面开始了有益的尝试。

（2）综合利用总局现有涉税数据，建立数据仓库基础框架。

数据仓库原型系统的开发，为总局数据综合利用提供了思路、探索了方法，但数据利用范围存在局限性，需要进一步拓展范围。考虑到总局各司局保留了大量的涉税数据，总局从 2001 年 7 月开始对总局内部现有涉税数据进行调研和整理，主要包括重点税源数据、税收计划、统计的数据、所得税税源、调查数据以及跨国纳税人情况交换数据等。通过调研结果，总局决定首先开始局内涉税数据的综合分析、利用，并希望在原型系统的基础上建立总局数据仓库基础框架。2001 年 10 月，数据仓库基础框架建设正式启动，考虑到一些客观情况，总局确定初步目标为：采用先进技术手段，提取总局各司局现有的各类涉税数据及后期追加数据，并进行整理、清洗、加工、转换，按照数据仓库设计原则，搭建一个具有统一规范、可扩展的数据仓库基础结构框架，集中存储总局现有的各类涉税数据。

（三）电子化实践成效

1. 金税工程全面开通运行

（1）防伪税控认证系统已全面投入使用，利用假票、大头小尾票骗抵税款的违法活动逐步得到遏制。2000 年和 2001 年，国家税务总局先后为 5 省 4 市和 22 省区的共 2 万多个征收机关配备了高速认证系统对企业申报扣税的进项发票（防伪税控系统开具的）进行认证。据统计，2001 年全国累计认证进项发票 9416 万份，发现涉嫌违规的发票 5.83 万份，占全部认证的比例为 0.06%；发现涉嫌违规发票从 1 月份的 1.29 万张（仅为五省四市数）下降到 12 月份的 1475 张（全国数）；占认证发票总量的比例逐月降低，由 1 月份的 0.23% 降至 12 月份的 0.015%。推行防伪税控系统后，进项发票必须经过税务机关认证才能抵扣，利用假票、大头小尾票骗税行为难以得逞。截至 2001 年底，防伪税控开票系统已推行约 40 万户。这 40 万户占全国一般纳税人总数 120 万户的 1/3，用票量约占全部专用发票用量的 54%。百万元版、十万元版和部分万元版专用发票已取消手工开具，改用该系统开具。

（2）增值税计算机交叉稽核系统已在全国 3835 个区县以上的税务机关如期联网运行，促进了企业依法申报纳税。2001 年共采集销项发票 1.15 亿份。企业开具增值税专用发票的信息必须如实向税务机关申报，凡不申报或申报不实的，系统将自动报警，并提交有关部门检查处理，大大促进了各级税务机关对纳税人的增值税日常申报管理。销项发票采集率逐月提高，从 1

月份的92.45%提高到12月份的99.99%，相当于过去每月未申报纳税的80多万份专用发票现在申报纳税了。2001年通过稽核发现涉嫌违规发票91万份，稽核发现的涉嫌违规发票从2月份的34万张（仅为五省四市数）降到12月份的1万多张（全国数），占发票总量的比例由2月份的8.51%降至12月份的0.10%。

（3）金税工程协查系统正常运行，提高了稽查工作效率。2001年1月至11月，全国共协查涉嫌违规发票57万份。税务机关可以通过认证和交叉稽核及时发现问题，并迅速组织协查，加快了发票案件查处速度，提高了稽查工作效率。

（4）通过金税工程的实施，使税务机关的各项征管工作逐步实现了系统化和规范化。从发票发售、申报认证、稽核一直到协查全过程的各个环节都建立了严格的岗责制度，实现了不同环节在网络上相互监督、制约的措施，基本上堵塞了增值税专用发票管理中存在的漏洞，大大减少了基层税务机关执法的随意性，提高了税务机关的执法水平。

2. 基础设施初具规模

（1）计算机装备情况。截至2000年底，全国税务系统共装备各类计算机近26万台，其中，中小型主机844台，各类服务器1万5千多台，各档次微机24万多台。

（2）网络建设运行情况。截至2000年底，全国税务系统投入运行的局域网1万8千多个，上网运行的工作站有15万多台；全国税务系统计算机广域网联通节点8千多个。

（3）计算机配套设备情况。截至2000年底，全国税务系统共配备网络设备如路由器1万多台，计算机外设如打印机16万多台、不间断电源近8万台。

3. 税务信息系统技术支持体系建立完善

随着金税工程的全面运行及税收征管软件等应用系统的全面推广应用，国家税务总局逐步建立起了一套较为完善的技术支持体系。它包括了如下几个方面内容：一是实现上情及时下达，各地可以及时获知国家税务总局发布的各种技术与业务管理方面的要求和信息，迅速解决实际工作中遇到的问题；二是实现升级软件和文档的统一下载，保证全国范围内应用软件版本的一致性；三是各类技术问题收集与即时解答，解决基层各级操作人员技术咨询和解决各类系统应用过程中遇到的问题，并在全系统范围内实现了技术成果的共享；四是开展专项技术培训。

2001 年 7 月开通的国家税务总局应用系统技术网站是建立全国税务系统技术支持中心的一个起点。通过技术支持网站这一交互平台，将各软件开发商整合到一起，按统一的标准和规范为各地提供多种技术支持服务。通过金税工程四级网络，该网站覆盖了全国各级国家税务局和基层税务所，与国家税务总局网络连通的地方税务局也可以访问该网站。同时，通过热线电话，接受基层各级操作人员技术咨询和解决系统运行过程中遇到的问题；解决由于设备故障或系统崩溃造成的系统恢复等重大请求；在总结分析一段时间内各级提出问题的基础上，提出软件在运行过程中存在的错误，为软件的下一步升级做准备。

4. 税务管理信息的“一窗式”整合

为彻底堵塞增值税专用发票管理中“事后比对”等漏洞，从 2003 年 4 月开始，国家税务总局采取了一系列措施。如推行增值税纳税申报“一窗式”管理模式、实现纳税信息“一户式”管理、实现四小票“人工采集、网络传输、电脑比对”，通过“一窗式”管理，整合了原来互不相通的综合征管系统和增值税管理系统，实现了前台的票表比对，既方便了纳税人，又加强了增值税管理。

税收征管电子化通过稳步发展阶段的建设取得了巨大的成绩。在国务院领导的重视和各部门的支持下，全国税务系统在电子化技术装备、基础设施、税收应用软件的开发应用和办公自动化等方面已具备一定基础，但仍存在着应用系统林立，软件功能交叉，条块分割严重；数据传输手段各异，方式混杂；各应用系统设备自成体系，重复投资，设备闲置与紧缺现象并存等问题。

三、信息化阶段

信息化是指培养、发展以计算机为主的智能化工具为代表的新生产力，并使之造福于社会的历史过程。它以现代通信、网络、数据库技术为基础，将所研究对象各要素汇总至数据库，供特定人群生活、工作、学习、辅助决策等。税收征管信息化是指将现代信息技术广泛应用于税收征收管理，通过多维度开发、利用涉税信息资源，应用于纳税服务、税收监管等工作，提高税收征管效能，进而推进税收征管现代化建设的综合应用过程。完成电子化阶段之后，2003 年，《中国税务年鉴》第一次将年鉴第二部分“全国税收概述”的“税收电子化管理”一节更名为“全国税收信息化建设”，这也标志着我国税收征管正式步入信息化阶段。

（一）信息化发展背景

1. 探索和推进在信息化支持下的税收征管改革

按照“依法治税，从严治队”工作方针和“十五”期间税收事业发展规划，充分利用电子计算机信息技术，推进以信息化为基础、以征管改革为龙头的机构和人事制度综合改革，进一步提高征管工作的质量和效率。

2001 年，下发了《国家税务总局关于加速税收征管信息化建设推进征管改革的试点工作方案》（国税发〔2001〕137 号）。新一轮征管改革是对新征管模式的进一步巩固、提高丰富和完善；是贯彻落实“依法治税、从严治队”的基本载体和重要措施；是维护税法严肃性、与涉税犯罪斗争的“杀手”；是加强“两权监督”、促进队伍建设的重要基础和治本措施；是杜绝执法随意性、提高税收征管质量和效率的必由之路。该工作方案确立了在信息化基础上推进新一轮征管改革的工作思路，旨在大力推进征管信息化建设的基础上，按照征收管理在内部职责上分离的原则，大幅度精简和调整基层征管机构，理顺职责，划分岗责体系，实行集中征收，以适应税收工作信息化、专业化的需要。

做好税收征管相关制度的制定和准备工作，草拟与中国人民银行联合发文及有关内容的调研提纲并下发各地征求意见；草拟出与工商行政管理总局联合发文稿及调研提纲，并下发征求意见；修订税务登记管理办法（征求意见稿）；做好相关制度的准备工作。

2. 实施新《税收征管法》

2001 年 5 月 1 日，新《税收征管法》正式施行。这部法律在进一步强化和丰富税务机关执法权力的同时，增加了大量保护纳税人权益和规范税务机关职责的条文，充分体现了依法治税“重在治权”的思想内涵。税务系统税收执法监督制度体系初步形成。

2000 年 8 月全国税收法制工作会议后，针对近年来比较突出的问题和税收法治工作的薄弱环节，在广泛征求意见的基础上，正式下发了《关于加强税收执法监督工作的决定》《关于全面推行税收执法责任制的意见》《税收执法过错责任追究办法（试行）》《税务人员执法资格与执法能级认证暂行办法》等4个文件。为配合《立法法》和《规章制定程序条例》的施行，国家税务总局颁布了《税务部门规章制定实施办法》，使依法治税的各项工作有了更为完整的制度保障。各级税务机关结合当地实际，进行了制度整合和细化，广东省地税，内蒙古自治区、河北省、江西省国税等单位根据会议要求，建立了《规范性文件会签制度》《首问责任制管理办法》《执法公示制度》《税务行政已结案件评议复查办法》等制度，使依法治税工作步入了制度化、规范化的轨道。税收法规、规章以及地方性税收规章和规范性文件的清理工作有条不紊地展开。2001 年，我国正式加入世界贸易组织，为适应我国加入世界贸易组织进程，国家税务总局在以往工作的基础上，根据其他成员国的要求对税收规章做了进一步的清理。各级税务机关根据当地党委、政府的要求也开展了税法清理工作。

（二）信息化推进历程

1. *召开全国税务系统信息化工作会议*

为加快税收信息化建设的步伐，国家税务总局于 2002 年 8 月在北京召开了全国税务系统信息化工作会议。会议以江泽民同志“三个代表”重要思想为指导，全面总结了我国的税收信息化建设工作，认真分析了当前的形势，明确了下一步税收信息化建设的思路。会议期间，时任国务院副总理李岚清同志召开座谈会，对税务系统的信息化建设给予了充分肯定，认为“金税工程”建设、推广 CTAIS 等方面取得了很大成绩，并对下一步的税收信息化建设特别是“金税工程”二期建设作了重要指示。会议期间还举办了“中国税收信息化成果展”，全面回顾税收信息化建设的成就与经验教训，效果良好。

在我国全面推进国民经济和社会信息化的形势下召开这次会议具有非常重要的意义，对全面贯彻党中央、国务院对税收工作的一系列重要指示，深入实践“1+3”税收工作思路，推进税收信息化建设，落实科技加管理的方针发挥非常积极的作用。会议对我国税收信息化建设的总结客观、全面，对下一阶段的工作部署，对推进税收信息化建设具有很强的指导意义。通过这次会议，进一步统一了思想，提高了认识，明确了方向，坚定了信心。

2. *稳步推进“金税工程”二期运行*

“金税工程”二期防伪税控开票系统正在逐步全面覆盖增值税一般纳税人，防伪税控认证系统、增值税计算机交叉稽核系统和发票协查系统也于

2001 年 7 月在全国范围内全面投入运行。2002 年，国家税务总局主要对“金税工程”二期各系统进行了升级与维护。其主要工作包括：采用大容量 IC 卡的防伪税控系统在北京市西城区国税局选定 106 户企业进行试运行；为解决企业端软件平台落后的问题，组织开发了大容量 IC 卡与 WINDOWS 版企业开票子系统，并通过了国家密码办的安全审核，在全国进行了推行；为解决税务端软件的平台落后、数据不能共享的问题，组织了税务端网络版软件的开发与试运行；为满足技术发展要求和 ISA 插槽已逐步淘汰的实际要求，组织开发了 PCI 插槽金税卡和相应的发行器，在北京市西城区国税局进行了试运行，并在江苏、浙江和上海三地进行了扩大试运行；为提高稽核系统性能，用 3 个稽核期的时间对系统参数进行了调整，使其性能大大提高；根据业务需求的修改，完成了协查系统 V2.0 版的开发，并在全国范围内进行了升级。通过上述工作，保证了“金税工程”二期各个子系统的正常稳定运行。

截至 2002 年底，防伪税控开票系统已推行约 60 万户。这 60 万户占全国一般纳税人总数 130 万户的 45%，用票量约占全部专用发票用量的 68%。百万元版、十万元版和部分万元版专用发票已取消手工开具，改用该系统开具。

防伪税控认证系统已全面投入使用，利用假票、大头小尾票骗抵税款的违法活动逐步得到遏制。2002 年全国共认证进项发票 13036 万份，发现涉嫌违规的发票 7968 份，占全部认证的比例为 0.006%；发现涉嫌违规发票从 1 月份五省四市的 0.227% 降到 2002 年底全国的 0.004%。推行防伪税控系统后，进项发票必须经过税务机关认证才能抵扣，利用假票、大头小尾票骗税行为难以得逞。增值税计算机交叉稽核系统已在全国 3835 个区县以上税务机关如期联网运行，促进了企业依法申报纳税。2002 年共采集销项发票 16547 万份，稽核出 8 万份涉嫌违规发票。企业开具增值税专用发票的信息必须如实向税务机关申报，凡不申报或申报不实的，系统将自动报警，并提交有关部门检查处理，促进各级税务机关对纳税人的增值税日常申报管理。销项发票报税率从 2001 年初五省四市的 92.45% 提高到 2002 年底的近 100%。通过稽核发现涉嫌违规发票占全部参与稽核的进项发票的比例从 2001 年初五省四市的 8.5% 降到 2002 年底全国的 0.052%。

通过“金税工程”的实施，使税务机关的各项征管工作逐步实现了系统化和规范化。从发票发售、申报认证、稽核一直到协查全过程的各个环节都建立了严格的岗责制度，实现了不同环节在网络上相互监督、制约的措施，基本上堵塞了增值税专用发票管理中存在的漏洞，大大减少了基层税务机关执法的随意性，提高了税务机关的执法水平。

为贯彻落实国务院领导的指示精神，2002年国家税务总局还抓紧进行了“金税工程”二期拓展完善的各项工作。通过拓展，建立将纳税人发票开具情况与税款申报缴纳情况相互稽核的机制，全面实现“金税工程”的税控功能，从根本上防范“真票虚开”的犯罪活动。通过对现有系统的完善，进一步强化系统在防范“假票”“大头小尾发票”等方面的功能，提高系统运行效率。在有效遏制发票犯罪的基础上，全面加强增值税的征收管理。

“金税工程”二期的功能拓展，主要包括一般纳税人认定管理系统、专用发票内部管理系统、增值税纳税评估系统、成品油零售监控系统；“金税工程”二期的功能完善，主要包括税务端防伪税控系统实现网络化运行、推行防伪税控“一机多卡”开票方式、推行增值税专用发票抵扣联企业采集方式、增设红字发票稽核功能、完善涉嫌违规发票的查处流程、建立“金税工程”系统监控台。

3. 初步组织“金税工程”三期建设

金税工程（三期）是一个宏大的系统工程，它建立在10多年税收信息化建设的基础之上，按照轻重缓急的原则，通过功能整合、业务重组、技术重构、系统升级，分期、分批逐步实施，最终完成中国税收管理信息系统的建设，实现金税工程（三期）所确定的提高征收率、降低税收成本、加大信息化覆盖面、提高纳税服务水平的目标。由于金税工程（三期）投资规模大，其实施步骤被分为三个阶段四年完成。第一阶段为试点阶段，计划用两年左右完成；第二阶段为全面推广阶段，计划用一年半左右完成；第三阶段为完善和验收阶段，计划用半年左右完成。

2003年9月，国家税务总局先后2次组织部分省、市信息中心主任、技术骨干，会同办公厅、征管司和信息中心有关人员对“金税工程”三期建设组织架构、项目管理等有关内容进行了初步研究，并基本明确了组织架构各成员的工作职责，形成了《“金税工程”三期组织架构》。并针对参与“金税工程”三期的管理、业务和技术人员进行了项目管理的培训，同时确定了参与“金税工程”三期准备阶段的公司及技术人员，为做好“金税工程”二期准备阶段的管理工作奠定了一定的基础。2003年10月15日，国家税务总局相关工作人员和从系统抽调的业务与技术骨干以及从有关单位聘请的专家共100多人开始了“金税工程”三期准备阶段的集中工作。此次集中工作完成了“金税工程”三期架构设计需求相关文档、安全体系设计，启动核心系统业务需求编制，完成对若干先行开发项目的业务、技术衔接并进入招标采购或开发实施阶段。为使先行启动的单项软件将来较好地衔接，在“金税工程”（三期）技术方案的基础上，组织完成了架构设计初稿，内容包括《架构设计约束》《过程标准》《代码和数据元标准》《平台设计应用指南》《编码和命名标准》《数据交换标准》《公共构件规范》《用户界面设计规范》《安全要求》等，有效地指导和规范单项软件的开发以及各级税务部门做好信息化建设。

4. 实施税务系统“一户式”管理

为贯彻落实前税务总局局长谢旭人关于“一户式”管理的指示精神，通过信息资源的整合，按照纳税户、税款、凭证等主题的要求，梳理现有信息资源，实现快速灵活的分析查询，为基层的执法服务，为各级税务机关的管理服务。总局信息中心在广泛调研，充分吸收南昌、重庆合川、青岛等国税机关“一户式”管理经验的基础上，结合各地征管系统的使用情况，研究制定了三种“一户式”管理实施方案。

2004年4月，总局下发了“一户式”管理的业务需求、技术标准规范、三个实施方案以及相应的软件，开通了“一户式”管理技术支持网站，进行了相应的技术培训，并对各地工作进行了指导和协调。按照总局关于“一户式”管理有关文件的要求，各地国税部门充分结合各自的实际，进行“一户式”管理工作的部署和实施。部分省市已全面实施了“一户式”管理，实现了“一户式”管理的各项功能，其他省市的部分地区也已实现了“一户式”管理。

（三）信息化实践成效

1. 应用系统整合工作基本完成

综合征管软件、增值税管理系统、出口退税管理系统是税务系统业务应用中的三大系统。由于缺乏统一规划，大系统之间存在着数据不共享、功能交叉重复等问题。在实际工作中一方面造成操作环节衔接不畅，存在管理漏洞，另一方面造成功能重复操作繁杂。针对此问题，税务系统开展了三大应用系统整合工作，通过建立统一的数据交换平台和标准实现了三大系统的数据整合。在山东、广东和深圳等单位试点完成后，总局组织了全国范围的培训。2005 年，推广工作已经在全国各省铺开，并完成了 13 个省的推行工作。在实现三大系统数据整合的基础上，为了满足更多应用系统互联互通的需求，实现更深程度的功能整合，充分考虑信息系统建设的可持续性发展，开展了资源整合项目建设，以实现不同应用系统的功能整合的目标。截至 2005 年底，已初步组织整理了资源整合需求，完成了需求分析及概要设计评审，开发工作基本完成。

2. 税务机关信息安全程度提升

2008 年 3 月至 5 月、10 月，总局保密委牵头，信息中心组织协调总参三部和相关技术支持维护单位组成检查组，分两次实施了总局机关信息安全检查和加固工作。检查覆盖了总局机关 32 个部门，对总局机关全部计算机进行了严格的安全检查和彻底的清除加固，对病毒、木马，特别是摆渡软件进行了查杀，及时排除安全隐患，共完成总局机关 1056 人的 1235 台计算机中 1952 个系统的检查加固，覆盖率达 85.57%；安装更换隔离卡 696 块，逐台安装注册了桌面管理监控软件，并安装系统补丁 14.5 万个；现场处理并有效解决各种安全问题 110 起。仅从病毒监控情况来看，安全加固后病毒感染计算机数量与未作加固前同期相比下降 70%。此次检查对每台计算机进行了整理和记录，建立了计算机台账及计算机安全档案 34 册，为总局开展资产管理、安全检查、事故追溯等方面的工作奠定了良好基础。

2009 年，组织制订《税务系统信息安全培训教育总体计划》，针对全体税务干部进行持续的分级分类培训和教育，提高税务干部信息安全意识，提高领导干部信息安全法律法规、政策、标准和组织管理等方面的认识，提高信息化建设和管理人员信息安全技能，逐步培养一支信息安全专业技术队伍并推动建立长效机制。在税务系统开展了税收信息安全宣传月活动，编制并向总局机关及系统内人员印发《信息安全手册》，在全系统组织开展了信息安全征文活动。

3. 基础设施统筹管理水平提升

截至 2015 年底，全国税务系统省级以上单位在用小型计算机 638 台、PC 服务器 10876 台（其中刀片服务器 4075 台）。全国税务系统广域网覆盖税务总局、省、市、县及税务分局（所）五级税务机构，2014 年，建成并投入使用了税务系统网管软件，构建了覆盖全国税务信息网络的监控体系，实时监控和管理全国税务系统网络资源的运行状况，进一步提高了税务系统网络的整体管理水平。

2014 年，税务总局印发了《国家税务局系统信息化设备报废管理办法（试行）》（税总发〔2014〕138 号），规范信息化设备报废工作。制定了《税务系统信息化基础平台资源管理办法》，加强了基础设施资源的统筹规划、分配和使用。建立了信息化设备基础信息及时更新与定期审核制度，通过开展应用系统基础资源归类整合工作，构建了对全系统基础设施统一管理和监控的基线，有效盘活了税务系统信息化设备，极大提升了基础资源使用效率。

4. “互联网 + 税务”纳入重点工作内容

按照国家实施“互联网 +”行动、推动大数据发展等要求，紧紧围绕建设稳固强大的信息体系，大跨步推进信息管税，实现了历史性突破。一是打响金税三期工程攻坚战。金税三期工程推广工作取得重大突破，优化版上线省份达到 20 个。二是全面推行增值税发票管理新系统。截至 2015 年底，已推广至 700 多万户增值税纳税人，基本覆盖一般纳税人和起征点以上小规模纳税人，初步实现对增值税发票所有票面信息的实时采集、存储和比对，在防范利用发票偷骗税和腐败问题等方面初显成效。三是制定实施“互联网 + 税务”行动计划。推出社会协作、办税服务、发票服务、信息服务、智能应用 5 方面 20 项重点行动，推动实现税收管理和纳税服务网络化、信息化、智能化，着力打造“互联网 + 税务”靓丽品牌。“互联网 + 税务”已列入国家发展改革委“互联网 +”重点工作内容。

四、数字化转型

数字化是指将现实世界中的事物、信息、过程等转化为数字形式的过程。它的本质是通过数字技术的手段，将现实世界中的各类信息转化为计算机可以处理的数字形式，从而实现信息的存储、传输和处理。税收征管数字化是利用现代信息技术手段，例如大数据、人工智能和云计算等，将税收征管过程中的相关信息、数据和流程进行数字化处理和管理的一种形式。完成信息化阶段之后，2016 年，金税工程三期在全国范围内正式上线，它的应用范围涵盖了全税种以及税收征管的相关重要工作环节，覆盖各级税务机关，并与相关部门进行联网。金税工程三期规划的顺利落地，标志着我国税收征管由信息化阶段进入数字化转型阶段。

（一）数字化发展背景

1. 深化供给侧结构性改革

推进供给侧结构性改革，是适应和引领经济发展新常态的重大创新，是习近平经济思想的重要组成部分。供给侧结构性改革旨在调整经济结构，使要素实现最优配置，提升经济增长的质量和数量。

近年来，伴随供给侧结构性改革的深化发展，我国实体经济的活力不断得到释放。具体而言，供给侧结构性改革的重点在于政府参与经济、社会管理模式的创新。财政是国家治理的基础与重要支柱，减税降费是深化供给侧结构性改革的重要举措，也是税制改革中惠企利民的重要措施。“减税”指通过税收减免措施降低增值税、企业所得税、个人所得税等税种的纳税人负担；“降费”指降低行政事业性收费收入、政府性基金收入和社会保险基金缴费等费用负担。2016 年的营改增改革，实现了所有行业税负“只减不增”，助力供给侧结构性改革深化发展。2018 年，为适应高质量发展的需要和应对经济下行压力，我国进入普惠性、组合式减税降费新阶段。2019 年中央经济工作会议强调“要落实减税降费政策”“巩固和拓展减税降费成效”。

近年来，我国减税降费规模不断扩大、实现了受惠主体持续增多，宏观税负降低和微观成本下降的有机统一，并与税收体制有关改革形成联动效应。可以说，减税降费政策为企业营造了更好的营商环境，从而带动了国家经济发展。

2. 加快发展数字经济

数字经济是一种全新的经济形态，以数据为生产要素，伴随着更加多层面、多样化的商业模式。电商经济、共享经济等新型商业模式利用第三方平台对数据和要素进行整合，双边赋能生产者与消费者，深度促进资源优化配置。与此同时，人工智能技术打造 AI 经济，不断创造新的生产方式和应用场景。

数字经济背景下，随着我国纳税人数量的快速增长，税源的隐蔽性和流动性日益增强，涉税信息获取难度增大，传统的税收征管模式很难适应数字经济的发展，全面推进税收征管数字化升级和智能化改造，构建“以数治税”税收征管模式，不断提升税收征管质量和效率，是实现税收征管数字化转型的关键。

目前，我国的税收信息化系统积累了大量的税收数据，数据规模呈现爆发式增长态势。在税务治理、纳税服务、税务稽查等环节都利用大数据技术和理念进行了全面创新，如何以税收大数据实现《关于进一步深化税收征管体制改革的意见》提出的精确执法、精细服务、精准监管、精诚共治，如何通过深挖税收大数据潜能，发挥税收在国家治理中的基础性、支柱性、保障性作用，进而推动高质量发展是实践中至关重要的问题。

3. 转变税收征管理念

我国的税收征管数字化建设，始终以服务纳税人为核心，以提高征管效率和纳税遵从水平为目标，在不断强化税收现代化建设过程中探索形成。当前，税收营商环境日趋复杂，传统税收征管理念已经无法适应数字经济下形成的各类商业模式。而“以数治税”理念是税收征管的改革发展适应政府管理机制转变，充分利用科技能力，在业务和技术结合应用的全面实践中沉淀出来的。从“信息管税”到“以数治税”，再到“智慧税务”的理念转变，是各级税务人员和相关领域专家过去十余年持续寻求发展、改革创新的成果。

“以数治税”理念强调以大数据为分析基础，用云计算、人工智能、区块链等技术实现税收征管。通过征管理念的转变，税务部门整合关于企业经营中的各种数据，如对基础登记信息、财税数据、第三方数据等等进行整合，建立起对企业的立体画像，进而进行精准管理、提供个性化服务。

（二）数字化推进历程

在经历了金税工程一期、二期后，2005 年 9 月 7 日，国务院审议通过金税工程三期项目建议书；2007 年 4 月 9 日，发改委批准金税工程三期科研报告；2008 年 9 月 24 日，发改委正式批准初步设计方案和中央投资概算，标志金税工程三期正式启动。2014 年年底金税工程三期建设第一阶段验收成功。2016 年 10 月，随着第六批试点单位成功上线，金税三期工程实现了全国所有省（区、市）国税局、地税局的全面覆盖，这标志着金税工程三期圆满“竣工”。就目前来看，金税工程三期已经到了第三阶段的运行期，相应的规模已经初步形成。

1. 完善税务管理信息系统——金税三期的建设成果

对金税工程二期进行完善与拓展、推广税收监控系统、对 CTAIS 完善与优化等是金税工程三期任务的主要部分。金税工程三期的总体目标是根据一体化原则，建立基于统一规范的应用系统平台，高度集中处理信息。在此框架下，税务机关与有关部门进行联网，依托计算机网络，建立包括征管业务、行政管理、外部信息、决策支持四大子系统的收税务管理信息系统；具体包括“一个平台、两级处理、三个覆盖、四个系统”。

“一个平台”是指统一的技术基础平台，它由网络硬件和底层软件组成，并以此为依托逐步建立起与税务总局、各级税务机关和其他政府部门的互通互联，从而形成一个以互联网为基础的纳税人服务网络平台；在业务处理、联机分析、储存系统、数据交换、网络、安全、系统管理等方面充实了相应的硬件设备；协调建立从物理环境到数据层信息安全的技术体系和安全管理体系，确保税务工作在一个统一、安全、稳定的网络化平台上顺利运行。

“两级处理”，就是以统一的技术基础平台为依托，逐步实现总局、省局之间的数据信息统一处理。即以“一个平台”为支撑，建立总局、省局两级数据处理中心，构筑以省局为主体，以总局为辅助的数据处理机制，逐步将涉税电子数据在总局和省局两级进行集中存储和集中管理，以简化业务流程，简化机构，实现更严密的管理监控，更简便的纳税服务，更便捷的维护系统，更安全的运行系统，同时实现数据分析的宏观和微观相结合，全局与局部相结合，从整体上提高数据价值。

“三个覆盖”是指实施范围逐步扩大到各税种、各工作环节，实现各税务机关和各有关部门之间的联网。即通过建设金税工程三期，推动全国税务系统中的信息技术和管理方法的推广应用，逐步实现对税务机关所管理的所有税种及税务工作环节的全过程的全面、有效的电子监控，确保税务工作的顺利、规范、高效。这表明，金税工程三期不仅深度覆盖了各级税务机关，而且在广度上还覆盖了增值税、所得税、关税等税收领域的所有税种，其目标不仅仅是解决特定业务中的应急需要，更重要的是借助信息化的力量，对我国税收体制与管理进行一场深刻变革。

“四个系统”是指通过业务重组、优化、规范等手段，逐步形成以征管业务系统为主体，集行政管理、外部信息、决策支持为一体的四个信息管理应用系统。即建立以税收业务为主要处理对象的税收业务管理应用系统、以税务系统内部行政管理事务为处理对象的税务行政管理应用系统、以外部信息交换和为纳税人服务为主要处理对象的外部信息管理应用系统和面向各级税务机关的税收经济分析、监控和预测的决策支持管理应用系统，以全面满足税务工作多层面、全方位的应用需求。

金税工程三期的成功建设为我国税收征管工作提供了更高的信息化平

台，进一步促进了我国税务管理现代化的实现。当前，我国的税务风险管理平台以“金税三期”为基础，金税四期正处于规划阶段。金税三期是国家级的税务信息化系统，作为国家信息化建设的一个重要板块，现已在全国范围内推广应用，该平台为以数治税提供了有力的支持。

总体来看，首先，金税三期工程数据库庞大，数据涵盖了所有税种、整个税收征管流程、总局与基层税务部门、第三方涉税机构等主体，企业的行为和数据更加透明化，税务部门可以监控企业的成本、费用、利润情况，判断经营状况和税负情况是否符合常理；其次，能够对执法过程中的自由裁量权加以限制，其原因是税务信息实现了总局与省局的统一管理口径，从存储到管理形成一体化流程，税收征管中的人为影响因素减少；最后，该工程构建了税收经济指标，比如从税务登记信息中可以提取出衡量经济主体活力的指标，如表 3 -3 所示。

表 3 -3　经济主体活力指标

指标名称	指标说明
新登记纳税人户数	金税三期系统税务登记信息中，当期新开业设立的纳税人数量
正常纳税人户数	金税三期系统税务登记信息中，登记状态为“正常”的纳税人数量
开票纳税人占比	当期有增值税发票开票记录的纳税人占登记状态为“正常”的纳税人数量比例
有税纳税人占比	当期有税款人入库的纳税人占登记状态为“正常”的纳税人数量比例

金税工程三期系统面向各级税务机关，建立的税收大数据分析系统可以比对跨行业、跨地区的不同税收情况。比如某地区企业发展的创新程度可以通过该地区高新技术企业占所有企业的比重、研发支出占全年总支出的比重、税收贡献程度等指标衡量；纳税企业的规模、所在行业等信息可以反映某地区的经济结构是否协调；企业出口退税情况和外资企业纳税情况可以作为衡量该地区吸引外资能力和对外开放能力的参考。依托综合税务预警评估，税务机关可以及时发现企业纳税过程中的异常点，将企业数据与所在地经济发展状况及同行业利润率进行匹配，查看是否存在涉税疑点，若存在，会成为税务机关重点关注对象。及时预警与事后警示相比，一方面提高了纳税人的税收遵从度，另一方面节约了税务机关的征税成本。企业的纳税申报表等数据资源可以在金税工程三期系统后台调取，可以精准对企业的税收风险点进行识别。如果企业成为重点关注对象，则需要汇总相关资料向税务机

关证明其本身不存在少缴税款情况，异常指标较多或无法提供有力证明的话，可能会需要第三方中介服务机构介入调查。

此外，金税三期工程有效降低了税务机关和纳税人间的信息不对称，增加了企业由于偷逃税被稽查的概率以及潜在的信用损失，有效抑制了企业避税，此外，金税三期工程提高了企业的纳税遵从度，税务机关的税收征管能力得到质的提升。

当然，金税三期工程也存在一些需要完善的部分，比如在业务高峰期，金税三期系统偶尔会卡顿或者出现登录异常的情况，在系统稳定性方面有待提升；系统内虽设置了数据分析和风险指标，但无法在系统中直接进行高级数据分析，数据间的逻辑关系难以呈现。

2. 进行数字人事制度改革

习近平总书记指出，“考察识别干部，功夫要下在平时”。长期以来公务员队伍管理一直存在考核难、评价难、激励难等共性问题，其根本原因之一就是平时考核的缺失。为解决此类问题，国家税务总局于 2014 年上半年提出“加强平时考核推行数据化管理、促进税务干部全面发展”的干部考核管理新理念，以“干部管理日常化、日常管理指标化、指标管理数字化、数字管理累积化、累积管理可比化、可比管理挂钩化、挂钩管理导向化”为核心内涵和工作目标，通过对平时考核的数据化探索，实现以考核“区分优劣、奖优罚劣激励担当、促进发展”。

按照“先模拟、再试点，逐步扩大，持续改进”的工作思路，数字人事于 2014 年 11 月在山东潍坊、江苏徐州原国税系统启动模拟论证。2015 年 1 月，数字人事在两地正式试点推行。随后经历多次升级优化，截至 2015 年底，数字人事制度改革已取得初步成效。先后印发了《关于开展数字人事制度改革试点的指导意见（试行）》《税务系统数字人事实施办法（试行）》等 8 个配套制度，由“一个意见、八个办法”组成的数字人事制度体系基本定型。在税务总局党组的大力推动下，从制度到软件、从模拟到试点再到扩大试点，已扩展到江苏、山东等 4 省国税局 372 个单位 5 万多名干部，并在税务总局办公厅、人事司、教育中心开展数字人事模拟运行。

3. 实施增值税发票电子化

2015 年 11 月 26 日，国家税务总局发布《关于推行通过增值税电子发票系统开具的增值税电子普通发票有关问题的公告》，决定在全国范围推行增值税电子发票系统。该举措对降低纳税人经营成本，节约社会资源，营造健康公平的税收环境将起到重要作用。

2019 年，增值税电子发票管理系统 2.0 版升级完成，税务总局、省局联动，分三批在全国安装部署。深入推进国产密码应用，降成本、去垄断。统一采用 SM 系列国密标准算法替代原有专用税控算法和数字证书非国密算法，引入成本更低的税务 UKey，免费发放纳税人使用。发布《税务 UKey 技术规范》，鼓励市场主体积极参与税务 UKey 研发生产，打破由专用税控算法带来的市场垄断。

为贯彻落实国务院关于加快电子发票推广应用的部署安排，国家税务总局本着积极稳妥的原则，决定采用先在部分地区新设立登记的纳税人（以下简称“新办纳税人”）中实行增值税专用发票电子化（以下简称“专票电子化”），此后逐步扩大地区和纳税人范围的工作策略。2020 年 12 月 20 日，国家税务总局印发《关于在新办纳税人中实行增值税专用发票电子化有关事项的公告》，决定分两步在全国新办纳税人中实行增值税专用发票电子化。根据公告，自 2020 年 12 月 21 日起，在天津、河北、上海、江苏、浙江、安徽、广东、重庆、四川、宁波和深圳等 11 个地区的新办纳税人中实行增值税专用发票电子化，这些地区开出的电子增值税专用发票全国范围内可接收使用。自 2021 年 1 月 21 日起，在北京、山西、内蒙古、辽宁、吉林、黑龙江、福建、江西、山东、河南、湖北、湖南、广西、海南、贵州、云南、西藏、陕西、甘肃、青海、宁夏、新疆、大连、厦门和青岛等 25 个地区的新办纳税人中实行专票电子化，受票方范围为全国。

电子专票属于增值税专用发票，其与增值税纸质专用发票（以下简称“纸质专票”）的法律效力、基本用途、基本使用规定等保持一致。电子发票由于其各方面的显著优点，其发行对整个经济社会的数字化建设产生了积极影响。

4. 开展“银税互动”工作

依托全国信用信息共享平台，从 2015 年起税务机关联合银监会在全国范围开展“银税互动”。“十三五”时期，各省守信小微企业通过“银税互动”获得银行贷款 483 万笔，贷款金额 2.6 万亿元，为数以万计的小微企业“输血”“造血”。

“银税互动”是纳税信用应用的重要成果，一定程度上减轻了中小微企业与民营企业的信贷压力。当前税务部门与银行业金融机构之间建立信息共享机制，可以监督企业的经营数据是否出现异常情况，依靠税收数据和企业流水作为信用评级标准，进行银税沟通融资。利用涉税数据信用评估获取“银行信用”，为中小企业提供信贷和其他金融服务。例如，福建省税务部门建立了一个平台，税务、企业和银行相关金融机构根据纳税信用评估系统对企业的纳税信用进行评估，纳税人评级分类如表 3 – 4 所示。

表 3 – 4　　　　纳税信用级别分类标准

纳税信用等级	评价指标得分	“银税互动”是否准入	激励约束措施
A 级	评价指标得分≥90 分	是	主动公布纳税人名单； 开通绿色办税通道
B 级	90 分 > 评价指标得分≥70 分	是	正常管理类客户，视情况享受奖励措施
M 级	（一）新设立企业 （二）评价年度内无生产经营业务收入且年度评价指标得分≥70 分	是	正常管理类客户
C 级	70 分 > 评价指标得分≥40 分	视情况而定	依法从严管理
D 级	（一）评价指标得分 40 分以下 （二）直接判级确定	否	列为重点监控对象，实施联合惩戒

资料来源：国家税务总局。

“银税互动”是缓解中小企业融资困难和支持其健康成长的关键，为其融资量身定做了新路径。广东鸿泰食品有限公司是从事薯类制品、食品添加剂销售及生产的企业，其生产原料大部分来自湖北武汉，2020 年受疫情影响，原料价格猛涨，公司面临着资金链断裂的问题，因该企业一直诚信纳税，符合“银税互动’的条件，顺利申请到 100 万元贷款，保证了公司的正常运营，并在 2021 年纳税信用等级由 B 级升到 A 级。

银税互动平台能够自动调取合作银行的后台数据，各银行将贷款条件、适用企业范围、申请流程等信息关联到银税互动平台，企业可以根据自身信用状况和财务情况申请符合条件的税务贷款。银行收到企业的贷款申请后，根据企业类型、所在行业、申请金额大小、盈利能力、企业信用等级等多维数据建立风险跟踪模型，帮扶确有资金困难和有潜力的成长中企业。银税互动的融资方式实现了政府、企业、税务部门、银行的后台数据互联互通，有效解决了中小企业信用评估的复杂问题，符合以数治税背景下优化税收征管模式的要求，有助于实现企业、银行和税务机关的共同发展。

5. 整合数字化基础设施

2018 年 3 月 17 日，第十三届全国人大一次会议批准了《国务院机构改革方案》。根据方案，省级和省级以下国税地税机构合并。为顺利完成国税地税征管体制改革，先行整合数字化基础设施，以“网合”促融合。一是组织推进了全国税务系统广域网“并网”工作。制定《税务业务专网架构优化技术方案》，有序推进总量达 20800 余个网络节点的税务总局至各省税务局骨干网调整优化工作，新旧网络调整实现了“平滑过渡”“无缝衔接”，形成全国税务系统统一的树形网络结构和分级管理模式。二是完成互联网、外联网的升级改造。各省市税务局按时、按标准完成互联网带宽扩容，完成与社会保障等部门的联网，部分省市税务局完成业务专网带宽扩容；税务总局完成与公安部联网线路扩容，并有效推进了税务总局与人力资源社会保障部等 10 个部门的专线接入工作。三是指导各省税务局开展基础设施资源整合，及时调整和补充信息化设备。制发《国家税务总局关于调整优化省以下税务系统信息化基础设施的指导意见》，结合应用系统的整合优化，制定《金税三期核心征管系统优化整合基础设施准备方案》，指导各省税务局整合和统筹利用数据中心现有设备，想方设法补充资源缺口。四是加强调研、培训和督导工作，及时跟踪了解各省税务局基础设施环境准备进展情况，督导各地开展各省税务局配套基础环境准备工作，制发《金税三期社会保险费征管信息系统（标准版）硬件配置方案》《国家税务总局电子税务管理中心关于做好自然人税收管理系统推广上线配套基础设施准备工作的通知》等，为自然人税收管理系统、社会保险等新系统上线和金税三期系统整合优化提供了强力支撑。

6. 实行精准监管措施

2019 年，税收大数据和风险管理局成立。该部门一项主要职责就是管理税收数据，实现税收数据交换和共享。近年来，地方税务部门相继成立税收大数据和风险管理局、税收经济分析处等部门，通过更加专业化的分工不断提升税收大数据应用水平。

2020 年以来，税务机关持续探索构建一体化综合监督管理体系。2021 年 1 月，国家税务总局党委、中央纪委国家监委驻税务总局纪检监察组结合税务系统工作实际，共同制定了《关于构建税务系统一体化综合监督体系的意见》，以及《进一步加强税务系统党委全面监督实施办法（试行）》《进一步加强税务系统部门职能监督实施办法（试行）》《进一步加强税务系统党的基层组织日常监督实施办法（试行）》《进一步加强税务系统党员和群众民主监督实施办法（试行）》《税务系统接受系统外部监督实施办法（试行）》5 项制度，初步构建起一体化综合监督制度体系。此后，根据中央下发的新文件新要求，特别是《中共中央关于加强对“一把手”和领导班子监督的意见》，结合税务系统基层单位的创新实践和制度成果，同时为了更好体现干部双重管理的有关规定以及“纵合横通强党建”机制制度体系的相关要求，新增了《税务系统接受地方党政机关监督实施办法》，将“1+5”制度文件拓展为“1+6”制度文件，进一步构建完善了横向到边、纵向到底，集成高效、贯通协同的监督工作格局。

现阶段，我国已初步构建以“信用+风险”为基础的新型监管机制，设计 1500 多个监控指标和智能规则，利用大数据技术，对纳税人全生命周期中的信用状况及各环节的待办业务风险进行动态监测与评估，并对其进行差别化的服务与管理。对高信用低风险纳税人少打扰、重激励，对低信用高风险纳税人严管理、强监督，依法依规公布税收违法“黑名单”，并按程序推送至相关部门实施联合惩戒。同时，加大对高风险纳税人“双随机、一公开”抽查力度。

7. 加强新时代税收征管法制化建设

2021 年 1 月，中共中央印发了《法治中国建设规划（2020—2025 年）》，要求加强数字经济税收法制建设。该计划指出，要及时跟进研究数字经济等领域相关法律制度，抓紧补齐短板。为加强数字经济税收国际合作。2021 年 3 月，我国发布了《国民经济和社会发展第十四个五年规划和 2035 年远景目标纲要》，提出我国要积极参与数据安全、数字货币、数字税等国际规则和数字技术标准制定。同年，《关于进一步深化税收征管改革的意见》要求我国更深层次地参与国际税收规则与标准的制定，不断推进全球税收治理体系的构建。

2022 年 6 月，《关于构建数据基础制度更好发挥数据要素作用的意见》在中央全面深化改革委员会第二十六次会议审议通过，会议提出，要建立数据产权制度，推进公共数据、企业数据、个人数据分类分级确权授权使用。就目前而言，数据税收制度仍处于初步阶段。但数据税收在当前仍具有重要的不可替代作用。随着数据使用和流通市场的不断形成，展望未来，数据税收制度会成为数据基本制度的重要组成部分。

目前，我国积极探索数字经济领域的税收征管体制，取得了一定成效。

国内方面，《电子商务法》于2018年8月颁布实施，明确了电子商务经营者应当依法纳税，依法办理税务登记，依法如实申报纳税。在2020年11月召开的规范线上经济秩序行政指导会议上，再次强调互联网平台公司要严格按照《税收征管法》及其实施细则和《电子商务法》的规定，依法纳税，依法享受税收优惠。2021年10月，习近平总书记在部署数字经济有关工作时，特别提到了"强化税务监管、加强税务稽查"的有关要求。国际上，我国已签署多个多边法律文件，如《多边税收征管互助公约》《实施税收协定相关措施以防止税基侵蚀和利润转移（BEPS）的多边公约》等。我国在设计数字经济税收规则的制定过程中扮演了重要角色，发挥了重要作用。

（三）数字化实践成效

以数治税背景下，税收大数据为税务治理、纳税服务和税务稽查提供了强有力的支撑，当前我国税务部门处于努力推动税收大数据与税收征管体系相融合的阶段，为优化税收征管模式打下基础。

1. 以数治税新发展格局初步构建

税务机关始终将税收数字化建设作为推动税收改革发展的基础工程。2016年10月金税三期工程全面上线，同年，税务总局启动税收大数据平台建设，标志着我国税收管理步入"大数据时代。按照"上云、用数、赋智"的发展路径加快推动业务数据化向数据业务化转变。2020年税务总局紧盯技术发展趋势和方向，应用分布式计算前沿技术，大数据平台的计算速度提高了2000倍，为建设智慧税务提供了有力的技术支撑在落实个人所得税税制改革、"营改增"等重大税收改革任务，推行"非接触式"办税、优化税务执法方式等重点工作中，在改变传统税收征管模式、重塑现代税收治理体系、服务经济社会发展大局等方面，大数据、人工智能等新技术切实发挥了关键作用。当前，税务总局围绕税收征管制度改革，努力建设以服务纳税人、缴费人为中心，以发票电子化改革为突破口，以税收大数据为驱动力的智慧税务，并将在强化数据获取和归集基础上，通过税种费种的全部打通、联动管理，推动实现"以数治税"，推动税收数字化智能化转型升级。

2. 税务应用系统建设成果丰硕

一以贯之把税务应用系统建设作为推动税收改革发展的基础性工程，推动大数据、云计算、区块链、人工智能等新技术与税收业务加速融合，建成了增值税发票新系统、电子税务局等系列应用系统，为推动税收治理体系和治理能力现代化提供了坚实保障。

（1）金税三期工程全面上线运行。在1994年建成金税一期工程、2001年建成金税二期工程的基础上，于2016年建成金税三期主体工程，并按照"一个平台、两级处理、三个覆盖、四类系统"的总体目标进行设计建设。2016年10月，金税三期工程正式上线，首次实现了基础平台、应用软件、业务标准等方面的统一和税收征管数据的全国大集中。2017年，大力推进信息系统整合优化工作，圆满完成金税三期系统优化升级。2018年，为确保国税地税征管体制改革顺利推进，按照"先试点、后分批"的路线图，分三批推进金税三期系统并库上线工作。2019年3月系统实现全国并库上线，提前3个月完成机构改革税收征管系统优化整合任务，实现了金税三期系统数据库"两库并一库"、纳税人信息"两户并一户"、征管模式"两套并一套"的"三个合并"，以及税收业务、系统、规范、数据、征管力量的"五个融合"，为建立完善、有效、一体化的税务管理体制打下了良好的信息化基础。

（2）推广使用增值税发票管理新系统。"十三五"时期，在增值税发票管理新系统的基础上持续优化增值税发票系统功能，进一步便捷系统操作，强化系统技术支撑和安全防护，开发上线了增值税发票管理系统2.0版，将纳税人身份验证及发票信息全部电子化，建成了包含电子底账防伪税控、发票勾选、发票查验、公共服务平台等系统在内的发票管理信息系统新体系；依托电子底账建设增值税发票综合服务平台，实现"一户式"归集纳税人开具和取得的全量增值税发票并全面取消扫描认证，实现增值税抵扣凭证通过勾选方式确认用途；建立全国统一入口的增值税发票查验系统，社会公众可在任何时间、任何地点进行"云查验、辨真伪"，基本实现通过网络一次办理发票的开具、缴销、报税、查验真伪等大部分事项。增值税发票管理系统2.0版的开发建设，实现了发票管理的根本性变革，为防控税收风险，优化纳税服务，规范税务执法，制定宏观决策做出了积极贡献。

（3）建成规范的电子税务局。2018年，编制了全国统一电子税务局建设规划和方案，对各地税务机关进行了规范指导，推动了网上办税渠道、办税界面和办税登录"三整合"。2018年12月，全国统一规范的电子税务局基本建成，基本实现了界面、业务、数据及重点创新事项的"四个统一"，大幅提升了办税网络化、便利化、规范化水平。2019年，制定并实施《电子税务局建设规范（2019年版）》，既使网上办税功能更全面、办理流程更简便、办税渠道更多元，又使税务人业务审核更规范、管理模式更统一操作流程更标准，更好回应了纳税人缴费人需求和基层税务干部期盼，全面提升了税收服务和管理事项“一网通办”水平。2020 年底，各地电子税务局已统一完成电子税务局功能 323 项，纳税人主要办税事项均可网上办理；全国电子税务局用户 6362 万户，占全部税务管理户数的 92.31% 纳税人通过电子税务局办理的业务比例占纳税人所有业务的 81.06% 以上。

3. 数字人事激发干部活力

大数据不仅应用于税收征收治理中，也体现在税务组织体系的建设过程当中。税务部门运用大数据理念和方法，依托信息化系统，将现行按“事”考核评价和日常管理干部的制度规定，转化为按“人（岗）”量化归集的评价和管理指标，形成“个人成长账户”大数据，作为识人用人的评价依据，实现税务干部管理日常化、多维化、数据化、累积化、可比化的干部综合考核评价管理制度机制。数字人事考核评价指标涵盖“一个基础、四个支柱”，通过连续记录干部职业生涯各个阶段的指标数据，时时累积、次次累积、年年累积，形成客观动态反映干部成长轨迹的“全息影像”，能够全面、历史、辩证地反映干部素养，充分体现了数字人事考在平时、管在长远，不看一时、更看全面的特点。根据“个人成长账户”成绩，每年将干部考核分为好、中、差三级，并与干部任用、交流遴选、评先评优、职级评定、能上能下挂钩，与落实问责条例等惩戒规定挂钩，充分体现能者上、庸者下、劣者汰。

实施数字人事为各级税务局党委开展干部选拔任用、教育培养、监督管理提供重要参考依据，取得了多方面的积极成效。加强了党对税收工作的集中统一领导，促进了中央重大决策部署的贯彻落实；树立了担当作为的正确导向形成了干事创业的浓厚氛围；提供了知事识人治税带队的新抓手，促进了新税务机构“事合、人合、力合、心合”；打造了引领干部一心向善、一生向上的新引擎，增强了干部成长成才的持续动力。税务系统数字人事受到了各方关注，地方党政领导给予了积极评价，90% 以上税务干部表示认可。在 2018 年 FTA 人力资源会议等国际会议中，税务总局介绍了探索推行数字人事的经验做法，受到多国税务部门和国际组织代表的肯定。

4. 纳税服务水平有效提高

税务服务与税收征管相辅相成，纳税人对税务服务的满意度与税收遵从度成正相关关系。如图 3-1 所示，“税务助手”以大数据和人工智能为依托，在运用技术手段归集后可以进行情感分析和自然语言处理，以更好地服务纳税人，提升税收征管质效。

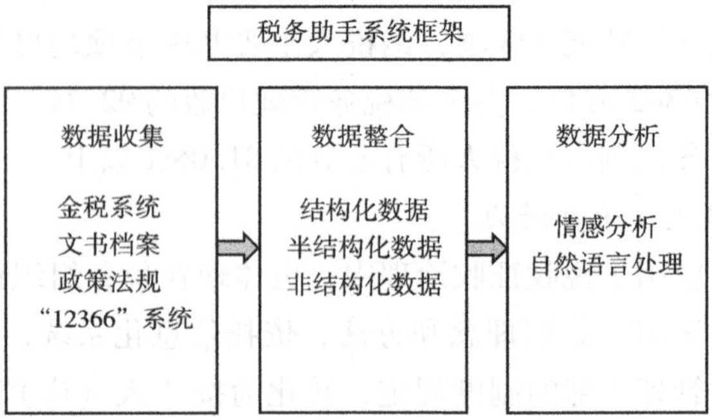

图 3-1　税务助手系统框架

利用情感分析，可以根据纳税人的面部表情，包括愤怒、厌恶、恐惧、悲伤、喜悦等，计算出纳税人情感的可能值，并根据不同的情感量表，将其情感状态从 1 分到 100 分进行映射，以便后期对比处理。例如，服务评价可以实时关联和反馈纳税人的满意度，根据纳税人的情绪状态评估相应的满意度。如果发现某位导税员的满意度经常偏低，就会关注该员工；如果发现某位纳税人的满意度经常偏低，就会通知该纳税人的负责人，以便核实情况。

自然语言处理用于接收、处理和回应纳税人提出的询问，自动识别纳税人提供的数据中的关键点并上传到信息数据库。税务助手设有智能机器人来回答纳税人的问题，回答过程分为三个阶段：呼叫—回答—反馈。接到电话后，机器人自动从纳税人的背景中检索相关的税务信息，利用行为分析提取可能的咨询问题和答案清单，并使用个性化的导航来回答问题。如果纳税人对导航的内容不满意，它就会切换到人工模式，并将问题转给人工客服代表解决。反馈阶段是将纳税人咨询的问题推送至税收管理员，由税收管理员依据实际情况判断此类问题是否具有普遍性，以实现个性化导航的持续改进和创新。

5. 税务稽查执行更为规范

税务总局稽查局深入贯彻落实总局党委工作部署，顺应稽查改革发展需要，以高质量推进税务稽查现代化建设为目标，以支撑业务、保障任务助力改革为原则，持续推进稽查信息化建设和大数据应用工作，取得一定成效。

(1) 有序推进稽查专用信息化平台（系统）建设。优化完善“税务稽查双随机工作平台”，全面整合省以下随机抽查对象名录库和执法检查人员名录库，推动随机抽查业务加速融合；重新构建“协查信息管理系统”，采取总局一级部署架构，联通金税三期核心征管系统，全面实现“要素协查”要求。

（2）加强稽查综合业务管理。开发建设“税务稽查案件监控管理平台”，打造稽查案件管理和综合业务管理一体化信息平台；完成“税警协作指挥平台”立项，致力于巩固公安派驻税务联络机制、形成打击合力。

（3）提高稽查工作质效，开发建设“税务稽查选案及案情研判系统”，运用税收大数据挖掘案源线索，研判案情链条，提升税务总局集中选案工作效率，更好支撑常态化选案机制；开发建设“税务稽查视频指挥系统”，实现总局稽查局对省以下稽查局案件查办的统筹调度、部署会商、远程指挥，降低沟通成本，支撑跨区域稽查办案需要。

（4）不断优化金税三期核心征管系统稽查功能。结合机构改革后稽查业务实际需要，及时优化完善核心征管系统查业务功能。

（5）认真研究查执法装备配备工作。集中研究加强稽查执法装备配备的工作思路，拟制稽查办案包配置实施方案，起草《国家税务总局办公厅关于加强稽查执法信息化装备配备工作的通知》，力求有针对性地指导各级稽查部门规范开展装备配备工作，全面提升改革后稽查装备水平，促进稽查队伍向正规化、专业化、信息化迈进。

税务稽查的规范化建设及严格执行是优化我国税收征管模式进程中极为重要的一步。近年来，税收违法犯罪活动呈现多样化、隐蔽性和高技术性等特点，这就要求稽查部门做到科学管控流程、全面掌握信息、精准分析数据。

税务稽查数据平台的建设是税务稽查规范化的关键，其具体包括案源管理—检查—审理—执行四个环节。案源管理系统集成金三案源管理、本地案源管理、协查案源管理、企业名录库管理等，形成案源基础仓库，构建案源分配模型，实现案源科学合理分配。检查环节是在纳税人财务软件中稽查违法信息，将各类资料转交给稽查局案件审理部门。审理部门会依照法律法规，认定其税收违法事实，将审理结论推至案件执行环节申请执行。执行环节包括税收保全、税收强制执行等措施，从法律层面向纳税人催缴税款。税务稽查平台通过案件项目化管理，紧盯方案制定、案源下发、跟踪反馈、成果分析、报告报表等案件查处全过程，根据案件性质、行业特点、重要程度等对案源进行过滤，实现分级分类管理，通过科学建模、要素确认和逻辑分析，生成分析性、结论性的稽查报告，符合以数治税的底层逻辑，有助于税收征管模式的优化。

6. 税收风险管理体系深入推进

随着税收大数据的深入发展，当前，我国已初步建立数据管理制度体系，逐步健全云平台大数据管理制度体系，持续优化税收风险管理制度。在深入调研的基础上，加紧制定税收风险管理相关制度，进一步规范了各级税务机关的风险管理职责、流程及要求，完善了税收风险管理制度体系。

在大数据管理方面，税务机关持续推动数据集成，推进数据共享，强化数据安全。开展数据资源摸底工作，整理未集成数据清单，推进系统数据向云平台集成；结合政务服务数据资源目录，进一步细化、理清数据共享职责，明确税务部门可对外交换共享数据清单；开展数据安全风险专项排查整改，严格制定整改方案，层层分解整改任务，从加强内部人员管理、排查互联网风险等方面发现的数据安全风险点进行整改，增强了数据安全保密意识，提升了数据安全保障能力，进一步筑牢了数据安全防线。

此外，税务机关还进一步深化“放管服”改革，打通数据与风险的业务边界，努力构建税务执法新体系，实现从经验式执法向科学精确执法转变。根据纳税人的风险信用状况，税务机关对纳税人实施差别化管理措施，集中资源防控中高风险纳税人税收违法行为，促进征管资源的合理配置。

首先，对纳税人实行高、中、低风险的税务分级，在征信平台中整合纳税人的信用等级、缴税情况、税务奖惩等数据，对纳税人的纳税行为进行信用评估，依据指标得分和直接判级的情况，信用等级分为A、B、M、C、D五级，根据信用等级对纳税人进行加减分，将评估结果纳入《法人信用评分细则》《个人信用信息评价标准》。其次，参考信用等级的高低进行差异化管理，重点关注高信用纳税人对智能服务的评价，充分利用信用激励政策促进诚实纳税；对信用等级较低的纳税人加强税务稽查、税务约谈、税务督促等方面的风险控制。差异化的管制手段可以充分激励遵从度高的纳税人、处罚遵从度较低的纳税人。

另外，税务机关积极打通税务系统各层级各部门、各系统、各税种间的数据壁垒，以数据驱动税收风险管理智能化，强化“一户式”风险分析机制，层层筛选风险，不断提升建模型、优算法核心竞争力，形成覆盖事前事中事后、内部外部的全流程、全链条风险闭环管理，力争最大限度地提高税收风险管理的效率，优化成本，尽量减少对市场主体的干扰，创造公平的营商环境。

在加强税收风险管理的同时，贯彻纳税服务和风险管理并重理念，定向开展减税降费涉税风险疑点推送，帮助纳税人应享尽享、应享快享减税降费优惠政策，维护公平公正的税收环境。

五、智慧税务展望

智慧税务是指通过综合运用大数据、云计算、人工智能、移动互联网等现代信息技术，推进内外部涉税数据汇聚联通、线上线下有机贯通，驱动税务执法、服务与监管制度创新和业务变革，进一步优化组织体系与资源配置，高质量推进新时代税收现代化。智慧税务将能够实现为纳税人缴费人提供精细化、智能化、个性化服务，为税务人提供自主推送任务、自控监督履责、自动考核考评的管理手段，为决策者提供微观、中观、宏观经济运行研判参考和决策支持。智慧税务是税收征管数字化转型的必然走向。2015 年 9 月，国家税务总局印发的《“互联网 + 税务”行动计划》首次提及智慧税务：“以提升税收治理能力为目标，深化互联互通与信息资源整合利用，构建智慧税务新局面”；2021 年 3 月，中办、国办印发的《关于进一步深化税收征管改革的意见》中进一步强调了智慧税务建设的重要性，指出税务机关应充分利用现有的数字技术和人工智能技术，从而突破现有网上办税模式，打造新一代的智慧税务平台。

（一）智慧税务建设背景

1. 发布《关于进一步深化税收征管改革的意见》

2015 年两会期间，全国人大代表、腾讯公司董事会主席兼首席执行官马化腾提出《关于以“互联网 +”为驱动，推进我国经济社会创新发展的建议》的议案。这一提议被当年政府工作报告采纳并写入。在此基础上，国务院出台了《互联网 + 行动计划》，并将其上升为国家战略。计划提出“以提升税收治理能力为目标，深化互联互通与信息资源整合利用，构建智慧税务新局面”。2021 年 3 月，中共中央办公厅、国务院办公厅发布《关于进一步深化税收征管改革的意见》（以下简称《意见》），《意见》结合新发展阶段需要，对下一步深化税收征管改革提出新的要求，描绘出了我国税收征管现代化的宏伟蓝图，体现出未来国家治理现代化在税收领域的要求。《意见》

强调了数字化和智能化在税收征管中的重要性，明确指出，智慧税务的建设要"充分运用大数据、云计算、人工智能、移动互联网等现代信息技术"。这不仅是税收改革发展的一个重大里程碑，并且能更好地发挥税收的基础性、支柱性和保障性作用，为经济社会高质量发展提供有力支持。

总体来说，《意见》主要在以下四个方面实现了新的突破：一是实现了税收征管由合作、合并向合成转变的突破；二是实现税收服务、执法与监督的深度融合的相关突破；三是实现税收治理的数字化、智能化和智慧化；四是税收改革创新由渐进式向系统性一体化转变。《意见》在"十四五"开局之年应时提出，为进一步深化税收征管改革明确了方向和要求，也为智慧税务的建设拉开序幕。

2. 深化"放管服"改革

2015 年 5 月，国务院召开全国推进简政放权放管结合职能转变工作电视电话会议，首次提出了"放管服"改革的概念，即简政放权、放管结合、优化服务。

2015 年 12 月，中办、国办印发了《深化国税、地税征管体制改革方案》，积极推动国地税"合作"，即推动服务深度融合、执法适度整合、信息高度聚合；2018 年，省及以下国地税"合并"，国务院办公厅于当年 7 月印发了《国税地税征管体制改革方案》。2021 年 3 月，中办、国办印发了《关于进一步深化税收征管改革的意见》，提出要在业务流程、制度规范、信息技术、数据要素和岗责体系等方面进行整合升级，其特点也可以用"合成"来概括。税收征管改革从合作到合成，紧紧抓住了时代的脉搏，按照新时期税收现代化建设的总目标，坚持循序渐进的顶层设计，以钉钉子的精神不断推进。

随着我国"放管服"程度的不断加深，我国的税收营商环境更加清新，税务机关以服务纳税人缴费人为中心的理念更加深入。"让数据多跑路，群众少跑腿"，成为各级税务机关的共同追求，税务机关作为政府部门，积极把服务的理念和具体措施贯穿于全部税收征管环节。在此基础上，以税收现代化为目标的办税缴费便利化改革将得到持续推进，不断迈上更高台阶。

（二）智慧税务愿景展望

1. 运用现代信息技术助力智慧税务

《意见》中强调了现代信息技术在智慧税务建设中的重要性，明确指出，智慧税务的建设要“充分运用大数据、云计算、人工智能、移动互联网等现代信息技术”。也就是说，随着新科技的发展以及电子政府向数字政府的转变，税务机关也要坚持改革创新、与时俱进，充分利用现有的数字技术和人工智能技术，从而突破现有网上办税模式，打造新一代的智慧税务平台。

以区块链为例，近年来，税收征管模式的变革少不了区块链技术的支持。区块链是一种特殊分布式数据库，将读取的数据录入不可更改的“区块”，例如甲、乙、丙三人彼此进行交易，将甲和乙因为交易产生的数据存储在一个数据库表中，三个人都可以访问，三个人都确认该交易是符合规定的。一旦甲和乙完成了交易，这个表在三个人手里都是一样的，所以交易是去中心化的。若其中一人私自对表格进行了修改，他的表格就会和其他人的表格产生差异，因此这个做法不可取。因此，这个分布式数据库表是去中心化的，没有人可以更改它所包含的数据，这个数据库表的账本可以被称为区块链。以数治税背景下合理运用区块链技术，是推动税收征管改革的关键，表 3 – 5 反映了区块链技术与税收征管的契合点。

表 3 – 5　　区块链技术与税收征管契合点

区块链技术特征	税收征管痛点	契合点
去中心化	第一中心存储，数据孤岛	降低中心决定权，加大信息流通，减少信息不对称
共识性	信息造假	数据不可篡改，信息公开透明
可追溯性	数据分散，难查询	各操作记录首尾相连，形成交易链条
智能合约机制	管理效率低	规范数据质量，降低税收成本

目前，区块链技术应用于税收风险管理领域的案例主要是区块链电子发票，其本质是在电子发票的基础上，为确保环环相扣之下的可追溯性和发票数据的不可更改性，利用密码和分布式技术将消费者、税务部门、企业和商人以及其他相关工作人员联系起来。它与普通的电子发票不同：首先，普通电子发票可以重印，电子发票的内容和打印件的内容须经财务人员验证核实，辨别其真伪会消耗人力成本，而区块链电子发票具有真实唯一的特性，有助于财务工作人员提升工作效率；其次，区块链电子发票通过链式结构能实现对交易流程的全面记录，避免了普通电子发票无法追踪业务源头的缺点，虚开虚抵行为得到有效控制；另外，区块链电子发票的开票方和收票方

都能在线上平台随时查看发票状态，与普通电子发票信息没有实现互联互通形成对比，方便税务机关的监控，加强了税收风险的防范能力；最后，区块链下的全电发票无须再购置专用的税控设备，既可节省资金成本，又可吸引其他公司使用。

首张区块链电子发票是由深圳的国贸旋转餐厅开出的，自区块链发票开具以来，吸引了社会各界的目光。包括招商银行、沃尔玛、银联、深圳地铁等在内的许多公司已经签约，涉及餐饮、交通、互联网、金融等行业的 7600 家已注册开具区块链电子发票，仅用一年时间，开票数就超 1000 万张。为尽快实现区块链电子发票在全国范围和全部行业的推广，区块链技术会尝试在更多场景的应用。当前，区块链在税收风险管理领域的应用并未覆盖所有行业，在广度和深度上有待发展。

按照《意见》的要求，升级版的智慧税务要实现智能收集信息、自动分析管理纳税人缴费人行为、全程自控考核和评价税务人员等功能，并实现税务决策信息与任务的自主分类推送。这样，一方面可以更加方便纳税人缴费人，另一方面也有利于提高税收征管水平。

2. 构造智慧税务蓝图——金税工程四期的建设前景

2021 年，中央印发的《意见》中明确了智慧税务构造蓝图，着力开启金税四期工程的建设，推动税收征管效能从“以票管税”向“以数治税”转变。现阶段，我国税收信息化的集成化建设已基本实现，其特点主要表现为标准统一、数据集中和系统整合，有效提高了纳税服务水平和征管效率。伴随着数字时代的到来，信息规模、数据量级均呈现指数式增长，征管数据的深度分析为税收工作的主要重心转移方向，因此目前我国的税收信息化建设正在朝着“智慧化、数字化”转型发展。

金税四期是征管体系进一步完善数字化、迈向智能化管理开展的技术层面基础设施建设。对于金税三期所存在的一些遗留问题，金税四期为优化我国税收征管模式提供了可行的路径。在金税三期的基础上，更多的“非税”数据被录入系统，将企业纳税状态和企业相关注册登记信息记录在册，和越来越多部门打通数据库，通过对涉税业务的监管核查，加快了智能办税、以数治税的道路建设。

金税四期建设以发票全面电子化为突破口和先行安排，同时深化大数据和智能化应用等，建立一体化的电子税务局。此外，不仅在税收方面，还将纳入“非税”业务，实现更加全面的业务监管。在金税四期的建设下，企业更多的数据将被税务局掌握，如图 3－2 所示，金税四期通过“银税互动”等平台打通了税务局与海关、工商管理局、银行及社保等部门的信息互联互通，帮助其更好地掌握企业涉税信息。

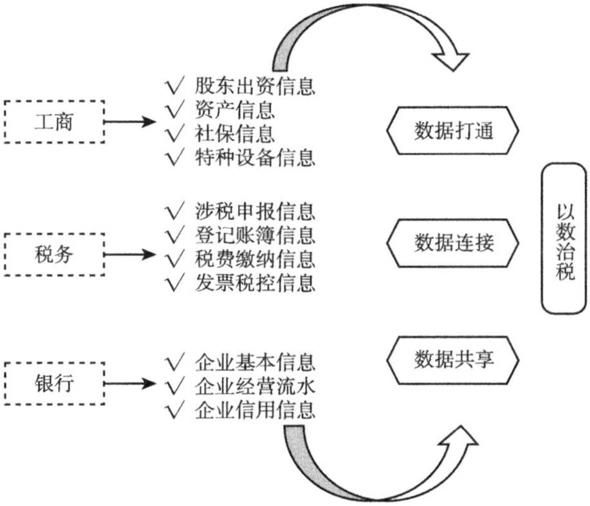

图 3－2　金税四期建设内容

（1）首推“全电发票”，充分发挥其在交易中的“黏合剂”作用。现阶段，以“全电发票”为引领的发票全面电子化建设正在积极推进。税务部门以全国统一的电子发票服务平台为依托，开展“全电发票”试点，通过“开业即开票”便利纳税人。在上海、广东、内蒙古三省开展整体开票、受票试点之后，又分批分次扩展受票试点地区，目前受票试点已覆盖全国所有区域范围。“全电发票”全面试点工作，突出了整体创新管理理念和应用便利性，畅通了信息的交换和流动。不仅便于税务机关征管实现大数据级的交易管理，同时能够助力企业借助大数据分析、统计，增加企业在市场竞争中的优势。

（2）发力“精准监管”，保证纳税人合法权益的同时强化对偷逃税费的打击力度。金税四期将结合《意见》的相关要求发挥税收大数据作用，全方位提高监管精度。一方面，税务机关通过金税四期大力应用大数据等新技术，以“纳税信用＋税收遵从风险管理”为基础开展新型监管；另一方面，积极发挥大数据在税收征管中的应用，落实“互联网＋监管”的业态模式，互联网平台将线下办税业务移到线上，“大数据”和 AI 服务于税务稽查、纳税评估等工作，大大解放后台税务人员的人工分析比对工作。严格监控“税收洼地”“阴阳合同”等行为，对虚开骗税等违法犯罪行为进行实时监控和查处，保障国家税收安全。

（3）通过金税四期的精准画像功能，对企业进行精准定位。根据精准画像的结果，对合规企业里的虚假企业、异常企业、高危企业进行整顿治理，从而保证各项税收优惠政策，如“应抵尽抵”“出口退税”“留抵退税”等的准确与合规。

第四章　科技税务在发票管理中的应用：从纸质发票到数电发票

科学技术在发票管理中的应用已然越来越广泛。利用信息科学技术，我国发票管理经历了从传统纸质发票，到电子化的纸电发票，再到全新的数电发票的转变。纸质发票具有悠久的历史，但由于易伪造、难管理等问题，逐渐被电子发票取代。纸电发票作为纸质发票向电子发票发展的过渡形式，虽然在一定程度上解决了纸质发票的问题，但推行时间较短，仍存在一些管理难点。数电发票实现了全领域、全环节、全要素电子化，标志着我国税收管理模式逐渐从“以票管税”迈入“以数治税”分类精准监管新阶段。企业通过税务管理信息系统能够快速、准确地处理发票信息，提高税务管理的精确度和效率。税务机关可以通过大数据、人工智能等技术，对发票数据进行深度分析，更好地掌握经济运行情况，提高税收征管的科学性和准确性。可以预见，科学技术将在发票管理中发挥更大的推动作用。

一、发票概述

发票是指在购销商品、提供或者接受服务以及从事其他经营活动中，企业开具或收取的支付凭证。发票纳入税务机关管理，纸质发票由税务机关监制。作为记录经济活动内容的载体，发票具有证明交易、税收管控和维护权益的功能。发票不仅是会计核算和审计机关、税务机关执法检查的原始依据，还是税务机关控制税源、征收税款的重要依据，更是国家监督经济活动、维护经济秩序、保护国家财产安全的重要手段。

发票的基本内容主要包括发票的名称、发票代码和号码、联次及用途、客户名称、开户银行及账号、商品名称或经营项目、计量单位、数量、单价、大小写金额、开票人、开票日期、开票单位（个人）名称（章）等。

（一）发票的分类

根据《中华人民共和国发票管理办法》第三条，发票包括纸质发票和电子发票。国家税务总局《网络发票管理办法》规定，省以上税务机关在确保网络发票电子信息正确生成、可靠存储、查询验证、安全唯一等条件的情况下，可以试行电子发票。因此在电子发票的施行中，以网络发票作为纸质发票向电子发票发展的过渡形式。目前全国正逐步开展“数电发票”的试点推广，现行发票政策和试点发票政策并行的情况使得发票种类难以厘清。根据发票的形式载体，可将发票分为以下三类：

1. 纸质发票

纸质发票是指一切单位和个人在购销商品、提供或接受服务以及从事其他经营活动中，所开具和收取的纸质业务凭证。传统纸质发票包括增值税专用发票、普通发票和专业发票。增值税专用发票是指专门用于结算销售货物和提供加工、修理修配劳务使用的一种发票，只限于增值税一般纳税人领购使用，增值税小规模纳税人不得领购使用。普通发票主要由增值税小规模纳税人使用，增值税一般纳税人在不能开具专用发票的情况下也可使用普通发票。普通发票由行业发票和专用发票组成，前者适用于某个行业和经营业务，后者适用于某一经营项目。2011 年起，全国统一使用普通发票。专业发票是指国有金融、保险企业的存贷、汇兑、转账凭证、保险凭证；国有邮政、电信企业的邮票、邮单、话务、电报收据；国有铁路、国有航空企业和交通部门、国有公路、水上运输企业的客票、货票等。

2. 网络发票

网络发票又称纸电发票，是以互联网、无线通信等网络为基础网络，利用网络发票管理系统实时在线开具的纸质发票。其管理使用依旧以纸质发票为基础，是纸质发票内容信息存在形式的电子化，通过在线发票系统而非手工填写，便于税务机关采集发票信息。

3. 电子发票

数电发票即全面数字化的电子发票，是在购销商品、提供或接受服务，以及从事其他经营活动中，开具或收取的数据电文形式的收付款凭证。电子发票的申领、开具、流转和查验等都可以通过税务机关统一的电子发票管理系统在互联网上进行，可以完全取代纸质发票，不仅有利于节约企业经营成本、消费者保存使用发票，而且对税务部门规范管理和数据应用具有促进作用。

（二）我国发票管理的制度沿革

财政部在1986年制定了第一部发票管理条例《全国发票管理暂行办法》，对发票的管理主体、方法、印制、监管方式等方面进行了规定，主要应对改革开放后，在市场交易活动激增的情况下，出现了多种经营活动和多种纳税主体并存的现象。该《暂行办法》统一了我国发票管理制度，强化了市场经济活动的监督。

1993年《发票管理办法》和《发票管理办法实施细则》对发票管理的印制、领购、开具方面作了详细规定，实现了发票形式的统一，在内容上强化了征管主体的权力与职能。办法和细则对发票领用和流通的各个流程进行了规范，赋予税务机关更多权力，注重了发票的税控与监控功能。

2001年《税收征管法》对发票管理作出了更加全面的规定，《税收征管法》第二十一条规定："税务机关是发票的主管机关，负责发票印制、领购、开具、取得、保管、缴销的管理和监督。"确定了税务机关为发票的管理主体，明确具体职责，并对发票管理制度进行了分级管理。另外，征管法规确定了税控装置的合法性，为税控纳税依据提供了法律基础。

2010年、2011年分别修订了《发票管理办法》和《发票管理办法实施细则》，明确了国务院税务主管部门统一负责，各省、自治区、直辖市国家税务局和地方税务局做好本行政区域的发票管理工作。财政、审计、工商行政管理、公安等有关部门在各自的职责范围内，配合税务机关做好发票管理工作。并规定企业必须使用税控装置开具发票，按期向主管税务机关报送发票数据，确定了"以票控税"的税收征管理念。

2023年7月20日，根据《国务院关于修改和废止部分行政法规的决定》，《中华人民共和国发票管理办法》进行自1993年发布以来的第三次修订工作。此次发票管理办法的修改共涉及22项条款，主要变化包括：增加了发票类型内容，明确了电子发票与纸质发票具有同等法律效力；增加“风险级别”作为发票核定的判断依据之一，以差异化管理提高发票核定的精准性；列明发票数据禁止性行为，规范发票数据使用，保障纳税人权益。此次修改解决了数电票推广初期各方对于法律基础支撑不足的担忧，有助于稳步推进“以数治税”的税收征管模式，确保税收改革落地见效。

（三）发票的管理内容与方法

根据《中华人民共和国发票管理办法》，可以总结出发票的管理内容与方法如下：

1. 发票的印制

发票印制是发票管理的首要环节，加强发票的印制管理，是从源泉上对发票进行控制。

（1）印制管理权。

增值税专用发票由国务院税务主管部门确定的企业印制；其他发票，按照国务院税务主管部门的规定，由省、自治区、直辖市税务机关确定的企业印制。禁止私自印制、伪造、变造发票。印制发票应当使用国务院税务主管部门确定的全国统一的发票防伪专用品。禁止非法制造发票防伪专用品。发票应当套印全国统一发票监制章。全国统一发票监制章的式样和发票版面印刷的要求，由国务院税务主管部门规定。发票监制章由省、自治区、直辖市税务机关制作。禁止伪造发票监制章。发票实行不定期换版制度。

（2）印制要求。

印制发票的企业应当具备以下条件：取得印刷经营许可证和营业执照；设备、技术水平能够满足印制发票的需要；有健全的财务制度和严格的质量监督、安全管理、保密制度。税务机关应当按照政府采购有关规定确定印制发票的企业。印制发票的企业按照税务机关的统一规定，建立发票印制管理制度和保管措施。发票监制章和发票防伪专用品的使用和管理实行专人负责制度。印制发票的企业必须按照税务机关确定的式样和数量印制发票。

发票应当使用中文印制。民族自治地方的发票，可以加印当地一种通用的民族文字。有实际需要的，也可以同时使用中外两种文字印制。各省、自治区、直辖市内的单位和个人使用的发票，除增值税专用发票外，应当在本省、自治区、直辖市内印制；确有必要到外省、自治区、直辖市印制的，应当由省、自治区、直辖市税务机关商印制地省、自治区、直辖市税务机关同意后确定印制发票的企业。禁止在境外印制发票。

2. 发票的领用

依法办理税务登记的单位和个人，应在领取税务登记证件后向主管税务机关申请领用发票。

（1）固定业户领用发票。

需要领用发票的单位和个人，应当持设立登记证件或者税务登记证件，以及经办人身份证明，向主管税务机关办理发票领用手续。领用纸质发票的，还应当提供按照国务院税务主管部门规定式样制作的发票专用章的印模。主管税务机关根据领用单位和个人的经营范围、规模和风险等级，在5个工作日内确认领用发票的种类、数量以及领用方式。单位和个人领用发票时，应当按照税务机关的规定报告发票使用情况，税务机关应当按照规定进行查验。

（2）临时经营领用发票。

需要临时使用发票的单位和个人，可以凭购销商品、提供或者接受服务以及从事其他经营活动的书面证明、经办人身份证明，直接向经营地税务机关申请代开发票。依照税收法律、行政法规规定应当缴纳税款的，税务机关应当先征收税款，再开具发票。税务机关根据发票管理的需要，可以按照国务院税务主管部门的规定委托其他单位代开发票。禁止非法代开发票。临时到本省、自治区、直辖市以外从事经营活动的单位或者个人，应当凭所在地税务机关的证明，向经营地税务机关领用经营地的发票。临时在本省、自治区、直辖市以内跨市、县从事经营活动领用发票的办法，由省、自治区、直辖市税务机关规定。

3. 发票的开具和保管

销售商品、提供服务以及从事其他经营活动的单位和个人，对外发生经营业务收取款项，收款方应当向付款方开具发票；特殊情况下，由付款方向收款方开具发票。所有单位和从事生产、经营活动的个人在购买商品、接受服务以及从事其他经营活动支付款项，应当向收款方取得发票。取得发票时，不得要求变更品名和金额。不符合规定的发票，不得作为财务报销凭证，任何单位和个人有权拒收。开具发票应当按照规定的时限、顺序、栏目，全部联次一次性如实开具，开具纸质发票应当加盖发票专用章。任何单位和个人不得有下列虚开发票行为：为他人、为自己开具与实际经营业务情况不符的发票；让他人为自己开具与实际经营业务情况不符的发票；介绍他人开具与实际经营业务情况不符的发票。

安装税控装置的单位和个人，应当按照规定使用税控装置开具发票，并按期向主管税务机关报送开具发票的数据。使用非税控电子器具开具发票的，应当将非税控电子器具使用的软件程序说明资料报主管税务机关备案，并按照规定保存、报送开具发票的数据。单位和个人开发电子发票信息系统自用或者为他人提供电子发票服务的，应当遵守国务院税务主管部门的规定。任何单位和个人应当按照发票管理规定使用发票，不得转借、转让、介绍他人转让发票、发票监制章和发票防伪专用品；不得知道或者应当知道是私自印制、伪造、变造、非法取得或者废止的发票而受让、开具、存放、携带、邮寄、运输；不得拆本使用发票；不得扩大发票使用范围；不得以其他凭证代替发票使用；窃取、截留、篡改、出售、泄露发票数据。税务机关应当提供查询发票真伪的便捷渠道。

除国务院税务主管部门规定的特殊情形外，纸质发票限于领用单位和个人在本省、自治区、直辖市内开具。除国务院税务主管部门规定的特殊情形外，任何单位和个人不得跨规定的使用区域携带、邮寄、运输空白发票。禁止携带、邮寄、运输空白发票出入境。开具发票的单位和个人应当建立发票使用登记制度，配合税务机关进行身份验证，并定期向主管税务机关报告发票使用情况；应当在办理变更或者注销税务登记的同时，办理发票的变更、缴销手续；应当按照国家有关规定存放和保管发票，不得擅自损毁。已经开具的发票存根联，应当保存5年。

4. 发票的检查

税务机关在发票管理中有权检查印制、领购、开具、取得、保管和缴销发票的情况；调出发票查验；查阅、复制与发票有关的凭证和资料；向当事人各方询问与发票有关的问题和情况；在查处发票案件时，对与案件有关的情况和资料，可以记录、录音、录像、照相和复制。

印制、使用发票的单位和个人，必须接受税务机关的依法检查，如实反映情况，提供有关资料，不得拒绝、隐瞒。税务人员进行检查时，应当出示税务检查证。税务机关需要将已开具的发票调出查验时，应当向被查验的单位和个人开具发票换票证。发票换票证与所调出查验的发票有同等的效力。被调出查验发票的单位和个人不得拒绝接受。税务机关需要将空白发票调出查验时，应当开具收据；经查无问题的，应当及时返还。

单位和个人从中国境外取得的与纳税有关的发票或者凭证，税务机关在纳税审查时有疑义的，可以要求其提供境外公证机构或注册会计师的确认证明，经税务机关审核认可后，方可作为记账核算的凭证。

（四）科学技术在发票管理中的应用：金税工程建设

1994 年增值税税制改革后，国家税务总局委托航天部开发增值税防发票伪税控系统，委托电子部开发发票交叉稽核系统，建设金税工程，正式开启了利用信息化手段加强增值税发票管理的道路。

1. 金税一期

金税一期伴随着 1994 年增值税税制改革产生。我国在经历了国地税组建、分税制改革和增值税改革一系列动作后，形成了 VAT 型货劳税（Goods & Services Tax）结构，特征是层层课征，环环抵扣，用抵扣的链条来传导进项税额，从而将税款最终转嫁给消费者，实现对增值额不重复征税的目的。因此，在众多企业关注到了增值税专用发票作为抵扣凭证这一重要作用的同时，也吸引了很多不法分子利用增值税专用发票获取不当利益的行为，并一直持续到今天。

金税一期由防伪税控系统和交叉稽核系统两部分组成，防伪税控由税务端（企业信息管理、税务发行、企业发行、认证、发票发售、报税六个子系统）和企业端（防伪税控开票子系统）组成。通过机打增值税发票的防伪与发票信息采集，和存根联与抵扣联交叉比对，实现纸质发票数据汇总存储与初级分析比对的管控要求，但限制于当时技术能力，其时效性与精准性均不尽如人意。

2. 金税二期

2000 年 8 月，国务院正式批准金税二期总体设计和推行方案，金税二期由企业端开票子系统（增值税防伪税控开票子系统）、税务端防伪税控系统、稽核系统和发票协查四个系统组成，于 2001 年 7 月 1 日在全国开通运行，打造覆盖总局、省、市、县的 4 级税务管理网络。2003 年取消手写版专用发票，2004 年将 4 小票（海关缴款书、废旧物资发票、货物运输发票、代开增值税专用发票）纳入稽核比对管理。

金税二期加强了发票管理，不过没有纳入小规模纳税人和一些票种的管理，对于变更名称虚开发票的行为欠缺校验能力，更不具备 T+0 采集企业开票信息的监控手段，因此国务院于 2005 年 9 月迅速批准了金税三期的立项。

3. 金税三期

2008 年 9 月 24 日，金税三期工程正式启动；2013 年 2 月重庆税务局上线了核心征管系统、个人税收管理系统、决策支持 1 包和决策 2 包软件，于 2016 年正式全国推广；2019 年 3 月 1 日将原国税、地税系统并库，大幅增强对纳税人全面涉税发票业务的监控功能。

金税三期开发了增值税发票管理系统，并于 2018 年 8 月启动了 2.0 版建设，实现并优化了：第一，小规模纳税人纳入开票管理；第二，票种全覆盖（增值税专票、普票、收购发票、废旧物资发票、运输发票、机动车发票、二手车销售发票等）；第三，采集票面商品明细信息；第四，实现联网和离线的开票管控；第五，建设电子底账，形成省级和总局发票数据库；第六，归集发票流程中的所有状态；第七，将海关缴款书纳入管理；第八，实现 T+0 采集发票；第九，增加发票查验，自动生成纳税申报预备表；第十，加强风险管理，实现多税种联动，强化数据分析。

金税三期大幅加强了税局对企业发票明细数据的精准性监控与及时性核查，结合大数据技术与多部门、多系统、多税种形成联动的监管方式，发票信息不再是"孤岛"式管理，推动我国完成"以票控税"到"信息管税"的演变。

4. 金税四期

2021 年 5 月，中共中央办公厅、国务院办公厅印发《关于进一步深化税收征管改革的意见》，标志着"十四五"时期以"合成"为特征的第三次税收征管重大变革正式启动，也意味着我国正式拉开"以数治税"的税收征管数智化转型的大幕。

金税四期不仅对税务数据进行管控，还纳入"非税"业务数据，实现对企业涉税业务更全面的监控。搭建与工商、各部委、人民银行等机构之间信息共享和核查通道，实现企业人员身份、纳税状态、登记注册信息核查的三大功能。

发票电子化是金税四期的核心，其改革任务为：第一，2021 年要建立全国统一的电子发票公共服务平台，满足绝大部分纳税人开具电子发票的需求；第二，制定电子发票国家标准，对接第三方电子发票开具平台，纳入税务机关的管理；第三，有序推进铁路客票、民航客票等领域的发票电子化落地；第四，在 2025 年基本实现发票全领域、全环节、全要素电子化，在整个发票流转环节中消除纸质发票的使用，包括税务端票据电子版、企业财务报销电子版，以及归档管理电子版。

纵观金税工程的发展与迭代之路，随着科技信息化手段的发展，税务征管不断向“互联网+税务”演变，从收集数据、处理数据、运用数据的传统管理方式，转变为以数据驱动职能、以职能驱动工作流程的管理模式。通过开放平台、移动应用、统一接口管理与规范，充分运用互联网思维为纳税人打造出全新的税务生态圈，将税收征管与纳税服务提升到全新高度。

二、纸质发票

纸质发票是指一切单位和个人在购销商品、提供或接受服务，以及从事其他经营活动中，通过税控装置和增值税发票系统开具和打印的纸质凭证。

（一）形式与应用

最初制定的《发票管理办法》就是依纸质发票所定，我国常见的发票类型可分为增值税专用发票、增值税普通发票和特定业务发票。增值税专用发票主要是用于结算销售货物，和提供加工、修理及劳务使用的发票种类。现行管理办法中，一般纳税人和小规模纳税人均可领用并开具，但仅限于一般纳税人可以抵扣进项增值税专用发票的税额，从而减少应纳税额。增值税普通发票的使用范围与专用发票一致，但票面记载的税额不可用于抵减增值税，因此更多适用于小规模纳税人及一般纳税人不抵减税额的开票场景。特定业务发票是指用于一些特定行业或场景下开具的增值税发票，比如货物运输、农产品收购、废旧物资、成品油等销售或服务场景。

现行最新版的企业版增值税发票管理系统，可以开具增值税专用发票、普通发票、卷式发票，以及上述提到的特定业务发票类型（废旧物资发票、货物运输发票已废止）。此外，在企业日常经营活动中，取得发票还包括非增值税发票管理系统开具，而由各地方自行推行的开票系统所开具并打印的发票，如铁路、民航客运行程单、各种出租车票，以及定额或机打的过路费、客运发票。

纸质发票必须通过国家指定的税控装置开具，开具后须打印至国税局监制并印刷的发票纸面上，若非此种情况则为假票。现行只有三家指定机构：航天信息、百望股份、国家 UKey 版开票系统，由厂商或税局指定服务单位负责为广大纳税人提供开票过程中出现的软硬件故障及培训、升级服务。

（二）纸质发票管理难点

1. 管理环节众多，耗费成本巨大

纸质发票从生产印刷到企业入账可谓几经周折：印刷厂印制纸质发票后运输至各税务机关→开票企业向税务机关申领发票并写入税控专用设备→根据交易时间与内容开具并打印发票，交付给获票方→获票方获取纸质发票，查验真伪后提交报账→通过一系列的审批流程后财务审核入账→完成支付和关联业务单据、凭证与发票后才可归档。由于纸质发票生命周期受纸质载体限制，导致其流转速度慢，保管成本和人力成本高，且易于损坏。

2. 隐瞒交易实质，查处困难重重

由于把发票直接与纳税相联系，只要形式上符合法定的发票即可认为是纳税凭证，使得在征税过程中出现了只看发票，忽视企业实际资金流向的情况。具有共同利益的各方会基于自身需要利用发票交易价值，进行虚报或造假，导致发票偷税问题从根本上难以遏制。同时，税务机关缺失高效取得明细的手段，从而造成大量国家税款的流失。

3. 真伪发票难辨，受票人管理不足

发票在一定程度上具有履行完成合同标的的原始凭证作用和维护功能，税务机关要求开票人严格管理开票，核准领用新票、逐张上报旧票，但对发票接受方却缺乏有效的管理方式。接受和使用假发票的单位多数为非恶意行为，但受票人难以被强制通过发票查验这一有效途径来验证发票真伪。

4. 落后信息发展，阻碍国际接轨

在互联网信息技术影响下，电子商务对传统纸质发票管理制度带来冲击。“以票控税”反映交易真实性的前提是信息对称，无纸化网络交易方式不再需要原始纸质凭证，因此传统的纸质发票征管模式难以追踪交易信息，无法确保发票能够反映实际的交易内容。目前许多国家和地区已经完成电子发票的推广，我国企业要实施“走出去”战略，就需要与国外企业进行交易合作。因此，我国应当采用信息化税收管理制度，优化营商环境，帮助国内企业提高自身竞争力。

三、纸电发票

发票电子化是金税工程建设的核心部分，是我国税务信息化的重要载体，自2013年国内开出第一张电子发票以来，纸电发票得到了高速发展。纸电发票指纳税人通过新一代增值税发票管理系统，以及互联网技术开具的电子增值税发票，但由于其在领用、开具、受票和管理模式仍然采用与传统纸质增值税发票一样的模式，同时为了区别最新推行的数电发票，称为纸电发票或网络发票。

（一）形式与应用

纸电发票，是指发票的内容信息以电子化形式存储。当前增值税电子专用发票、增值税电子普通发票与传统纸质发票都由税局统一领用，并读入企业税控设备中，具有全国统一的发票编码和全国一致的防伪认证技术。除了发票原文件为PDF或OFD格式外，电子发票与传统纸质发票并无差异。因此，电子发票与纸质发票统称为纸电发票。

在纸电发票实际应用中，往往需要使用主体将在线发票系统所开具的发票打印成为纸质版。由于20多年的使用与管理习惯，大多数纳税人企业在使用纸电发票时，仍然将收到的PDF或OFD发票文件进行打印并粘贴在纸质报销单上，才能正常发起和审核报销流程，导致了纸质版和电子版的双重管理，造成电子发票并没有提升使用效率的错觉。但与传统纸质发票相比，纸电发票具备以下几点优势：

1. 提升管理效率

纸电发票通过在线系统能够较为准确地记录交易信息。税务机关可通过在线系统完成传输和解析等监管环节，大量减轻纳税人和税务机关的采集和管理成本，有效提升纳税人和税务机关的信息化、集成化管理水平。

2. 提升交易可靠性

纸电发票可以利用信息技术手段进行不可抵赖性的验证。税务人员和纳税人均可通过发票查验平台查询验证票面信息的真伪，以此规避虚假交易入账的风险，及时比对申报信息和开票信息，有效杜绝发票虚开或非法为他人代开发票的情况。

3. 适应电子商务

线上交易具有即时和瞬时性，传统纸质发票不适合电子商务模式。纸电发票突破了空间甚至是时间上的限制，与线上交易形式更为适应，能够满足异地交易和快速交易对发票流转、校验、记账的需要。

总体来说，纸电发票相较纸质发票具有显著优势：销项方面，简化网上购票、分发空白票的操作，降低发票邮寄成本，采用更容易被接受与应用的供应链协同开票方案；进项方面，发票采集、识别、查验、认证更容易操作，可实现自动化处理，易于改造报销、记账与对账的流程，大幅提升效率；业务方面，便于实现线上审批、校验和电子档案自动归档，节省纸质档案存储成本与原始凭证的管理成本。

（二）纸电发票推广历程

我国对纸电发票的研究和试点工作开始于2009年，政府制定了一系列相关法律法规，针对一些符合条件的、成熟的企业和省市进行鼓励和支持，不断推动并扩大试点的工作。

2011年6月，《电子发票蓝皮书》发布会在北京召开，提出了未来我国电子发票的发展方向，以及有关电子发票管理体系建设的政策建议。

2012年5月，国家发改委颁布《关于组织开展国家电子商务示范城市电子商务试点专项的通知》，推广应用网络（电子）发票。试点为重庆、南京、杭州、深圳、青岛五个城市。随后，陆续在北京、浙江、广州、深圳等22个省市推广。

2013年1月25日，国家税务总局公布了《网络发票管理办法》，自2013年4月1日起施行。全国税务机关自行开发或委托软件商开发网络发票管理系统，应用网络发票实现了发票的领购、开具、缴销、查询、比对。

2013年6月27日，电子发票试点在北京市正式展开，首张电子发票诞生于京东电子商城。京东集团与北京市国税局发票管理系统完成，消费者于京东电子商城购物后可开具本订单的电子发票，并在京东商城下载电子发票文件进行留存。

2013年12月由国家发改委、国家税务总局、国家档案局、财政局四部委联合发布《关于组织开展电子发票及电子会计档案综合试点工作的通知》，提出要加速规范电子档案电子化、完善电子发票输出系统和企业电子会计的对接。

2014年6月27日，中国人民财产保险股份有限公司与北京市国税局电子发票服务平台实现对接，顺利取得国内第一张以电子化方式入账的电子发票。

2014年7月9日，国税总局正式颁布《国家税务总局关于开展增值税发票系统升级版电子发票试运行工作有关问题的通知》，于北京、上海、浙江、深圳四地推广电子发票试运行工作。

纸电发票试点工作自开始推广就面临诸多难题。在现有纸质发票和电子发票并存的情况下，发票印制、凭证领购、定期缴销仍遵循纸质发票原有的管理要求，企业需要将电子发票打印为纸质发票进行账务工作。纸电发票信息采集的方式依然存在易复制、可篡改的安全问题，使得电子发票的推广仍然面临很多困难，无法发挥出电子化带来的管理优势。

（三）纸电发票管理难点

由于各省市、区域的经济状况、行业主体等的差异，各地在实地推广纸电发票时存在诸多问题，如法规细则的落实和施行难以统一，相关办公软件更改步骤烦琐，增加企业纸质和人工成本以及难以监管线上个体发票买卖行为等。

1. 应用范围局限，电票平台不统一

全国尚未形成统一的标准体系和基础平台，现行税控机采集系统、开票系统是由各省厂商各自建立的。由于各地系统互不关联，跨省、地区的异地交易信息无法信息共享，大部分企业无法与省局发票采集平台有效对接。另外，各厂商的文件格式、操作规范、安全标准难以统一和规范，也为推广实施带来不利影响。

2. 纸电发票双轨制，推行成本成问题

在纸电发票的施行中，一方面需使用财务系统接收和保存电子数据凭证，而另一方面现有会计政策仍然要求企业报账以纸质发票作为依据，因此纸电发票使企业存在报账烦琐、不易规避重复报销等困难。另外，纸电发票的开具会涉及新设备的投入成本，软硬件系统的升级和维护工作也会增加企业成本。

3. 个体难监管，存在违规买卖发票问题

从京东、淘宝等电商企业角度看，电子发票的施行可以让更多的个人与企业倾向于线上消费和便捷开票行为。对实体店来说，电子发票的应用不光节省办税成本，也可以改善实体店经营流程，缩短资金周期，提高资金利用效率。但是，电子商务中的个体经营者存在大量黑户，开网店的便利让它们得以不进行工商注册和纳税登记，因此税务部门无法完成企业经营信息的核查，使得个体经营黑户成功逃税。此外，网上交易存在交易金额小、数量多、次数多等特点，经常会发生不开票、少开票，虚开票的现象，“以票控税”的征管方式往往执行难度偏大，监管成本较高。

四、数电发票

数电发票的全称是全面数字化的电子发票，其不以纸质形式存在、不用介质支撑、不须申请领用，是与传统纸质发票具有同等法律效力的全新发票。数电发票不是简单地将发票无纸化，而是将纸质票面信息全面数字化，通过数字标签将多个票种集成归并为单一种类的电子发票。

（一）形式与应用

数电发票是以全领域、全环节、全要素电子化为运行模式的电子发票。其中，“全领域”是指覆盖全部票种、全部行业；“全环节”是指发票的开具、交付、入账归档及与之相关的服务管理各环节；“全要素”是以数据电文形式采集及应用与税收相关的全部交易信息。因此，数电发票是数字经济时代发票的新形态，顺应数字经济潮流，满足“以数治税”的前瞻性要求。

数电发票以去介质、去版式、标签化、要素化、授信制、赋码制为基本特征，与纸质发票具有同等法律效力。数电发票与纸电发票的票面差异如图 4 - 1 所示。

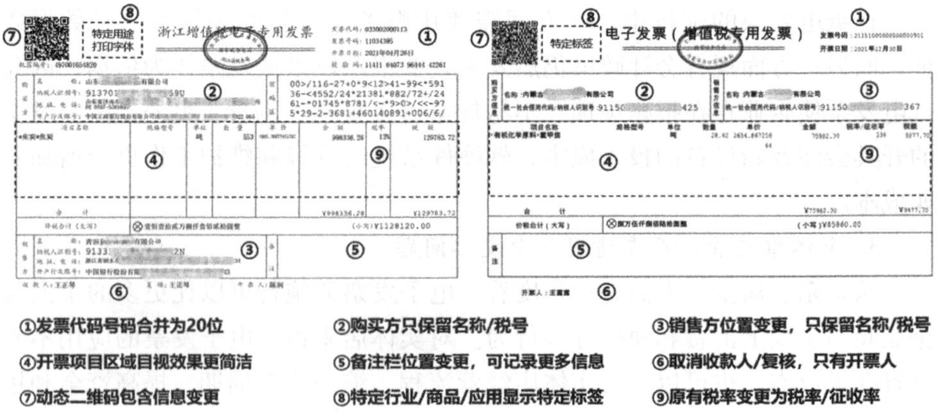

图 4 - 1　纸电发票与数电发票的票面内容比较

图 4 - 1 左侧是纸电发票，右侧是数电发票，数电发票将销售方信息栏从发票的左上角调整至右上角，取消了发票密码区、发票代码、校验码、收

款人、复核人、销售方（章）、企业数字签名，释放了大量票面空间。数电发票没有联次，基本内容包括：发票号码、开票日期、购买方信息、销售方信息、项目名称、单位、规格型号、数量、单价、金额、税率/征收率、税额、合计、价税合计（大写、小写）、备注、开票人等。其中，试点纳税人从事特定行业、发生特定应税行为及特定应用场景业务（包括：稀土、建筑服务、旅客运输服务、货物运输服务、不动产销售、不动产经营租赁服务、农产品收购、光伏收购、代收车船税、自产农产品销售、差额征税、成品油、民航、铁路等）的，电子发票服务平台提供特定业务的发票样式，纳税人应按照有关规定使用特定业务数电发票。

1. 要素化

发票要素是发票记载的具体内容，是构成电子发票信息的基本数据项，包括46个基本要素、107个特定要素、5个可自定义的附加要素，根据所属行业特点和生产经营需要，纳税人可自行增加的发票要素。

2. 授信制

依托动态“信用+风险”的体系，结合纳税人生产经营、开票和申报行为，自动为纳税人赋予可开具发票总金额的信用额度并动态调整，实现“以系统授信为主，人工调整为辅”的授信制管理。发票总额度，是指一个自然月内，试点纳税人发票开具总金额（不含增值税）的上限额度。

3. 赋码制

数电发票开具时自动赋予每张发票唯一编码的赋码机制。发票号码为20位，其中：第1—2位代表公历年度后两位，取开票年份的末2位，如2021年开的发票为21，2022年为22，以此类推；第3—4位代表省级行政区划编码，第5位代表数电票开具渠道等信息，其余代表顺序编码等信息。

4. 去介质

试点纳税人通过实人认证进行身份验证后，无须使用税控设备即可通过电子发票服务平台开具发票，无须进行发票验旧操作。数电发票无须进行发票的票种核定和发票领用。

5. 去版式

数电票可以选择以数据电文形式交付，破除PDF、OFD版式要求，降低发票使用成本，提升纳税人用票的便利度和获得感。数电发票样式根据不同业务进行差异化展示，为纳税人提供更优质的个性化服务。

6. 一站式

纳税人登录电子发票服务平台后，可进行发票开具、交付、查验以及用途勾选等系列操作，享受“一站式”服务，不再像以前需登录多个平台才能完成相关操作。

7. 一户式

发票数据应用更广泛。通过“一户式”税务数字账户发票数据归集，加强各税费数据联动，为实现“一表集成”式税费申报预填服务奠定数据基础。

纳税人可以通过电子发票服务平台税务数字账户自动交付数电发票，也可以通过电子邮件、二维码等方式交付数电发票。受票方为纳税人的，将自动交付至电子发票服务平台税务数字账户；受票方为自然人的，将自动交付至个人所得税 APP 中。

（二）数电发票推广进程及优势

如图 4－2 所示，截至 2023 年 11 月，全国 36 个省市都完成了数电票受票方试点，35 个省、市开通了开票方试点（西藏未开通），其中 23 地发布了《乐企①自用直连②服务规范指引》。

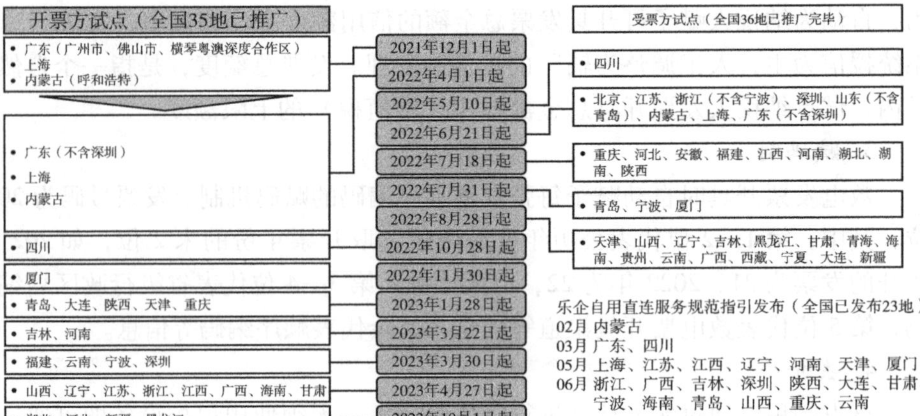

图 4－2 数电发票试点推广进程

① 乐企（Natural System），是指国家税务总局向符合条件的企业，通过税务系统与企业自有信息系统直连的方式，提供规则开放、标准统一的全面数字化的电子发票等涉税服务（简称“乐企服务”）的平台。

② 乐企自用（Natural System Connection for Self－use，NSCS），是指直连乐企的企业自有信息系统（简称“直连平台”）提供的乐企服务仅适用于本单位及下属单位，且不以获取经济利益为主要目的。下属单位包括集团企业成员单位、股权控制单位等。

相对于其他发票类型，数电票在发票核定、开具、查验、抵扣、归档等方面都具有比较突出的优势，如图4－3所示。

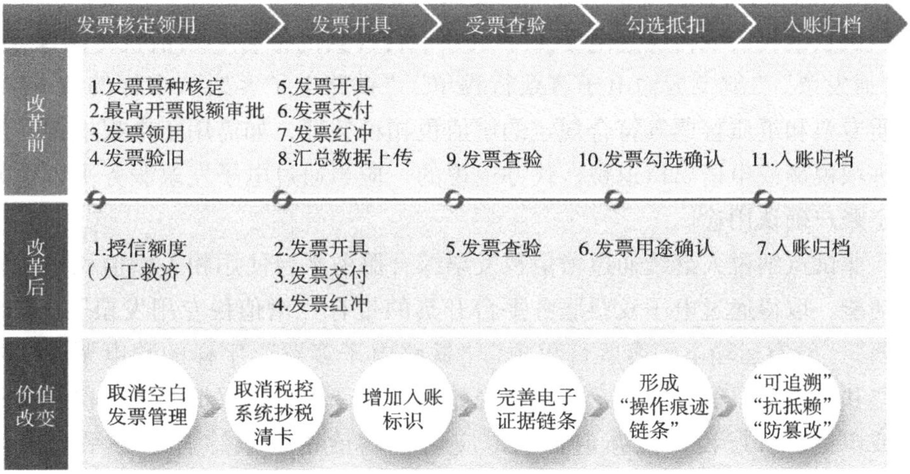

图4－3　纳税人开具使用数电票全流程改革

随着全球数字经济发展，国家大力推行电子发票改革、数字发票试点等新政策，越来越多的企业提高了对财务数字化管理的重视程度，通过连接业务与财务，实现数据的转换和融合，提升财务赋能支撑业务的战略管理与决策分析的能力。业财税融合的概念重新定义了企业打造业财税一体化平台的要求，并经历三个过程：第一，优化内部组织与条线流程，辅以相应的财务信息化建设，降低内耗并提升协作效率；第二，打造统一的数字化管理平台，使财务更加贴近复杂的业务需求和线上化管理要求，还要满足金税三期、四期的税务合规要求；第三，为应对数据智慧税务精细化管控要求，以及企业提升智能化管理的需要，运用AI、大数据技术对业财税数据深度挖掘和整理，实现经营数据的辅助决策。

因此，基于业财税融合理念打造集成的业务系统、发票和税务管理的一体化平台，可以有效应对复杂组织、分支、系统与场景的企业需求，帮助决策人员随时洞悉经营数据，让财务人员实现由“账房先生”到“管理军师”的转变。

（三）数电发票管理难点

1. 特定业务数电票类型还需完善

电子发票服务平台暂不支持开具机动车（含二手车）、通行费等特定业务数电票，开具上述发票功能的上线时间另行公告。功能上线前，试点纳税人可通过增值税发票管理系统开具上述发票。

2. 并轨期间存在多个平台确认发票用途

试点纳税人取得通过电子发票服务平台开具的带有“增值税专用发票”“普通发票”“航空运输电子客票行程单”“铁路电子客票”字样的数电票、纸质专票和纸质普票等符合规定的增值税扣税凭证，如需用于申报抵扣增值税进项税额或申请出口退税、代办退税的，应当通过电子发票服务平台税务数字账户确认用途。

非试点纳税人继续通过增值税发票综合服务平台使用相关增值税扣税凭证功能，取得通过电子发票服务平台开具的带有“增值税专用发票”“普通发票”“航空运输电子客票行程单”“铁路电子客票”字样的数电票、纸质专票和纸质普票等符合规定的增值税扣税凭证，用于申报抵扣增值税进项税额或申请出口退税、代办退税的，应通过增值税发票综合服务平台确认用途。

3. 发票数据处理安全性有待验证

数电发票使用最新加密技术，从安全性来说，电子发票服务平台将利用数字信封技术最大限度地保障交易安全性，通过对发票数据传输通道进行加密，保证数据流转安全性，防止数据被窃取、篡改、冒充。从隐私性来说，数电发票保持了纸质发票的基本属性和主要特征，在为用户提供不同于纸质发票交付和入账等体验的同时，通过隐私保护技术确保用户数据安全，避免信息泄露。但目前数电发票推广时间尚短，其信息安全和隐私保密方面还有待验证。

4. 企业申请乐企平台接入周期长

大型企业集团一般由母公司、子公司、分公司、参股公司等单位组建而成，具有业务交易量大、发票应用场景全、多税号集中自动化管理需求强、业财税融合意愿高的特点。税务机关可以免费向试点纳税人提供税企直连开票与用票服务，但企业需要提供的资料多，税务机关发送确认结果及相关意见的周期也比较长。图4－4所列是上海某企业集团申请乐企自用接口的流程，在集团有专门项目组推进的情况下，从提交准入申请到具备链接乐企平台开票能力，耗时1.5—2个月。

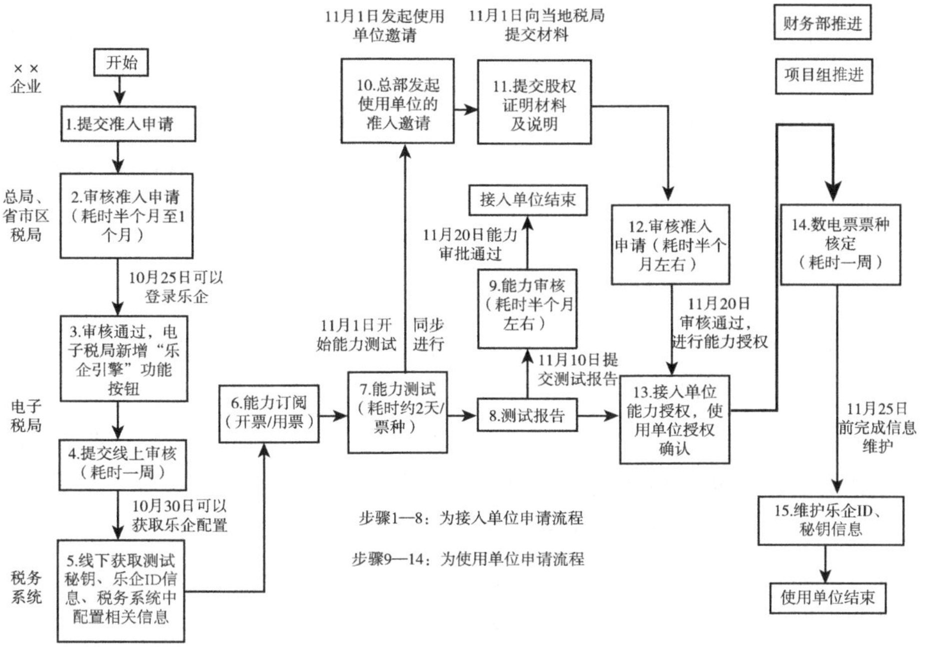

图4-4 某上海企业申请乐企引擎流程

五、发票改革的未来展望

当前，推动“以数治税”成为税务治理现代化的主要手段，同时也将引导企业制度管理和税务服务向数字化发展。未来，如何助力政府监管机构的高效管理和运用科技手段为企业税务规范提供基础设施，推动现代化智慧税务建设以及数字经济健康有序发展，是科技税务在发票管理中的发展方向。

（一）更多票种推行全面数字化

中共中央办公厅、国务院办公厅印发的《关于进一步深化税收征管改革的意见》指出，稳步实施发票电子化改革。2021 年建成全国统一的电子发票服务平台，24 小时在线免费为纳税人提供电子发票申领、开具、交付、查验等服务。制定出台电子发票国家标准，有序推进铁路、民航等领域发票电子化，2025 年基本实现发票全领域、全环节、全要素电子化，着力降低制度性交易成本。

基于数电发票的全面推广，企业管理者要有长远的全电时代税务风险思维，站在征纳双方“接触点”上，思考从“有税”后关联，到“涉税”即关联，再到“未税”时关联的转变，意识到每一次交易都与纳税相关。在当前的“数电时代”中，税务机关早已具备解析企业精细数据的能力，因此企业应当升级税务风险思维，将税务数据从反映经营结果的“后视镜”变革为事先服务经营决策的“望远镜”。

（二）集团票税管理实现一体化

无论金税四期对穿透企业上下游数据的透明化要求，还是先进技术给企业带来的智能化手段，结合共享管理思维模式，都要求发票信息在整个营销环节中的流转过程必须清晰化。在提升税局监管要求和加强企业内控需求的双重驱动下，企业亟须加速业、财、税共享管理的进程，将寻源、采购、支付、营销等业务场景打通，由此实现财务、发票、资金、支付、核算、税筹等多方面的智能化、敏捷化、自动化财税管理体系。因此，“一票链接产业”的全新思路和理念孕育而生，对各大服务厂商是否具备对复杂企业进行跨组织、跨层级的数据穿透，使得核心企业与上下游之间业务单据、发票、记账信息的流转更加透明，是否有足够的技术能力提出了要求。

目前专票电子化的推广效果表现，全电发票先天具有易流转、易获取、易存档的特点。企业在未来应当以全电发票为核心，深挖用户的税务管理需求，打通上下游供应链，打破传统壁垒，构建企业间发票关联业务单据、财务凭证数据的把控能力，连通业务流、数据流、资金流，形成全新的产业互联网生态。

（三）凭证票据归档形成电子化

纳税人开具和取得数电票报销入账归档的，应按照《财政部 国家档案局关于规范电子会计凭证报销入账归档的通知》（财会〔2020〕6 号，以下称《通知》）和《会计档案管理办法》（财政部、国家档案局令第 79 号）、《财政部会计司关于公布电子凭证会计数据标准（试行版）的通知》（财会便函〔2023〕18 号）的相关规定执行。

首先，数电发票提供 PDF、OFD 和 XML 三种电子文件格式，其中，PDF 和 OFD 为预览发票内容的格式，含有数字签名的 XML 格式才是符合财政部入账要求的电子文件格式。纳税人可以根据《通知》第三条、第五条的规定，仅使用数电发票XML电子文件进行报销入账归档的，可不再另以纸质形式保存。其次，纳税人如果需要以数电发票的纸质打印件作为报销入账归档依据的，应当根据《通知》第四条的规定，同时保存数电发票含有数字签名的XML格式电子文件。

实现税收大数据的安全、高效存储是成功推行电子发票的关键要素。以发票电子化改革为突破口、以税收大数据为驱动力，税务机关将加强部门协作，大力推进会计核算和财务管理信息化，通过电子发票与财政支付、金融支付和各类单位财务核算系统、电子档案管理信息系统的衔接，加快推进电子发票无纸化报销、入账、归档、存储。

（四）发票数据安全得到有力保障

2023年11月公开征求意见的《中华人民共和国发票管理办法实施细则》的决定（征求意见稿）中，以《中华人民共和国发票管理办法》为依据，配套修改关于发票数据安全的内容。增加第二十一条“税务机关应当依照法律、行政法规的规定，建立健全发票数据安全管理制度，履行发票数据安全监管职责”“单位和个人应当依法开展发票数据处理活动，保障发票数据安全，不得违反国家有关规定使用发票数据，不得利用发票数据非法牟利”。第二十五条“《办法》第二十三条、第三十六条所称窃取是指单位和个人以非法占有为目的，通过不正当手段取得发票数据的行为。截留是指单位和个人在发票数据传输过程中非法截取或复制存储发票数据的行为。篡改是指单位和个人在采取作伪的手段对发票数据进行改动的行为。出售是指单位和个人以牟利为目的卖出发票数据的形式。泄露是指单位和个人导致发票数据被不应知悉者知悉或使其超出限定的接触范围的行为。”

本次拟修改细化了“窃取、截留、篡改、出售、泄露”发票数据禁止性行为的具体情形，明确了税务机关在建立健全发票数据安全管理制度、进行身份验证等方面的职责要求，增加了税务机关依法依规处理信息的规定和保密义务。《实施细则》施行后，将为深化税收征管改革，加强保护纳税人合法权益，健全发票管理制度体系提供有力的制度保障。

（五）三方机构服务趋于规范化

为进一步拓宽纳税服务渠道，拓展社会化办税服务资源，持续优化纳税服务，优化创新监管方式，国家税务总局2019年发布了《企业自建和第三方电子发票服务平台建设标准规范》的通知（税总发〔2019〕84 号），制定了《企业自建和第三方电子发票服务平台建设标准规范》，明确了电子发票服务平台的业务功能及服务、技术、安全、运维、等保测评等要求，规定了 54 个电子发票服务平台数据交换信息项说明，以指导公共服务、企业自建、第三方、电商、中介等机构电子发票服务平台的整体规划、设计、开发。2023 年 11 月，国家税务总局关于修改《中华人民共和国发票管理办法实施细则》的决定（征求意见稿）公开征求意见，拟修改内容包括增加第四条“税务机关建设电子发票服务平台，积极推广全面数字化的电子发票，为用票单位和个人提供开具、交付、验查等服务”。

目前，在第三方涉税服务机构为纳税人服务过程中，存在违规收取电子发票版式文件的生成、打印、查询和交付等基础服务费用的情形。随着电子发票服务平台的升级，尤其是乐企平台的大力推广，第三方的涉票服务平台和纳税人自建涉税平台安全接入需求越来越迫切。为保障电子税务局的业务连续性，满足数据安全要求，应当积极发挥行业协会和社会中介组织作用，支持第三方按市场化原则为纳税人提供个性化服务，加强对电子发票服务第三方平台涉税服务等收费项目的监管，坚决禁止借减税降费巧立名目乱收费等乱象，避免减少减税降费成效，保障纳税人充分享受减税降费政策红利。

第五章　科技税务在税收管理中的国际实践进展

近年来，大数据、区块链、云计算、人工智能等新兴数字技术席卷全球，驱动数字经济迅猛发展。然而，数字经济的蓬勃发展亦造成全球经济贸易架构发生根本性变化，使得基于传统商业模式所构建的税收制度与税收征管体系遭到巨大冲击。在此背景下，各国积极利用新兴数字技术推动税收征管领域改革。第十三届经济合作与发展组织（OECD）税收征管论坛（FTA）大会发布的《税收征管 3.0：税收征管的数字化转型》报告[①]指出，数字化工具、新型沟通渠道以及大量增加的内外部数据来源为各国税务机关提供了新的机遇，打破了目前依赖纳税人自愿遵从，依托资源密集型的集中核查与审计来解决不遵从问题的做法，推动税收征管数字化转型升级，提高税收征管效能。2021 年 3 月，中共中央办公厅、国务院办公厅印发的《关于进一步深化税收征管改革的意见》提出"智慧税务"的概念，明确数字化时代我国税收征管改革的方向为数字化转型升级与智能化改造，并对我国税收征管的进一步改革举措提出了具体、明确的要求。本章在梳理和总结国际税收征管数字化实践经验的基础上，对我国完善税收征管数字化管理提出建议。

一、典型国家科技税务实践

随着信息技术的不断迭代，税收征管也正在经历从传统架构的信息化管

① 资料来源于 OECD 网站，网址为：https：//www. oecd. org/tax/administration/tax - administration - 3 - 0 - the - digital - transformation - of - tax - administration. htm.

理到以“数据+算法”为核心的智能化系统。同时，伴随着税收征管数字化时代的到来，以数字化为基础的税收征管正在逐步与执法、服务、监管融合，增加了纳税人与税务部门的交互性。当前，世界各国都在积极运用大数据和人工智能技术，加快自身数字税务建设，梳理典型国家在科技税务方面的成功实践对于各国未来持续推进税收征管数字化发展有着重要意义①。

（一）美国

2019年4月美国颁布《国内收入局（IRS）综合现代化战略（2019-2024年）》②。这份为期六年的现代化战略包括数十项举措，以使IRS信息技术系统现代化，并建立未来国家税收系统所需的关键基础设施。在这个具有多个里程碑效应和多个责任级别的现代化战略体系下，美国从四个方面展开了智慧税务建设：

（1）纳税服务智慧化。美国国税局表示，将扩大数字选择，改善传统渠道，运用更多更高水平网络工具，为纳税人及其税务代理提供简化、便捷的主动纳税服务。具体来说，一是通过提供广泛的自助办税服务选项，便利纳税人自助办税。二是建立安全的、高水平的涉税信息交换平台，增进纳税人、雇主、国税局和第三方之间的互动和沟通；并通过授权第三方和纳税人的方式，让获得授权的第三方、纳税人能够与税务当局进行数字化的信息交流互动，而且被授权的纳税人还能低成本地跟踪和接收自己所需的涉税信息。三是拓宽服务渠道，增强未来的实时协助办税功能，比如实时涉税咨询、交换文本信息，使用虚拟助理进行涉税咨询或协助办税，使用语音或视频聊天进行涉税咨询或协助办税等。

（2）税收执法智慧化。现代化的执法体系将采用标准化业务运作，扩大纸面案件档案和文件的数字转换，利用现有数据及早发现异常情况，为面向纳税人的应用程序提供一个强大和安全的系统平台，并通过人工智能（AI）及其他新兴技术增强对纳税人的服务。具体来说，一是开发一个集成的、近乎实时的处理环境的标准化数据采集，以提高数据分析能力、完善分析工具，增加税收欺诈检测，并实现实时退税和提高退税透明度，以支持纳税申报、信息申报、支付和其他交易，实现纳税人账户处理环境的现代化。二是

---

① 中国国际税收研究会．世界税收发展研究报告（2022）［M］．北京：中国税务出版社，2023.

② 资料来源于美国国内收入局网站，网址为：https：//www.irs.gov/pub/irs-pdf/p5336.pdf。

通过案件创建、执行、维护和结案管理，实现纳税人案例和互动的端到端视图，并提供统一的企业案例管理系统，有效解决企业税务管理问题。

（3）税务局运行智慧化。美国国税局不断发展云技术、区块链、机器人等各种现代技术，创新税收管理自动化流程，推进税务局现代化运作，以节约人工和降低成本。具体来说，一是推动内部和外部应用程序编程接口部署，将工作负载迁移到云平台，增加创新，强化安全，增强工作时间的灵活性，提高运营效率和弹性。二是将遗留代码转换为现代语言，将计算、网络和存储活动与自动运维平台（Devops）结合起来，实现软件交付和基础设施更改的自动化和数据数字化；并简化数据可用性，允许更多数据驱动的业务决策。三是优化通用数据中心/分析工具/平台，提升数据分析能力、改进欺诈检测和其他异常检测能力等业务能力。

（4）网络安全与数据保护智慧化。美国国税局将使用高级分析和高技术水平的工具保护纳税人数据，同时用在线应用程序，高级安全分析和监控以增强税务网络安全性，并与政府范围内的网络安全标准和优先事项保持一致，实现税务网络安全平稳运行。具体来说，一是使用通用平台提供安全授权和身份验证，对静止和传输中的敏感数据进行加密。二是确保监控的端点和服务器的完全可见性，加强对安全事件的响应，以及对数据和系统内部威胁的检测，提升现代化保护纳税人数据的系统和能力。

（二）英国

2021 年 3 月 23 日英国发布的《税收政策公告》① 支持《构建可信赖的现代税收管理体系》（2020 年）这个为期十年的税收发展战略。该战略提高英国税务管理系统的弹性和有效性，以跟上快速的社会、经济和技术变革的步伐。表 5 - 1 呈现了英国以电子方式提交申报表的比例。英国将从两个方面展开科技税务建设：

1. 税收基础设施“数字化”

使税收数字化（MTD），通过对数字基础设施的投资，建设一个更接近实时、公平并建立信任的完全数字化税收系统——让纳税人在生活和开展业务时轻松、正确地缴纳税款。2019 年 4 月英国为应税营业额超过增值税起征

---

① 资料来源于英国政府官网，网址为：https：//www. gov. uk/government/publications/tax - policies - and - consultations - spring - 2021/tax - policies - and - consultations - spring - 2021.

点的企业成功引入增值税 MTD 后，政府宣布将 MTD 扩展为税收征管战略的一部分。2021 年财政预算案中，政府向英国皇家税务与海关总署（HMRC）投资 9500 万英镑，用以开发单个数字账户和一户式档案，纳税人可以在一个地方查看和处理所有税务事务。在账户应用第一阶段，将包括“一次性”税务登记和信息变更服务。2021 年财政法案中提出，从 2022 年 4 月起将 MTD 扩展到较小的增值税注册企业的立法，从 2023 年 4 月起进一步将 MTD 扩展到所得税自我评估。

2. 纳税服务“智慧化”

英国皇家税务和海关总署（HMRC）鼓励纳税人在疫情期间使用其数字服务。HMRC 根据纳税人反馈，改进了其现有的在线服务，增强其增值税账户功能并提高该服务的可视性；HMRC 推出了更优的 webchat 服务和增强版的数字助理，在其 webchat 服务中培训了 1000 多名新员工远程工作；HMRC 开发并推出一项在线申请服务，并于 2020 年 10 月 1 日上线，到 2021 年 3 月，已有 230 多万用户使用这项新服务成功提出申请。所有这些都确保纳税人履行其义务和申请优惠获得所需的支持，同时也减少了前往 HMRC 办公室进行现场处理的需要，HMRC 将越来越多地为纳税人提供个性化服务，在 2020/21 年期间，其数字服务的客户满意度持续保持在 85% 以上。

表 5-1　　英国以电子方式提交的申报表

	英国	税收发展报告 2023 的平均水平
个人所得税	93.9%	87.0%
企业所得税	99.6%	94.9%
增值税	99.5%	97.1%

数据来源：Tax Administration 2023 Country Snapshot：United Kingdom（oecd. org）.

（三）西班牙

《西班牙税务局（AEAT）战略计划（2020-2023 年）》的目标是开发基于数字协助和信息服务的新客户服务模式。为了实现这一目标，AEAT 的目标是提供综合数字援助（ADI，其西班牙语首字母缩写），以允许在不亲临 AEAT 税务局的情况下完成手续和程序。ADI 是一种多渠道服务，汇聚了各类现代化技术工具（如虚拟助理、即时聊天、视频通话和网站点击呼叫），以优化和简化对纳税人的援助。该模式旨在提供最高标准的服务，由熟练的税务人员提供，这有助于提供一致的应用程序，从而增强法律确定性。由于ADI提供的服务已整合到AEAT的其他功能和程序中，因此在建立这种新的援助模式时采用了整体协调方法。该项目正在逐步部署，于2020年10月在巴伦西亚创建第一个ADI，以协助增值税、一次性付款计划、普查程序和一些海关程序，并在马德里建立一些控制程序。2021年，在加利西亚的ADI已成立，2022年，安达卢西亚的ADI成立。所有这些机构都将具有全国性的协助能力，300名税务官员将通过ADIs提供协助服务。目前，ADI已被配置为AEAT的虚拟现场税务办公室，以全天候的形式提供个性化数字信息咨询和协助，这是对现场办公室传统面对面服务的补充。新冠疫情期间，由于场所办税受到限制，ADI成为提供服务的重要手段。表5－2呈现了西班牙以电子方式提交申报表的比例。

表5－2　　西班牙以电子方式提交的申报表

	西班牙	税收发展报告2023的平均水平
个人所得税	100.0%	87.0%
企业所得税	100.0%	94.9%
增值税	100.0%	97.1%

数据来源：Tax Administration 2023 Country Snapshot：Spain（oecd. org）.

同时，为了探索扩展增值税预填报税表，西班牙税务局（AEAT）于2020年开展了另一项试点，即让登记在即时信息供应（SII）系统中的纳税人将其增值税账簿保存到AEAT的电子办公室。该服务通过将AEAT在SII记录中持有的金额分组，向SII纳税人提供增值税汇总记录。纳税人可以将汇总记录中的信息转移到增值税纳税申报表的相应框中，在电子提交之前对其进行修改。2021年2月，该服务已扩展至所有增值税纳税人，这项新服务将减少纳税人填写报税表所需的时间，从而增强确定性，减轻纳税人的行政负担。

（四）新加坡

国家数字身份（NDI）是新加坡智慧国家愿景的基石。NDI是一个基于SingPass（所有居民的个人数字身份）和CorpPass（企业和其他实体的企业数字身份）认证系统的统一平台，其包括MyInfo（一种类似于数字档案的个人数据管理服务，使公民和居民能够简化在线交易），使公民和企业能够使用单一的数字身份以安全和方便的方式与公共和私营部门进行交易。NDI 为与政府和私人合作的合作伙伴及个人纳税人提供了个性化服务，来自新加坡税务局（IRAS）、其他机构以及合作伙伴的数据为每个独特的 NDI 提供 MyInfo，这有助于无缝填写税务表格和通过数字渠道访问其他个性化服务，减少甚至消除提交证明文件的需要，98% 的个人纳税人利用 NDI 在新加坡进行了电子申报。NDI 和 API 有助于将税收（所得税、商品税/增值税）整合到企业办税系统中，公司可以通过 Corppas 利用各种 NDI 功能与客户互动，并在获得必要的同意和授权的情况下安全、轻松地与政府机构和其他实体进行交易。例如，公司可以使用会计软件，通过 CorpPass 和 API 向 IRAS 和国家公司注册处无缝提交报税表，从而使编制报税表、附表和财务报表所花费的时间减少约 75%。表 5－3 呈现了新加坡以电子方式提交申报表的比例。

表 5－3　　　　新加坡以电子方式提交的申报表

	新加坡	税收发展报告 2023 的平均水平
个人所得税	99.6%	87.0%
企业所得税	100.0%	94.9%
增值税	99.8%	97.1%

数据来源：Tax Administration 2023 Country Snapshot：Singapore（oecd. org）.

此外，新加坡积极推动税收征管和税收执法“智慧化”。IRAS 通过嵌入网络分析模型，对退税前和退税后商品与服务税（GST）审计，对收到的 GST 注册申请进行评分，从而增强了企业的 GST 注册流程。根据这一新方法，遵从风险较低的申请将自动处理，而遵从风险较高的、存在欺诈可能的申请将被标记出来接受稽查。自 2020 年 12 月底实施以来，系统自动处理的申请百分比已从 10% 增加到 40%，该模型正在进行微调，以提高自动处理的案件数量。

二、科技税务建设的国际经验

随着越来越多的税务机关选择和采用在线纳税申报、在线缴税以及全部或部分预填税单，税收征管数字化的转变日益明显。数字沟通渠道（税务机器人、移动应用程序、电子支付等）目前已成为多数税务机关的主要沟通方式。第三方电子数据在日益广泛地应用于税务机关的不同部门职能中，数字税务的出现也规避了更多的税务风险。同时，税收征管数字化的趋势也反映在活跃于各大社交媒体平台并不断加强国际多边合作的税务机关上。总的来说，越来越多的迹象表明，各国税务机关在从多个方面不断提高税收征管数字化的效率，积极利用日渐综合全面的征管流程和日渐增长的电子数据，从根本上改变税收征管的性质。

（一）自助在线登记、申报和缴纳

电子纳税，亦称为电子税收，是指纳税人利用互联网或专门设计的电子税务系统，以数字化形式完成税款报告和向税务机关提供所需的税务申报信息及款项。通过电子纳税，纳税人不再受限于传统的纸质表格和邮寄流程，而是能够通过电子平台便捷地提交税务信息，这加速了税务处理过程，并为税务机关提供了更高效的数据管理和减少错误的机会。多年来，为提供更便捷的税务服务，促进纳税人的合规遵从，并适应数字化时代的发展趋势，各国税务机关正在积极转向自助在线登记、报税和缴纳的服务，这一趋势在各种税种中得以持续提升（见表5－4）。

表5－4 不同税种电子申报率变化

税种	2014年	2019年	百分点差异
个人所得税（31个辖区）	66.1%	82.8%	+16.7
企业所得税（34个辖区）	76.7%	94.2%	+17.5
增值税（30个辖区）	84.7%	98.6%	+13.9

数据来源：表D.13电子申报以及《税收征管2017——OECD与其他发达及新兴经济体可比信息》（OECD，2017），表A.8，https：//doi.org/10.1787/tax_admin－2017－en。

为进一步提高效率、降低成本，各国税务机关不断研究和改善在线申报和缴税系统，致力于提供更多智能化和个性化支持，让纳税人能够获得更多系统内支持或其他自助选择。加拿大税务局推出的“报税”服务针对每年财务情况基本不变的低收入或固定收入人群，符合条件者可以向税务局提供一些个人信息并通过自助电话服务回答一系列简短的问题来申报所得税和福利。“再申报”在线服务可以让个人和税务从业者用认证软件在线提交所得税和福利申报表的调整。澳大利亚个人和个体户可在全年使用税务局应用程序中的“我的扣除”（myDeductions）工具收集、分类和存储某些扣除项目，例如汽车费用、差旅费用、利息扣除和其他有关税收信息，还可以储存收据照片，该信息（而非图像）可以直接上传到澳大利亚税务局[①]。墨西哥税务总局开发的移动应用程序可以提供如下较为全面的纳税服务：登记、更新认证方式；检查税务机关出具文件的真实性；查看财务指标；提供纳税人教程和税收程序指导；预约办税；提交投诉；发送和查看纳税申报表；开具和查看电子发票；查看纳税义务的状态。英国税务海关总署启动了“PAYE Online”服务，全面启动后，约4100万PAYE[②]客户能够使用税务计算器、获取指南并了解其税负变化情况。智利纳税人可在e－Renta（电子所得税）应用程序上查看并接受根据退税等第三方信息拟定的所得税报表，这对税务事宜简单的纳税人，如独立工作者或有税收优惠申请退税的非独立工作者，尤为便利。同时，纳税人还可通过该应用程序检查所得税报表的状态，并知晓退税申请是否受理。目前已有逾170000名纳税人下载该应用程序，120000余名纳税人通过该应用程序进行了申报。除此之外，为简化外国纳税人的申报与缴纳程序，各国税务机关也设计了相应的数字纳税渠道。智利国内收入局面向在智利无居所且向智利个人或法律实体提供远程服务的外籍纳税人推出了数字服务增值税平台，该平台语言为西班牙语和英语，包含了与增值税相关的所有信息，有效简化了外国纳税人数字服务增值税的申报与缴纳。瑞典税务局发现本土劳动密集型行业会雇佣非瑞典籍临时工，加之复杂的国际税收和协定规则难以理解，增加了欺诈风险，降低了纳税遵从，于是启动了“TAIS”项目，运用人工智能和机器学习，为外籍人员改进税务登记程序。这一项目的启动也改善了由于之前面向外籍人员的登记程序是人工纸质登记，登记高峰期会造成延误，有时甚至延误数周的情况。

另外，税务机关在增加可供纳税人使用的完全电子支付方式方面也取得了合理的进展。税务机关强调，传统的手动支付方式，例如邮寄支票、现金，或者纳税人在税务机关和/或第三方机构进行的“面对面”支付（使用现金或支票）不仅烦琐，还将使得税务机关为其承担相当大的行政成本。因此，税务机关推出了包括直接借记、直接贷记（即纳税人在线支付）和电话银行等方面的电子支付方式。OECD等国际组织联合开展的《税收征管国际调查2020》中指出，2019财年税款缴纳笔数中有57%是通过电子支付的，其中1/4辖区的电子缴税比例超过90%。2014年2月，加拿大面向个人推出

---

① 《税收征管2019——OECD与其他发达及新兴经济体可比信息》（OECD，2019），网址为：https：//doi. org/10. 1787/74d162b6－en。

② PAYE（Pay－as－you－earn）：指的是按工资发放时直接从个人工资中扣除的个人所得税制度。

了新的电子预授权借记支付服务，这项服务于2014年10月扩展到企业。同年，加拿大税务局发布了首款移动应用程序，可以为企业提供分期付款、付款、报税和汇款截止日期的提醒。澳大利亚税务局目前提供了多种在线支付方式，包括BPAY①、信用卡、借记卡、电子资金转账和预付款。同时，它还开发了一个名为“MyGov”的在线平台，允许纳税人管理其税务事务，包括电子支付。这一系列电子支付方式的引入，进一步展示了税务机关在数字时代的不断努力。表5－5展现了2014年和2015年不同渠道的支付率的对比。

表5－5　不同渠道的支付率（企业所得税、个人所得税和增值税）

渠道类型	2014年		2015年	
	税收管辖区数量	%	税收管辖区数量	%
在线	15	39.8	15	41.9
通过代理	15	44.5	15	43.1
面对面	15	11.8	15	12.0

数据来源：表A.10支付渠道，《税收征管2017——OECD与其他发达及新兴经济体可比信息》（OECD，2017）。

以前，纳税人必须在多个不同登记处登记和维护数据，在完全不同的登记册中加载相同的数据会导致纳税人浪费时间，而且数据库中会出现多种错误和不一致，很难在各机构之间进行交叉验证，因此，近年来，随着电子报税系统的进一步完善，各国税务机关与其他政府职能部门的联动日益密切，常常共享数据或平台，以期为公民提供更优质的服务。RUT系统（单一税务登记系统）的开发和实施是阿根廷联邦公共收入管理局与省级征收机构合作的成果，这一联邦工具通过区块链使得联邦登记处的数据几乎可以参与机构实时共享，从而提高了数据质量，遵守了数据唯一性原则。日本在2020年4月之后实现了国家和市政府在后台共享信息目标，使得企业在申报纳税时可以不再重复提交财务报表，为纳税人提供了更多便利。中国国家税务总局自2020年起会同不动产登记部门加强联办，在不动产登记中心内建成一站式服务窗，一窗受理不动产交易办税和所有权登记办理两个部门业务，一次收集所有所需材料，将不动产登记办理时间缩减至5个工作日以内，一般涉税事

① BPAY，澳大利亚第三方支付收款平台，于1997年推出，是澳大利亚使用广泛的账单支付服务。

项处理时间压缩到1小时以内。

（二）社交媒体在税务管理中的多重优势

社交媒体技术是互联网新的、个性化的面貌，它的兴起和发展为我们带来了个性化、定向的社交交往模式，以及全新的沟通和互动渠道。仅Facebook每天就吸引超过5亿潜在用户，这足以说明社交媒体技术已经成为一种全球性现象。毋庸置疑，社交媒体技术的崛起为各领域带来了许多益处，包括几乎免费的口碑营销以及能够吸引人们参与互动和对话的能力，它能够将相关信息扩散到广泛的受众之中，也有助于建立更紧密的关系，促进信息的分享和互动。因此，各国政府也开始以各种方式探索和使用这项技术。虽然经验相对有限，但有迹象表明，这会给企业、政府和公民带来巨大的潜在好处。迄今为止，社交媒体在税务管理的应用主要体现在以下三个方面：

首先，各国税务机关认为要想提高税收遵从，除了要让纳税人了解自己的纳税义务以及履行义务的能力，更要提升社会对税收作用的认识。近年来，随着数字经济的不断发展，各国税务局开始提供在线材料和线上学习，并通过社交媒体进行税务知识宣传活动。加拿大税务局制作了面向所有年龄段加拿大人的“税收自学”免费在线课程，该产品介绍了加拿大税制，帮助学习者了解税收的基础知识、为何纳税、如何用税，教会填报所得税和申领福利政策。同时，加拿大税务局在油管（YouTube）、推特（Twitter）和脸书（Facebook）等账户上建立了一套有力的社交媒体渠道，提供基本税收信息，包括广泛宣传加拿大税务局就业机会、税收抵免信息、地址变更、寻找最近的税务局，积极接触利益攸关方。日本国税厅制作动画片视频并上传到其官网和油管（YouTube）视频网站，用通俗易懂的方式向年轻一代介绍税收教育的重要性，观看过该视频的纳税人都称赞该视频简单易懂，有助于他们了解税收的重要性。表5-6展示了日本在2013—2017每个财年中不同层级的税收教育课堂开课数。英国皇家税务和海关总署为14—19岁的在校学生设计了一系列与“报税须知”相关的教材，并通过社交媒体发布动画。这些在线教育材料既可以迅速传播纳税信息和建议，使更多人了解税收法规和税务政策，又可以及时与纳税人互动，建立更大的透明度和信任。此外，各国税务机关也会通过社交媒体和宣传活动，降低征税风险，帮助纳税人履行纳税义务。澳大利亚税务局在税务局网站上提供一系列在线内容，以支持和帮助企业主更好地管理自己的业务从而避免欠税，并鼓励他们在付款有困难时与税务局联系。澳大利亚税务局认为，通过有针对性的在线教育和宣传，能帮助纳税人了解自己的纳税义务，并提高纳税遵从。

表 5 – 6　　日本税收教育课堂开课数

	2013 财年	2014 财年	2015 财年	2016 财年	2017 财年
课堂总数	23659	25444	26955	28675	31326
小学	17183	18131	18808	19607	20392
初中	4081	4588	5194	5698	6657
高中	1585	1825	2026	2328	2926
大学	810	900	927	1042	1351

其次，各国税务机关认为社交媒体为税务管理提供了一个强大的在线平台，有利于税务管理形象建设。美国税务局在社交媒体上活跃，提供税务提示、信息和资源，以帮助纳税人更好地了解税收法规。加拿大税务局利用社交媒体平台与纳税人分享税务信息和重要日期，例如报税截止日期。英国皇家税务和海关总署通过社交媒体发布税收政策更新、税务建议和通知，还通过 Twitter 等平台与公众互动，回答有关税务的问题。澳大利亚税务局会在社交媒体上分享税务成功故事和案例研究。新西兰税务局则会利用这些平台与纳税人交流，解答他们的税务疑问。这些举动无疑拉近了税务机关与纳税人之间的距离，使税务机关与纳税人之间建立了更为紧密的互动关系，这将在纳税人心里树立税务机关专业负责、透明和可信任的良好形象，进一步提高税收遵从。

最后，各国税务机关会采取“网络大数据法”，即根据纳税人在网络上的公开信息，包括社交平台上发布的海量信息，来分析并锁定逃漏税的高风险人群，以此降低征税风险。早在 2008 年，英国皇家税务和海关总署便推出了一款名为“连接”的电脑系统，这款系统可以让税务人员收集、分析和储存海量的个人与商业数据，并且可以透过交叉比对纳税人所申报的收入，以找出逃漏税的纳税人。Facebook、Instagram、Twitter 和 LinkedIn 等社交媒体也会向英国皇家税务和海关总署提供大量的信息，自该系统推出后，英国税收收入增加了约 30 亿英镑。加拿大国税局部门负责人说：“那些生活富裕但纳税很少且有海外账户的加拿大居民，属于逃税的高风险群体，国税局自然要利用一切内部或公开的渠道，来搜集这些人逃税的证据。”希腊税务局将对纳税人在 Facebook 和 Instagram 平台发布的照片进行检查，特别是那些显示有豪车、豪宅、游艇等奢侈品的照片。税务局审计员将会对比这些照片和纳税人提交的纳税申报单上的收入是否有较大出入。越来越多的税务机关开始意识到社交媒体是人们展示生活状态的平台，也是税务机关搜索纳税人财务信息的富矿。

（三）税收大数据驱动下预填纳税申报表的自动化

过去二十年纳税申报表流程设计领域的一个重大创新，即预填纳税申报表系统。这种预先填制的方法要求税务机关利用从第三方收集到的信息，“预填”纳税人的申报表或在线账户。预填的申报表经纳税人复核后，通过电子方式或纸质方式提交。近年来预填纳税申报表的使用已完全自动化，如在丹麦，预填纳税申报表已完成从 20 世纪 80 年代末期预填纳税申报表有限的纸质使用到 2008 年完全自动化的转变，丹麦过去 20 年预填的纳税申报表演变的各个阶段如表 5 - 7 所示。

表 5 - 7　　丹麦预填纳税申报表的演变

年份	演变内容
1988 年	开始有限预填纳税申报表（纸质）制度。
1992 年	首次完全预填纸质纳税申报表。
1992 年	引入视同接受：纳税人通知期限届满后将“视同接受”预填的纳税申报表。
1995 年	首次电子申报申请纳税申报表（未预填）。
1999 年	在线提供预填的纳税申报表并确认。
2004 年	在线评估通知：完全预填纳税申报表的纳税人在确认预填纳税申报表的完整性后会在线收到评估通知。
2006 年	在线预填纳税申报表预评估通知同时发送给纳税人。
2008 年至今	完全自动化：无须将预填的纳税申报表发送给纳税人。

数据来源：《税收征管 2017——OECD 与其他发达及新兴经济体可比信息》（OECD，2017），https：//doi. org/10. 1787/tax_admin - 2017 - en。

在个人所得税领域，预填申报表首先在扣除项目和抵扣项目相对较少的个人推行，个人税收领域信息通过第三方数据进行匹配验证。国际上，一些国家采用“系统设计合规”方式设计预申报系统，2019 年，12 个国家（澳大利亚、奥地利、比利时、丹麦、芬兰、匈牙利、立陶宛、马耳他、新西兰、挪威、葡萄牙、新加坡)[①] 进一步推进了预填纳税申报表制度，即在通知期限届满后预填的纳税申报表。随着规则技术的进步、信息报告要求的提高和数据科学方法的应用，许多税务机关通过社保部门、银行、保险公司等第三方收集补充信息来计算扣除额，实现多种所得信息和捐赠、学费、保险费等可扣除费用的预填，将该预申报系统拓展至扣除和抵扣项目多的个人所得税制度中，从而提高预填机制的覆盖范围和预填申报表的质量，实现完全自动化申报。

此外，信息技术助力预填机制质效提高，许多国家借助大数据技术与人工智能开发个人所得税应用程序，促进报税、退税及补税的电子化与自动化。如 2019 年墨西哥税务局通过升级“SAT 报税宝”技术，为大多数纳税人的申报表预填所得、支出和个人扣除项目等信息，并实现个人所得税自动计算及自动退税；新西兰税务局进行了业务转型，对只取得已申报所得的纳税人推出了全新的年终自动申报流程，使得取得工资薪金或从金融机构取得收入的纳税人能够在其“我的税务局”（myIR）账户中看到相关所得的预填信息，并实现年底退税或补税的自动化计算；2020 年中国税务机关利用云计算、大数据、互联网等技术手段打造中国电子政务中最大的交易云，在大数据的支持下，推出个人所得税应用程序，为纳税人提供预申报服务和量身定制的提醒服务，成功实施了个人所得税首次年度汇算清缴；2021 年澳大利亚税务局（ATO）开展预填信息计划，现有工作负载正逐步从传统模式过渡到基于云的解决方案，为税务机关提供更大的灵活性，以应对业务需求和技术趋势；德国税务局为达到有针对性地简化在线所得税申报目的，为没有其他收入的国内养老金领取者提供电子申报的新软件产品“Easy ELSTER”，简化纳税申报准备工作。

在增值税领域，电子发票系统的出现使得税务机关得以通过电子发票实时收集纳税人销售信息并预填增值税申报表，2019 年，智利、芬兰、德国、拉脱维亚、立陶宛、波兰、葡萄牙及南非均实现所得或费用信息部分预填，阿根廷、智利两个国家实现了增值税的完全预填，并需要经过纳税人的确认。预填机制的覆盖范围进一步扩大。如 2020 年秘鲁税务管理总局为改进纳税人体验并简化办税流程，打通了电子记录（如利用电子发票编制的销售

---

① 《税收征管 2023——OECD 与其他发达及新兴经济体可比信息》（OECD，2023），网址为：https：//doi. org/10. 1787/900b6382 – en。

报告）与增值税预提计划和每月线上纳税申报表的信息，并计划于 2022 年利用已开具的电子发票对纳税申报表进行部分预填的措施；2021 年西班牙将即时信息提供（SII）系统扩展到所有增值税纳税人，要求纳税人在电子税务局内留存其增值税账簿，并开始实施部分预填申报表措施，减轻纳税人遵从负担；2021 年葡萄牙基于“E – fatura”（电子发票系统）的数据确定增值税申报表中的增值税销项和进项税额，实现 IVA Automático +（预填增值税申报表）的部分实施。此外，少数国家利用应用程序接口（Application Programming Interface，API）实现公司业务系统和税务申报系统深度整合，如丹麦为会计软件运营商开发了一个 API，实现公司数据从会计软件直接传输到税务管理部门的增值税申报系统，API 自 2019 年 12 月起开始运行。到目前为止，已有 8 家供应商将其会计软件与该解决方案连接，约有 3 万家公司通过 API 自动提交了约 10 万份增值税申报表。

在企业所得税领域，由于涉及的会计账目和税务调整过于复杂，不易实施预填纳税申报制度，但电子发票系统的使用使得部分国家税务机关实现部分预填企业所得税（CIT）申报表，2019 年，智利、爱沙尼亚、芬兰、德国、冰岛、爱尔兰、拉脱维亚、波兰、葡萄牙、新加坡、南非、瑞典均实现企业所得税所得或费用信息部分预填，沙特阿拉伯实现了企业所得税的完全预填。部分国家先将业务简单的自营职业者纳入预填机制，如新加坡税务局（IRAS）将免申报服务（NFS）扩展至佣金代理和出租车/私家车司机等自营职业者，他们必须首先通过其收入来源的代理机构和运营商向 IRAS 提供收入信息，才有资格享受 NFS，实现全自动、无障碍的报税和缴税体验。

在其他税种方面，税务机关主要通过获取第三方数据报告实现预填申报，如 2020 年挪威实施了一项可以从房地产租赁中介获取包括第三方付款概况等关键数据和信息的技术解决方案，将获得的房产租赁第三方数据用于预填纳税申报表，同时为纳税人提供专门指导，以帮助其正确填写纳税申报表；俄罗斯联邦税务局（FTS）利用其他政府部门（包括内政部、航空局、贸易部、土地登记局和船舶登记局等）提供的数据，实现企业运输税和土地税的零申报，对于没考虑到的相关税收减免由纳税人提供证明完成相应调整。

（四）自动化税收遵从风险管理

评估纳税人报告信息的准确性与完整性，是税务机关的一项重要职责，也是促进自愿遵从的关键。税务机关主要依靠案头和实地“税务审计”完成遵从管理，而随着数字化程度的提高，如今大部分国家税务机关通过自动化方式开展电子检查、验证和匹配纳税人相关信息，进行各类遵从风险管理并加以宣传，影响纳税人对税收制度公平的感知度。数据探索更为全面、可用数据更加丰富、风险识别更加精准、未来趋势分析更加可行、遵从检查更加自动化，推动了遵从风险管理的变革，为处理和管理好纳税人及第三方提供的海量涉税数据（如电子发票、在线收银机和金融账户信息），构建更加完整的遵从风险图，许多税务机关运用数据科学技术和数据分析工具（如图5－1所示），促进自愿遵从。

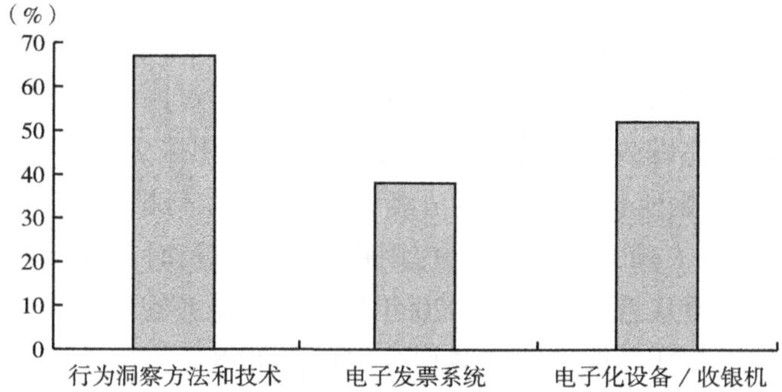

图5－1　采用相关技术和方法的税务机关百分比（2019年）

数据来源：《税收征管2021——OECD与其他发达及新兴经济体可比信息》。

第一，在数据探索方面，随着数字化程度的提高，纳税人和第三方提供越来越多的涉税数据（如电子发票、在线收银机和金融账户信息），税务机关也使用大数据、机器学习等技术促进数据探索与数据理解。如加拿大利用机器学习技术构建数据挖掘管道应对数据量过大等情况，并利用各种数字取证工具缩小调查相关范围，节省大量调查时间和成本；法国构建大数据基础措施数据湖项目，处理各种来源的超量数据，并以数据湖为平台，设计适用于法国公共财政总署的工作流程，以探索、评估人工智能项目的可行性，开发、交付自动化项目；新加坡利用“变更数据捕获”技术推出统一数据平台（UDP），其底层技术支持储存更大体量的数据、处理更加复杂的数据格式，提高跨系统移动数据的时效性，极大提高了新加坡国内税务局处理结构化数据以外更多类型数据的能力；澳大利亚税务局（ATO）开发了一种工具进行不同来源及不同类型的金融交易数据的比对；奥地利在电子合规检查和实时审计方面的进行了数字创新，将实时风险评估方法逐步推广到个人所得税申报、增值税申报、企业所得税申报和其他税种申报领域，并根据评估结果选定案例进行案头审计，极大提高了选案的目标度命中率；意大利通过“机器学习辅助”方法利用数据估算增值税缺口，为合规活动提供明确的重点，为政策制定提供数据。

第二，在数据处理方面，税务机关通过数据分析、机器学习及自然语言处理等技术提高大型数据集的可用性，推动遵从管理改革。随着越来越多的数据以电子方式存储，新技术和新流程的应用使数据传输、存储和整合工作语法简单，税务部门可用于遵从管理的数据量大幅增加，新的数据来源包括设备数据、银行、商户、支付中介机构和服务提供商数据、供应商数据、客户数据、纳税人非结构化数据、其他政府机构数据、国际合作伙伴数据。如2018 年匈牙利推出在线发票数据强制报告制度，通过网络可视化工具交叉匹配大量实时数据追踪发票链条，并将生成的数据用于风险分析快速识别风险，更加有针对性地打击恶意违法者；2019 年智利推出香烟追踪系统与“电子查验”（e－Verifica）的移动应用程序，从而及时获取信息，查验香烟真伪，精准聚焦遵从管理工作；2020 年秘鲁国家税务管理总局使用网络抓取技术、通过编程算法获取电子商务相关信息促进遵从，该举措在 1 年之内识别出 14562 个通过在线平台开展经营的新卖家，收效良好并极大节约了识别成本；2021 年加拿大税务局采用数据分析技术、机器学习（ML）和自然语言处理（NLP）等人工智能技术，扩大其内部审计和评估业务的范围与广度，提高服务担保和咨询能力；哥斯达黎加根据本地不动产财政地图、市政当局记录、航拍照片以及不动产登记处和税务局持有的数据，建立了中央地理信息系统，定位应税不动产并识别出未履行纳税义务的业主；法国税务总局（DGFiP）根据国家地理和森林信息研究所（IGN）拍摄的航拍照片，利用人工智能和数据增强技术，改进了检测未申报建筑或开发项目的流程；立陶宛设立车主申报代码（SDK），提高二手车交易的透明度。

第三，在精准定位风险方面，面对不断扩大的数据集，先进分析技术在风险管理与风险定位方面的应用越来越普遍。2018—2020 年税务机关对数据科学/分析工具、包括机器学习在内的人工智能、机器人流程自动化等技术的实施与应用比例逐年递增，大多数税务机关改进了风险管理，并强化了一系列干预行动选择。如澳大利亚创建电子表格模板实现对银行对账单的自动分析；比利时基于数据挖掘技术设立新系统“交易网络分析”（TNA）服务于全欧洲，依托该平台，成员国可以快速交换、协同处理增值税数据，尽早发现可疑网络，打击增值税欺诈；巴西通过地理数据处理和人工智能技术识别收入、资产或支出超出所在街区正常水平、欺诈概率较高的纳税人；智利国内收入局使用专业软件获取各种来源的信息，利用数据挖掘、大数据和聚类等数据，开发恶意纳税人预测模型识别“恶意开票方”，并运用“误报信息”重新校准模型和行为模式；中国利用税收大数据建立动态“信用 + 风险”监管体系，依托此项技术识别出高风险纳税人，对纳税人实施差异化预警，从而打击逃税和避税行为；新西兰借助数据和分析工具，在新 START（简化税收和收入技术）系统中嵌入“诚信管理器”，根据系统内置的风险指标，在发现错误或欺诈可能性高时停止评税和退税流程。此外，另一种精准风险管理的方法为针对特定纳税人群体涉税事项设立专管部门，如在大企业纳税人和高净值个人（HNWI）两个特定领域进行分类管理。

第四，在未来风险方面，税务机关将数据分析、人工智能等技术嵌入合规流程中，促进未来遵从风险管理数字化。新冠疫情等危机凸显未来趋势分析的重要性，政府采取的封锁和相关措施影响了许多纳税人的收入来源，导致利润减少甚至亏损，加上大多数税务机关减少或暂停了税收遵从活动，可能导致未来纳税人遵从行为的变化。此外，数字经济、加密资产的兴起，以及新工作方式的产生等同样可能导致不遵从行为的加剧，因此税务机关需要着眼于此，加强对未来趋势分析与未来遵从风险的管理。为更快地识别新出现或可能出现的风险，并确定可能的早期干预措施，部分税务机关通过数据分析权力下放，将人工智能嵌入整个组织的合规流程中，实现未来税收遵从风险管理的数字化转型。如加拿大专门面向内部审计师销售的高级数据分析技术嵌入税务机关鉴证业务中，使得税务机关的鉴证和咨询专业人员能够更快、更全面地进行审查；新加坡税务局（IRAS）将数据和人工智能的使用范围扩大至所有职能部门，包括开发新的人工智能解决方案，通过学习过去的经验揭示未知风险并补充现有模型，以更好地管理税务违规行为并改善服务质量。

第五，在遵从检查方面，基于规则的自动化电子检查方法处理确定的风险（如自动拒绝申请、发出信函或匹配交易），为税务机关实施部分稽核工作提供了更高效的方法。如澳大利亚通过开发多种事前自动化运行分析（OA）方案，使用高质量的第三方数据及其他信息，在短时间内识别并自动调整纳税申报表，避免了修正评定结果和向纳税人补征税款差额、罚款和利息等事后遵从工作；巴西利用数据交叉、数据挖掘、图形分析和一些人工智能技术应用的工具，创建了一个内部开发平台，将税收情报与大数据环境相结合，自动检测申报值与所掌握的数据是否存在差异，实现遵从检查的自动化。对于部分国家的税务机关（如奥地利、智利、爱沙尼亚、希腊、摩洛哥、马耳他和南非）而言，电子遵从检查所查补税款在所有审计和稽核行动查补税款中占据重要份额（20%以上）。

（五）依托创新数字技术提供自助服务

随着科技的快速发展，税务领域面临了前所未有的数据复杂性和数量爆炸的挑战，传统的税务管理方法已经难以应对，因此，税务机关迫切需要寻求更高效、更智能的工具来处理大规模的数据，监测纳税人的合规性，并提供更快速、个性化的服务。人工智能（AI）作为一种强大的技术工具，具有处理大数据和复杂问题的潜力，能够快速识别模式和趋势，也能迅速、准确地识别潜在的风险和违规行为。搭建应用程序接口使得无须直接访问便可实现系统、人、物的互联，与允许直接进入系统和底层数据库相比，有效减少了系统受到损害的风险。近年来，各国税务机关开始积极利用这些工具来完成自动化数据分析，优化税务流程，辅助税务管理。

首先，许多税务机关表示会运用虚拟或数字助理来帮助回应纳税人问询，并根据其独特的财务状况和需求提供更精准的建议，为纳税人提供更个性化的服务。澳大利亚税务局于2016年2月推出虚拟助手服务拟人化角色Alex。她能够理解对话语言，纳税人通过网页向其咨询涉税问题时如同与真人交谈。她能懂84000个提问表述，并且其理解的问题和表述与日俱增。自上线以来，对话量逾270万人次，首问解答率高达88%。新加坡国内税务局与政府技术局合作推出报税聊天机器人，利用自然语言处理（NLP）理解用户输入的内容，给出直观而又接近真人的回应，为纳税人营造顺畅的个性化数字体验。2021纳税年度，新加坡国内税务局将该报税聊天机器人推广至小商贩，惠及约10000名纳税人。俄罗斯联邦税务局推出的“智能网页对话”（TAXIK）集以下线上服务于一身：①纳税人来访预约；②交通运输税计算器；③保险费计算器；④土地税和财产税计算器。用户的提问由收录涉税问题标准回答的专业信息源，即“俄罗斯联邦税务局智能网页对话知识数据库”来回答，IT团队对TAXIK的回答质量每日例行监督，并将分析结果用于更新、补充回答数据库。西班牙税务局的增值税虚拟助手的创建流程如图5-2

所示。交互式语音应答（IVR）的出现，使得客户能够通过电话键盘或语音识别与公司的主机系统进行交互，越来越多的税务机关也将其广泛应用于自助查询、税务指南和说明、自动化税务支付等方面。

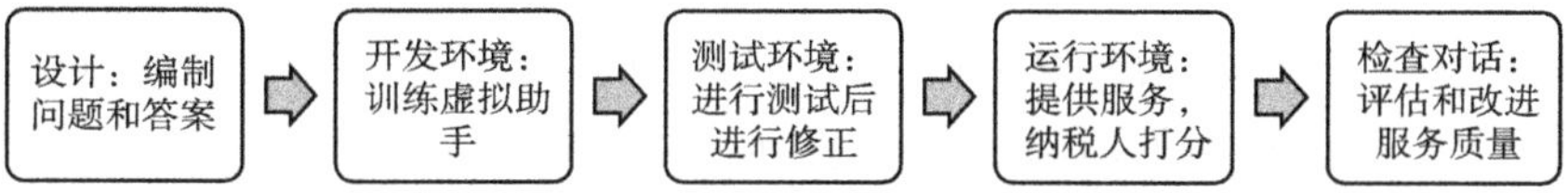

图 5－2　西班牙税务局增值税虚拟助手创建流程各阶段

其次，许多税务机关搭建应用程序接口，供第三方开发商调用，为纳税人节省时间和遵从成本，并加强税务机关的促遵从能力。以色列税务局有权通过边境管制数据库读取居民和非居民的出入境数据，且允许受许可软件接入其应用程序接口服务检查游客签证是否准确。通过该系统来验证游客是否确实有权享受增值税零税率，能够防止伪造和出错，减轻酒店负担，并降低因客人无资格而面临的审计和罚款风险。挪威税务局开发新增值税 IT 系统，使得企业的会计系统可以直接获取增值税申报表填报规则，在企业的会计系统中调用应用程序接口，就可获取指引、开展核验程序，保证了所有数字渠道均可访问目标服务，同时也实现了系统间的信息交换。新加坡纳税人可以依托应用程序接口，从会计软件中提取会计信息，再根据预设的税务规则转化为税收数据，从软件映射到指定数据元素表当中。终端用户通过新加坡全国数字身份平台验证，检查自动计算得到的企业所得税申报表和其他配套资料后，实现无缝向国内税务局报送。

最后，许多税务机关现阶段会运用基于规则的“自动化机器行动”来处理已定义的风险（如自动拒绝申请，发出信函或匹配交易），提高税务稽查效率。许多这些“机械化”活动都近乎实时，取代了先前由人工完成的一些审计行动或步骤。可以让税务机关监督和检查不同纳税人群体的数据，在许多情况下，还能开展基础性的核查或匹配行动，比传统案头核实检查的效力和效率更高。希腊建立“myData”电子平台，将电子账簿引入企业的日常生活。通过该平台可以监控所有按照希腊会计准则保存会计记录企业的收入和支出交易[①]。俄罗斯联邦税务局开发一体化风险管理（IRM）系统，与大企业纳税人接触，提前标示和处理风险，尽量减少未来争议的风险。瑞典税务

① 《税收征管 2022——OECD 与其他发达及新兴经济体可比信息》（OECD，2022）https：//doi. org/10. 1787/1e797131 – en。

局于2020年6月打造出基于机器学习（人工智能）的新风险管理模型，并提供人工智能或算法辅助服务，以提高非标准化信息的管理水平。瑞典税务局表示今后将运用人工智能风险管理的成果，为更多客户实现完全自动化的近实时登记。格鲁吉亚税务局推出了“增值税自动退税系统”，通过基于风险的自动核查程序对增值税申报表进行检查分类，并识别出有抵扣额的增值税申请表，被识别为低风险的申报表（占所有申报表的90%以上）被分配“绿卡”，增值税税额将自动存入纳税人银行账户，而高风险申报表的退税必须通过税务机关进行人工处理。这些新干预手段改变了许多税务机关对覆盖面、调整率和收益率的看法。对依托先进分析进行自动化干预的税务机关而言，各纳税人群体的调整率均有下降，因为这些措施覆盖了接近100%的特定税单、交易或风险。并且，在取代先前由人工完成的活动方面，平均审计成本出现了大幅下降。

（六）数字经济推动下的国际税收多边合作

随着全球经济日益互联和数字化，数字经济带来的弊端日益浮现。一方面，虽然目前规模相对较小，但共享和零工经济平台的快速增长使得部分纳税人摆脱了受薪工作（目前这些工作的收入需要在“PAYE”的合规设计制度中进行预扣），这些收入金额相对较小且往往来自多个平台，增加了税务管理的复杂性和纳税人的违规机会。另一方面，一些企业无须在当地设立实体机构，就能够通过以重要且持续的方式参与司法管辖区的经济生活来产生利润，并利用各国税法漏洞进行避税活动，严重损害了各国税收利益，造成各国税基侵蚀。

为避免数字经济带来的重复征税问题、税基侵蚀问题和其他税收挑战，在全球范围内统一解决数字经济税收问题，各国税务机关及国际组织开始积极讨论，展开以下合作：

（1）制定国际税收框架，签订双边税收协定等法律文件，以此协调税收政策，避免数字经济中跨境交易的逃漏税行为。这些框架和协定规定了各国之间的税收原则和规则，减少了税务管理的不确定性。2021年10月21日，美国财政部在其官方网站发布消息，美国与奥地利、法国、意大利、西班牙和英国（以下简称“欧洲五国”）发表联合声明，就“从现有单边税收措施向支柱一生效实施的过渡期安排”达成一致协议。协议生效后，美国将取消针对欧洲五国产品征收的惩罚性关税，而欧洲五国承诺将完全撤销数字服务税的单边税收措施，转而对跨国科技巨头征收至少15%的企业所得税。新加坡、智利、新西兰三国于2020年6月12日线上签署了《数字经济伙伴关系协定》（Digital Economy Partnership Agreement，DEPA），旨在加强三国间数字贸易合作，并建立相关规范的数字贸易协定，协定以电子商务便利化、数据转移自由化、个人信息安全化为主要内容，并就加强人工智能、金融科技等领域的合作进行了规定。在第55届东盟部长级会议上，东盟国家经济贸易部长们共同确认了数字经济框架协议（DEFA），该框架旨在通过数字贸易、跨境数据流、竞争和数字支付等方面的全面协议，加速东盟的数字化转型议程。

（2）由国际组织如经济合作与发展组织（OECD）和联合国等发挥重要作用，协助各国就数字经济税收问题展开合作和磋商。2020年1月31日，OECD宣布BEPS包容性框架，137个成员国承诺在年底就数字税框架解决方案达成共识。2020年10月，OECD发布新国际税收框架下的“两大支柱”BEPS2.0报告。第一支柱致力于形成新的课税权与应税存在，侧重于数字经济征税权分配机制和纳税地点，通过建立新的市场联结度与多层利润分配机制在市场国与居民国之间重新划分征税权，即对达到相应营业额与利润率门槛的“全球规模最大、盈利水平最高的跨国企业”（the largest and most profitable multinational enterprises）利润超过10%以上的部分，赋予市场所在国（地区）对剩余利润的至少20%的征税权。同时，为避免对跨国企业重复征税，应当取消或协调部分国家对跨国企业征收的数字服务税等单边措施。第二支柱主要解决BEPS一揽子行动计划的遗留问题，由全球反税基侵蚀规则（Global anti－Base Erosion Rules）与应税规则（Subject to Tax Rule）两部分组成，即全球大型跨国企业的企业所得税率不得低于15%。2021年7月1日，OECD发布了《关于应对经济数字化税收挑战“双支柱”方案的声明》（以下简称《双支柱声明》），进一步明确了方案中的关键指标与设计，截至2021年8月12日，已有133个包容性框架成员同意《双支柱声明》，只有包括爱尔兰、爱沙尼亚、匈牙利、肯尼亚、尼日利亚与斯里兰卡在内的6个成员国尚未加入。

（3）建立信息共享机制，减少各国税务信息不对称风险。各国税务机关之间加强信息交流和共享，有助于形成多层次、多维度地数据交换平台。2022年12月5日，阿根廷和美国签署了数据共享协议，该协议允许阿根廷国家税务机关从美国获取阿根廷人的账户和信托受益人信息，从而有效保障阿根廷国家税务机关对本国居民在境外的收入行使合理征税权。2020 年，为了满足对实时信息的需求，芬兰与爱沙尼亚税务局开始规划一种独特的信息交换结构，可以实时访问对方税务管理数据库中的预定义信息。该项目交换通过 API 请求操作，响应信息通过互联的安全国家数据交换层服务发送。实时信息交换既能支持控制行动，也能支持实时审计，在助力税务机关提高纳税人服务的质量的同时，也打击了跨国的税务欺诈行为。2018 年 9 月，中国国家税务总局也与多个国家或地区税务主管当局交换了 CRS（境外金融账户共同申报准则）信息，从而实时掌握我国税收居民在境外的金融信息。专家预测，CRS 实现全球覆盖将是大势所趋，境外避税行为将无所遁形。同年 10 月，瑞士联邦税务管理局在其官网发布公告，表示按照金融账户涉税信息自动交换（AEOI）标准，瑞士联邦税务管理局已于 9 月底同部分国家（或地区）税务机关交换了 200 万条金融账户信息。

总之，随着全球化和经济一体化的深入发展和税收征管数字化的不断推进，税务合作和信息共享已成为国际税收合作的重要趋势，它们将更广泛地应用于税收管理和征收过程中。完善税收合作和信息共享机制，对于提升税务管理效率、优化税收结构，以及打击逃税漏税、非法资金流动和洗钱等犯罪行为都具有积极作用。

三、对我国科技税务的启示

2021 年由中共中央办公厅、国务院办公厅印发的《关于进一步深化税收征管改革的意见》中明确提出，到 2025 年在我国建成以大数据为基础，数字化、智能化的智慧税务征管体系。为进一步加强我国科技税务建设，在总结上述国际经验的基础上，结合中国政策实践，我们得出如下政策启示。

（一）建立纳税人数字身份，完善电子纳税身份管理

数字身份是指将真实身份信息浓缩为数字代码，形成可通过网络、相关设备等查询和识别的公共密钥。现阶段各国税务机关都在大力提高电子纳税的比率，并为此搭建了对应电子税务系统。为更加便捷地识别纳税人身份，许多税务机关建立了登记程序和数据库，使用个人识别号码、电子 ID 等不同形式的唯一识别符来判断纳税人身份。例如在丹麦和新加坡，个人和企业都拥有国家数字身份证明，可以通过该证明访问一系列公共和私人数字服

务，包括税务和银行业务[①]。目前，我国国家税务总局也在积极建设一个全国性网络，以提供安全、一致的数字身份。现阶段已有超过80%的纳税人使用经批准的数字身份访问我国国家税务总局提供的安全数字服务。

电子纳税登记和识别是数字化征管的基石，无论是通过开发新系统、优化现有系统，还是借用其他系统来推进数字化税务登记和身份识别，根据现有国际实践经验，都需要着重考虑以下几个方面：

（1）登记的全面性和完整性，拓宽数字身份应用的深度与广度。我国虽有相应的数字身份服务，但电子纳税却并未完全普及，并且其应用主要局限于税务行业，同一登记对象可能存在不同身份，以及各个身份有不同的对应场景和有效期。未来我国应将现有数字化身份的规模化应用从税务行业转向其他行业，积极与其他政府部门或第三方进行合作，实现纳税人数字身份在不同平台中的联动使用，尽量做到“一次登记采集，多部门共享”，避免行政相对人多头重复登记，进一步提高电子纳税的覆盖率。

（2）信息的准确性和动态更新。与发达国家相比，我国在互联网和金融服务基础设施方面的发展水平仍相对较低，新的线上服务及征纳数据直连工具还处于试点阶段，尚未形成电子纳税系统完备和纳税主体广泛受益的良好生态。未来我国应密切追踪纳税登记信息的变化，设置自动提示和报告功能，以便于税务登记对象确认、更改或补充，甚至可通过政府其他部门直接获取信息，进行自动更新。

（3）确保安全性和注重隐私保护。随着数字经济的不断发展，信息泄露和网络钓鱼已成为不断演变的安全威胁。因此，我国需要进一步完善数字身份管理，提高电子纳税的安全性，即通过差异化认证方式，准确识别不同的访问者身份（纳税人、中介机构或其他涉税方），并据此严格区分查询和操作授权。为保证广大纳税人的信息安全，未来我国也应采取多因素身份认证、建立更加牢固的信息防火墙等措施来进一步提高纳税人对税务机关的信任程度。

（二）积极利用数字社交平台，提高纳税遵从降低征纳成本

有效提高纳税遵从能降低纳税成本，提高征管效率。目前，各国税务机

---

① 《税收征管2017——OECD与其他发达及新兴经济体可比信息》（OECD，2017），网址为：https：//doi. org/10. 1787/tax_admin－2017－en。

关都在充分利用网络工具（如社交媒体）信息传播快、受众广泛等特点，或开设在线课程进行纳税知识普及，或与纳税人进行交流互动而建立良好的税务形象管理，抑或利用纳税人在社交媒体上展现的日常生活状态来评定纳税人的纳税风险等级。近年来，我国也开展多项便民服务，为纳税人提供纳税辅导、税收优惠讲解和纳税流程答疑等。毋庸置疑，随着时间的推移，应努力将纳税变成一种更加无缝的体验，并尽可能融入纳税人的日常生活和商业活动中，使得搭便车和不合规的成本越来越高。税务机关和私营部门组织将更多地进行合作，为纳税人提供便利，减轻行政负担并确保纳税的安全、透明和高度可靠。在这种趋势下，我国应顺应数字经济发展路径，充分利用网络工具，一方面，在纳税人日常使用的社交媒体平台上发布最新税收相关政策，拍摄符合年轻人喜好的税收宣传视频，在潜移默化中提高新一代纳税人的纳税遵从。另一方面，创建更多有效线上沟通平台，广泛收集纳税人的相关意见，调整税收流程、设计更加适应纳税人自然习惯的纳税系统。当然，我国也应从其他各国吸取实践经验，以更低的成本从网络平台上广泛获取更多纳税人的相关信息，从而降低征纳风险。

（三）大数据第三方信息自驱动，实现“自愿报税”向“自动申报”转变

随着数据化程度的迅速提高、电子发票系统的稳步变革、智慧税务建设的持续推进、税收大数据的全面共享，我国税收管理系统的数字化变革刻不容缓。国际上基于“实时数据流”和“系统设计合规”等理念与数字化水平的不断提高，许多税务机关实现更早阶段介入纳税人的内控程序，积极利用其他政府部门、公司及相关交易平台等第三方信息，自行形成申报信息，实现申报表的预先填制和零申报，从而逐步取代由纳税人自愿申报纳税的传统申报模式①。目前我国通过整合纳税人接触点，并通过打造税务机关与纳税人高交互的数字税务账户、推出包含个人所得税纳税申报的应用程序，将税收规则嵌入个人所得税纳税人自然系统，实现了个人所得税申报表的预先填制。

为进一步扩大电子化预填纳税申报表在我国的覆盖税种与范围，实现“自动申报”，我国税务机关需不断深入研究新技术，实现第三方大型数据集

---

① 卢奕．拥抱未来：对数字化时代税收征管改革的理解与展望［J］．国际税收，2021（10）：27－32．

的处理分析与共享，拓展新系统的覆盖范围。在个人所得税领域，税务机关应根据“系统设计合规”方式完善拓展预申报系统，通过区块链技术、创建API接口实现不同政府部门、企业、银行、相关交易平台与中介的业务系统税务机关税款征纳系统的对接，实现信息共享，获取纳税人的收入额，并根据第三方补充信息计算相应扣除额，实现个人所得税的全自动申报。此外，税务机关应当进一步促进精细服务，通过电子税务局、掌上App等数字应用可以为纳税人提供及时、全面、高质量的纳税服务，指引纳税人完成线上纳税预填申报的确认。在增值税领域，税务机关应当以金税三期、增值税发票电子底账、增值税发票税控2.0等系统为支撑，凭借国家税务总局云平台票流分析、纳税人关系云图功能和税收大数据分析平台，对企业纳税人的海量涉税信息进行筛选、对比及分析，并将调整后的数据自动关联到纳税人账户，实现完全预填增值税申报表。在企业所得税领域，税务机关可以从增值税申报或其他渠道中获取相关收入与费用信息，并通过运用数据分析技术与人工智能技术实现对交易数据的精确税务分析，实现申报表的部分预填。在其他税种方面，税务机关应当积极挖掘新技术、建立新系统完成第三方信息的共享，实现纳税申报的自动化。

（四）税收遵从风险管理自动化，实现“以数治税”

稽核与遵从风险管理的自动化是税收征管数字化的主要变革之一，也是促进自愿遵从的关键所在。国际上，许多税务机关主要通过数据探索智能化、数据处理高效化、风险定位精准化、遵从检查自动化推动遵从管理的变革，我国税务机关应当借鉴国际经验，建立以“信用+风险”为基础的新型监管机制，健全以“数据集成+优质服务+提醒纠错+依法查处”为主要内容的自然人税费服务与监管体系，运用数据科学、人工智能等技术与数据分析工具，对税收数据进行分析比对，促进税收遵从风险管理自动化，实现“以数治税”①。

在数据探索方面，我国税务机关应当借助“互联网+税务”数据探索效率高、边际成本低的优势，善用机器学习技术、自然语言处理技术促进数据探索与数据理解，开发人工智能项目完成超量数据的处理。在数据处理方

---

① 王丽娜．数字经济下税收征管数字化转型的机遇与挑战［J］．国际税收，2021（12）：65－70．

面，可用于遵从管理的数据量大幅增加，我国税务机关的改革重心应当放在通过利用相关技术用好越来越多的可用数据，在“以设计促遵从”流程下创建相关数据分析系统或应用程序，在相关指标的运用下对数据进行自动分析，及时处理海量信息并精准聚焦遵从工作。在精准定位风险方面，我国税务机关应当将风险核查模式从以往的“抓大放小、集中精力管好重点税源”转变为“大企业与中小型企业并重，重点税源与非重点税源并重”，在相关税务系统中嵌入数据分析技术或工具瞄准风险，及时识别出信息异常情况，打击潜在欺诈行为；此外，税务机关应当通过设立专管部门对特定纳税人群体（如大企业纳税人、高净值个人等）进行分类集中征管资源管理。在未来趋势分析方面，我国税务机关应当重视对未来遵从风险的管理，依托人工智能技术，通过对历史数据的分析，加强对未来趋势的分析，实现未来税收遵从风险的数字化管理。在遵从检查方面，我国税务机关应当将自动化电子遵从检查与传统人工审计相结合，充分发挥自动化检查促进税务稽核工作高效的优点，开发自动化运行分析方案，利用第三方数据信息自动识别并调整纳税申报表，减少事后遵从工作，降低税收征管成本。

（五）充分利用人工智能技术，提高税收征管和税收服务效率

为了更快速、更准确地处理税务事务，减轻纳税人的负担，同时提高税务管理的效率，近年来各国税务机关利用数据分析和人工智能等技术辅佐税务管理，以此更好地理解纳税人的需求，预测潜在问题，为他们提供个性化的支持和指导。税务聊天机器人降低了纳税人的咨询成本，移动网站和移动应用程序接口为纳税人提供了一站式税务信息中心。目前，我国税务机关也开始积极探索人工智能和大数据技术在减轻纳税负担方面的运用，搭建了 AI 聊天机器人等自动化客户服务平台，并提供相应智能税务咨询。但这些 AI 机器人仍存在以下问题：聊天模式过于机械，不符合纳税人的自然沟通习惯；语言理解能力较低，无法正确理解纳税人的提问需求；仅提供标准化答案，不能提供个性化建议。因此，在未来，我国税务机关一方面应将“以纳税人为中心”的观点视作构建和管理税务流程的核心，将员工技能与人工智能等高级分析工具结合起来，让更多的税务专业人员参与 AI 机器人知识库的设计、识别可能的咨询问题以及设想更复杂的情况，开展“精细服务”，设计出更加贴合纳税人纳税习惯的 AI 服务系统。另一方面需要丰富我国税务机关工作团队，增加 IT 专业人员、程序员、数据科学家、行为科学家和

战略家的数量，以其自身专业技能支持整个税务管理系统的运作和发展。通过不断拓展数据科学和技术领域的专业团队，税务机关将迈向更智能、更人性化的税务服务的未来，以更好地满足纳税人的需求。

同时，我国也应当强化涉税风险自动监测，加大数字化手段在税务稽查中的运用。现阶段，我国仍主要依靠人工审计，按照一定的时间规律核查各企业账簿去降低征税风险，这种方法无疑是低效且容易出错的，应将税务专业人员更多地安置在需要专业涉税知识和人力变通的岗位上。未来，在企业自愿的基础上，我国应积极采用高科技手段，设计对应应用程序接口远程访问纳税人的纳税申报数据，并进行税收监测，在纳税人出现涉税风险时及时发送风险预警。此外，我国也应将数据处理工具和人工智能作为辅助工具，来提高税收监管的精准度，更快更准地发现异常数据和纳税不遵从行为。

（六）数字驱动促进信息交换，加强国际税收征管合作

随着经济全球化与数字化渗透到社会生活、经济生活和文化生活的方方面面，应对经济数字化带来的税收挑战在世界范围得到了广泛的关注。在构建全新适应数字化国际经济与贸易模式的新国际税收规则同时，各国税务机关及国际组织亦同样重视国际税收征管的效能接轨。目前我国坚持“引进来”和“走出去”相结合，形成全面开放发展的经济贸易格局，因此，根据现有国际实践经验，我国应积极参与新的国际税收规则的制定，并在全面深化我国税收征管改革的顶层设计中进行国际视角的考量，使得税收征管体系与新的国际和国内税收规则相匹配。

第一，全面提高税收透明度，积极促进自动信息情报交换。全球经济的数字化全面转型导致各国税基侵蚀与利润转移问题愈发严重，而各国税务机关建立信息共享机制有助于减少税务信息不对称风险，有效打击了跨国逃税与避税行为。为此，我国应当进一步扩大双边与多边涉税情报信息自动交换协定的制定，积极推动 CRS 实现全球覆盖与多税种涉税信息的覆盖，如扩大税收信息交换的数据信息范围，实现对纳税人的金融信息、不动产所有权和不动产收入的信息、加密资产持有与交易信息等资产信息的全面覆盖。通过运用新兴数字技术与人工智能技术加强涉税情报信息交换的时效性与准确性，通过开发应用程序接口实现各国税务机关涉税信息系统的连接，运用人工智能等技术与数据分析工具等完成数据集的处理分析与实时审计，从而以较低的税收征管成本有效防范潜在的跨境逃税与避税行为。

第二，为适应逐步深化的国际税改，加强对纳税人全球所得与财产的数据搜索能力，加大对数据规范管理与精确度管理的力度，完善与新国际税收规则接轨的纳税申报体系，完善税收争议体制以适应多边磋商的要求。为应对经济数字化所带来的税收挑战，BEPS 项目进一步发展形成两大支柱规则，重塑了国际税收规则，也对各国税收征管体系提出了新的要求。支柱一框架构建了新的市场联结度与多层利润分配机制，而国际财务会计准则、各国纳税申报对跨国企业财务报表披露要求的不统一，对各国税基确定方面与纳税申报方面提出了挑战。在这种情况下，我国税务机关应当根据国际会计准则使用国际统计口径，通过数字技术实现涉税数据的自动化调整，提高数据的精确度，实现税基确定规则与国际接轨。同时考虑到我国数字经济发展迅速，税务机关应当引入全新的纳税申报体系应对双支柱方案对我国高利润大型企业在国际上申报纳税的影响。此外，支柱一涉及多国征税权的重新划分问题，为了能在各国有效实施，《双支柱声明》规定了专门的争议预防与解决机制。为实现税收争议体制逐步与国际接轨，我国应当加强以区块链技术、数据挖掘技术为驱动，加强对纳税人全球经营和所得的数据收集能力，以适应多边磋商的要求。

第三，建立跨境商务数字化基础设施支持体系，以适应跨境贸易数字化，实现数字经济与贸易活动的全环节的监控溯源。针对跨国企业进行线上跨境交易活动存在的支付、物流、商品溯源等共性技术难点，我国税务机关可尝试加强国际的税收征管合作，利用区块链技术、大数据技术构建基础设施支持体系，提供一站式技术解决方案，实现线上多币种结算、跨境物流监控、商品交易的追踪溯源。

第六章　科技税务在税收管理中的应用场景*

在当今数字时代，科技的迅速发展已经在全球范围内引发了巨大的社会变革，税收管理领域也深受其影响。作为国家财政收入的重要组成部分，税收的高效管理与社会经济的可持续发展密不可分。本章将深入探讨数字化手段在税收管理中的关键应用，分析这一数字化浪潮给税收体系带来的深远影响。数字化正在引领税收管理领域的全面变革升级。从建立纳税人数字身份到应用综合税务系统，再到纳税服务和风险管理等多个维度的数字化，为税收管理体系带来了前所未有的活力，不仅推动了技术进步，也彻底革新了传统的税收管理模式。本章将集中探讨七大关键场景：纳税人数字身份、纳税人沟通、纳税服务、税收合规风险管理、税务分析、综合税务系统、税收规则嵌入纳税人自有系统以及协同效应。我们将全面剖析数字化在这些场景中的应用，以及所带来的变革。这些场景相互交织，描绘出了数字时代下税收管理的新蓝图。这对政府部门、税务从业者以及相关领域的学者和决策者了解税收管理的发展至关重要。

一、纳税人数字身份

纳税登记和身份识别作为税务管理工作开展的基础，也是实现税务功能

---

* 本章是中央财经大学教育教学改革基金《个案全过程教学法》在税收管理的应用研究的阶段性成果。

数字化转型的重要组成部分。数字身份是实现无缝税务管理目标的必要部分，也能够进一步减少税收缺口和合规负担。本节首先对纳税登记和身份识别的概念进行阐述，探讨了如何利用数字化进行纳税登记和身份识别的应用场景，进一步分析纳税登记和身份识别数字化的优势和潜在的考量因素，提出税务管理与政府其他职能部门实现资源共享的前景，最后，我们将探讨跨境数字身份识别的应用，并简要分析其所面临的风险。

（一）概述

纳税人利用数字化手段进行税务登记，为其他税务功能的数字化打下了基础。它与纳税人数字化身份识别密不可分，该解决方案可以确保每位纳税人被唯一地识别，并为纳税人提供安全的信息和服务访问。因此，尽管纳税人登记和身份识别是不同的组成部分，但它们通常被认为是成功实现数字化税务管理的关键①。

税务登记，即纳税登记，是税务主管机构依据法律法规的规定，对纳税人的生产和经营活动进行登记管理的一项法定制度，也是纳税人依法履行纳税义务的法定程序。税务登记作为实施税务征收管理工作的起点，也是建立税务机关与纳税人之间征纳关系的依据。税务登记的种类通常分为设立税务登记、变更税务登记和注销税务登记三种。

税务登记工作涉及对于纳税人的基本身份信息进行识别。税务机构使用政府以税收征管为目的而设立的公民或企业识别号，以完成对纳税人的常规识别②。对于其他人，纳税人的身份识别主要依靠专门的纳税人识别号系统（TINS），该系统会为每个纳税人提供一个专属的纳税人识别号。通常情况下，纳税人的身份信息包括联系信息，如电话号码、电子邮件地址和实际地址。对于公民来说，一般还要登记出生日期、出生地以及个人关系等个人信息。对于企业来说，通常还要涉及企业性质、成立时间、纳税部门和公司基本情况等信息。

---

① OECD. Supporting The Digitalization of Developing Country Tax Administrations ［EB/OL］. https：//www. oecd. org/tax/administration/supporting – the – digitalisation – of – developing – country – tax – administrations. htm，2021.

② 樊勇．税收管理［M］．北京：清华大学出版社，2016：232.

（二）各国利用数字化进行纳税登记和身份识别案例

数字技术日新月异的发展引发的社会变革，同样颠覆了传统的税收征管模式，一定程度上加速了税收征管数字化转型的进程。在2020年12月，OECD下设的税收征管论坛FTA发布《税收征管3.0：税收征管的数字化转型》报告，报告认为：数字身份将促使税收征管流程逐步融入纳税人实施交易、日常经营和沟通的互联原生系统中，进一步减少税收遵从成本和税收流失规模①。

一个全面的纳税人登记和识别系统对税务系统的有效运作至关重要。它是支持自我评估、增值税和预扣税制度以及第三方报告和匹配等多项税务工作开展的基础②。

目前，各国已在积极探索数字身份的技术运用，从而将税收征管流程与公民、企业更好地衔接，实现税收征管的现代化。根据OECD发布的《2022年OECD国家及其他发达国家与新兴经济体税务管理比较》报告，关于纳税人注册方面，几乎所有政府部门都表示，他们为纳税人提供了不止一个注册渠道。其中93%的政府部门表示，他们可以通过网络进行注册，与该系列2017年版的数据相比（OECD，2017），网络注册的比例增加了23个百分点。在最新发布的《2023年OECD国家及其他发达国家与新兴经济体税务管理比较》报告中，通过网络注册的比例持续上涨至97%。结合近两年的报告情况，由于需要提供身份的实体证据，现场注册仍然是一个重要的渠道或注册过程的要素，但预计随着数字身份系统变得更加先进，在线渠道的主导地位将会增长。图6－1为《2023年OECD国家及其他发达国家与新兴经济体税务管理比较》报告中提供相关注册渠道主管部门占据的比例③。

接下来，将以部分国家为例，简要介绍各国纳税人利用数字化进行纳税登记和身份识别的情况。

---

① 谢波峰．智慧税务建设的若干理论问题：兼谈对深化税收征管改革的认识［J］．税务研究，2021（9）：50－56.

② OECD. Tax Administration 2022：Comparative Information on OECD and other Advanced and Emerging Economies［M］．Paris：OECD Publishing，2022.

③ OECD. Tax Administration 2023：Comparative Information on OECD and other Advanced and Emerging Economies［M］．Paris：OECD Publishing，2023.

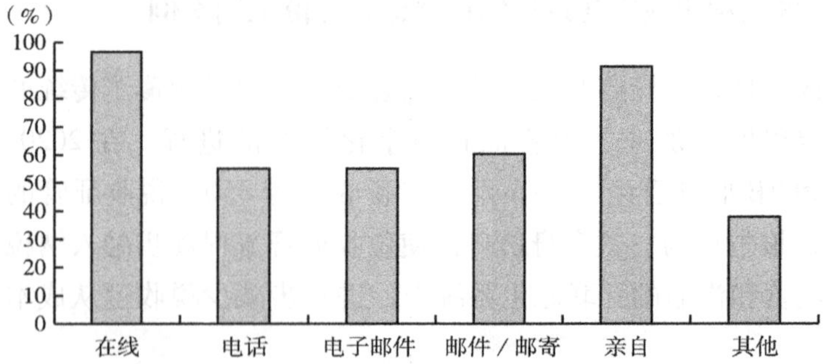

图 6-1 纳税人注册渠道的可获取性（2021 年）

1. 中国（中华人民共和国）：支持智能税务的数字身份

国家税务总局（STA）正在建设一个全国性的网络平台，以提供安全和一致的数字身份，为智能税务奠定坚实的基础。该平台基于国家权威认证来源，数字身份连接了代表企业处理税务相关业务的法人和自然人。它通过双方确认，涵盖所有纳税人，支持对于纳税人准确的服务和管理。超过 80% 的纳税人使用经批准的数字身份来访问 STA 提供的安全数字服务，包括综合信息报告、纳税申报和支付、证书颁发、退税、税务行政许可和其他税务问题。纳税人还可以授权第三方代表企业并访问安全的数字服务。有了数字身份，节省成本的范围扩大了，因为纳税人只需要在一个地方注册，其他地方也能识别他们的身份。数字身份也能通过跨设备和跨应用程序连接身份。它还提供了允许纳税人选择各种身份验证和登录方法的能力，如短消息服务（SMS）、ID 卡、数字证书和人脸识别。随着全国数字身份网络的不断发展，将进一步为全体纳税人和税务人员提供统一、权威的身份认证服务，促进中国税收征管数字化转型的顺利进行①。

2. 墨西哥：数字认证系统

墨西哥税务局（SAT）设立了生物识别认证服务，使纳税人能够安全登录并验证其生物识别数据，包括指纹、虹膜扫描、照片和签名。这可确保纳税人的电子签名具有法律效力。身份认证过程包括验证纳税人数据，如联邦纳税人登记信息和唯一人口登记代码，以及指纹和虹膜扫描。此外，还设置了离线应急模式，即使与中央服务器的通信中断，也可提交信息进行验证。

① OECD. Tax Administration 2022: Comparative Information on OECD and other Advanced and Emerging Economies [M]. Paris: OECD Publishing, 2022.

所有这些重要组件无缝互动，以满足国家税务总局纳税人服务的需求，确保每份电子签名文件都归属于拥有有效身份证明的个人。这项服务通过分布在全国各地的370个登记单位运行，由11台中央服务器提供支持，每月处理约30万份登记①。

3. 英国：纳税人税收数字账户

英国政府正在积极利用数字技术，推进数字税务账户的建设，便于纳税人了解自己的税务状况，并主动进行纳税，从而降低了税收不合规的风险。税务机关利用数字账户可以实时监测纳税人的涉税信息，以满足风险控制和个性化纳税服务的需求，从而提高了纳税服务的质量。2020年底前，英国皇家税务海关总署将实现税收数字化转型的目标，并通过公布税收数字化路线图来进一步明确该转型的前景②。

（三）数字化纳税登记和身份识别的优势和考量因素

纳税人登记作为所有税务管理职责的核心，各个行政部门和纳税人都将从税务登记的数字化中受益，数字化纳税登记的好处主要包括：一是纳税人能够通过在线平台实现网上申报与登记等流程，避免实地前往税务局办理相关业务，从而节省了时间成本。二是税务登记的数字化能够帮助税务工作人员完成大量重复性的工作，将更多精力分配在专业性强的工作中，提升了税务管理部门的工作效率。三是纳税人登记系统的建立能够确保相关部门获取到准确完整的纳税人信息，从而提高纳税登记的质量，降低了合规审查的成本。同时避免了税务管理机关的不同部门存在获取纳税人信息差的问题，保证税款的及时缴纳，避免税源的流失。

数字身份识别不仅有利于税务管理，还可以在政府、社会或国际范围内带来更广泛的利益，具体来讲：一是对于纳税人而言，一定程度上保证其信息的安全，数字身份识别对于获取信息的对象加以限制，从而提高纳税人对于税务管理部门的信任度和满意度。二是不同国家纳税人的身份相互连接，在简化了税务机关有关纳税人信息交换程序的同时，给纳税人在不同地区运用数字身份信息带来了极大的便利。三是数字身份信息在政府间不同职能部

---

① OECD. Tax Administration 2023：Comparative Information on OECD and other Advanced and Emerging Economies［M］. Paris：OECD Publishing，2023.

② 刘同洲．税收征管数字化转型的国际经验与启示［J］. 税收经济研究，2022，27（02）：36－40.

门的互通共享有利于打破信息不对称问题所产生的瓶颈，整体上提高了政府部门的办公效率。

数字化纳税登记和身份识别作为税收征管数字化的核心。无论是通过开发新系统、优化现有系统，还是借用其他系统来推进数字化税务登记和身份识别，应需要着重考虑以下五个方面。一是登记的全面性和完整性，如明确标识同一登记对象可能存在的不同身份，以及各个身份的对应场景和有效期。二是信息的准确性和动态更新，密切追踪登记信息的变化，设置自动提示和报告功能，以便于登记对象手工确认、更改或补充，甚至可通过政府其他部门直接获取信息，进行自动更新。三是提升部门间信息共享，尽量做到“一次登记采集，多部门共享”，避免行政相对人多头重复登记。四是确保身份识别的唯一性和通用性，即保证该唯一身份标识可用于所有税收系统和业务流程，且符合国家甚至国际标准，实现与政府其他系统信息交互和共享。五是确保安全性和注重隐私保护，即通过差异化认证方式，准确识别不同的访问者身份（纳税人、中介机构或其他涉税方），并据此严格区分查询和操作授权①。

（四）税务管理与政府其他部门的整合

鉴于登记和纳税人身份识别在支撑税收制度方面发挥着关键作用，对于大多数税务管理部门而言，拥有最新的税务登记册仍是一项高度优先事项。根据《2019 年 OECD 国家及其他发达国家与新兴经济体税务管理比较》报告的内容，绝大多数税务部门都制定了正式计划来提高税务登记的质量②。因此，其他政府机构可能希望将税务管理登记册用于自己的目的，为公民提供服务或确保遵守法律法规也就不足为奇，这导致了跨政府数据库的创建。70% 的主管部门报告存在一系列可用数据库，如图 6 - 2 所示③。

① 孙红梅，燕晓春，谢宗炜．《支持发展中国家税收征管数字化》报告综述及对我国的启示［J］．国际税收，2023（08）：69 - 74.

② OECD. Tax Administration 2019：Comparative Information on OECD and other Advanced and Emerging Economies［M］．Paris：OECD Publishing，2019.

③ OECD. Tax Administration 2023：Comparative Information on OECD and other Advanced and Emerging Economies［M］．Paris：OECD Publishing，2023.

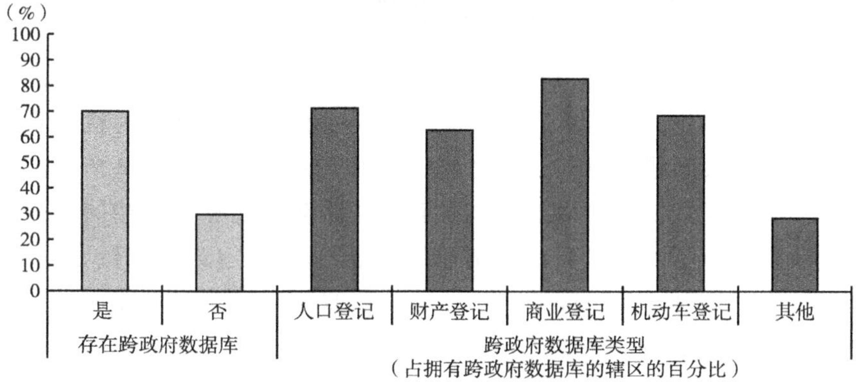

图6－2　跨政府数据库：可用性和数据库类型（2022年）司法管辖区的百分比

由于政府看到了利用税务部门维护的信息（如纳税人地址和银行信息）来联系公民和企业或直接支付福利或支持的潜力，政府间的整合正在不断加强[①]。这使得政府机构之间的合作更加密切，许多政府机构正在整合其IT系统（部分），使税务登记成为纳税人其他行为的一部分。例如，在注册公司或登记孩子出生的同时进行税务登记，或使用相同的标识符让纳税人获得其他政府服务。

数字身份的成熟将越来越多地允许相同的数字身份用于与政府其他部门、第三方数据提供商以及国内和跨境私营部门应用的多种交互。公民将使用相同的身份在不同的时间以不同的角色与税务管理流程进行交互，例如作为私人纳税人、小企业纳税人、企业代表或作为老年家庭成员的代理人[②]。

未来税务主管机构应进一步完善数字身份应用体系，提升数据的处理运用能力。税务部门可尝试采用开放式全球标准，依托算法规则建立起以纳税人为中心的细颗粒度实时数据处理模式，促进数据资源的交互操作和融合再利用；推动纳税人数据跨区域、跨部门的互联互通[③]。

---

① OECD. "Tax administration responses to COVID－19：Assisting wider government", OECD Policy Responses to Coronavirus（COVID－19）[M]. Paris：OECD Publishing，2020.

② OECD. Tax Administration 3.0：The Digital Transformation of Tax Administration [EB/OL]. https：//www.oecd.org/tax/administration/tax－administration－3－0－the－digital－transformation－of－tax－administration.htm，2020.

③ 吴越．OECD税收征管3.0实践经验对我国税收征管数字化的启示［J］．税务研究，2023（06）：91－96.

（五）跨境数字身份识别的前景和挑战

经济的数字化转型使企业和个人的跨境经营变得更为广泛和普遍，处于全球经济一体化的背景下，对跨境纳税人的有效管理已成为税务管理部门所面临的一大问题。目前，越来越多的国家和组织正在尝试拓宽数字身份的跨境应用场景，使跨境纳税人在境内外活动中能够使用相同的身份信息，如欧盟颁布了《电子身份识别和信托服务条例》（e IDAS），该条例在欧盟范围内承认电子身份证的合法地位，欧盟居民和企业可在成员国内跨境进行网上纳税申报、跨境建立银行账户、登记企业、申请学校、读取个人电子病历等。据估计，由于用户不必重复向政府部门提供信息，采用跨境电子身份证可为欧盟企业和政府部门每年节省110多亿欧元开支，从而大幅削减政府部门行政负担。目前，58%的欧盟居民通过互联网与政府部门联系，82%的公共服务可通过互联网提供。美国颁布了《美国国家标准与技术协会数字身份指南》，重视网络可信数字身份解决方案的互操作性。

但跨境身份识别兼容性的缺乏给税务管理部门和纳税人带来了许多挑战，这可能导致跨境经营中的税收监管受到一定的限制。因此，为了实现数字身份与跨境税收的无缝衔接，实现不同国家税务部门之间数字身份的流通，主要应考虑以下层面问题：（1）所有纳税人服务的全面数字可访问性。即纳税人及其代表能够以数字方式访问完整的税务服务组合。（2）业务交易参与者的唯一数字标识。可信和安全的数字身份应该支持针对企业和消费者或企业和企业交易中涉及的各方进行唯一身份验证的机制。（3）资产所有者的唯一数字标识。数字身份应该采取有效的机制来识别潜在应税资产的所有者。当资产为公司所有时，还应该有机制来确定最终所有权。（4）纳税人透明度和满意度。在提供服务时如果需要使用数字身份证件，则应向纳税人说明其使用方式和原因，以及如何限制和保护与身份有关的信息的访问①。

---

① OECD. Tax Administration 3.0 and the Digital Identification of Taxpayers: Initial Findings, OECD Forum on Tax Administration [EB/OL]. https://www.oecd.org/tax/forum-on-tax-administration/publications-and-products/tax-administration-3-0-and-the-digital-identification-of-taxpayers-3ab1789a-en.htm, 2022.

二、纳税人沟通

与纳税人沟通是实现高效税制的重要基础，本节介绍了税务机关与纳税人之间沟通的重要性，以及数字化沟通渠道的发展和优势。并且进一步介绍了三种主要的数字化沟通方式：使用人工智能技术，推出新的电子服务，以及将税收规则嵌入纳税人自有系统。最后本节举例说明了墨西哥和英国在实施数字化沟通解决方案方面的经验和成果。这些案例展示了不同类型的数字化沟通工具，如聊天机器人、虚拟助手等，以及它们对提高纳税人服务质量和效率的影响。

（一）概述

纳税人与税务机关之间的有效沟通是高效税制的核心。从历史上看，税务管理部门采用了各种沟通渠道，如柜台服务、印刷材料和呼叫中心来实现这一目标[①]。这是通过许多接触点进行管理和支持的，这些接触点包括面对面互动、电话、多功能网站、电子服务和业务管理系统。这些纳税人接触点有助于解决出现的摩擦，例如缺乏理解、需要与政府进一步讨论的异常情况、流程无法正常运行等。

数字渠道的发展为纳税人和税务机关之间的沟通提供了新的方式，既为纳税人提供了更多的便利，又提高了税务机关的效率。过去几年，许多税务机关推出了新的电子服务，从综合纳税人账户到移动应用进程再到数字邮箱。现在，一些服务正在通过人工智能（AI）和实时交互等创新技术得到进一步增强。例如，越来越多的税务机关报告在虚拟助理中使用人工智能来帮助响应纳税人的询问并支持自助服务。部分国家税务部门已实现从传统接触点向自助服务终端、移动应用程序和线上沟通等方式的转变，通过整合纳税人接触点，将税收规则嵌入纳税人自有系统，可有效减少税收征管对纳税人的额外负担。其主要做法可以分为以下三个方面。

一是使用人工智能技术。部分国家税务部门设立了虚拟助理（聊天机器人），帮助响应纳税人的查询并支持自助服务。它们可以用文字或语音与纳

① OECD. Supporting The Digitalization of Developing Country Tax Administrations [EB/OL]. https://www.oecd.org/tax/administration/supporting-the-digitalisation-of-developing-country-tax-administrations.htm, 2021.

税人交流，回答纳税人的问题，指导纳税人完成申报流程，或者提供其他相关信息。它们不仅方便快捷，而且还能节省纳税人的时间和精力。在纳税服务厅中，通过综合运用各种技术，将实体机器人投放进去，使其能够在指定区域自动巡航，为纳税人提供导税服务，并且能够进行语音互动交流。实体机器人的运用是智能技术的综合应用，它可以根据不同的智能程度，甚至利用内置的税收知识库，对纳税人的各种问题进行灵活的纳税咨询和问答，从而减轻税务人员的重复性工作负担①。

二是推出新的电子服务。英国打造了高交互的数字税务账户，纳税人通过数字税务账户，不仅能够查看和更新信息数据，而且能将第三方数据信息整合进数字税务账户，减少纳税人重复报送的麻烦。多个在线平台可以促进税务机关与纳税人之间的互动与合作。有一些国家已经建立了双向的在线文档信息传输通道，以便税务机关与纳税人之间进行沟通和交流。2014 年，加拿大开始实施文档在线递交服务，这项服务允许纳税人和其代理人通过电子途径向税务机关提交超过 130 个税务项目的税务文件。2015 年，加拿大再次推出了税务数据传递服务，允许经过授权的纳税人及其代理人使用经过认证的软件来填写电报表，填写完成后可以从税务机关获取相关的电子信息，电子邮件也成为一种重要的交流平台。丹麦税务机关会通过电子邮件向纳税人提供关于纳税申报的信息，并要求纳税人进行审核和评估，并等待纳税人的回复。社交媒体技术的出现使得税务机关和纳税人之间能够进行个性化互动，这种互动可以广泛展开，并且可以更加深入。FTA 的调研结果表明，这些社交媒体平台为税务机关提供了免费的宣传渠道，能够实时传播税务机关的新闻、产品和发展动态，有助于树立税务征管形象。同时，这些社交媒体还能够吸引纳税人的注意力，促进税务机关与纳税人之间的对话和交流。此外，它们还能够吸引更多用户参与各种税务征管产品的测试和创新②。

三是将税收规则嵌入纳税人自有系统。部分国家税务部门通过定制包含税收规则的应用程序编程接口（Application Programming Interface，API），将税收规则嵌入纳税人的自有系统中，方便纳税人自动提取和报送税务数据③。总而言之，征纳沟通互动应满足两方面需要：一是向纳税人传递税收征管相

---

① 谢波峰，尹天惠．智慧税务的实践现状和发展探索［J］．国际税收，2021（10）：21－26.

② 毛杰．OECD 国家电子税务服务的实践及启示［J］．国际税收，2016（02）：12－17.

③ 刘和祥，李欣，张纪宇．税收征管数字化转型实践的国际比较及借鉴［J］．税务研究，2023（06）：84－90. DOI：10.19376/j.cnki.cn11－1011/f.2023.06.015.

关信息，二是纳税人与税务人员之间的沟通互动[①]。

（二）优点和关键考虑因素

通常，数字沟通渠道可以降低成本，投资于数字纳税人沟通解决方案的行政部门通常有一个渠道转移战略，旨在将纳税人的沟通从柜台服务和电话等劳动密集型渠道转移到更便宜的服务，如自助服务门户、移动应用程序和聊天功能。但重要的是，全面的纳税人沟通解决方案应在纳税人和行政部门之间提供适当的沟通渠道，以适应两者的需求。虽然数字化确实提供了向更有效渠道转移的机会，但这应该谨慎进行，因为当地情况可能决定需要传统渠道和数字渠道的结合。

数字纳税人沟通解决方案有望降低沟通的总成本，并且当与数字服务相结合时，允许更多的事前（即在纳税过程的早期）和主动而不是被动的沟通，这可能会提高纳税人的满意度和合规性。此外，将工作人员分配到对行政任务影响更大的领域可能会提高工作满意度和行政效率，且节省的成本可观。澳大利亚税务机关的一项研究表明，花费 1 澳元提供数字服务可以取代 16 澳元的电话服务、32 澳元的邮政服务，或 42 澳元的亲自服务，根据当地情况，实际节省的费用当然会有所不同。当整套沟通解决方案适用于相关纳税人群体时，与纳税人满意度和合规性相关的好处有望成倍增加。

通过第三方提供的渠道，税务管理部门也要有明确的反欺诈措施，对虚假的税务管理账户进行监控。税务管理部门使用了许多不同版本的聊天机器人。最简单的版本是基于一系列问题和答案，这些问题和答案可以由经验丰富的税务官员手动生成并不断增强，而高级版本将基于人工智能进行对话[②]。

（三）案例

1. 墨西哥：用于引导纳税人的 OrientaSAT 聊天机器人

墨西哥税务管理局（SAT）已经实施了名为 OrientaSAT 的聊天机器人服务。聊天机器人是 2021 年 4 月和 5 月提交的 2020 年个人年度申报表的最初

---

① 孙红梅，燕晓春，谢宗炜．《支持发展中国家税收征管数字化》报告综述及对我国的启示［J］．国际税收，2023（08）：69 – 74.

② OECD. Supporting The Digitalization of Developing Country Tax Administrations［EB/OL］. https：// www. oecd. org/tax/administration/supporting – the – digitalisation – of – developing – country – tax – administrations. htm，2021.

联系点。该服务是使用由 1149 个标准答案和 17776 个问题变体组成的知识库启动的。这允许纳税人一年 365 天，每周 7 天，每天 24 小时提出问题；通过计算机、平板电脑或智能手机访问；从家中安全和舒适地获得帮助并受益于缩短的响应时间。在申报期内，OrientaSAT 聊天机器人记录了 263000 次指导和信息访问，占电话、聊天和 OrientaSAT 聊天机器人向纳税人提供的访问总数的 37.6%。51%参与满意度调查的纳税人表示，OrientaSAT 提供的信息和服务质量良好或非常好①。

2. 英国：HMRC Virtual Assistant

HMRC Virtual Assistant 是英国税务和海关总署（Her Majesty's Revenue and Customs，简称 HMRC）推出的一项创新性纳税服务。该 Virtual Assistant 是一种虚拟助手，旨在通过在线平台为纳税人提供实时的、个性化的支持和信息。该服务的目标是简化纳税人与税务机构之间的互动，提高纳税体验，并帮助纳税人更容易理解和遵循税收规定。HMRC Virtual Assistant 利用人工智能技术，特别是自然语言处理（NLP）和机器学习，使其能够理解用户提出的问题，并提供相应的回答和解决方案。这个虚拟助手通过模拟自然语言对话的方式，使得与它的互动更加自然和直观。用户可以通过在线平台访问这个虚拟助手，向其提出各种与税务相关的问题，例如关于报税流程、税收法规的解释、适用的税收优惠等。虚拟助手的功能不仅限于提供基本的信息。它还可以根据用户的个人情况和提出的问题，提供个性化的建议和指导，帮助用户更好地理解他们的纳税义务，并做出符合法规的决策。这种个性化的服务有助于提高税务事务的透明度和可理解性。虚拟助手还可能涉及对用户个人账户的访问，以提供更具体的信息。这种整合用户数据的能力使得虚拟助手更为强大，能够为用户提供更为准确和个性化的支持。此外，HMRC Virtual Assistant 的不断学习和改进机制意味着它可以适应不断变化的税收法规和用户需求。通过分析用户与虚拟助手的互动，系统可以不断优化自身的回答和服务，确保为用户提供最有价值的信息。总体而言，HMRC Virtual Assistant 代表了税务服务领域中人工智能技术的前沿应用，为英国纳税人提供了一种更为便捷、智能、个性化的纳税体验，有望成为未来税务沟通的重要模式。

---

① OECD. Supporting The Digitalization of Developing Country Tax Administrations [EB/OL]. https://www.oecd.org/tax/administration/supporting-the-digitalisation-of-developing-country-tax-administrations.htm, 2021.

三、纳税服务

本节探讨了纳税服务的数字化趋势以及人工智能在税务管理中的应用。纳税服务包括税法宣传、纳税咨询、办税服务、权益保护、信用管理、社会协作六大任务。目前，税务管理部门正在不断投资于新数字工具，以支持纳税人正确纳税，提高自助服务模式的效率。数字化申报、数字化缴款和预填申报表是纳税服务数字化的重要方面。随后以日本和美国为例，介绍了两国在纳税服务数字化方面的具体做法。日本通过“MyNumber”系统和在线门户网站提高了行政效率，减轻了纳税人的负担。美国的 TurboTax 应用则通过智能数据分析和自动填表功能，提供了便捷的在线纳税服务，覆盖了多种税收场景。总体而言，数字化在纳税服务中的应用不仅提高了行政效率，减轻了纳税人的负担，还通过提高数据质量、合规性和纳税人满意度，为税务管理部门和整个社会带来了重大利益。

（一）概述

纳税服务包括税法宣传、纳税咨询、办税服务、权益保护、信用管理、社会协作六大任务。目前人工智能已经应用在纳税咨询、办税服务等方面，并取得一定成效①。税务管理部门持续向自助服务模式转变，他们不断投资于新数字工具，这些工具可以支持纳税人正确纳税。这些工具为纳税人与税务管理部门提供了全新的互动方式，并提高了自助服务模式的效率。随着技术的发展，服务的内容和形式也在不断丰富，下一代“智能”电子服务开始开发，它们使用人工智能，并使与纳税人的互动更加丰富②。纳税服务数字化主要涉及三个方面：数字化申报、数字化缴款和预填申报表。

数字化申报：解决方案允许纳税人通过与税务管理部门的电子互动来完成其申报义务，取代纸质申报，简化流程。申报的方式因行政部门、纳税人群体和税种而异。例如，个人纳税人可以通过在在线门户网站上填写

---

① 杨森平，余丽莎．以 ChatGPT 为代表的生成式人工智能对税收管理带来的机遇和挑战［J］．税务研究，2023（06）：16－20. DOI：10. 19376/j. cnki. cn11－1011/f. 2023. 06. 013.

② OECD. Tax Administration 2022：Comparative Information on OECD and other Advanced and Emerging Economies［M］. Paris：OECD Publishing，2022.

表格来提交个人所得税申报表，而企业可以通过使用应用程序编程接口（API）的财务软件包提交公司所得税申报表，并且他们的增值税申报表可能由税务管理部门基于在线发票预填。根据国际货币基金组织（IMF）、OECD等国际组织联合开展的《税收征管国际调查2020》（International Survey on Revenue Administration，ISORA2020），2019财政年度在受访辖区中，企业所得税、个人所得税和增值税电子申报比例分别为71%、64%和74%，因此数字化申报在全球范围内越来越普遍。超过三分之二的OECD国家中，有七成以上涉及三大主体税种［个人所得税（PIT）、公司所得税（CIT）和增值税（VAT）］的纳税人实现了电子申报。引入税务信息的电子申报给纳税人和管理部门带来好处：纳税人将节省用于合规的时间和人力资源，管理部门将获得更准确的信息，更及时地进行税务评估和合规评估。综合起来，这些优势可能会提高纳税人的满意度，提高合规性，提高税收。数字化申报也简化了预填纳税申报表的引入，这是另一种提高合规性和纳税人友好的数字化解决方案，一些电子申报的变化允许行政部门采用推动，以提高合规性①。

数字化缴款：数字化缴款应与在线登记、申报等整合在同一个门户中。纳税人在网上履行其支付义务，而不是在办税大厅现场支付，税务管理部门在不投入人力资源的情况下收到付款。这样的解决方案也越来越受欢迎；2019财年，ISORA2020的156家参与者中，57%的付款是通过电子方式收到的。确保税务信息数字化存储是各国在新冠疫情暴发之前采取的一项重要举措。在数字技术的推动下，许多国家纷纷推行纳税电子申报，尤其在涉及企业所得税申报这一相对复杂的领域时，强制电子申报成为智慧税务中的难题。2020年，新加坡成功完成了企业所得税强制电子电报的最后阶段，要求企业以电子方式分期报告企业所得税。而英国则在2022年引入了Making Tax Digital（MTD）系统，强制所有承担增值税纳税义务的卖家必须使用MTD进行申报，否则将面临罚金。这些举措旨在提高税收管理的效率和透明度，以适应数字化时代的要求②。数字化缴款解决方案通常被认为是数字化的必要条件，引入此类解决方案可以为税务管理和

---

① 孙红梅，燕晓春，谢宗炜．《支持发展中国家税收征管数字化》报告综述及对我国的启示［J］．国际税收，2023（08）：69-74.

② 王婷婷，高向东，胡若醒，等．契机、挑战与应对：智慧税务建设的国际经验及启示［J］．国际税收，2023（06）：43-50.

纳税人带来重大利益。例如：税务机关可以通过自动支付降低成本，提高收税效率；通过提供无缝、安全、即时的支付解决方案，提高准时支付；当不再使用现金时，通过减少腐败机会来增加收入；使用数字资金流动产生的数据进行分析，以改善合规性和纳税人服务和通过引入其他组织可用的数字支付解决方案，为社会的更广泛发展做出贡献。纳税人可以节省支付过程本身的时间和成本，例如，通过网上或手机支付，而不是前往支付中心；在支付给行政部门的过程中有更大的保证，不会有任何泄露；体验在支付中心营业时间以外支付的便利；通过即时结算和及时的税收余额更新，享受更大的税收确定性。

预填申报表：20 世纪 80 年代，预填纳税申报表首次在丹麦税务局试行，并在随后迅速被北欧其他国家采用。丹麦和瑞典几乎自动完成了所有申报表的预填和评估，而另外 8 个 OECD 国家也为绝大部分个人所得税纳税人提供了电子申报表的预填服务。在 2015 年 3 月 31 日至 4 月 30 日期间，挪威约有 260 万纳税人通过查对 2015 年度个人所得税对账单获得了退税，同时有 80 万纳税人在查对后补缴了税款。这一举措旨在简化纳税程序，提高效率，并促使纳税人更方便地完成纳税义务[①]。在预填申报表时，税务管理部门使用自己的系统和第三方的数据尽可能多地完成纳税申报表，然后再将其提供给纳税人填写或核实。有些管理部门选择将预填与视为接受或默认接受相结合，如果纳税人选择不回应税务管理部门预填的纳税申报表信息，则被管理部门解释为他们接受预填版本作为最终版本。理论上可用于纳税人需要申报的所有税种，但实践中主要取决于税务部门能否获取高质量的电子数据。因此，一般而言，税务部门会先选择一个税种实施，然后再逐步向其他税种扩展。例如，智利于 2002 年开始试行个人所得税预填申报表，2014 年强制使用电子发票，2017 年试行增值税预填报。从个人所得税预填报来看，ISORA2020 显示，2019 财年 156 个受访辖区中有将近一半对其个人所得税纳税人实施了部分或全部预填申报表服务。决定预填报准确率的关键因素包括：统一的纳税人身份标识，以保障数据质量；尽量采用由第三方自动生成的预填报信息，以降低错误率、减轻信息填报负担；对各类预填报数据进行的严格核验。此外，完善的立法也是有效推行预填报服务的前提。使用第三方数

---

① 靖树春. 部分发达国家“互联网 + 税务”的实践与借鉴 [J]. 税收经济研究，2016，21 (06)：22 – 28.

据和以前纳税年度的数据来预填申报表可能会带来一系列好处。例如，它可以减少纳税人的合规负担，因为政府在申报表中包含了纳税人必须提供的数据；提高纳税人使用正确信息的确定性，因为这些信息来自税务系统和负责数据的第三方；通过为每位纳税人提供更个性化的服务、更快的纳税申报处理并更快地支付多缴税款，提高税务管理部门的声誉；通过减少输入错误的机会，确保更高的数据质量。纳税人更有可能在空字段中输入错误的值，而不是更改管理部门建议的值。

（二）案例

1. 日本：报税门户网站

日本政府已为日本的每位居民分配了一个称为“MyNumber”的 12 位数字，以支持社会保障或税务进程。在分配并通知居民个人编号后，可以根据日本居民的要求签发 MyNumber 卡。MyNumber 卡使日本居民能够在线完成包括税务在内的一些行政进程，从而提高了行政效率并减轻了负担。自 2020 年 10 月起，MyNumber 卡持有人可以通过“Mynaportal”在线申报纳税申报表。Mynaportal 自动将上一年度支付的保险费金额输入到纳税申报中，并进行年终调整。2020 年使用该系统的纳税人数量为 251 万。日本鼓励纳税人使用 Mynaportal 而不是纸质申报，并计划开发附加功能，以输入扣除证明中的其他信息，例如从国民年金中预扣的所得税证明等。个人编号系统的另一个优点是纳税人在申报进程中不再需要提交其身份证明文档的副本（例如居住证明）。此外，该系统允许根据纳税人的 MyNumber 对法定报表进行排序，从而将报表与纳税申报表进行匹配，帮助纳税人更准确、更有效地确认收入①。

2. 美国：TurboTax

TurboTax 是由美国公司 Intuit Inc. 开发的一款广泛使用的在线纳税服务应用，旨在帮助个人和家庭更轻松地完成纳税申报。该应用提供了用户友好的界面，采用了智能数据分析和自动填表功能，通过人工智能技术，系统能够自动填写纳税申报表，减轻用户的工作负担。实时建议和提示功能使用户能够充分利用可能适用的税收优惠或减免。TurboTax 覆盖多种税收场景，包

① OECD. Supporting The Digitalization of Developing Country Tax Administrations [EB/OL]. https://www.oecd.org/tax/administration/supporting-the-digitalisation-of-developing-country-tax-administrations.htm, 2021.

括个人所得税、自由职业者和投资者等，并采用先进的安全措施保护用户的个人和财务信息。此外，用户还可选择专业支持选项，如专业人士咨询或审查服务，以确保准确完成纳税申报。

四、税收合规风险管理

税务合规管理制度尤其是风险管控体系的构建，有赖于事前的制度制定、事中的风险应对与事后的评估监督，税务机关会依托于内设税务管理机构及外部机构的合作，对纳税过程中重点领域、重点环节与重点人员可能出现的问题进行预防与管控。无论是国内税务机关对大企业税务管理的推进，还是国际上信息交换与共享趋势的发展，政府和企业构建完善税务合规及风险管理制度都是必要的。企业管理系统的目标有两个：一是提高企业财务管理效率和生产管理能力，基于统一管理规范构建，拥有业务的监控、记录和维护等功能；二是解决企业与政府之间信息无法共享、数据传输成本高等问题，企业纳税人工录入的工作效率低下，管控能力欠佳，纳税过程持续时间长，增加了纳税的时间成本。因此，合理高效的企业管理系统是建设现代财税的重要举措。

（一）税收合规风险管理的定义

合规风险管理是主管税务机关针对纳税人可能有意或无意地不遵守其义务的行为而采取的必要手段。为了降低不合规纳税发生的可能性，主管部门需要系统地进行合规风险管理，通过寻求降低不合规发生的可能性的活动（通常称为事前活动）或在不合规发生后进行检测的活动（通常称为事后活动）来降低合规风险发生的可能性。数字化是寻求提高自愿合规的事前活动的关键，利用大数据、区块链等信息收集和共享技术来影响事前纳税人履行其纳税义务，尤其是区块链技术的开发和普及，在很大程度上能提高税务机关征税效率和管理能力。事后活动包括但不限于电子合规检查、自动审计、基于 AI 的审计三个方面①，其合规和风险管理与数字化关系密切，是纳税行为发生以后的检查措施。合规风险管理数字化的共同主题是数据的可用

---

① OECD. Supporting The Digitalization of Developing Country Tax Administrations [EB/OL]. https: //www. oecd. org/tax/administration/supporting – the – digitalisation – of – developing – country – tax – administrations. htm，2021. 报告中将事后活动分为电子合规检查、自动审计、基于 AI 的审计三个方面。

性，如电子归档和支付，可能会产生大量高质量的数据，从而增加合规活动数字化成功的机会，而电子发票等活动会产生对执行合规有用的数据。如果合规风险管理的数字化是政府目前选择的优先领域，那么可以首先决定选择哪些可交付成果以及从哪里开始，应考虑的因素包括成本效益情况和立法方面。

（二）税收合规风险管理的类型

1. 事前活动

事前进行合规风险管理的目的是，在纳税人申报纳税之前确保纳税信息的完整和准确。例如，全电发票的逐步普及减少了发票的流转环节，降低了纳税人的可操作性，在数据的存储和传输过程中，采用多种技术手段进行保护，如数据备份、数据加密等，保证了数据的真实性；企业涉税发票信息逐笔由系统记录，形成电子化留存和管理，管理模式精细化，不仅销项端统一采集汇总，进项端也可以由发票池汇总，企业涉税发票数量、状态及业务内容形成大数据网，为自动化申报创建了良好的数据基础①。在财务领域，区块链技术有助于提高透明度、效率和安全性，积极规避财务风险。例如，财务团队可以使用区块链创建不可更改的单一分类账，这种分类账将始终保持最新，且无须对账。此外，基于区块链的智能合约会在满足预定条件时自动执行，因此可以用来自动执行和加速完成付款处理、法规遵从等活动。另外，全电发票和区块链技术相互结合后，不仅能够共享税务信息，而且还可以避免虚假信息，区块链能够实时更新电子发票的状态，为涉税人员查询电子发票状态提供了方便，消费者同样可以在智能手机端下载电子发票。在财务领域，区块链技术有助于提高透明度、效率和安全性，积极规避财务风险。例如，财务团队可以使用区块链创建不可更改的单一分类账，这种分类账将始终保持最新，且无须对账。此外，基于区块链的智能合约会在满足预定条件时自动执行，因此可以用来自动执行和加速完成付款处理、法规遵从等活动。全电发票的实行旨在提高企业对企业（B2B）市场以及企业对税务机关之间的合规性，对于考虑引入全电发票的政府来说，对项目完成后的成本进行规划是绝对必要的。这些成本涉及利益相关者、互联网

① 李颖．全电发票改革：再造企业财税流程和管理能力［J］．财务管理研究，2023（03）：108－112．

接口、电子设备、服务和人力资源各个方面，在实施之前，项目还应该设定实施的目标，识别并处理法律框架、数字基础设施、数字能力等潜在问题。

在合规风险应对方面，有一个不断增长的趋势是运用分析技术，以建立对合规风险、行为模式和适当合规干预措施的更全面理解。图 6－3 显示了在工作中使用行为洞察的税务管理部门的百分比。这一比例从 2018 年的 62% 增加到 2021 年的 76%①。

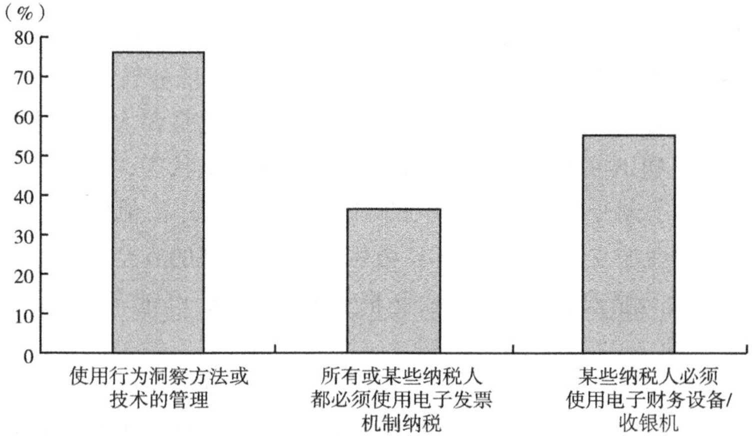

图 6－3　使用技术和方法提高合规性（2021 年）

而在线收银机②则为企业对消费者（B2C）市场提供了类似的措施。由于收银机是用来登记企业和消费者之间的金融交易的，因此获得收银机交易记录可以使税务机关确保企业遵守与销售有关的税收法规。“在线”一词用来表示对于这种类型的收银机，每笔支付交易都是直接或通过中介自动发送给税务机关的。交易可以按需发送，也可以实时转账，以避免交易后被操纵的可能性。由于信息是加密发送的，以目前的技术，不可能在传输过程中检查或更改信息。通过使用在线收银机（OCR）来访问实际交

---

① 数据来源：OECD. Tax Administration 2023：Comparative Information on OECD and other Advanced and Emerging Economies［M］. Paris：OECD Publishing，2023.

② OECD. Supporting The Digitalization of Developing Country Tax Administrations［EB/OL］. https：//www. oecd. org/tax/administration/supporting－the－digitalisation－of－developing－country－tax－administrations. htm，2021. 报告中提出电子收银机系统，旨在保证税务局可以及时了解企业和消费者之间的数据交易信息。

易，而不是依赖企业报告交易摘要，税务管理最大限度地提高了税收评估的准确性，并消除了纳税人的合规任务。因此，在线收银机有可能提高合规性，降低纳税人的合规性成本，允许企业之间更公平的竞争，并通过保证交易的有效性来保护消费者。在线收银机的解决方案必须确保从销售时刻到在税务管理中使用交易的安全链。从产品完整性开始，确保在线收银机没有硬件或软件上的弱点，从而实现销售。例如可以通过注册的质量批准或注册标准的监管要求来保证。交易的完整性应该得到保障，例如通过将数字签名与交易数据一起存储。交易应该是可审计的，例如通过现场审计。另外，可以建立一个安全的单位网络，将金融交易传输到税务管理部门，以及接收和处理这些数据的基础设施，但这对税务管理部门和纳税人来说都是昂贵的。行政部门应核实实施 OCR 的收益是否大于成本，考虑因素包括：验证 OCR 的法律基础的当前和预期的未来状态，以确保它在推出时及时到位；绘制受解决方案影响的利益相关者，并让他们参与设计、测试和推出，以增加支持；设计 OCR 数据向税务管理的安全传输，最好是实时传输，以减少篡改的机会，尽管根据网络质量可能需要缓冲和定期传输。

2. *事后活动*

电子合规检查是相当简单的基于规则的检查，理想情况下是在提交电子纳税申报表时进行，确保只有通过所有检查的注册或纳税申报表才被接受。对于纳税申报单，它可能包括业务规则，对企业来说，是将当前报告的资产价值与去年的价值进行比较，并在变化超出预期范围时发出警告或错误消息；对于特殊的纳税人，比如高净值人群来说，可以完善金税四期系统的功能，通过对双方申报的时限、应税项目、适用税率、税款计算及相关资料的完整性和准确性进行初步审核，并进行双重信息比对。系统会在只有一方申报的情况下及时察觉未申报的异常纳税人，并通过多种途径告知其尽快申报资产信息，这样的做法不仅可以使收集的大数据信息更加可信，也能增强纳税人之间的监督力度，促使个人所得税申报者提高税收遵从度。

就政府针对纳税人的审计活动来说，平均而言，2018—2021 年审计调整率保持稳定（见表 6 - 1）。但是，报告所涵盖的各主管部门的费率差异很大。当然，高调整率可能是由于高度针对性的审计，尤其是在新冠疫情期间，一些政府将审计活动重点放在欺诈活动等高风险案件上

(OECD, 2021①)。在查看提出的额外评估时，也可以看出审计的重要性。平均而言，审计产生的额外评估相当于总收入的4%左右。这在2018—2021年相对持平。

表6-1 2018—2021年审计调整率和额外摊款

	2018年	2019年	2020年	2021年
审计调整率（39个司法管辖区）	57.4%	58.3%	58.6%	61.7%
通过审计提出的额外评估占税收的百分比（48个司法管辖区）	4.1	4.1	4.5	3.9

注：本表显示了能够提供2018—2021年信息的司法管辖区的平均审计调整率和通过审计（不包括电子合规检查）提出的额外评估。括号内列示有数据的管辖区数目。

资料来源：OECD. Tax Administration 2023: Comparative Information on OECD and other Advanced and Emerging Economies [M]. Paris: OECD Publishing, 2023.

按税种细分，它表明，企业所得税（CIT）中增加的额外评估与征收的税收的比例最大。平均而言，企业所得税附加评估占征收企业所得税的百分比为8.8%，是增值税（3.6%）的两倍多，是个人所得税（2.4%）比例的三倍多（见图6-4）。

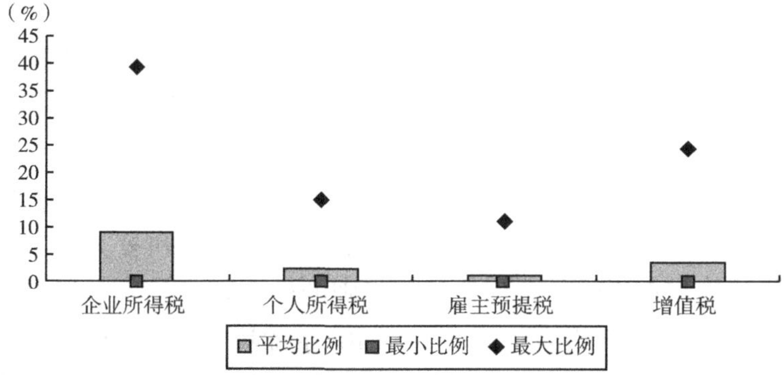

图6-4 通过审计提出的额外评估占按税种征收的税款的百分比（2021年）

注：挪威的企业所得税数据已排除在计算之外，因为它会扭曲平均比率。

数据来源：OECD. Tax Administration 2023: Comparative Information on OECD and other Advanced and Emerging Economies [M]. Paris: OECD Publishing, 2023.

在许多司法管辖区，通过大型纳税人办公室或计划（LTO/P）筹集的额

① OECD. Tax Administration 2021: Comparative Information on OECD and other Advanced and Emerging Economies [M]. Paris: OECD Publishing, 2021.

外摊款在审计产生的额外评估总额中占很大比例（见图6-5）。

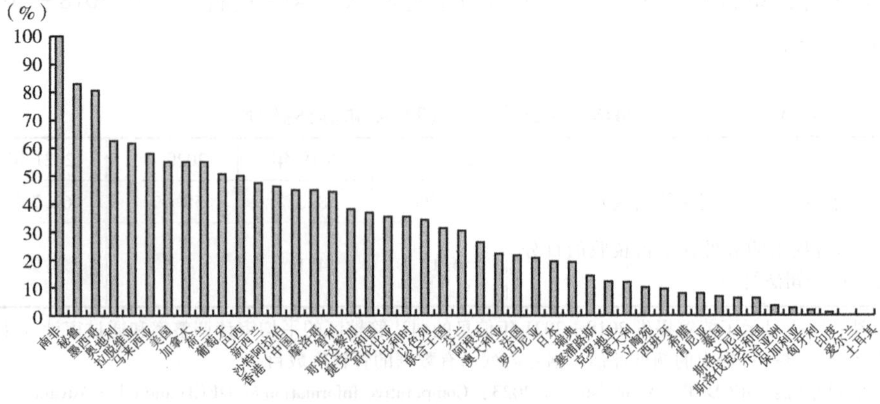

图6-5 2021年LTO/P审计产生的额外评估占所有审计产生的额外评估的百分比

资料来源：OECD. Tax Administration 2023：Comparative Information on OECD and other Advanced and Emerging Economies［M］. Paris：OECD Publishing，2023.

随着越来越多的审计材料电子化，自动化审计的相关性也在增加。实现自动化审计的一种常用方法是使用机器人流程自动化（Robotic Process Automation，RPA），代替税务人员搜索数据源并使用不同的电子工具来验证记录的正确性。很多企业将综合利用机器人流程自动化（RPA）和人工智能，全面实现财务流程自动化，包括财务报告、结算、税务准备以及薪资核算等。RPA机器人不仅能自动执行重复性任务，让员工专注于高价值工作，还能提高工作效率，显著降低成本和减少错误，优化工作流，并协调人机协作团队的工作。德勤会计师事务所开发了一个可以自动审计的机器人，又名“小勤人”，通过使用用户界面的软件把基于规则的流程自动化，它可以在任何软件上运行，包括基于网络的应用程序、ERP系统甚至远程虚拟机。RPA是一种计算机编程软件，可以替代人类执行基于既定规则的高重复性工作。同时RPA能不受系统间接口和IT基础架构的限制，通过非侵入的方式模仿人类行为对信息系统进行操作（如复制、粘贴、收发邮件，甚至简单的爬虫功能）。目前，“小勤人”已经在合并报表、纳税申报、银行业监管报送等方面发挥了巨大的优势，不但可以根据既定的规则对保存在系统中的各业务流程性文件如业务台账、信贷合同、授信审批文件等多样化的审计调阅资料进行自动化抓取，而且不受系统基础架构、地域和时间的限制，可通过邮件向审计经理自动化汇报审计资料的获取情况，并在汇报材料中对资料获取过程中遇到的问题进行报错，使审计经理及时了解由于系统变更而无法获取资料的问题，从而对“小勤人”的取数逻辑进行及时更新。

五、税务分析

近年来，大数据、云计算等先后兴起的热门数字化技术正随着数字经济时代的发展渗透到社会生活的方方面面。数据要素正成为当前推动经济社会发展最为重要的生产工具之一。数据要素包括了数字技术、数字制度、数字机构及数字价值等四个主要方面。数字技术的应用，促进了政府行政体制的巨大变革。从电子政务、电子政府到“大数据 + 政府服务”，政府一直在积极运用数字技术不断进行自我重塑。从税收的视角看，税收征管在数字技术加持下的效应成为备受关注的热点①。

在数字经济的时代，基于数据的分析是正确合规进行税务管理必不可少的一部分。分析可以基于多种手段进行，包括但不限于商业智能、人工智能、大数据分析和网络分析等。这些手段可以帮助税务人员在海量的数据中发掘出真正有意义的数据来进行税务管理。在实际应用中，数据分析的一整套流程通常包括报告、风险建模、预测和规范分析以及各种对数据进行加工处理以发现问题的手段②。

（一）数据

在当今数字化时代，数据是进行税务管理数字分析的基础③。随着越来越多的数据以电子方式存储，结合新技术和流程，数据的传输、存储和集成变得更加越来越便捷。因此税务管理部门可用于合规目的的数据量大幅增加。新的数据来源包括：

（1）设备数据：可以从登记交易的设备中收集数据，如收费站的设备记录的车辆以及行驶情况。

---

① 王迪，邵学峰．数字技术加持下的制度效率——基于服务业税收管理的分析［J］．江汉论坛，2023（07）：32－38.

② OECD. Supporting The Digitalization of Developing Country Tax Administrations［EB/OL］. https：//www. oecd. org/tax/administration/supporting－the－digitalisation－of－developing－country－tax－administrations. htm，2021.

③ OECD. Tax Administration 2022：Comparative Information on OECD and other Advanced and Emerging Economies［M］. Paris：OECD Publishing，2022.

（2）银行、商户或支付中介和服务提供商数据：这些数据为直接核实纳税人申报的收入或资产提供了一条准确便捷的途径。一些国家已经能够做到定期收集这些数据并核实纳税人的交易详情或交易总额。

（3）供应商数据：直接或通过纳税人从供应商方收集数据，可以更全面地了解纳税人的活动和收入。这种数据首先体现在电子发票系统越来越多的使用中。比如增值税电子发票系统的使用能够帮助纳税人预先估算税额并填写纳税申报表，也能使税务部门通过该系统预先了解纳税人纳税年度的大致纳税情况。

（4）客户数据：在客户数量有限且已知的情况下，直接使用来自客户方的数据是税务部门最准确也最便捷的途径。但现在也存在着企业方越来越多地利用客户调整收入使其税务合规，例如现金收据这一存在操作空间、应重点审查的收入形式。

（5）非结构化数据：越来越多的与商业活动和交易相关的痕迹和数据可以在互联网和社交媒体上找到，这可以在常规数据之外为数字化税务管理提供一些新的途径思路。此外，分析非结构化数据可以改善响应时间和准确性，能为税务部门提供核实处理的有关信息。

（6）其他政府机构数据：其他政府机构持有的数据，例如用于许可、监管或社会保障目的的数据，可能与核实纳税申报表或风险评估相关。例如，法国税务局利用来自当地财产地图、市政当局、房地产登记处和网上航空照片的信息来确定因其用途和价值而应缴纳特别税的房地产。

（7）国际合作数据：根据共同报告标准和国别报告开始的新的国际数据交换正在大量增加关于国际活动的可用数据量，并为审计和案例选择过程提供有用的信息，在某些情况下还为预先填写纳税申报表提供有用的信息。

大型集成数据集正在进入政府部门税务管理的常规使用中。操作和管理数据现在是税务管理职能的核心部分，分析工具和技术的使用被纳入税务管理的所有领域。根据 OECD 2022 税务管理报告，大约 90% 的税务管理部门报告使用了数据科学和分析工具，这有助于在管理工作的各个方面使用数据。随着税务部门越来越适应管理大型数据集和计算能力的提高，人工智能和机器学习的使用正在开辟风险管理的新方法。超过 70% 的税务管理部门报告称，他们已经在使用先进技术来利用数据，从而发现以前隐藏的资产或识别新的风险，具体的使用情况可参考表 6－2。

表 6-2　2018—2021 年虚拟助手、人工智能、应用编程接口（API）使用、数据科学分析工具和 RPA 的演变

使用状况	使用虚拟助手（例如聊天机器人）的行政部门的百分比			使用人工智能（AI），包括机器学习的行政部门的百分比			使用应用编程接口（API）的行政部门的百分比			使用数据科学分析工具的行政部门的百分比			使用机器人流程的行政部门的百分比		
	2018年	2021年	百分比差异	2018年	2021年	百分比差异	2018年	2021年	百分比差异	2018年	2021年	百分比差异	2018年	2021年	百分比差异
已被使用	34.5	63.8	+29.3	31.6	54.4	+22.8	79	93	+14	71.9	94.8	+22.9	22.8	50	+27.2
正处于实施阶段，以供将来使用	13.8	12.1	-1.7	15.8	28.1	12.3	7	5.3	-1.7	19.3	5.2	-14.1	14	8.6	-5.4
尚未被使用	51.7	24.1	-27.6	52.6	17.5	-35.1	14	1.7	-12.3	8.8	0	-8.8	63.2	41.4	-21.8

数据来源：OECD. Tax Administration 2023：Comparative Information on OECD and other Advanced and Emerging Economies [M]. Paris：OECD Publishing，2023.

（二）税务分析

税务分析是指以科学的理论与方法为管理手段，结合相关数据对一定时期内的区域税收情况、经济来源、企业经营现状、税收征管情况、税收政策执行进度等进行全面分析与评价等，总结税务管理工作中存在的问题与不足之处，进而从宏观调控角度入手，针对税收政策完善性、税收征管力度等提出有效的建议，是税务局税收征管工作中一项常见的综合性管理活动。这种透过分区域、分行业、分税种的数据变化揭示影响税收收入进度因素的方式，为健全政策体系、完善征管举措、优化税源管理提供了坚实的客观依据。当前，税收分析“以税咨政”的效能不断放大，已经成为税务部门积极融入经济社会发展大局，贡献“税务智慧”的重要载体①。

目前税务管理中的分析体系建设仍存在一些问题。在数字经济时代，各部门尚未形成税务分析联动的合力，会阻碍建设数字化税务管理体系。此外，政府对于数据的观念尚未转变也不利于税务分析的展开。当下，数据不

① 李忠阳，高甫生．关于建立现代化税收分析体系的探讨［J］．中国税务，2022（05）：62-63.

仅仅是税务管理与税务分析流程的单纯工具或者副产品，而应被当作政府拥有的最重要资产之一，摒弃数据只是为计算税款做铺垫的传统观念，深入发掘数据背后的原因，这是数字经济时代税务分析的重要转变方向。另外，现阶段的税务系统无法有效支撑新的税务分析需求。尽管金税四期不断推进税务管理数字化的进程，但是仍然需要加强对税务人员数字技术的培养与推进数字化系统的打造。

（三）效益

在税务管理中使用分析数据和工具能够带来可观的效益。

在管理方面，分析的好处首先具象为能够为辖区产生更准确的收入估算，并更好地规划政府支出；其次，分析数据能够为税务行政管理提供支撑，并将这种效应扩大到财政部和议会等其他政府部门，使他们能够通过预测和假设来评估潜在的政策变化分析，包括引进新收入来源的可能性分析；这种数据分析同时能够提高优选政府部门的行政效率。

在纳税人服务方面，分析工具的应用使纳税人负担得以减轻，同时可以提高纳税人信息宣传工作的准确性和效率，在一些应用聊天机器人的国家（如巴西），将分析程序嵌入聊天机器人中，能够大大提高纳税人咨询智能回复的质量。

在税务处理的合规性方面，分析程序的应用使得独立的数据结合起来，隐藏在背后的欺诈意图能够被更大限度地识别出来，并通过与社交媒体数据的结合，更准确地把控潜在的有关纳税人的税务风险，便于采取先发制人的措施。同时，分析程序的使用能够提高审计案例选择的准确性，自动化审计也能提高合规管理的效率和效果①。

（四）建立分析系统

分析的建立、普及和成功使用通常取决于税务管理部门向其员工提供的分析服务，以及分析师和使用该服务的其他人之间的协作。这些服务往往包括分析服务基础设施、分析管理、分析优先级排序程序以及 ICT 和业务领域的分析支持人员。通过通用分析服务实现需求和资源的协调，使其用户能够

---

① OECD. Supporting The Digitalization of Developing Country Tax Administrations [EB/OL]. https://www.oecd.org/tax/administration/supporting-the-digitalisation-of-developing-country-tax-administrations.htm, 2021.

高效地执行工作，同时确保最大限度地利用管理资源。并非所有行政部门都选择将这些服务集中起来；有时会有几个服务单位在组织上与需要这些服务的单位并列。

实现成熟的分析解决方案需要大量的基础工作，以及在IT、新员工职位和培训方面的重大投资。目前，这可能超出了一些税务管理部门的能力范围。但是一步步做起，最终建立全流程数字化的税务管理分析程序也并非不可能的事。例如，在正确的支持和指导下，管理中的个人或团体可以创建自己使用的分析解决方案，并进行应用从而获得反馈。尽管这些解决方案可能无法在整个管理部门中使用，但从创建和使用这些解决方案中获得的经验和教训对未来的整体管理发展可能是有价值的，其他员工看到基于单位的解决方案的好处可能会受到启发，要求采取类似的举措。与数字化税务管理的大多数领域一样，分析依赖于高质量的数据。然而，与许多其他领域不同，被分析的数据通常不是来自分析系统，而是来源于管理部门以外的其他地方，在许多情况下，数据的质量不能受到保证。因此，分析项目应该腾出时间来评估传入数据的质量，并根据需要执行质量改进活动，以获得理想的结果。比如说根据实际情况酌情减少或消除数据中的偏差（数据偏差通常是指所使用的数据集不能代表正在研究的人群或者现象，这在机器学习中是非常常见的一种问题）后再导入分析系统中①。

对于如何应用分析来进行税务管理这一问题，有以下几个关键因素可供参考：

1. 确定好战略方向

投资分析服务的过程应该基于一个明确的意图——将数据视为一种可以利用的重要资产，而不是税务流程的副产品。这种意图应该反映在分析策略中，该策略清楚地说明管理部门期望通过对人员和技术的投资来实现什么，并允许同一数据集在多个使用领域增加投资与回报使该策略得到高级管理层的批准，以确保在单位层面上进行必要的跟进，并对使用领域进行仔细的优先级排序。大多数使用分析的管理部门发现，要包括的资源和要开发的使用领域的愿望清单远远超过实际的预算限制，因此需要在优先考虑哪些方面做出艰难的选择。

---

① OECD. Supporting The Digitalization of Developing Country Tax Administrations [EB/OL]. https: //www. oecd. org/tax/administration/supporting - the - digitalisation - of - developing - country - tax - administrations. htm, 2021.

2. 培养专业的分析人员

在分析学领域开展工作的管理层需要补充这一领域的内部技能。参与税务分析的员工通常包括三组：分析服务团队为其他人准备工作所需的东西，受过专业教育的高级分析师利用分析服务进行复杂的统计分析和数据科学，以及在日常工作中使用分析服务的员工和经理。分析服务团队和高级分析师团队的人员配置可能需要雇用新员工，而对于在工作中使用分析服务的员工和管理人员，有些人需要经过专业的培训，而其他人需要能够使用预制的仪表板和其他界面。在为分析服务团队配备人员时，政府可以考虑组建一个在税务职能、税法、计算机科学和数据科学交叉领域工作的团队，每个人都对一个或多个领域有所贡献。

3. 多部门联动形成分析合力

首先应完善相互连接的分析写作体系。在当前的税收分析体系中，各个部分的分析功能各自为政，分布于各级经济分析或收入规划核算的部门中，不能形成有效的分析连接网络。在这种情况下，建立有效的数字化税收分析体系应明确各部门、各层级的税收分析工作职责，形成科学高效的横向分工协作、纵向紧密联动的税收经济分析工作运行机制。在完善税收部门内部的纵向联结以外，应进一步完善社会生活各部门与税收部门的横向联结制度，提升税收分析在各个方面的效益，确保税收分析不仅是单一部门的职责与方向，而且能够更好地为社会治理做出贡献。另外要搭建四大决策支撑系统。围绕建立现代化税收治理体系、搭建税收收入、税收经济、税收制度、税收征管四大决策支撑系统，通过更精细的税收分析服务好经济决策。最后是加速构建社会综合治税平台体系。进一步加大税收大数据与地方其他数据交换力度，推动更大范围非敏感数据共享，以便拓宽税收数据的应用情况，更好地发挥运用税收进行有效化社会治理的功能①。

4. 应用好人工智能、大数据分析等现代化数字工具

在税收数据得到有效收集之后，税务部门可以充分利用大数据、云计算、人工智能、AI 等新型数字技术，对纳税人的实时动态与历史信用记录等一系列纳税行为相关信息进行整合与分析，并通过数据建模与回归等分析方法形成风险特征指标，在此基础上构建深层集成决策树模型，进一步拓宽第

---

① 李忠阳，高甫生．关于建立现代化税收分析体系的探讨［J］．中国税务，2022（05）：62－63．

三方数据的广度和深度。税务部门可凭借风险管理平台，重点管控上述数据分析中筛选出来的风险纳税人，并结合电子税务局的应用将风险纳税人纳入重点监控库，形成税收监管闭环体系，以最大限度规避潜在的税收风险。利用高质量的数据与分析工具，税务部门可以精准风险纳税人纳入重点监控库，实现事前阻断、事中管理、事后风控，提高税收风险管理质效①。

（五）参考案例②

1. 分析强化风险定位：澳大利亚实施电子合规性检查和实时审计技术

澳大利亚税务局（ATO）正在为纳税人测试一项新功能，作为所得税申报过程的一部分，帮助他们履行纳税义务。这一新功能的目的是通过使用实时分析和推送消息来降低提交时的风险，从而提高小型企业的积极自愿合规性。如果有基于行业基准的异常，系统将弹出一条消息，提示客户在提交所得税申报表之前仔细检查他们的数字。当一家企业的运营明显超出其行业的关键基准范围时，这并不一定意味着他们做错了什么，但这确实表明有些事情不寻常，并可能促使税务局在未来联系他们以获取更多信息。比如推送消息的形式可能是："您的销售成本金额为××，总费用金额为××，高于适合您环境的小型企业基准。请审查这些数额和已报告的收入。"

目前，这一功能仅适用于经营企业的个人，然而，即使在这一有限的试验中，澳大利亚税务局已经看到大约25%收到轻推消息的客户在完成申报之前返回并调整他们的所得税申报表。通过防止随后的合规活动，这为纳税人和税务局节省了成本。

2. 在整个组织中嵌入人工智能：新加坡推行发展人工智能的战略

新加坡税务局（IRAS）正在所有职能部门扩大数据和人工智能的使用，包括通过开发新的人工智能解决方案和最低可行产品（MVP）来更好地管理税务违规行为和改善服务交付。IRAS的AI举措包括：

（1）异常检测——传统上，企业所得税下的案例选择模型是基于监督学习建立的，因此只能通过学习过去来检测已知模式。为了发现未知的风险和补充现有的模型，个人退休账户采用了异常检测技术，并开发了MVP来检

① 倪娟，李彦璋，周睿．人工智能助力税收管理数字化转型的对策分析［J］．税务研究，2021（04）：92－96．

② OECD. Tax Administration 2022：Comparative Information on OECD and other Advanced and Emerging Economies［M］. Paris：OECD Publishing，2022.

测公司所得税申报表中的异常情况，供官员审查。

（2）智能网络分析工具——IRAS 采用图形数据库作为解决方案，解决审计人员在分析复杂的关系和网络层时面临的挑战。IRAS 没有依赖商业工具，而是实施了一个内部网络可视化工具，以图形数据库作为基础技术来满足审计员的需求。这一新工具为审计员提供了定制功能，以便在审计/调查期间分析实体之间错综复杂的多层次关系。它还可以实时发现超过 10 个深度连接的关系。

（3）服务质量监控——IRAS 开发了自然语言处理模型，对 100% 的实时对话进行服务质量监控。新的人工智能解决方案可以提高服务质量监控的客观性和生产率，使 IRA 能够识别需要关注的对话，并采取主动行动来改善服务体验。

3. 电子服务：新加坡提供无缝衔接的个性化自助数字服务

新加坡税务局（IRAS）利用最终用户自动化、数据和人工智能工具来提供无缝和个性化的纳税人服务。

例如，IRAS 增加了一个数字采用工具，将逐步屏幕个性化指导添加到 myTax 门户网站的数字服务中。IRAS 采用敏捷的方法在反馈出现时采取行动，反复改进纳税人的指导内容和导航。在试点期间，个人退休账户要求电子申报指导的联系人减少了 13%，超过 86% 的受访纳税人认为这有助于他们完成数字交易。在这些积极成果的推动下，IRAS 将这种方法的使用扩展到了其他数字服务。IRAS 还利用这些数据更好地了解纳税人在门户网站中的数字体验。IRAS 也开发认证出聊天机器人服务以处理新加坡政府新虚拟平台上的六项常见纳税咨询。

六、综合税务系统

综合税务系统作为涵盖核心税务功能的有机整体，其组成包括核心征管系统、全景式纳税人画像、对外接口三个部分。本节以综合税务系统的“完整”和“综合”特征入手，以凸显充分利用该系统的潜在价值，进一步对其组成部分进行了详细的介绍，最后简要阐述了部分国家综合税务系统的概况。

（一）概述

一个涵盖税务管理职责的完整和综合的系统通常构成行政管理中大多数

与税收有关的信息和通信技术解决方案。“完整”一词表明，它涵盖了核心税务功能的信息通信技术支持的所有方面，而“综合”一词则强调了系统的所有组成部分如何相互作用并有助于实现其目的，如在整个系统中使用相同的纳税人标识符。在这种情况下，税务管理部门不再以书面形式记录所有纳税人及其义务。然而，一些行政部门可能还没有达到支持其职责的整个系统与核心税收信息通信技术支持的所有领域相结合的阶段，因此目前正在考虑这种数字化投资①。

一个综合的税务系统一般至少包括以下三个部分。一是核心征管系统。核心征管系统构成综合系统的最大部分，并提供所有税务职能的功能，从注册到评估、核查和征收，再到争议和合规核查，包括所有相关领域的案件处理。二是全景式纳税人画像。税务人员要能在同一界面查看纳税人纳税申报、缴税、涉税案件等所有涉税信息。构建全景式纳税人画像的途径一般有两种：一种是直接在核心征管系统中通过终端实时查询；另一种是另建一个专门的数据仓库或信息平台，实现准实时查看②。三是对外接口。其通常作为预建和租用的核心税收系统的一部分提供，但也可以添加。目前构建接口组件最常用的方法可能是应用程序编程接口（APIs）。

（二）综合税务系统的架构

核心征管系统作为综合税务系统中最为重要的组成部分，应涵盖税务登记、纳税评估、税款征收、争议解决等税收征管主要职能③。核心征管系统有助于帮助税务管理部门获取到同一纳税人的所有相关数据，并将其运用到税收征管的工作中。该系统在降低纳税人审查成本的同时，确保了税收收入的足额上缴，从而大大提升了税务机关的工作效率。同时，税务管理工作的推进依托于综合税务系统内部组成部分的相互关联，与全景式纳税人画像的相辅相成使所有内部的税收数据得以整合运用。

虽然全景式纳税人画像并不是发挥核心税务职能的前提，但它有助于税务管理工作的高质量推进。因为全景式纳税人画像使税务管理人员对纳税人

---

① OECD. Supporting The Digitalization of Developing Country Tax Administrations [EB/OL]. https://www.oecd.org/tax/administration/supporting-the-digitalisation-of-developing-country-tax-administrations.htm, 2021.

②③ 孙红梅，燕晓春，谢宗炜.《支持发展中国家税收征管数字化》报告综述及对我国的启示[J]. 国际税收，2023（08）：69-74.

进行决策时获取到与其相关和可用的信息，极大地缩小了纳税人与税务机关之间的信息不对称。信息不对称主要有两个类型：一类是由于税收制度和涉税操作的门槛较高，导致纳税人的遵从意愿受到阻碍，因此需要通过提供高质量的纳税服务来减轻负担；另一个类型是税务机构所获得的信息与纳税人的涉税情况之间存在客观上的不对等，这种情况容易产生道德风险和逆向选择①。全景式纳税人画像无疑可以帮助税务人员采取以纳税人为中心的观点，增加他们对纳税人情况的全面了解，从而做出更好的决策。相反，如果行政部门不向其工作人员提供全景式纳税人画像，则与不同税种或税务职能相关的工作更有可能脱节，例如，一个行政部门向纳税人支付退款，而另一个行政部门试图向同一纳税人追讨债务，或者一个行政部门认为纳税人是合规的，而另一个行政部门却有不合规的信息。同时，站在纳税人的角度出发，通过大数据技术，可以根据纳税人的信息和行为数据，绘制出精确的纳税人画像，从而推动纳税服务由无差别的服务向个性化、智能化的服务转变②。全景式纳税人画像系统的建立，一方面使税务管理机构利用更低的成本获取到更为全面的纳税人信息，减少了纳税人和税务部门之间因信息不对称所产生的行为偏差；另一方面，有助于税务部门主动高效提供纳税服务，建立"无风险不打扰"的税收遵从机制③。

当今时代，税务管理与社会的金融活动正日益紧密地联系在一起。因此，税收系统的内部和外部信息通信技术系统之间安全有效的接口是实现税收管理数字化的前提，通过内部和外部系统数据的交换帮助税务管理部门实现高效的运转，从而发挥数字化税收管理的效能。接口组件也为数字化税务管理提供了一系列好处。例如，通过与第三方数据的交换实现对于纳税人的合规性审查、提供相关的预填报服务，在税务管理流程中使用来自其他公共部门的数据以提高税收征管的效率，避免税源的流失。例如，俄罗斯推出税收监测机制（Tax Monitoring），即税务部门通过应用程序接口（API）远程访问纳税人的会计和纳税申报系统，以监控纳税人并预警风险④。

---

①② 王丽娜．数字经济下税收征管数字化转型的机遇与挑战［J］．国际税收，2021（12）：65－70.

③ 吴越．OECD 税收征管 3.0 实践经验对我国税收征管数字化的启示［J］．税务研究，2023（06）：91－96.

④ 孙红梅，燕晓春，谢宗炜．《支持发展中国家税收征管数字化》报告综述及对我国的启示［J］．国际税收，2023（08）：69－74.

（三）各国税务系统案例

目前，各国正在广泛使用综合税务系统以完成税务管理的一系列常规流程。接下来，本小节将以部分国家为例，简要介绍其综合税务系统的概况。

1. 俄罗斯：税收监管

自 2016 年以来，联邦税务局（FTS）颁布了一项名为“税收监控”的新税收合规制度。“税收监控”不是强制性的，这是一个供纳税人使用的可选系统，与现有的税制并行。稳固性和安全性认证是“税收监控”的核心原则。税务机关需要通过 APIs 远程连接到纳税人的会计和税务报告系统，以实现访问。利用风险为基础的方法，通过直接访问纳税人生态系统，在交易层面嵌入持续的尽职调查和监控，以便确定交易是否可能涉及新出现的风险或早期预警信号。自愿参与该系统试点测试的纳税人是数字化程度最高、流程自动化水平最高的大型纳税人。这使得他们有更多的时间在新税收合规制度成为强制性之前调整他们的系统、员工和业务流程。“税收监控”使税收控制嵌入纳税人的自然生态系统成为可能，同样，其又通过以有效和高效的方式按时创建无缝的客户体验来促进合规性①。

2. 日本：综合征管系统

日本国税厅的综合征管（KSK）系统能够收集和储存所有与税收有关的数据，包括纳税人的申报数据和第三方报告数据，并且可以通过与 e - Tax 系统的对接来接受网上申报。开发一个能够自动识别纸质申报表的 OCR 系统，使得大量纸质申报表可以快速扫描并将信息同步录入到信息系统中②。

3. 德国：国家税收网络中心

德国国家税收网络中心旨在通过其开发的程序实现涉税信息的网络化传递，从而提高税收征管的效率。这些程序主要有：一是个人所得税的申报程序。对多数纳税人而言，所有与纳税相关的信息都包括在一张国家税收网络中心设计好的申报表中，纳税人只需打印出来并进行填报即可。二是土地、建筑物的市场价值测算程序。土地等不动产的价值评估是一项非常复杂烦琐的工作，网络中心为此开发的电脑程序的使用，则大大减少了工作量。三是

---

① OECD. Tax Administration 2021：Comparative Information on OECD and other Advanced and Emerging Economies [M]. Paris：OECD Publishing，2021.

② 张德志，张柯达，李军，等. 数字化智慧化税费服务建设的国际经验借鉴与思考 [J]. 国际税收，2023 (05)：58 - 63.

海关送达系统。每个纳税人的进出口报告都可通过电子联系，输送到海关的电脑系统，有利于海关对进出口业务的控制与检查。四是电脑选案系统。电脑系统能够自动进行风险评估，以确定哪些纳税人最有可能提交不准确的纳税申报表，并将其选为审计对象。五是债务人登记系统。这个系统可以阻止国家公共部门的收入流失。六是评估税务部门的工作效率。进行这一评估主要是通过衡量资源消费与产生成果的管理信息系统。

七、税收规则嵌入纳税人自有系统

（一）纳税人自有系统的定义

纳税人自有系统没有明确的定义，一般包括 ERP（企业资源计划系统）、生产管理系统、财务管理系统等，其中与税收征管关系最为密切的系统是财务管理系统和生产管理系统。财务管理系统可提供收入、费用和资产管理工具与流程。任何财务管理解决方案的总体目标都不仅限于维持组织的日常业务运营，还应包括尽可能地提高利润并持续保护财务数据，使其免遭欺诈和盗窃。税收征管 3.0 模式是针对数字化时代背景提出的新型税收征管模式，包括将企业财务系统与税务局系统对接，实现数据的自动上传和检验和数据共享的同时，降低企业偷税漏税的可能性。生产管理系统包括根据业务流转单产生的生产需求、制定生产计划并进行生产派工、提前进行生产领料，准时排产等环节，通过 ERP 管理企业生产可以助力企业数字化转型、产业链运营、自动化、智能化管理。这种数字化转型有助于将税收规则嵌入纳税人使用的自然系统，包括进行交易或做生意，这可以大大减少在纳税人的日常生活和企业中使用不同的税收程序可能产生的负担。

（二）税收规则嵌入纳税人自有系统的内容

在大数据普及化的当今，财务数字化转型是现代财务的必由之路，如今，在利用云技术、增强分析、机器人流程自动化（RPA）、人工智能（AI）和区块链等数字化技术推动智能财务管理方面，大多数企业仍处于早期阶段。借助此类分析工具，财务人员可以提高预测和计划的准确性，构建未来场景模型，了解潜在决策的财务影响，按需生成报告，并预测财务风险和机遇。IT 驱动的数据分析工具支持更复杂的纳税人风险评估，通过发现纳税人与未申报资产和收入之间的新联系，有助于增加威慑作用。一些税务管理部门还能够将交换的数据纳入他们的电子纳税申报单计划，帮助纳税人完成其纳税申报单，并减少输入错误的可能性。广州税务部门已经基于广东省电子税务局“财税衔接服务平台”，进一步升级企业端和税务端报表数据实时转换模式，帮助业务量大、申报操作复杂的大型企业也实现“财税衔接”，享受“一键直报”服务，这一服务大幅缩减了纳税人的申报准备时间和申报时间。针对业务量大、申报操作复杂的大型企业，税务局集中攻坚突破，实现税务系统与企业 ERP 系统（企业进行物质、资金和信息集成一体化管理的系统）“直连”。相比于一般企业，跨国企业的嵌入过程较为困难，需要我国税务部门积极参与，主动作为，争取征管数字化转型的话语权，维护我国税收权益。

关于税收征管 3.0 的改进，首先需要增加税收征管的数据来源，使其更加多元化、广泛化和全面化。这意味着整合来自中介机构、金融机构、税务机关、商会、统计部门等渠道的中小企业系统数据，并将其纳入税收征管流程中。这样做可以创建一个经过验证并可信赖的增强型数据池，同时提供更及时的数据。此举还可以实现不同来源数据的有效交叉比对和相互验证，从而提升数据的真实性。这将进一步提高数字化税收征管的质量和效率。其次，建立应用程序接口（API）是实现税收征管 3.0 模式的关键之一，通过应用程序接口方案进行税收征管，主要有三点好处。一是多维度自由交互：通过应用程序接口，数据和信息可以在不同部门、系统或平台之间自由交换和共享。例如，在税务部门接受纳税人提交的涉税申请后，可以通过同一渠道实时反馈受理结果，实现方便快捷的沟通与交互。二是数据一致准确：应用程序接口可以帮助建立不同数据存储库之间的互联，确保数据在传输和处理过程中的一致性和准确性。通过自动化的数据交换，可以减少人工主观干预或数据二次处理可能带来的误差，提高数据质量和可靠性。三是实时传输：应用程序接口能够以接近实时的效率传输和报告数据，避免按季度或按年度传输和报告数据的滞后性。这意味着数据可以在需要时立即传送，使得决策和分析能够更加及时，提高工作效率和决策的准确性。

API 的增长促进了系统之间的连接，而无须提供直接访问。表 6 – 3 强调了跨税种的广泛用途，可以看出在流转税和所得税的征税过程中，均涉及与 API 的交互，且在数据文件上传税务管理系统和提交纳税申报表过程使用比例较大。随着数字化转型之旅的继续，预计这种用途将增长，表 6 – 4 强调了税务机关如何越来越多地与第三方进行机器对机器的联系，无论是人工参与，还是自动传输，税务机关与第三方之间机器对接数据越来越普遍化。

表 6－3　按税收类型划分的主管部门发布 API 的交互（2022 年）

已发布相应的 API 主管部门的百分比（%）			
交互类型	个人所得税	企业所得税	增值税
税务登记	18	30	30
提交纳税申报表	43	43	43
付款	30	32	32
请求延长截止日期	11	9	11
要求付款安排	7	5	5
对纳税人进行保密查询	11	21	18
提交税务相关异议	0	2	5
处理信件	25	27	27
将数据文件上传到税务管理系统	25	30	32
其他互动（不按税收类型分类）	34		

资料来源：OECD. Tax Administration 2023：Comparative Information on OECD and other Advanced and Emerging Economies [M]. Paris：OECD Publishing，2023.

表 6－4　从纳税人业务系统和第三方接收数据（2022 年）

管理直接从纳税人业务系统（PAYE 系统之外）接收数据	管理部门直接从第三方接收数据
有些数据可以在机器之间自动发送，无须人工参与	某些数据可以通过专用接口手动上传
80%	86%

资料来源：OECD. Tax Administration 2023：Comparative Information on OECD and other Advanced and Emerging Economies [M]. Paris：OECD Publishing，2023.

八、协同效应

（一）协同效应的作用形式

在前列的七个场景中，我们探讨了数字化手段在税务管理中可能的应用方式以及其所带来的好处。尽管每种手段单独应用已经可以带来显著的效果，但是将它们综合应用，将会产生“1＋1＞2”的协同效应。这种综合应用将进一步扩大税务管理数字化效益，实现更高的投资回报。

然而，这种协同效应受当地经济发展状况以及政治因素等多方面影响，其效果并非总是可以预测或量化，甚至不能保证一定具有更大的效益。但是，潜在的额外效益使行政部门应该意识到协同应用的价值。因此，结合实际情况，选择当地适用的税务管理数字化手段，并分析各种手段之间相互关系以及实际应用中的结合方式与顺序，是税务以及相关部门未来的重要战略方向①。

如果以协同效应的视角来分析上述手段之间的关系，下面两个形式可以为税务管理数字化提供一些帮助：

1. 加速器

加速器是为税务管理数字化流程提供基础工作服务的工具或部件。通过加速器，税务管理数字化的相关工作可以更加便捷地完成。例如一个全面的纳税人数字服务系统需要对纳税人的所有数据进行访问、提取和分析，在大部分情况下这些数据需要从不同的数据系统中提取，这会耗费大量的时间。但如果税务部门预先配备了一个能整合所有税务数据的核心系统，那么与后续纳税人数字服务系统部件的整合将更为顺畅和简化。这种核心税务系统就可以被称为全面纳税人数字服务系统的加速器。

2. 乘数效应

乘数效应在此可以理解为各种手段在协同工作时产生的影响大于各自单独工作时产生的影响，更接近协同效应的本意。

例如，税务部门将在线申报和在线支付这两个手段结合起来，比起在线申报线下缴纳或者线下申报在线支付的形式，会给纳税人带来便捷。有些国家的纳税人虽然有机会在网上报税，但仍需要花费时间和精力去往线下税务部门手动缴纳税款。通过建设税务管理数字化系统，在线上完成申报和缴纳，纳税人可以自由选择任何时间通过互联网来完成整个流程。这既为纳税人带来极大程度上的便捷，也能为税务系统工作人员减轻一些在数字经济时代不必要的负担。

此外，协同效应还体现在政府与第三方服务提供商之间的合作上。将服务和流程嵌入纳税人在日常使用的数字系统是税务部门的一个日益增长的趋势。随着这些合作变得越来越普遍和复杂，税务部门开始采取战略方法来管

---

① OECD. Supporting The Digitalization of Developing Country Tax Administrations [EB/OL]. https://www.oecd.org/tax/administration/supporting-the-digitalisation-of-developing-country-tax-administrations.htm, 2021.

理这些合作。如共同创作活动，以及使用应用程序编程接口（API）直接交换数据。API允许系统、人和事物之间的连接，而不提供直接访问，是许多创新服务的关键因素。这种合作对于税务管理数字化转型至关重要。

（二）运用协同效应的API与协作案例①

1. 使用API提供更好的服务：以澳大利亚为例

2021年，澳大利亚税务局（ATO）通过提供通信偏好和客户通信应用程序编程接口（API），进一步增强了对代理商和第三方的服务。向数字软件提供商（DSP）提供API允许他们可以通过其自有系统访问的功能构建代理。其中包括通信首选项API，使DSP能够在其软件中构建功能，允许税务代理为谁接收纳税人的通信设置首选项，并检索发送给他们或他们的客户的通信的数字副本。

此外，这些扩展服务使代理能够主动管理其客户的通信，并进一步推动客户以数字方式接收通信。截至2021年12月底，税务代理已经为客户设置了超过100万个首选项，以便将他们的通信以数字方式发送给代理。

2. API管理：以加拿大为例

加拿大税务局（CRA）通过一系列应用程序编程接口（API）提供电子申报服务，这是一个可以直接向CRA实时发送和接收信息的软件系统。CRA为私营部门软件公司提供必要的工具，以创建用户友好和负担得起的报税解决方案，改善为纳税人提供的服务，其中一些是免费的。这种共同创造模式创造了一个数字生态系统，其中各种供应商提供报税解决方案，努力最大限度地提高其用户界面和功能的易用性，从而简化纳税人的报税体验。

虽然CRA依靠软件公司创建用户界面，极大地方便了纳税人的纳税申报任务，但CRA也有责任确保市场上的产品经过使用认证，并能够与CRA的申报和处理系统互操作。这一严格的软件认证流程有助于确保传输到CRA的税务信息的质量。

在2021年报税季，约有2800万份申报表使用CRA的系统提交，占所有纳税申报表的近91%，其中绝大多数申报表几乎是实时处理的。这种公私合

---

① OECD. Tax Administration 2022: Comparative Information on OECD and other Advanced and Emerging Economies [M]. Paris: OECD Publishing, 2022.

作使 CRA 有机会从用户那里获得反馈，交流最佳做法，并为数字服务的优先顺序提供信息，同时确保纳税人获得他们有权获得的利益和抵免。

3. 开发新的协作服务：以奥地利为例

奥地利税务局的共同创造平台“E3Lab”（Einfach，Elektronisch，Effektiv）于 2017 年成立。参与平台遵循开放式创新的理念，为公民、企业和税务代理人提供参与税务管理内部设计、开发和改进流程的机会。

（1）BMF - APP——一款用于移动设备的应用程序，用于简化纳税申报表的准备和提交。

（2）语言手册——在不使用典型行政语言的情况下，为简单易懂的措辞建立指导方针和范例。

目前，该平台约有 3000 名成员，自挑战开始以来，已有约 400 个想法提交给该系统。

第二部分

科技税务与大企业税务管理

第七章　大企业税务管理概述

大企业因业务规模大、业务类型多样、组织层级多且交易模式复杂、业务场景复杂、适用税种多样且涉税处理复杂，面临着更为烦琐的税务管理工作。首先，大企业需要投入更多的精力完成集团内不同层级分公司、子公司或项目层级的纳税申报工作，以尽可能确保各税种税金准确计算、税款合规申报与缴纳。同时，大企业因其收入规模或资产规模大、税收贡献高，成为国家税务机关重点监管的纳税人群体，相较于中小企业，更需要通过集团化的管理方式主动把控集团内不同层级实体税务处理的合规性、税收优惠政策享受的充分性与合规性，定期审核集团内各实体的纳税申报表、税收优惠申请或备查材料，及时识别潜在因税务处理不合规、税收优惠享受不合规、交易行为不合法等原因导致的税务风险，制定恰当的税务争议解决方案，以规避潜在的税收罚款、滞纳金、纳税信用等级下降、税收违法犯罪行为刑事处罚等不利后果；迅速响应全国性、区域性或行业性税收政策变化落实税收优惠政策的适用，以优化集团整体税负。此外，大企业业务扩张速度快、业务模式变化快，且通过资产收购、股权收购等模式开展投融资活动，需要就新业务模式开展、新业务合同签署或新股权投资等业务获取税务咨询建议。

在此背景下，本章将基于税务管理框架的不同维度对大企业税务管理的工作内容与目标进行定义，并对当前大企业税务管理工作者面临的税务管理现状与困境进行阐释，分析大企业如何着手进行税务管理制度建设并探索税务管理方法，以适应税收征管环境的不断变革与大企业自身发展需求。最后，本章将阐述大企业税务管理转型过程中面临的机遇与挑战，引出后文大企业为适应国内外税收征管数字化趋势与大企业内部税务管理精细化需求而应用税务科技进行税务管理数智化转型的发展历程、应用场景与实践操作。

一、工作内容与目标

广义的企业税务管理包含税务机关与企业双方分别作为税收征管方与纳税义务人进行征纳互动，最终完成税款征收与缴纳的过程。广义的税务管理框架可以划分为关注要点、管理理念、管理方法、管理流程及组织四个维度[①]，税务机关与企业两个主体在四个维度的对比如图 7－1 所示。

税务管理的维度	税务机关	企业
关注要点	执法风险及征收效率	税务风险及税负效率
管理理念	提高税法遵从度和社会满意度，明显降低征纳成本	没有统一认知，但可抽象为“应缴尽缴、应享尽享”
管理方法	● “无风险不打扰、有违法要追究、全过程强智控”的税务执法体系 ● “线下服务无死角、线上服务不打烊、定制服务广覆盖”的税费服务体系 ● “信用+风险”的税务监管体系	目前仍然以事项管理为主，管理范围包括：日常申报、局端检查应对、特定业务税务筹划等。没有形成体系化的管理方法，或管理方法执行后，效果不明显。
管理流程及组织	● 严格规范税务执法行为 ● 加强税务执法区域协同 ● 强化税务执法内部控制和监督 ● 其他	税务组织缺乏明晰的架构：横向上由财务人员兼任，纵向上总部与下属企业缺乏体系化沟通方法。各组织（含与业、财团队）在执行税务工作上也往往缺乏协作。

图 7－1 税务机关与企业税务管理框架对比

狭义的企业税务管理是指以企业财税部门作为税收管理主体，依据税收法律、法规及政策制定符合企业业务情况的税务管理制度与流程，按照既定的制度与流程完成税务合规业务、管控税收风险、分析税负成本并提供业务涉税咨询意见，以确保税款合规缴纳、防范税务风险并提高税收效益的活动。这也是大企业税务管理的内涵。

（一）工作内容

具体来说，大企业税务管理的工作内容可以分为以下四类：

---

① 谢波峰．税收管理现代化的历史演进试析——改革开放四十年来中国税务管理的历程［J］．财政科学，2018（9）：31－39，65．

第一类是税务合规业务，包括税务登记、发票管理、税务核算、纳税申报、税务档案管理、税务清算与注销。

（1）税务登记是指企业在工商登记完成后，向主管税务机关主动报告税源，核定其经营活动适用的税种税率，以正式完成纳税义务人或扣缴义务人登记流程，并获得其税务登记证件或扣缴税款登记证件的行为。税务登记是税务机关通过税源登记进行税务管理的起点，也是企业后续领用发票、开立银行账户、开展经营活动的前提。

（2）发票管理包括开票管理与用票管理。开票管理是指纳税义务人在发票票种核定的种类、数量与开票限额的范围办理发票领用、税控设备申领、发票开具、发票冲红作废、发票验旧、空白发票缴销等事项；用票管理是指纳税义务人对经营活动中收到的发票进行查验、认证、抵扣、记账等行为。

（3）税务核算是指纳税人按照现行税收法律法规与企业会计准则的要求，设置其适用税种的会计核算科目，并就经营活动中涉及的税金计提、缴纳等行为进行核算的过程。

（4）纳税申报是指纳税人按照现行税收法律法规规定的纳税申报期进行适用税种的计算、申报与税款缴纳，并取得税收完税凭证的行为，具体包括增值税及附加税费、消费税、印花税、房产税、土地使用税等税种的月度或季度申报，企业所得税的季度预缴申报与年底汇算清缴申报等。

（5）税务档案管理是指纳税人按照现行税收法律法规规定的不同税务资料的报关期限要求对税务登记证、税收优惠证书、发票、纳税申报表、税收完税凭证等资料进行收集与报关的行为。

（6）税务清算与注销是指纳税人在办理工商注销登记前向主管税务机关结清应纳税款、滞纳金、罚款，缴销发票、税控设备、税务登记证件和其他税务证件，注销其纳税人身份的行为。

第二类是税务风险管理，是指针对税务合规工作中潜在的不合规问题定期进行筛查、识别、预警、评估与应对，建立事前风险预警、事中风险控制与事后风险应对的风险管理机制。

第三类是税务统计分析，是指根据大企业集团内部税务管理制度的要求，就经营过程中产生的实缴税额、税负成本、实际税负率、退税率等指标按照税种、地区、公司、业务线等进行多维度统计，并分析企业一定时期相较于同期或者同行业的实缴税额、税负成本、实际税负率、退税率等指标的变动情况或差异情况。

第四类是业务税务咨询，是指大企业集团根据内部业务情况就不同业务板块设置对接的税务专员，就新增的业务模式、业务场景或股权交易的税务影响自行提供或聘请第三方咨询机构出具专业税务咨询意见。

在以上列举的税务管理工作内容中，中小企业业务体量小、业务模式单一或复杂度低，其税务管理工作一般以税务合规工作为主。与中小企业不同，大企业因业务体量大、税收贡献高成为国家税务机关重点监管的对象，也是国家税务机关通过定点沟通机制理解纳税人涉税行为逻辑，优化税收服务的重要途径。国家税务总局大企业税收管理司于 2009 年将 31 户国有大型企业、4 户民营企业和 10 户外资企业确定为国家税务总局首批定点联系企业，且首批 45 家大企业在 2007 年缴纳的税款占全国税收总额的 23% 左右。2016 年，国家税务总局将国际或国内排名靠前、税收贡献高（集团年纳税规模 3 亿元以上）、具备行业代表性与良好成长性的 1062 户企业集团确定为全国大企业税收管理部门重点管理和服务的对象，简称“千户集团”。2018 年，基于深化税务系统“放管服”改革的要求，国家税务总局将对年纳税额 1 亿元以上、尚未列入千户集团管理范围的企业集团纳税人，由省（区、市）税务机关大企业税收管理部门比照千户集团服务和管理模式实施统一管理，此次千户集团扩围后全国共有 2050 家企业入围“千户集团”企业名单。通过建设“千户集团”企业“数据采集—风险分析—推送应对—反馈考核”的闭环税务风险管理模式，形成了税收风险分析技术指标体系建设的来源。尽管在千户集团风险指标体系建设过程中税务机关持续调整入围企业的年纳税规模标准，入围企业均具备税收贡献高的共性，即税收征管视角下大企业的共性。尽管学界没有针对大企业的定义达成共识，但从潜在可能被纳入大企业税收管理对象范畴的千户集团企业、上市企业、行业龙头企业等来看，基于纳税贡献高这一共性，可以综合注册资本金额、收入规模、资产规模、雇员数量等硬性指标与是否跨区域或跨境经营、是否多股权层级或多管理架构层级、是否特定行业等指标①，即可界定大企业的范畴。

在千户集团计划的政策背景下，尽管大企业与中小企业税务管理的内涵一致，但大企业税务管理的工作重心却与中小企业不同。中小企业业务规模较小、业务类型单一或复杂度不高并且税收贡献较低，不是税务机关重点监

---

① 张剀. 大企业税收改革手记：一位税务记者的观察与思考［M］. 北京：中国税务出版社，2021.

管的对象。因此，依法合规履行纳税申报义务是其最核心的税务管理工作内容，合规纳税后其税收风险较为可控，税收优惠利用空间较为有限，业务税务咨询需求也较少。与之相比，大企业集团业务类型多样、交易模式多变、跨区域经营且组织层级繁多，不仅其合规履行纳税申报义务更为繁重、复杂，仅合规履行纳税申报义务也不能确保税收风险仍在可控范围，更不能确保税收效益得到提升。此外，大企业需要提供税务咨询意见的新业务模式、新交易场景、新股权投资等层出不穷。这就需要大企业税务管理者以集团全局的视角把控集团各级实体的税务风险，分析集团现有交易模式与价值链下的税负成本，合理拓展提升税收效益提升的空间，并为业务拓展、投资行为等提供专业的税务支持。因此，集团化的税收风险管控、税收优惠管理与业务税务专业咨询是大企业税务管理工作的重中之重。

（二）工作目标

基于大企业税务管理的定义与工作内容，可以总结出大企业税务管理的工作目标包括以下方面：

首先，大企业税务管理最浅层的工作目标是提高纳税遵从度，确保各类税收合规缴纳。大企业税务人员需要准确理解税收法律、法规及政策文件，并准确把握差异化的地方税收政策执行口径，按照税法规定完成税务登记、涉税账簿凭证管理、税务档案管理以及税务资料的准备和报备，确保税金准确计算、按时申报缴纳，并按照会计制度或准则要求进行税务会计处理。

其次，防范税务风险是大企业税务管理工作的重心，也是大企业规范履行纳税义务后更进一步的工作目标。国家税务总局发布《大企业税务风险管理指引（试行）》指出，大企业合理控制税务风险，防范税务违法行为，可以避免因没有遵循税法可能遭受的法律制裁、财务损失或声誉损害，具体来说，税务风险管理是在符合税法规定的前提下，进行具有合理商业目的的税务规划、在经营决策和日程经营活动中考虑税收因素影响。

最后，大企业税务管理的终极目标是在纳税遵从与税收风险可控的前提下优化税务成本，提高企业税后利润水平。大企业需要通过合法合理的税务筹划，降低税基或者规避额外的税负成本，减少税收支出的资金占用，可以促进大企业经营效益的提高。

对于企业而言，大企业税务管理可以获得的收益分为两个层面。一是直接收益层面，通过大企业税务管理可以提高纳税遵从度，提升纳税人信用等级，降低产生潜在的税收罚款或滞纳金风险，以及潜在税收违法行为可能招致的刑事处罚。二是间接收益层面，在维持较高信用登记的情况下，大企业不仅可以在税务领域更便利地享受纳税服务和税收优惠政策，还可以在融资领域凭借较高的税收信用登记与良好的纳税记录，提升自身的信用评级，降低融资成本，促进长远发展。在投融资交易中，不论是银行等金融机构还是私募投资基金，都非常关注被投资企业的税务合规情况，潜在的税务风险问题往往以可量化的补交税金、税收罚款与滞纳金等形式成为影响交易价格或导致交易失败的关键因素。

总体看来，大企业应该提升企业税收管理水平，才能确保各层级实体合规纳税，规避因不合规的税务处理招致税务风险；统筹各层级的税收风险管理，及时识别税收风险，避免产生税收罚款滞纳金，更重要的是避免纳税信用等级降级导致接受办税服务、开展业务或融资活动受到不利影响；统计分析各级实体、各个业务板块、各个地区的税负成本，充分理解并合理利用税收优惠，降低税收资金占用，提高资金运用效率，回馈业务发展。

二、管理制度建设

在境内外税收征管改革稳步推进的背景下，大企业也在逐步探索适应税收征管新要求的企业税务管理模式，建设符合大企业税务管理需求的税务管理制度。目前，大企业税收管理制度在实践中仍存在诸多不健全之处。

（一）建设现状

1. 税务管理人员组织不健全

一方面，大企业税务管理团队人员不足。大企业通常都是集团性企业，集团内组织众多、层级复杂，但在税务管理人员配置上投入资源有限。大企业税务管理团队人员不足表现在以下方面：一是部分大企业没有设置专门的税务部门，而是集团内税务管理工作统一归口于财务管理岗位，由部分财务人员兼职处理税务管理工作；二是部分大企业仅在总部设置税务部门，招聘税务专业人员，牵头管理集团内的税务工作，而在二级单位及下属单位均没有单独设置税务部门，也没有招聘税务专业人员，由财务人员兼职处理各级实体的纳税申报工作。

另一方面，大企业税务管理组织松散，无法满足集团性企业的税务管控要求。一是大多数大企业集团未建立集团内统一的税务管理工作流程与制度。各级实体分别税号登录各地电子税务局完成申报表填报，完成纳税缴款，税务工作流程不统一，也不存在各成员单位纳税申报数据归集、汇总管理的机制，导致集团内税收风险管控、税收优惠管理缺乏上下协同的沟通机制。二是大多数大企业集团未建立集团化的税务知识管理体系，税务人员（或兼职处理税务工作的财务人员）缺乏税务知识获取的渠道，对税务政策以及各类税收优惠不敏感，不能及时掌握税收政策，导致大企业不能及时、充分地享受税收优惠。

2. 业务、财务与税务信息分散化

特定交易类型的纳税义务需要基于业务实质、财务核算数据才能准确判定。

传统的企业税务管理模式下，大多数大企业业务、财务与税务管理流程分离，这反映在业务人员在业务活动开展中不会主动寻求税务咨询意见，财务人员在进行税金计提与核算时不会协同税务人员，税务人员在获取财务核算数据进行纳税申报时不会深究业务性质。这不仅会影响税金计算的准确性，也导致大企业发生税务风险的概率大大提高。举例来说，跨区域经营情形下涉及不同税种的税款预缴时点、纳税义务及申报途径存在较大的地区性差异，而集团财务人员处理项目收入、分包项目扣除的口径不一致，对地区预缴政策理解不充分，都会影响预缴税金计算的准确性或申报缴纳的及时性。此外，传统的分散式企业税务管理模式虽然灵活性较强，但因为各地区实体执行标准不统一且涉税信息传递效率低，不便于及时识别税务风险。在税金计算不准确、税款申报缴纳不及时而相关风险不能及时识别并处理的情况下，极有可能产生税收罚款或滞纳金。

3. 税务管理信息化程度低

较多大企业没有搭建税务管理平台，发票管理、纳税申报、税收风险管控与税收优惠管理等税务工作仍依赖手工操作。

首先，单纯依赖手工操作完成大企业集团各层级实体的销项开票、进项认证、各税种申报表填制等税务工作，不仅占用了税务人员或兼职税务工作的财务人员大量工作时间，也让税务人员或兼职税务工作的财务人员没有多余的时间投入税务分析与风险管控的工作，给大企业税务管理工作埋下了隐患。

其次，手工收集报表统计集团内各级别实体的纳税情况进行事后税收风险管控与税收优惠管理存在滞后性。小部分大企业意识到涉税数据分析与风险管控的必要性，通过手工数据收集、手工报表统计集团内各级别实体的纳税情况，以便事后分析集团内各个实体、各个业务板块或各个地区的税负成本，识别潜在的不合规税务操作带来的税收风险，探索潜在的可优化的税务筹划事项。但由于缺乏统一的涉税数据管理标准与系统化工具，大企业集团总部数据收集不仅工作效率低下，而且手工收集到的涉税数据样式不统一且难以保证数据准确度，加重了后续数据分析工作的负担。

最后，大多数大企业缺乏及时归集集团内各级实体涉税数据的机制，海量的涉税数据分散在集团内各级实体的不同系统中，没有深入提炼、挖掘其数据价值，用于税收效益提升或赋能业务发展需求。

（二）建设困境

大多数大企业已经意识到加强税务管理的重要性，大企业税务管理制度建设面临着来自外部税务监管环境与内部税务管理要求的双重挑战。

1. 境内外税收监管环境变化

境内外税收监管环境的变化体现在税收制度与规则更新与税务机关税收征管方式改革两个方面。

在国内税收制度层面，我国执行的税收法定原则仍处于不断落实的阶段，不断更新的税收法律、法规及其配套政策让大企业税务管理难度升级，而且国内税收法律法规的配套政策文件多，部分税收条款不明晰，需要通过补充通知文件进行额外解释，特殊行业性税收政策不断出台且执行期间不一，税收法律体系呈现碎片化、系统性不足的状态。在国际税收规则层面，为应对数字经济带来的国际税收征管挑战，以 BEPS 2.0 双支柱规则为代表国际税收规则框架逐渐成型，并在各国落地实施，给供应链延伸到海外的大企业税务管理带来了新的难题。尽管我国尚未出台具体落地文件，相关大企业也需要基于业务需求及时了解其开展经营活动的境外实体所在国的政策实施情况，为合规披露 GloBE 信息提前做好准备。

在国内税收监管改革层面，近年来，一方面，中国国家税务机关不断落实税收征管"放管服"改革，执行无风险不打扰的税收管理方法，税收遵从的压力越来越多地转移到纳税义务人身上。税务机关征管工作的终极目标是提高纳税人税收遵从度。另一方面中国税务机关加强智慧税务建设，深化现代信息技术应用，挖掘税收大数据价值，不断完善税务风险指标体系的建设，为实现精准风控打下了坚实的基础。目前，国家税务机关通过在全国17个省市、50类行业、200多户成员企业中开展指标模型“先行先试”专项试点工作，对千户集团税收风险指标模型进行反复验证与修正，完成税收风险程度测试指标体系的迭代更新，不仅可以全面覆盖国民经济64个行业和6大战略性新兴产业的税收风险指标体系，还融入了定制化扫描等强大功能，通过指标模型能准确识别不同行业纳税人的税收风险，实现精准监管与精准执法①。尽管税务机关的大企业税收风险防控工作仍存在缺陷，比如风险指标覆盖行业不全、风险分析方法较为机械、风险管理过程存在割裂等，但现有税收风险指标体系历经十多年的涉税数据沉淀、清洗与建模，初步具备了勾勒重点监测行业高税收风险纳税人画像的能力。对于尚未开展税务管理系统建设的大企业而言，税企信息不对称使大企业税收管理趋于被动。

在国际税收监管改革层面，经济发展与合作组织（OECD）下属的税收征管论坛（FTA）提出税收征管3.0的理念，梳理了全球税收征管模式数字化的进程。据经济合作与发展组织统计，在52个税收管辖区中，大约90%的税务机关报告使用了数据科学和分析工具。同时，通过运用大数据、人工智能和机器学习等技术手段，税务机关对大型数据集管理得越来越得心应手，税务机关用于税收征管的系统计算能力越来越强。超过70%税收管辖区的税务机关已经在使用尖端技术进行数据分析、比对与稽核，从而发现历史交易行为中隐匿的税务风险，识别当前业务中潜在的税务风险。在税收征管3.0的愿景下，未来的税收征管流程将充分利用可信任的业务系统、财务系统等数据，通过税收征管系统数字能力建设、数字身份应用、电子发票推广等，弥合税收征管各个环节，实现即时征纳②。

总而言之，在上述背景下，大企业如何建设税务管理制度，让有限的税务管理人员能实时、全面、系统地掌握不同业务板块、交易类型、交易模式相应的国内外税收政策，有效应对国内外税务机关智慧税务或数字化税收征管模式，难度极高。

2. 内部税务管理要求精细化

随着税收征管环境的变化，大企业税务管理要求除了合规完成集团内各

---

① 国家税务总局北京市税务局课题组．新发展阶段大企业税收管理问题与对策［J］．税务研究，2022（06）：123－128.

② 吴越．OECD税收征管3.0实践对我国税收征管数字化的启示［J］．税务研究，2023（06）：91－96.

层级实体纳税申报义务，确保纳税遵从，还需要落实日益精细化的税务管理要求，包括税收政策及时响应、税收风险精准识别与主动应对、税负成本实时分析与合理优化。

一方面，大企业税务管理要求的精细化需求是推动整体财税管理体系建设与完善的最后一环，为了完成财税管理体系的建设，大企业在建设财税管理制度对于税务管理提出了更细致的要求。在大企业日渐成熟的财税管理体系中，税务管理体系的建设将产生最高的边际效果，成为搭建集团整体财税管理体系的关键环节。目前，大企业税务管理的工作内容不仅包括发票管理、集中申报等基础税务合规领域，还涉及税务核算、税负分析、风险管理与应对、税务筹划等税务风险管控、分析与筹划领域。根据近期对财务共享中心职能的一项调查，目前大部分共享中心已经具备费控、合并报表等财务管理能力，但发票管理、集中申报等基础税务合规领域的共享服务能力仍处于规划阶段，而税务核算、税负分析、风险管理、税务筹划等更深层次的税务共享服务领域还未提到议事日程。同时，大企业集团股权交易频繁、内部关联交易复杂或涉足跨境经营，需要不断探索税务专业领域的税务管理方法，比如重组并购重组管理、关联交易管理、海外税务管理等。这些都说明，大企业当前的税务管理状态离税务管理精细化目标仍有较大差距。

另一方面，出于进一步提高公司治理水平与提升企业经营效益的要求，大企业开始转向税务管理。提高纳税遵从度可以从两方面改善公司治理：第一，高纳税遵从的企业会减少灰色交易行为，减轻信息不对称问题，促使管理者更加关注投资人利益；第二，高纳税高遵从的企业更加愿意在商业活动中通过清晰的契约达成直接合作关系，减少代理行为，降低了出现财务操纵的概率。近期一项研究显示，金税三期工程上线运行后在提升企业全要素生产率方面效果显著。由此可见，税务管理能力提升能改善公司治理并提升经营效益，这也对企业税务管理者提出了更加精细化的税务管理要求，以确保公司治理水平与经营效益持续提升。

由于大企业集团组织多、层级复杂、业务多元、跨区域或跨境经营行为频繁，导致其业务场景多样、适用税种繁多、计税规则复杂，单纯依靠有限的税务人员进行税务管理不仅无法满足集团全面税务合规管理的要求，也无法应对多元业务模式下复杂多样且不可控的税务风险管控需求，更没有余力去进行精细化的税务分析与统计工作，确保税收优惠应享尽享，提高税务管理工作效益。

（三）建设框架

围绕大企业税务管理的工作重心与目标，大企业应当建设以高效税务合规为基础，高效税务风险防控为中心，充分税收优惠适用与税务业务咨询为延伸的税务管理制度。

首先，通过《税务管理制度》厘定大企业集团内部税务管理的工作内容、工作目标、业务流程、组织人员、职责划分与绩效指标。

（1）业务流程：在基于集团业务情况明确税务管理工作内容和工作目标后，大企业应当立足于集团总部统一管控与各级子公司分级负责相结合的原则，梳理税务管理的业务流程和业务、财务与税务部门在不同业务流程中如何配合，为不同类型的税务管理工作内容配置合理的内控节点，明确不同等级税务事项的处理权限。

（2）组织人员：大企业不仅应当在集团总部配置税务人员进行税务管控，还应当结合不同地区、不同业务板块或不同功能主体的税务管理需求配置税务人员参与属地税务事项的处理。

（3）职责划分：针对集团总部与各层级子公司的税务部门的职能划分，大企业集团总部税务部门应当主要负责复核集团各级别公司的税务合规工作并完成集团层面的税务统计分析、税务风险、税务筹划和业务税务咨询，统筹集团内部税务政策宣传与培训、集团整体税务管理战略与规划（诸如税务信息化建设规划等）以及税企沟通合作机制建设，并在出现重组、并购、资金池、跨境交易、纳税评估等特殊重大涉税事项的情况下需求外部咨询机构的专业建议与指导；各层级子公司的税务部门或税务人员应当主要负责属地层面的税务合规工作，包括税务登记、发票管理、税金计提与核算、纳税申报、税款缴纳、资料报送、完税凭证获取与归档等事项。

（4）绩效指标：针对不同级别的税务人员负责的工作内容设置税务绩效指标，奖惩分明，确保《税务管理制度》得以执行与落实。

其次，针对大企业集团总部负责的税务管理职能，编制《税务管理报表编制流程与样例》《税务风险管理流程与应对指南》《业务税务咨询管理操作流程》等，细化大企业税务管理工作内容应侧重的税务统计分析、税务风险防控、业务税务咨询的具体工作流程。在建设大企业税收风险管理制度的过程中，大企业管理者可以参考国家税务总局发布的《大企业税务风险管理指引（试行）》，制定符合自身业务情况与税务管理诉求的税务风险管理文件。

最后，针对各业务板块编制《分税种税务合规管理手册》，对不同税种的法律、法规以及国家和区域层级政策进行汇编，并由各个板块税务人员负责按年滚动更新。

三、主要管理方法

在不同的发展阶段，大企业对于税务管理工作重视程度不同，采取的税务管理方法也不同。

（一）分散式、非专业化的税务管理方法

在业务发展初期，大企业往往集中更多的资源开拓市场、发展业务，在税务管理方面采取的分散式、非专业化的管理方法，即由分散在集团内各个公司的财务人员、会计人员兼职处理税务业务。

首先，在人员配置上，大企业在组织架构中没有设置专门的税务部门或税务管理岗位，不仅在各级子公司没有配置专业的税务人员专职完成基础税务合规工作，在集团总部也没有配置专业的税务人员进行税务分析、税务风险管控与业务税务咨询；同时，在专业资质上，兼职处理税务业务的财务人员或会计人员税务专业知识欠缺，仅能满足日常税务合规中按时申报缴纳税款的工作要求，并不能满足大企业对于税金计算的准确性、税务处理的正确性以及税务风险把控的及时性等工作要求。

这种分散式、非专业化的税务管理方法也会阻碍税务数智化转型的推进。借着大企业税务数智化转型这一契机，大企业集团可以梳理税务数智化转型后集团总部与各级子公司的税务组织关系，确保集团内税务管理政策通过统一的组织流程得到宣传与落实，确保同类业务的税务处理的方式与流程保持一致，也可以在业务流程中设置税务控制点，为新业务模式、新交易类型开展引入税务咨询支持节点，便于业务人员及时寻求专家税务的意见。

（二）集约式、专业化的税务管理方法

随着业务规模的不断增长、业务版图的不断扩张以及集团内公司数量的不断增加，大企业集团税务运营的工作量随之大幅增加，税务管理工作的复杂性也逐渐凸显。越来越多的大企业集团开始成立财务共享中心，探索通过

集约化、专业化的财务管理模式，建立标准化的财务处理流程，集中处理大企业集团财务管理活动中重复操作业务，提高工作效率，降低运营成本。同时，随着业财税一体化的推广，税务管理作为财务共享模式下的最后一环，将税务管理纳入集约化、专业化的财务管理模式也成为大企业集团完善财税管理体系、提高财税管理能力的关键步骤。

大企业集团探索建设集约化、专业化的财税管理模式的历程呈现出以下特征：

首先，在组织架构上，大企业将分散在集团内各层级公司的税务人员集中纳入集团财务中心进行管理，实现税务专业人员的集中。许多大企业集团目前的税务管理组织架构，纵向上缺乏垂直管理层级，使得集团税务管理政策不能有效地上传下达，横向上税务部门与其他部门缺乏沟通联络机制，不能对其他部门的涉税业务进行及时指导，也不能及时收集其他部门的涉税数据。这些税务管理工作中的组织架构问题阻碍了集团税务管理效益的提升，需要通过组织架构调整，税务人员集中才能解决。

其次，在管理制度上，大企业将推行统一的税务管理制度，在广度上涵盖集团各个业务板块的税务工作场景，在深度上覆盖集团各层级的分子公司，既要为从发票管理、税金核算、纳税申报到风险分析等税务管理工作内容设置统一的标准化流程，也要明确职责分工与权限，并配置统一的审批流程。

最后，在运营模式下，大企业可以结合企业所处的发展阶段、业务板块的多样性、商业模式的复杂程度以及税务业务处理的特殊性，建立集团统一型、区域型或板块型的税务管理模式。集团统一的税务管理体系的优势在于可以全面提高集团内税务管理流程的标准化程度、税务数据处理流程的标准化程度以及财税共享系统的集约化程度，但其劣势在于全面梳理大企业集团不同层级公司、不同业务板块以及不同商业模式下税务管理流程、税务处理规则与税务数据处理标准难度最高。与之相比，通过按区域或者板块集中管理税务业务，更便于税务业务场景梳理，实现税务人员集中，便于后续推广与应用。

（三）自动化、智能化的税务管理方法

1. 大企业税务管理自动化、智能化的背景

在数字化、智能化时代，随着大数据、人工智能、区块链等新兴技术的快速发展和应用，大企业面临的税收征管环境正在发生日新月异的深刻变革。中共中央办公厅、国务院办公厅于 2021 年 3 月 24 日印发《关于进一步

深化税收征管改革的意见》，提出智慧税务的税收征管体系建设方向，明确到2025年深化税收征管制度改革取得显著成效，基本建成功能强大的智慧税务。总体来说，智慧税务系统的建设将运用大数据、云计算、人工智能、移动互联网等现代信息技术，着力推进内外部涉税数据汇聚联通、线上线下有机贯通，最终建成新一代开放灵活、安全可靠的高集成功能、高安全性能和高应用效能的税务信息系统①。

新一代智慧税务征管系统可以高效归集、统计并分析纳税人在税务系统内的发票数据、纳税申报数据与非税项目缴款数据，及时、全面且精准地掌握纳税人的税务遵从情况。基于税收大数据，税务机关将不再依赖以表单为载体的传统申报表录入申报数据、计算应纳税额的征管模式，而是通过“一户式”“一人式”的税务数字账户自动获取纳税人的涉税数据（包括但不限于发票数据、交易数据等），并通过税务系统配置计税规则自动计算各税种应纳税额，最后通过预置的申报表表单自动生成纳税申报表，由纳税人、缴费人进行确认或补正相关信息后即可完成各税种税款的申报与缴纳②。2023年5月23日《国家税务总局关于扎实开展税务系统主题教育推出“便民办税春风行动”第四批措施的通知》（税总纳服函〔2023〕72号）就“便捷办理提质”提出了“确认式申报”的办税方式，具体来说，是通过依托税务数字账户沉淀的税收大数据、税务申报系统预置的计税规则和纳税申报表表单，结合纳税人、缴费人纳税义务识别后赋予的标签，实现自动算税、智能预填的辅助申报功能；目前该功能被称为“确认式申报”，已在上海、四川、重庆3个省市正式上线，经营业务简单、税务处理规则清晰的纳税人、缴费人可以通过该服务实现税金自动计算、申报表智能预填，大大压缩了纳税人、缴费人计税申报工作时长，减轻了纳税人、缴费人的税务工作压力。“确认式申报”则是通过机器人流程自动化（RPA）实现的自动化填单功能，属于第一层次——基于统一的管理与服务流程实现自动化的税务服务③。对于大企业集团来说，除了集团内承担单一功能或开展简单业务的实体外，大多功能复杂、业务类型多样或业务场景繁多的实体在现阶段还不能直接采取

---

① 王志平，张景奇，杜宝贵．新坐标、新维度框架下的智慧税务建设研究［J］．税务研究，2021（12）：124－128．

② 赵金梅，刘胜花．“智慧税务”背景下企业集团税务管理数字化转型路径［J］．财会通讯，2023（16）：155－158．

③ 谢波峰，尹天惠．智慧税务的实践现状和发展探索［J］．国际税收，2021（10）：21－26．

确认式或补正式申报，原因在于税务局端“确认式申报”不能准确获取到大企业特殊业务场景（比如涉及需做视同销售、进项税额转出、农产品加计抵扣等特殊业务场景）下的业务数据和财务数据。

新一代的智慧税务系统还能获取纳税人在银行、海关、工商管理等部门的业务数据与交易数据，通过大数据分析形成纳税人涉税风险综合画像，测算纳税人的涉税风险概率，对纳税人税务风险进行分级管理，通过税收执法精确化与税收监管精准化实现税收风险治理①。通过规则指标、机器学习（大数据）与算法模型来形成纳税人税务信用与风险画像，实时、精准地税务风险管理，这属于智慧税务征管系统第二层次——通过主动管理来履行的精准税收监管与精确税收执法职能②。

新一代的智慧税务系统推行“信用＋风险”的新型监管机制，通过建立健全纳税缴费信用等的动态监管与评价体系，对信用等级高的纳税人提供便捷、更优质的办税服务，向信用等级高的纳税人开放享受特定申报即享受的税收优惠。举例来看，税务机关在提供纳税服务和税收优惠，均对纳税人信用等级和重大税收违法情况有所要求，如表7－1所示。

表7－1　部分针对纳税信用等级与税收违法情况提出要求的纳税服务与税收优惠事项列表

类型	具体事项	纳税信用等级	税收违法情况
纳税服务	税务注销即时办理	纳税信用级别为A级和B级的纳税人，或控股母公司纳税信用级别为A级的M级纳税人。	无。
	乐企平台接入	直连单位：纳税信用等级为A、B级。 使用单位：纳税信用等级为A、B、M级（B、M级纳税人需要定期提供货物流、资金流、现金流的有关数据；非独立核算分支机构等可不参与纳税信用等级评价的除外）。	直连单位和使用单位：近三年内不存在税务机关确定的重大税收违法行为。

① 赵金梅，刘胜花．“智慧税务”背景下企业集团税务管理数字化转型路径［J］．财会通讯，2023（16）：155－158.

② 谢波峰，尹天惠．智慧税务的实践现状和发展探索［J］．国际税收，2021（10）：21－26.

续表

类型	具体事项	纳税信用等级	税收违法情况
税收优惠	留底退税申请	纳税信用等级为A级或者B级。	申请退税前36个月未发生骗取留抵退税、骗取出口退税或虚开增值税专用发票情形； 申请退税前36个月未因偷税被税务机关处罚两次及以上。
	出口退税一类出口企业的评定标准	生产企业：评定时纳税信用级别为A级或B级。 外贸企业：评定时纳税信用级别为A级或B级； 评定时海关企业信用管理类别为高级认证企业或一般认证企业； 评定时外汇管理的分类管理等级为A级。	近3年（含评定当年，下同）未发生过虚开增值税专用发票或者其他增值税扣税凭证、骗取出口退税行为。
	科技型中小企业	无。	企业在填报上一年及当年内未发生重大安全、重大质量事故和严重环境违法、科研严重失信行为，且企业未列入经营异常名录和严重违法失信企业名单。

税务机关“智慧税务”信息系统的全面涉税数据获取能力、“信用+风险”的税收征管模式也意味着大企业需要以自动化、智能化的手段实现其税务管理方式的转型，高效管理大企业集团内多业务板块的业务数据、财务数据与税务申报数据，及时比对、识别并处理数据差异，以应对税务机关在智慧税务征管模式下运用大数据、区块链等技术全面渗透企业税务数据、精准防控税务风险给企业税务管理带来的压力，实现大企业税务管理高效合规、精准风控、降本增效的目标。

2. 大企业税务管理自动化、智能化的建设框架

国资委2022年3月发布的《关于中央企业加快建设世界一流财务管理体系的指导意见》（国资发财评规〔2022〕23号）提出了强化核算报告、资金管理、成本管控、税务管理、资本运作五项职能的倡议，作为中央企业建设财务管理体系的切入点。其中，税务管理作为需强化的五项职能之一，以规范高效为首要目标。该意见也指出了大企业建设税务管理制度的基本方向，具体而言，大企业税务管理制度建设将以税务管理信息系统为技术支

撑，以集团化的涉税数据管理为数据基础，将税收优惠管理、税务数据分析、税务风险管控、税务业务咨询与境外税务管理五个事项纳入集团统筹管控的范围，作为大企业税务管理工作中通过集团总部主动施加管理才能提高税收效益、降低涉税风险的税务管理工作内容。如图7-2所示。

图7-2 大企业税务管理制度建设框架

大企业集团想要适应智慧税务征管要求和境内外税收政策变化，必须通过自动化、智能化的税务管理方法提高税务管理成熟度。对于大企业而言，税务数智化是指通过运用大数据、区块链、云计算、人工智能、机器人流程自动化（RPA）、机器学习、分析模型等技术手段实现企业涉税信息的数字化、税务事项处理流程的自动化与税务管理模式的智能化。借鉴学界对于税务数智化的理论研究①，涉税信息数字化是指运用数字技术，把大企业集团各级公司的涉税信息转变成可供度量分析以及交互流转的数字、数据；税务事项处理流程自动化则是通过建立适当的数字化模型，引入自动化的算法、程序对已数字化的涉税信息进行高效处理的过程；税务管理模式的智能化是指运用人工智能、分析模型等技术手段挖掘涉税数据价值，对大企业集团各级实体、各业务板块、各地区的税负成本、税务风险、税收预算等进行多维统计与智能分析。

---

① 李平．国际视角下的税收治理数字化探析［J］．税务研究，2020（04）：62-68；刘和祥，李欣，张纪宇．税收征管数字化转型实践的国际比较及借鉴［J］．税务研究，2023（06）：84-90.

参考上述就中央企业税务管理工作范围的界定，必须指出的是，大企业集团统筹管控层下还有隐含的由集团内各级子公司完成的税务操作层，大企业集团税务管理中通过被动遵从确保税务合规、不涉足税务风险底线的工作内容，是大企业集团总部税务管控的起点，也是大企业集团涉税数据的源头。

在明确了以上大企业税务管理制度建设框架后，大企业税务管理者可以进一步将数智化管理手段的工作内容应用于税务管理工作中，见图7－3。

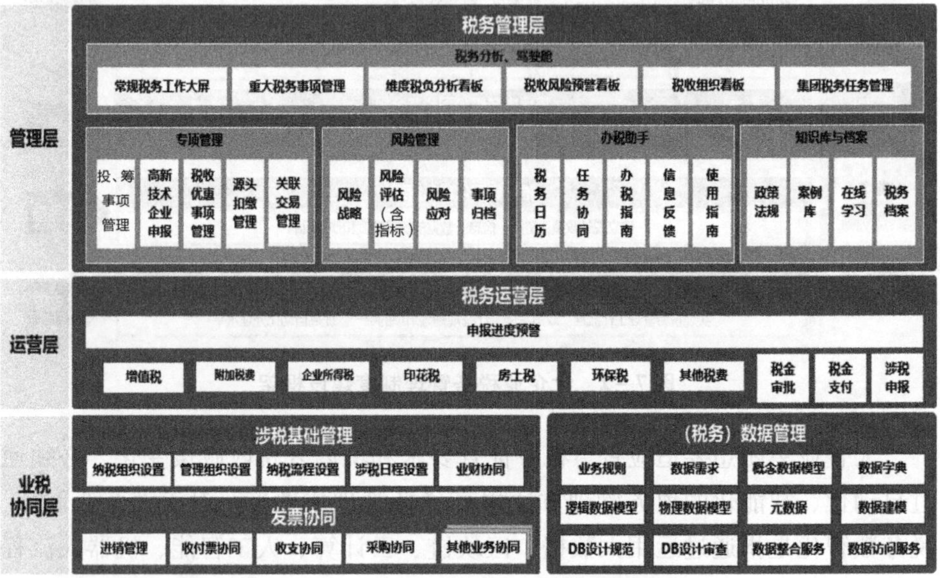

图7－3 大企业税务管理数智化应用架构

首先，在底层的业税协同层，大企业构建的税务管理制度建设需要通过组织配置、发票协同与涉税数据治理来完成与内部的前端业务系统、财务核算系统形成数据集成与应用集成，实现涉税信息的数字化。具体来说，大企业税务数智化平台业税数据协同层可以数字化的项目包括：

（1）数字化的税务内控制度，即为集团内各级公司税金计算、计提、缴纳、申报与核算等流程配置数字化的工作流与审批流，明确不同组织、人员的角色、分工、权限与日程。

（2）数字化的税务处理规则，即梳理集团内不同业务板块场景的应税行为、应税规则、特殊税务处理要求等，为集团各级公司全部适用税种配置从业务系统、财务核算系统的取数逻辑，便于涉税数据的交互流转；根据税收法律、法规及政策文件，将不同税种的计税公式与不同省市的申报表表单与合规校验规则转化为数字化的工作底稿；根据税务会计核算要求，针对不同税种的计算与实缴配置数字化的会计分录输出功能。

通过数据流转流程一体化、数据分析模型标准化与涉税规则数字化实现涉税数据精准采集、涉税高效匹配与税务计算或分析结果实时输出，是构建企业税务数智化业税协同层的攻坚力量，为大企业集团实现税务运营与税务管理提供数智化底座。

在底层之上的税务运营层，大企业集团内下属单位将依托税务数智化平台执行税务操作。下属单位可以根据业务情况启用其所适用的税种申报模块，基于业税协同层配置的自动化税务内控制度和税务处理规则，实现自动取数、自动算税、自动预填申报表与自动校验比对；税务数智化平台将按照配置好的审批流向有权限的人员分配复核任务；审批通过后，通过机器人流程自动化程序对接税务局系统完成申报表的自动提交、税金的自动缴纳、税金的自动计提与完税凭证的自动归档。

在顶层的税务管理层，下属单位的税务运营行为将转化为涉税数据，通过智能化的分析工具，协助集团税务管理者实时、动态掌握集团境内外各级实体的纳税申报进度以及各业务板块、各地区税负成本、税务风险等情况；同时，深入挖掘涉税数据的价值，既聚焦于内部涉税数据，又全面追踪境内外税收政策变动与国际税收制度变革，基于集团内各级公司的行业属性标签智能、实时地推送财税政策，便于其及时精准地享受税收优惠，提高税收效益；最后，基于业务数据、财务核算数据变化实时智能更新税务处理规则，服务业务发展。

3. 大企业税务管理自动化、智能化的终极目标

大企业在完成集团内各级实体的涉税数据梳理后，通过自动化流程高效、规范地实现税务遵从，是防范税务合规风险的基石。同时，在大企业集团内各级实体纳税申报数据不断积累和沉淀后，搭建数智化管理平台进行涉税数据维护、多维度统计与分析，可以让大企业税务管理者实施掌握不同实体、不同业务板块、不同时期的税务合规情况；同时，在数智化管理平台预置常见的税务风险指标（比如税务机关金税三期系统用于判断税收异常情况的实际税负率等指标），可以让大企业税务管理者以指标的形式了解集团内各级实体的税务风险画像，及时决策并应对潜在税务风险，防患于未然，确保信用等级能及时修复。

大企业税务数智化转型不仅需要通过大企业内部业财税系统的一体化，也需要通过集成企业端的业财税系统与税务局端金税四期“智慧税务”征管系统，打破企业与税务局之间的信息不对称的状态，在提高涉税事项处理效率的同时实现税务遵从规范化。

四、机遇与挑战

当前，国内外税务机关不断创新税收征管数字化手段、加速税收法治建设与国际税收规则协同，这既给大企业税务数智化转型带来了诸多挑战，也创造了更多机遇，为大企业税务数智化转型指明了方向。

（一）税收数据全链条渗透

大企业往往受到税务机关的重点关注，如千户计划下作为重点税源须披露更多涉税信息，以满足税务机关对其税务风险的重点监控要求，且随着金税四期“智慧税务”的推广，大企业税务管理在应用层面面临着“以数治税”征管模式下政府间信息共享带来的税收数据透明化压力。

从2015年最早推出“三证合一”，到2016年推出“五证合一，一照一码”，再到2018年多个部门联合发布了“二十四证合一”计划，在“五证合一”基础上，将涉及企业、个体工商户、农民专业合作社等实体的包括营业执照、统计证、机构代码证、社会保险登记证、分公司《营业执照》备案、公安制刻备案、单位办理住房公积金缴存登记等19项涉企证照事项全部整合到营业执照上，有助于税务机关通过云计算技术实现与不同政府机构（包括海关、商务部、财政部、工商、公安、社保等）对接，进行数据集成与信息共享①。对于税务机关而言，通过汇集来自各个政府机构的数据，让税务机关可以将增量的多元化来源的信息应用于以大数据分析驱动的税务风险管理实践中，促使数据驱动的税务管理水平与税务执行效率提高到一个新水平。

在前BEPS时代，国家税务总局推出了“转让定价综合评分系统”的转让定价风险管理系统；2018年4月，江苏国税推出了全新的以矩阵评分系统

---

① 蔡昌，马刘丁，蔡一炜．云计算推进税务管理创新研究［J］．财政研究，2021（09）：113－125．

为基础的利润水平监控机制，与前者相比，最新的利润水平监控机制基于纳税人年度转让定价同期资料、年度纳税申报表即关联交易报告表、与其他政府部门交换的工商、外汇等数据以及与72个国家或地区①建立的国别报告信息自动交换机制下可自动交换的信息，运用大数据分析工具，以矩阵评分系统为基础，对纳税人的纳税遵从与税收风险等级进行全面评价，这一机制在国家税务总局的号召下在全国范围内进行推广，是中国税务机关探索建设全球一户式的税收征管格局。

在金税四期时代全国乃至全球一户式的税务征管模式下，大企业沉淀在税务局数字账户的税收数据与其他机构共享的股权结构、交易流水、外贸业务数据、客商关系等，让大企业的纳税遵从情况与税收风险特征画像越来越透明，便于税务机关实时分析纳税人纳税遵从度，精准识别税务风险，提高税收征管与税收执法效率。

对于大企业来说，税务局端通过信息或数据的全面覆盖与全面渗透达到税收数据的透明化压力，意味着大企业集团在建设税务数智化系统的第一步是以涉税数据为中心的数据治理与融通，一方面需要使得业务系统、财务系统的客商信息、业务数据、交易数据、发票信息等符合税务运营与税务管理的要求，另一方面则需要打通业务系统、财务系统和税务系统，确保异构系统之间的数据可以实现全覆盖且无障碍的收集、流转与交互。

（二）境内外税收政策持续更新

随着先进信息技术的应用，大企业税务数智化系统的税务运营与税务管理流程自动化程度将越来越高，但同时也面临着国内税收法律、法规、政策以及国际税收规则持续更新带来的挑战。大企业税务管理系统如何在高度自动化同时适应政策更迭，准确转化税收规则至关重要。

在境内税收制度领域，中国税务机关在税收法定原则的指导下不断深化中国税收制度的改革。中国已就现行的十八个税种中的十二个税种出台了相应的法律，除了已正式颁布税法的三个税种，在2015年《立法法》修订版发布后还颁布了九部税法，包括《船舶吨税法》《环境保护税法》《车辆购置税法》《烟叶税法》《资源税法》《耕地占用税法》《契税法》《城市维护

---

① OCED, Activated exchange relationships for Country – by – Country reporting, https://www.oecd.org/tax/automatic – exchange/country – by – country – exchange – relationships.htm.

建设税法》《印花税法》。剩余六个税种尚未颁布税法，其中，《增值税法（草案）》已在2023年进入二审程序，《关税法》等其他五个税收法律也正式纳入本年度立法计划中。大企业业务类型多样，涉及税种繁多，在税收制度持续改革的过程中，必须及时跟进法规政策的变革才能准确处理不同业务场景下不同税种的纳税义务。在这样的背景下，大企业税务管理者需要重点关注如何通过税务数智化工具与时俱进地获取税务知识和政策更新，即如何构建能顺应税制改革实时更新的税收规则库，便于税务人员快速检索所需的税务处理要求、响应更新的税收优惠政策，并运用数智化手段将不断变化的税收法律、法规、政策和案例转化为可以系统处理的结构化规则，便于税务系统的实施与落地。

在国际税收领域，“双支柱”规则成为绝大多数国家应对数字经济下税收征管问题的首选解决方案，截至目前已有超过个税收辖区明确声明将执行双支柱规则。双支柱方案不仅是经济发展与合作组织搭建的具备广泛国际共识的国际税收规则，也是不同税收辖区为应对经济数字化带来的税收挑战过程中形成共识的国际税收体系，可以兼顾不同发展阶段经济体的税收利益、消除单边贸易措施导致全球贸易形势恶化的风险等。经济合作与发展组织于2021年12月20日发布《应对数字经济的税收挑战——支柱二全球反税基侵蚀规则立法模板》，中国国家税务总局也随即发布了相应的中文译本；经济合作与发展组织于2022年12月20日又按照计划发布了与支柱二全球反税基侵蚀规则（GloBE Rule）相关的指南与意见征询稿，包括《安全港和处罚减免指南》《关于GloBE信息申报表（GIR）的意见征询稿》《关于GloBE税收确定性的意见征询稿》，两份意见征询稿的意见征询均截止到2023年2月3日。2023年7月12日，经济发展与合作组织发布《关于应对经济数字化税收挑战的双支柱解决方案的成果声明》，明确了双支柱方案的最新实施情况和时间表，并由BEPS包容性框架143个成员国中138个成员国签署；同年7月17日，经济发展与合作组织发布关于支柱一金额B（旨在简化转让定价规则在基础营销和分销活动中的适用）的公开意见征询稿，意见截止日期为2023年9月1日，同时发布了支柱二相关的一系列文件，包括应税规则、全球反税基侵蚀规则信息申报表模板和指南，以及GloBE第二批行政指南。按照上述规则的实施时间表，支柱二全球反税基侵蚀规则计划在2023年底落地生效，适用于全球合并报表年度收入超过7.5亿欧元的跨国企业。部分在全球布局供应链的大企业须从2024年1月1日起收集纳税数据用于填报

GloBE 信息申报表。具体来说，GloBE 规则包括收入纳入规则（IIR）和低税支付规则（UTPR），如何识别是否满足收入门槛并排除特殊成员实体、如何准确计算 GloBE 所得或亏损并进行有效税额跳转，以及如何确保补足税符合各国规则完成分配，成为应用 GloBE 规则的主要难题①。

目前，中国暂未就支柱二全球反税基侵蚀规则出台落地规则。业内研究认为，中国短期内不可能采用通过符合条件的国内补足税规则（QDMTT）来应对支柱二全球反税基侵蚀规则，但需要考虑优化企业所得税制度，使跨国企业集团在中国境内的实体承担足额、合理的税收负担，可见国际税收制度变化也将促使中国税收制度的调整与优化②。涉足海外业务的大企业集团必须提前考虑诸如 BEPS2.0 双支柱规则对于集团海内外税收成本的影响，投入更多税务专家进行政策研究，并与数智化工程师配合完成新政策、新规则的数字化落地，及时完成 BEPS2.0 双支柱规则的数字化建模并嵌入税务数智化系统中。借助 BEPS2.0 双支柱规则数字化管理工具，大企业集团可以提前完成潜在税务影响的评估，并适当调整境内外股权架构、交易结构、税收优惠利用情况等因素。

正是在国内外税务机关不断创新税收征管数字化手段、加速税收法治建设与国际税收规则协同的背景下，越来越多的大企业意识到加强企业税务管理水平的紧迫性和重要性，希望通过建设贴合其业务发展需求且符合税务管理诉求的税务管理制度，通过自动化、智能化的税务管理方法强化集团税务管理。

---

① 杜莉．支柱二全球反税基侵蚀立法模板解读与实施难点分析［J］．税务研究，2022（3）：65－72.

② 何杨，廖鎏曦，杨宇轩．全球最低税博弈：支柱二 GloBE 规则最新方案述评［J］．国际税收，2022（7）：14－22.

第八章　科技税务在大企业税务管理中的应用：从会电化到数智化

随着全球经济的快速发展，大企业面临着日益复杂的税务挑战。采用分散式、非专业化的税务管理方法，已难以满足大企业的税务管理诉求。税务职能部门已愈发意识到利用科学技术提高效率、改良纳税流程及管理风险的重要性，不少大企业都在探索向自动化、智能化的科技税务管理范式转变。科技税务是科技力量与税务管理的有机结合，它正在引领大企业税务管理的新一轮变革，科技力量将成为推动大企业税务管理创新发展的重要引擎。作为大企业的决策者，应积极拥抱科技税务带来的变革，充分利用先进科技手段提升企业的税务管理水平，以适应日益复杂多变的商业环境。从而提升大企业税收效益与经营效益，助力企业业务发展。

一、科技税务的发展历程

在进行科技税务的探索中，我们大致可以将科技税务的发展历程划分为四个阶段，分别是会电化阶段、信息化阶段、数字化阶段和数智化转型。科技税务的发展历程是一个不断演进的过程，从会电化到数智化转型，每个阶段都有其特定的特点和贡献。然而，值得注意的是，虽然我们已经看到了科技税务发展的巨大进步，但这只是一个开始。随着新技术的不断涌现，我们相信未来的科技税务将更加智能化、自动化和个性化。

（一）会电化阶段

我国会计电算化工作始于1979年。其主要标志是，1979年财政部支持并参与了长春第一汽车制造厂的会计电算化试点工作。1981年8月，在财政部、一机部和中国会计协会的支持下，在长春召开了“财务、会计、成本应用电子计算机专题讨论会”，这次会议成为我国会计电算化理论研究的一个里程碑，在这次会上提出计算机在会计上的应用统称为“会计电算化”。

相较于会计电算化进程，科技税务的发展则稍显缓慢。在早期的科技税务探索中，主要是通过将纸质文档转化为电子文档，以实现更高效的信息传递和数据处理。这个阶段的主要特点是手工操作，虽然已经引入了计算机技术，但主要是作为数据处理和信息存储的工具。

（二）信息化阶段

随着计算机技术的不断发展，税务信息化成为可能。在这个阶段，税务系统逐渐转向计算机自动化处理。数据存储实现了电子化，信息传递也更加快捷。税务信息化系统的出现，有效地提高了税务工作的效率和准确性。

2016年5月1日，“营改增”全面实施后，各种发票统一改为增值税发票。同年，电子发票在全国范围的推广如火如荼地进行，税局侧开放了对于发票开具部分的接口，税局增值税发票系统与纳税人税控服务器对接逻辑如图8－1所示。

大企业对销项发票管理系统的认可度与接受度也越来越高，行业上从电商、电信逐步扩展到保险、零售、餐饮、交通、公共事业等全行业；地域上也从个别试点区域推广到全国；越来越多的企业上线了销项发票管理系统，如中石化、中国电信、京东、国美等，都在建设销项发票管理系统。销项发票管理系统可以帮助企业开票流程规范化，对于业务量大、业态复杂的公司，数据准确性及及时性尤其重要。

2016年至2017年，税务总局依托增值税发票管理新系统，相继开发了增值税发票选择确认平台和全国增值税发票查验平台。增值税发票选择确认平台改变了之前进项发票采用效率不高的扫描认证方式，启用一种全新的勾选确认方式完成进项发票抵扣。全国增值税发票查验平台则可以对增值税专

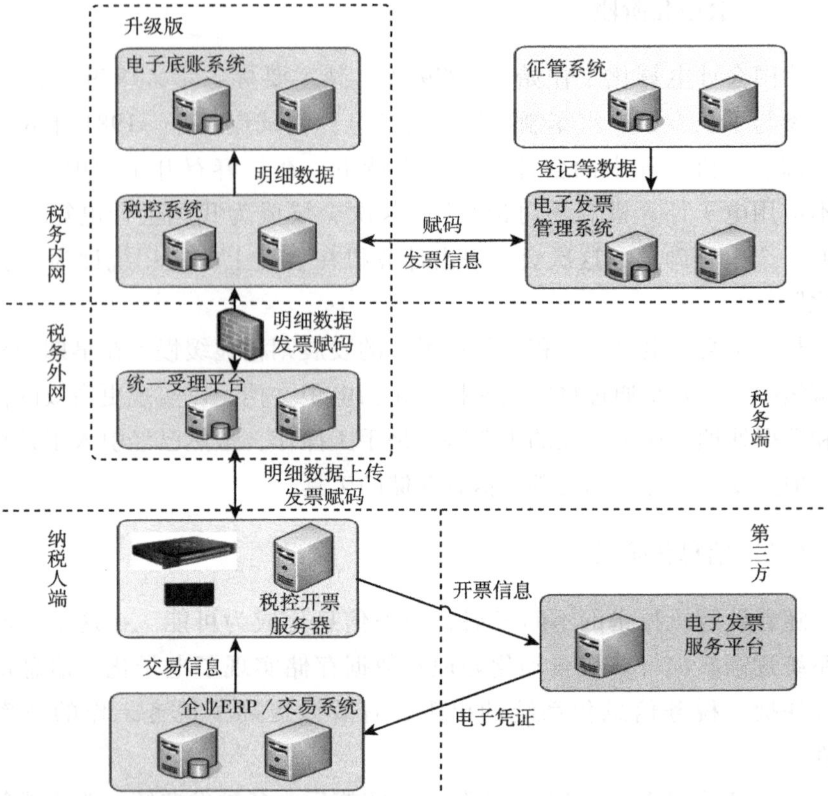

图 8-1　税局增值税发票系统与纳税人税控服务器对接逻辑图

用发票、增值税普通发票、机动车销售统一发票和增值税电子普通发票的发票信息进行查验。所以在 2017 年以后，很多大企业开始搭建自己的发票管理系统，实现涵盖销项自动开票、进项发票集中查验和自动认证等的发票自动化管理。

在科技税务的信息化阶段中，科技税务的应用基本集中于发票管理这样的局部应用，使用到了包括 OCR、图像识别、规则引擎等感知层的智能应用，数据资源分散，仅可以实现部分展现/分析级的数据服务。

（三）数字化阶段

2015 年，国家税务总局印发了《“互联网 + 税务”行动计划》，标志着税收监管体系从“以票管税”向“以数治税”过渡，到 2020 年，形成了线上线下融合、前台后台贯通、统一规范高效的电子税务局，“互联网 + 税务”

应用全面深化，各类创新有序发展，管理体制基本完备，分析决策数据丰富，治税能力不断提升。政府端的这些变化有条不紊地推动着税收征管向集中化、透明化、数字化转型，也倒逼着企业探索基于涉税场景、数据、流程和知识文档的科技税务管理转型。

企业税务数字化建设的推动力除了来自税局端的外部驱动力，更有来自企业内部税务管理需求带来的自驱力。税务工作内容已经从传统的发票管理、合规申报，拓展到风险管理、税务筹划，更有企业专门设置业务税务（税务 BP）岗位，招揽资深税务专家深入一线部门提供前置性的业财税一体化支持。工作边界的拓展和精细化管理要求的提高对于税务团队的挑战越来越大，与此形成鲜明对比的是，中国企业的税务管理团队人数很少。绝大部分大型企业配置的税务管理团队成员不到 5 人，这样的税务团队配置导致企业内部税务管理人手短缺，有限的税务人员疲于应对日常合规工作，无力进行税务风险管理、业务支持等工作，在很大程度上制约了企业内部税务管理发展。

如果没有技术赋能，仅靠人工处理上述税务管理的问题，难度很大。因此，企业的科技税务管理也逐渐从单一的局部应用开始进行跨领域融合，逐渐演变成业财税一体化的发展模式。大企业税务管理应用场景也趋于多样化、复合化，从最初的发票管理，过渡到税务合规管理场景——销项开票、进项受票、计税管理，再到税务风险管理等，科技税务也正式步入数字化阶段。

以销项开票场景为例。在科技税务的信息化阶段，更多关注的是连接税局侧实现自动开票处理；而在数字化阶段，除了与税局侧的连接外，同时也考虑了对企业原有业务流程的优化重塑，与企业内部业、财系统的融合应用，功能上涵盖了更为丰富的场景去触发开票，并支持发票拆分、合并、红冲，支持多渠道推送和便捷查询下载等，销项开票业财融合场景示例如图 8－2 所示。

除了对发票管理方面的局部应用，在数字化阶段应用场景上进一步丰富，比较典型的场景就是企业各税种的计税管理。在计税管理场景中，通过业财税一体化联动，企业可实时对接业财系统，智能取数，设置计税规则，自动计税，生成申报表，并连接税局端的电子税务局，通过直联接口或者 RPA 财税机器人完成申报，计税管理业财融合场景示例如图 8－3 所示。

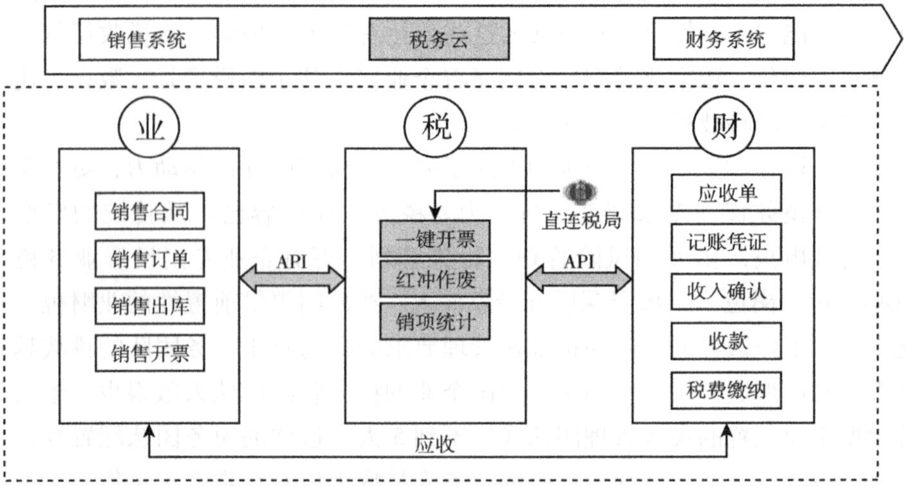

图 8－2 销项开票业财融合场景示例

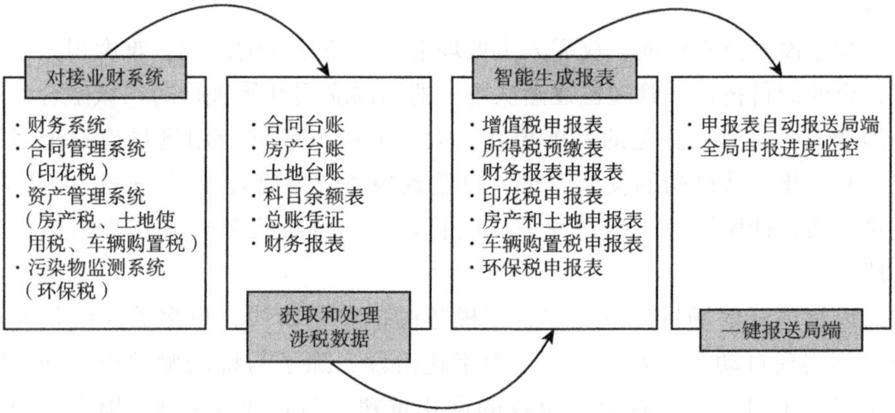

图 8－3 计税管理业财融合场景示例

在这个阶段，部分企业开始利用自然语言处理、机器学习和知识图谱等认知层智能技术，汇集业财税相关数据，自动化处理大量的税务数据和信息，具备了对税务风险的预警和控制、税费计划的优化等功能，实现展现/分析/控制/决策级的数据服务。除了融合企业内部相关数据外，有的企业还实现了与供应链、客户等上下游企业的信息共享和协同运作。这使得企业能够更好地掌握市场需求和供应链情况，以便更好地调整业务策略和优化运营流程。在这个阶段，税务管理的主要目标是提高数据处理效率，降低人工错误率，提高企业的竞争力。然而，这个阶段的科技税务管理仍然存在一些问题。例如数据的分析和利用仍然存在局限性等。

在科技税务的数字化阶段，税务信息系统的复杂程度逐渐增加，对企业的技术、经验、开发能力等方面也提出了更高的要求，系统的复杂性大大提升，对税务信息化服务商的技术实力提出更高的要求。该阶段的企业，必须具备较强的架构设计、平台搭建、模块开发、算法应用等技术实力，较丰富的业务经验，才能胜任这一时期系统开发的功能目标。在这个阶段，一些领先的软件公司和云服务提供商开始推出基于云计算的科技税务解决方案，以满足企业对灵活性和可扩展性的需求。这些云端解决方案提供了更高效的数据存储和处理能力，同时也方便企业进行远程协作和数据共享。

（四）数智化阶段

2021 年 3 月 24 日中共中央办公厅、国务院办公厅印发的《关于进一步深化税收征管改革的意见》提出智慧税务的税收征管体系建设方向。智慧税务建设的目标可以概括为“一二三四五”，具体而言，“一个中心”是指以服务纳税人缴费人为中心；“两个程度”是指提高税法遵从度和社会满意度；“三个性能”是指建设高集成功能、高安全性能和高应用效能的智慧税务系统；“四个维度”是指智慧税务建设的目标应该从执法维度、服务维度、监管维度和治理维度提高税务合规效率与精度综合考量；“五个全面”是指智慧税务建设的目标具体体现为全数据赋能、全集成融合、全领域覆盖、全流程管理和全场景联通。其中，智慧税务系统的建设将充分运用大数据、云计算、人工智能、移动互联网等现代信息技术，着力推进内外部涉税数据汇聚联通、线上线下有机贯通，最终建成新一代开放灵活、安全可靠的高集成功能、高安全性能和高应用效能的税务信息系统。根据意见的内容和改革目标，“十四五”期间，我国税收征管体系将全面向“智慧税务”转型，2023 年实现从“以票管税”向“以数治税”分类精准监管转变，到 2025 年深化税收征管制度改革取得显著成效，基本建成功能强大的智慧税务，形成国内一流的智能化行政应用系统，全方位提高税务执法、服务、监管能力。

2022 年 3 月，国务院国资委印发了《关于中央企业加快建设世界一流财务管理体系的指导意见》，要求强化税务管理，实现规范高效。推进集团化税务管理，建立税务政策、资源、信息、数据的统筹调度和使用机制。加强财税政策研究，不断完善税务政策库、信息库，及时指导各级子企业用足用好优惠政策，做到“应缴尽缴，应享尽享”。完善税务管理信息系统，努力实现税务管理工作流程、政策解读、计税规则等事项的统一，提高自动化处理水平。开展税务数据分析，挖掘税务数据价值。

通过这两项指导文件，我们可以管中窥豹，数据已经成为继土地、资本、劳动力、技术外的第五大生产要素。科技税务的核心已进化为实现数据驱动，终极目标是实现基于数据和规则模型对税务全流程进行自动处理、自动管控、自动预测和自动决策，科技税务的管理模式正在从流程驱动向数据驱动迈进。基于数据驱动的科技税务灵动应用阶段，可以认为是科技税务的数智化阶段。

在科技税务的数智化阶段，为了应对外部变化，企业税务管理将更多地通过数据驱动，实现管理可视化与智能化。首先，企业将业务数据化，打造数据仓库（业务数据化需要与流程自动化同步开展）。而后，业务团队提取数据、消费数据。作为中台业务的一环，税务管理团队也可以大幅采用业务数据，减少对财务数据的依赖，从而相应减少税会差异事项；由于底层数据同源，税务团队也可以快速追溯到特定税务结果的业务源头，从而提高税务的可读性。

举例来说，在采用多渠道销售的企业中，营销管理团队常常会协同代理商、经销商、分销商开展各类促销活动。对于客户，促销经常采用折扣、抽奖、买赠等形式，而对于渠道商，则可能针对企业、个人等开展销量、竞速等额外补贴。由于业务对象及营销内容的不同，相关的税务处理也有很大的差异，包括但不限于增值税中对视同销售的处理、代理商奖励涉及的个人所得税代扣代缴问题、企业所得税上的业务宣传费用的认定问题等。传统的税务管理依赖财务的科目归类，对发生的市场费用进行判断，并做出相应的税务处理。这就需要税务人员精通财务及税务两套口径，并在一定时间追溯到业务团队，从而形成税会差异；同时，由于财务按期间核算，税务人员在发现某些涉税业务时，可能已经错过了申报期间。而在企业建立业务中台和数据中台的情况下，则可以显著减少这些问题。对于强营销依赖的企业，税务中台可以建议部分营销活动的数据维度，并共享营销中台的活动管理等模块，做到快速识别、判断、核算相关涉税业务。

常见的科技税务管理可视化应用场景包括但不限于：多维税务分析；涉税档案管理；税务检查、稽查等特殊事项管理；递延所得税等税会差异事项管理；新业务涉税处理评估等。

企业的税务管理存在着一个困局——税负率的高低并不能代表企业的税

务工作效果。低税负可能暗示着企业有漏税的风险，而高税负则很可能表明企业缴纳了过头税。因此，传统的税务管理实操往往更加依赖专家判断，而非定量的数据分析。税务机关、税务咨询机构及企业税务人员受限于各自的视角，形成的判断往往具有很高的主观性，对判断的表达也主要使用自然语言。这就造成了税务业务判断复杂、税务处理易有分歧，而税务经验也难以系统化累计。

在科技税务的数智化阶段，这些问题可以通过自然语言处理、知识图谱、归因分析、大模型等人工智能技术，形成解决方案。比如，通过自然语言机器学习，企业可以将不同的税务案例分类沉淀，从而在未来团队复用时，快速找到类似案例；而归因分析则可以基于数据中台，将原先依靠经验形成的税务判例，进一步呼应到数据表现中，最后形成定性为主的税务管理方式。我们举例说明数据驱动归因技术（Data – Driven Attribution）在税务管理领域的可能应用。在许多大型跨国企业中，各层级、各业务线的财务表现可以通过杜邦分析体系、平衡计分卡等手段分析。但是，如果牵涉到税务风险则让管理者面对困境：特定下属公司的税负率是否是风险和回报的最佳平衡点。如果企业已经达成了流程自动化及中台化，税务管理团队可以尝试使用数据驱动归因技术做归因分析。团队可以抽取、整合各个流程形成的数据，发现主要的驱动因素。比如，某高税负企业虽然没有补税，但是归因发现其被检查次数偏高。暗示了属地税务团队可能采用了保守的税务策略。

我们预期未来新技术应用于科技税务管理智能化领域的场景包括但不限于：税务法规及案例的知识图谱搭建；集团企业税务风控及风险自动识别；税务筹划事项识别等。

构建灵动应用的科技税务管理模式，数智化技术底座是其必不可少的技术保障。数智化技术底座在横向上拉通架构、数据，并汇聚各项能力，在纵向上支撑前台应用场景和服务的多元化，是提升企业税务数智化能力的重要基础设施。数智化技术底座包括技术平台、数据中台及智能中台。它是依托云计算、大数据、人工智能、区块链、5G 等新一代技术，基于云原生技术，以微服务、元数据驱动、中台化和数用分离的架构进行设计。云原生技术，具有多云适配、容器管理、弹性扩展和智能运维等特征；微服务架构，具备可分可合、服务编排、全链路监控以及一键部署等特点；元数据驱动，元数据驱动对应的是开发框架，即模型驱动开发和元数据动态建模，可快速支撑业务应用构建的能力；数用分离，是将数据和应用进行架构分离，更强调数据架构设计和数据驱动业务的一种新型架构。以数据中台为支撑，用业务数据化、数据资产化的思想架构应用服务。数据结构是稳定的、数据内容是流动的。数据的多层次标签和多维度关系，支撑前端多模式随需而变。数用分离架构设计模型，保证“数出一门”，提高数据使用效率。

实现科技税务的数智化应用，不仅是应用和技术层面的问题，大企业集团也需适时调整集团内财务、税务以及信息技术部门的组织架构和人员结构，并为科技税务管理相应更新财务、税务与信息技术系统内控制度。

针对业税协同层—税务运营层—税务管理层这一大企业集团税务数智化整体框架，应当在大企业税务部门相应地配置税务数智化工程师、共享税务与专家税务三类职能，三者相辅相成，与集团内其他部门一起协作，构成大企业集团税务数智化强大的组织保障。对外，大企业税务部门需要与集团内其他部门建立自上而下、相互协作的组织机制。无论是以何种模式推进税务数智化转型，许多大企业集团目前的税务管理组织架构，纵向上缺乏垂直管理层级，使得集团税务管理政策不能有效地上传下达，横向上税务部门与其他部门缺乏沟通联络机制，不能对其他部门的涉税业务进行及时指导，也不能及时收集其他部门的涉税数据①。这些税务管理工作中的组织架构问题不仅阻碍了集团税务管理效益的提升，也会阻碍税务数智化转型的推进。

借着大企业税务数智化转型这一契机，大企业集团可以梳理税务数智化转型后集团总部与各级子公司的税务组织关系，确保集团内税务管理政策通过统一的组织流程得到宣贯与落实，实现同类业务的税务处理政策的一致性，也可以在业务流程中设置税务控制点，为新业务模式、新交易类型开展引入税务咨询支持节点，便于业务人员及时寻求专家税务的意见。对内，大企业税务部门在组织架构上应当相互协作、相互配合。税务数智化工程师（包括智能算法工程师、模型构建工程师等税务数智化新岗位）负责利用大数据、云计算、人工智能、移动互联网等先进信息技术打通业务、财务、税务等内部系统，贯通税局发票系统、税务申报系统、客商供应链系统等外部系统，基于税务政策对各类系统内的数据流转流程与数据交互逻辑进行梳理②，通过数据流转流程一体化、数据分析模型标准化与涉税规则数字化实现涉税数据精准采集、涉税高效匹配与税务计算或分析结果实时输出，是构

---

① 巢忠炜．以共享模式推动税务数字化转型［J］．国际商务财会，2022（11）：60－64.

② 周欣，马晶晶，王黎黎．D集团税务数字化转型的探索与实践［J］．财务与会计，2022（12）：68－71.

建企业税务数智化业税协同层的攻坚力量，为大企业集团实现税务运营与税务管理提供数字化底座。共享税务既是大企业集团数字化转型后负责集团各级实体税务运营的税务处理中心，是共享的数字化税务政策执行中心[①]，也是大企业集团数字化转型过程中协助税务数智化工程师分析不同业务、不同场景下税务处理差异并完成税务政策数字化的重要一员。专家税务既在大企业集团数字化转型后负责大企业集团税务管理决策与税务政策解读，注重提高集团税务风险管控效能、提升税务管理效益并促进税务服务业务发展，也在大企业集团数字化转型过程中作为税务数智化规划师，就大企业集团税务数智化转型的重大议题进行分析、决策、监督与实施，引领税务数智化的发展与深化。

此外，大企业集团税务数智化需要编制税务管理手册与指引，明确划分大企业集团业税协同层、税务运营层与税务管理层的职责、权限、控制节点与沟通程序，设定税务数智化工程师、共享税务与专家税务三类职能岗位的税务数智化绩效标准及其评价体系，为税务数智化提供坚实的制度保障。作为税务数智化转型的核心人员，税务数智化工程师、共享税务与专家税务在大企业税务数智化整体框架中各司其职、相辅相成，促成大企业税务数智化"信息化＋专业化"双轮驱动体系的构建[②]。一方面，税务数智化工程师运用其掌握的先进信息技术，通过连接内部供应链系统、业务系统、财务系统等实现发票管理、纳税申报、税务分析等机械性、程序化的基础税务操作事项自动化，是贯穿税务数智化体系始终的数智化底座的建设者，可以提高大企业税务数智化平台涉税数据获取、加工与分析的效率，实现税务基础操作自动化的同时确保税务风险管理动态化，将共享税务与专家税务从重复的、机械的税务操作中解放出来，投入更能创造税收效益的税务管理工作中。另一方面，共享税务与专家税务不仅在税务数智化工程师建设税务数值化底座的过程中提供业务场景分析、计税规则设计、取数逻辑设计、申报表表单设置，并分析统计报表表单设置、风险指标及其校验点设置等专业支持，也是作为税务数智化平台的使用者积极验证、反馈税务数智化平台的运行效果，促使税务数智化平台依据政策变化、业务拓展等情况不断迭代更新。

针对上述税务数智化工程师职责，可以相应设置可量化的绩效标准，比

① 周欣，马晶晶，王黎黎．D 集团税务数字化转型的探索与实践［J］．财务与会计，2022（12）：68－71.

② 朱雷．税务运营数字化转型怎么转？［N］．中国税务报，2021（1）：05.

如涉税数据传输效率与标准化效率、税务申报表单自动化填写效率与准确度；针对上述共享税务智能，可以相应设置集团各级别实体业务场景税务处理分析准确性、纳税申报及时性等基础税务运营职能设置相关的绩效指标；针对上述专家税务职责，可以就其税务数智化规划能力、税务风险管理能力、税务效益优化能力相应设置税务数智化推进效率、税务知识与案例库建设进度与效果、税务风险整改时效与效果、税负成本节约等税务管理职能相关的绩效指标。

最后，大企业集团可以通过自主招聘或者与第三方合作为税务数智化工程师、共享税务与专家税务三类职能岗位配置足够的符合资质的人才。在税务数智化转型过程中，大企业财税人员习惯依赖税务知识或经验解决税务管理问题，或者担心税务数智化系统会取代自身的工作，可能会成为税务管理数字化转型的阻碍①。对此，大企业集团在进行人才选拔与培养时，还需要注重了解财税人员工作模式与思维模式，梳理财税人员在税务数智化转型前后的工作内容、工作模式与流程，为财税人员在数智化转型过程中的身份切换与角色变化做好铺垫，促成财税人员的转型。

除了具备相应的信息技术背景与税务专业背景的人才，大企业还应当储备或培养同时具备信息技术能力与税务专业知识的复合型数字化管理人才，打破传统税务管理模式下财税人员应用税务知识与经营解决税务管理问题的惯性，为大企业税务数智化转型做好具备前瞻性与长远性的转型规划。

二、科技税务的未来展望

科技税务是大企业税务管理的未来趋势。通过应用科技税务，大企业可以更高效地进行税务管理，降低运营风险，提高经济效益。未来，随着科技的不断进步，科技税务将会有更多的应用和发展。大企业应积极拥抱科技税务，提高自身的税务管理水平，以应对日益复杂的全球经济挑战。当前，国内外税务机关不断创新税收征管数字化手段、加速税收法治建设与国际税收规则协同，这既给大企业税务管理带来了诸多挑战，也创造了更多机遇，为大企业科技税务管理指明了未来的发展方向。

---

① 叶建锋．企业税务管理数字化转型已在路上［N］．中国税务报，2021（2）：05.

（一）税务数智化深化应用

科技税务在大企业税务管理中的应用与发展中，未来必然趋势之一便是企业税务数智化的深化应用。

新一代信息技术的产生与应用将提高大企业税务数智化转型中数据采集、分析、处理与存储全流程效率。从税务机关的视角来看，税收大数据主要包括六类数据信息：第一类，纳税人申报数据；第二类，申报数据以外的其他征管系统数据；第三类，纳税人的基本信息和其他涉税信息；第四类，纳税人的生产和经营信息（如发票等）；第五类，税收统计数据和税收调查数据；第六类，其他非结构化数据（如 PDF 格式的公文等）[①]。对于纳税人而言，税收大数据则包含发票数据、纳税申报数据、业务和财务系统涉及税务处理的数据、业务经营数据、股权结构与关联关系数据及其他内部涉税政策、制度等非结构化数据。面对庞杂的涉税数据，大企业只有通过数据获取技术才能实时获取来源于集团内部业务、财务与税务系统的税收大数据；通过云计算技术，整合分散的业务数据、纳税申报数据、银行交易流水等数据，实现数据集成与信息共享；通过运用包括大数据、区块链、人工智能等税务数智化技术，进行异构系统间数据的动态交互，固化涉税数据标准、取数逻辑、计税规则等，提升税务操作的自动化处理水平；通过不断积累的涉税数据训练算法模型，实时统计税负情况，动态监控税收风险，并基于业务与财务预测数据进行税负成本预算等。

不断成熟的智能化技术在涉税数据的全面采集、分析、处理与存储领域的深化应用，不仅可以提升税务操作效率，减少人工投入和时间成本，也可以提高税务统计、税务风险与税务筹划管理的效能。通过税务数智化技术，包括大数据、人工智能、移动互联等，提升涉税数据挖掘与分析利用能力[②]，统计税负成本、识别税务风险与管理税收优惠，在提高大企业集团自下而上归集涉税数据的时效性、提升税务风险监控与识别的精准性以及确保税收优惠享受的及时性等方面均有显著成效。

举例来说，以 ChatGPT 为代表的人工智能技术目前处于高速发展阶段，不仅是税务机关优化纳税服务的重要工具，也是大企业税务数智化转型的关

---

① 樊勇，杜涵．税收大数据：理论、应用与局限［J］．税务研究，2021（9）：57－62.

② 谢维青．企业集团智慧税务平台建设路径研究——以 SN 集团为例［J］．中国总会计师，2021（10）：52－55.

键技术手段。首先，大企业可以通过人工智能全新的数据抽取方式、数据挖掘能力高效获取涉税数据，对数据进行过滤、整理与建模，并协助数据中心自动创建数据表、属性与索引①。其次，大企业可以充分利用人工智能技术的智能识别和数据分析能力，高效完成对复杂税收法律、法规、政策等文本信息的读取任务，将复杂的政策、规则，制度转化为便于理解的语言文本，帮助大企业税务管理人员及时、全面地了解政策，分析税务处理的潜在风险以及合规享受税收优惠的潜在收益。最后，大企业也可以充分利用人工智能技术的机器学习能力与人机交互技术，为业务人员、财务人员提供24小时在线的税务咨询服务，指导大企业集团内各级实体完成税务业务②。

（二）集团税务服务全面共享化

科技税务在大企业税务管理中的应用与发展中，未来必然趋势之二便是整合集团税务人员资源，将集团内除属地化税务职能以外的税务流程集中到集团税务共享中心进行处理，实现税务服务共享化。

税务共享模式是指依托统一基础数据库与税务信息化系统构建统一的税务共享平台，其核心理念是将税务职能转换为战略性商业资产，将分散于各业务单元的重复性高的税务业务进行流程再造与标准化，并集中到共享中心统一处理。由此可见，统一的基础数据库与税务信息化系统是税务共享的技术支撑，标准统一的涉税流程是税务共享的前提，通过集中数据、人员与税务知识，税务共享可以实现大企业集团涉税数据集中处理、涉税事项统一与税务风险自动监控。

在大企业集团规模不断扩张的过程中，因大企业自身业务规模、组织层级、经营区域的增加，加之税收政策持续更新、税收征管模式日趋智能，大企业亟须提高集团税务工作的管理效率。因此，越来越多的大企业试图通过税务共享中心的建设，解决传统的分散式企业税务管理模式存在的税务管理模式涉税信息集成度低、税务管理信息不对称以及税务筹划能力薄弱等诸多问题。

税务共享模式，可以分为部分集中式、全面集中式两种模式。其中，税

---

① 倪娟，李彦璋，周睿．人工智能助力税收管理数字化转型的对策分析［J］．税务研究，2021（4）：92－96．

② 杨森平，余丽莎．以ChatGPT为代表的生成式人工智能对税收管理带来的机遇和挑战［J］．税务研究，2023（6）：16－20．

务共享部分集中式，是指将税务相关的发票管理、计税申报管理等税务业务处理工作纳入共享中心进行集中共享，而将税务风险管理、税务筹划分析等职能仍保留在各纳税组织进行属地税务管理的模式；而税务共享完全集中式，则是在部分集中式的基础上，除属地化税务管理职能外，将税务风险管理、税务筹划分析等职能均在一个税务管理机构进行集中的模式。通过完全集中的税务共享模式，进行大企业集团的税务管控，可以集中税务管理资源，减少属地化税务管理职能人员，降低运营成本，可以推动税务合规管理标准建设，提高税务处理流程的自动化程度，还可以打通税务信息沟通渠道，解决业务、财务与税务处理流程分离带来的信息不对称问题，从而强化税务风险管控，提升集团整体视角下的税务筹划。大企业可以根据自身税务管理需求，以全面税务服务共享化为目标，分阶段地进行税务职能的集中。

（三）税企税收征纳系统一体化

科技税务在大企业税务管理中的应用与发展中，未来必然趋势之三是与税务机关税收征管系统的无缝衔接，税企双方的征纳行为不断合流，实现税收征管与缴纳的一体化。根据经济合作组织发布的《税收征管 3.0：税收征管的数字化转型》，税务机关的税收征管系统将嵌入纳税人的原生系统，税务征管流程也将与纳税人的原生系统适配，促成即时的税收征纳，确保税务遵从①。这一趋势也印证了目前中国税务机关推行的金税四期改革的方向。

早在 2018 年 3 月，国家税务总局就发布了《国家税务总局关于发布财务报表数据转换参考标准及完善网上办税系统的通知》（税总发〔2018〕3 号），要求省税务机关升级其网上纳税申报系统，以便：制定网上办税系统与企业财务软件对接的接口规范并开放接口；支持企业财务报表数据格式与纳税申报财务报表数据格式之间的自动转换（经参数配置）；支持自动计算应报税税额功能和更正申报表功能；各省税务机关开放接口应当符合国家信息安全保护要求，确保纳税人报送数据的安全。

同时，为了确保全国范围内处理的协调一致，税总发〔2018〕32 号还定义了“财务报表数据转换参考标准”（1.0 版），同时在未来保持定期更新。

当前，中国税务机关逐步向纳税人不断开放接入税务征管系统的 API 接

---

① OECD, Tax Administration 3.0: The Digital Transformation of Tax Administration, P12.

口和技术框架支持。除了目前已向符合条件的大企业纳税人开放接入的具备数电发票用票能力的乐企平台外，中国部分地区税务机关自2020年开始逐步探索税企直连的一键纳税申报平台，包括：2020年8月，国家税务总局青岛市税务局在继2017年与海尔集团共同搭建了全国首个“税企直连”平台——“智税通”之后，进一步拓展“税企直连”服务范围，为纳入直连平台的千户集团企业推动税收优惠，开发退税宝功能以压缩退税周期；自2020年6月起，浙江省税务局与国网浙江电力公司联手打造并在浙江省电力系统全面推广应用企业所得税一键式纳税申报平台；2020年12月，深圳市税务局税企直连平台（一期）项目公开招标，平安银行中标，通过税企数据直连对接，平安银行能将企业运营及财务系统数据对接税务系统；2021年6月，国家税务总局吉林省税务局打造的“税企直连”项目，首批已接入企业包括国家电网吉林省电力有限公司及其95家成员企业。近期，上海、四川、重庆三个地区的税务机关已开始尝试通过确认式或补正式申报模式从税收征管系统内主动提取涉税数据辅助纳税人完成税收申报工作。反过来，从纳税人的角度来说，无论是通过自研还是与第三方供应商合作开发，大企业建设税务数智化系统，并与税务机关税收征管系统（包括乐企平台、电子税务局等）连接，将成为未来税务数智化转型的重要趋势。

在此过程中，税企双方相向而行，最终必将促成税收征纳系统的融合，协同完成税款征纳工作，实现税款即时征纳的目标。

第九章　科技税务在大企业税务管理中的应用场景

科技税务在大企业税务管理中的应用并非目标，而是手段，科技税务必须落实到大企业实际税务管理业务当中。科技税务的应用场景化，它将先进的科技手段与具体的税务管理场景相结合，实现了技术创新与实际需求的深度融合。

科技税务在大企业税务管理中的应用场景化，不仅是一场技术革命，更是一场管理革命。它将先进的科技手段与具体的业务需求相结合，为大企业的税务管理带来了前所未有的便利和效益。

一、数智底座建设

数智底座建设，可以有效地将复杂基础设施、平台服务以及与财务、营销、采购、制造、人力等有关的共性业务服务进行融合，实现企业 IT 服务能力的集约和统筹，解决大型企业在税务数智化进程中所面临的各类问题。数智底座建设成为了大企业税务数智化转型的基础设施，其有利于发挥新技术变革带来的全新影响力，激活企业新的生产潜能，将技术与业务实现真正的有效融合，驱动业务创新和管理升级，助力大企业税务数智化转型和数智化业务的持续推进。

IDC 认为企业数智底座应该具备以下 6 大基础能力，如图 9 – 1 所示。

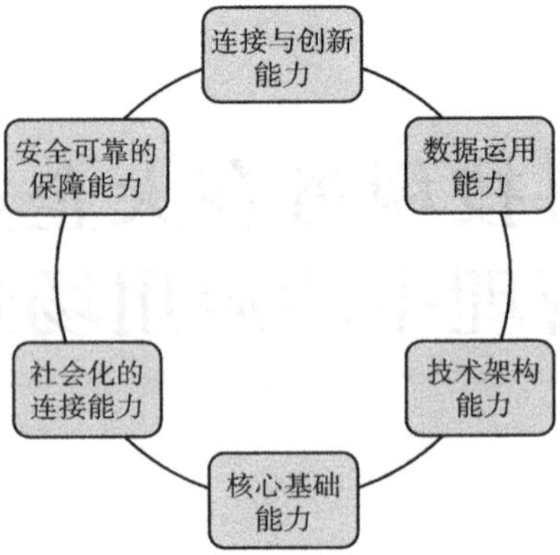

图 9-1　一体化数智底座的基本能力

（一）连接与创新能力

连接与创新能力建立在横向、纵向高效连接的基础之上，横向打破不同业务线之间的壁垒，实现数据、技术上的充分共享交换，依托融合化场景产生连接价值。纵向打通流程全链条，实现业务上下游的数字化协同。因此，一体化底座既需要建立面向各类基础设施、数据、引擎的融合服务能力，也需要连接上层的企业业务，将企业发展所必需的应用与数智底座充分适配。

（二）数据运用能力

数据平台应能将 OLTP 和 OLAP 需求相结合，提供面向海量数据批流计算、离在线计算需要的计算、存储引擎，结合 AI 开发和服务能力，赋能数智化、场景化应用。基于数智底座的连接能力，汇聚多源数据，并利用平台化工具实现数据治理、数据价值开发、算法与模型管理，在此基础上进行标签管理、指标治理、用户画像、智能分析、多维展示等深度治理与数据的场景化应用。例如，通过激活财务数据价值，深化财务管控应用；通过岗位关键指标构建，建立绩优画像、更精准地识别人才，贯穿人才的选用育留全流程，支撑人力分析应用场景。

1. 数据治理能力

企业数据经过规范化、标准化和有效的管理，确保数据的质量、可用性、安全性和合规性后，其价值才能真正被发挥。企业应构建的数据治理能力包括涉税数据分类、涉税数据质量管理、涉税数据安全管理、涉税数据合规性管理等。

2. 数据场景化应用（数据智能）

大企业科技税务数智化转型需要通过场景构建真正的数据赋能业务的能力，依托数据治理、数据分析、数据建模等技术手段，实现数据与业务的无缝衔接。因此，场景化应用有助于企业在更大范围内挖掘数据价值，通过数智技术手段为业务提供更加精准、高效的决策支持与服务。

（三）技术架构能力

面向用户的一体化平台应能涵盖数据中台、业务中台、智能中台、低代码开发平台以及包含云原生、微服务框架、IoT 在内的技术平台能力，实现多维能力的一体化输出，这需要建立在强大的技术集成和服务管理基础之上，也需要长期的实践改进与迭代。一体化的技术架构是大型企业机构面向未来开展数字化创新的必要条件，能够帮助其取得显著的效率和综合收益优势。

1. 数据中台化存用能力

大企业应着力将内部的涉税数据进行整合和管理，实现标准化存储，形成数据资产的积累，为企业提供可灵活调用、可复用、可沉淀的数据服务。数据中台能够帮助企业避免业务部门之间的重复建设，降低新业务生产的成本，提升内部创新力和创新效率。

2. 业务中台化输出能力

企业的一些共性业务能力可以进行模块化和标准化输出，形成一个统一的业务服务平台，支撑多业务复用。企业利用业务中台强大的集成和管理能力，实现集团税务业务能力的快速组合、快速上线、快速迭代和长期沉淀，能大大提高业务的灵活性和响应速度，降低业务开发和维护成本，提升企业的竞争力和创新能力。

3. 智能中台化输出能力

企业还应全面关注人工智能领域的发展，利用 AI 开展多种类型的业务增强和创新活动，例如视觉智能所支撑的事件监测、生产检测，以及语言/语义智能、决策智能所支撑的智能客服、智能营销等。智能中台已经日益成为支持业务创新的标准配置，其基于人工智能技术，将企业内部各类数据进行建模、分析和应用，提升智能化管理、服务、洞察和决策水平。例如 RPA 在纳税申报领域的应用。

4. 低代码快速开发能力

企业在应用开发过程中，应逐步将开发团队的关注重心转移到业务服务本身。低代码开发平台基于可视化建模和自动化代码生成技术，大幅提升开发效率和质量。开发人员能快速构建高水平的应用程序，甚至非专业开发人员也可以参与到应用的开发过程中，进一步促进业务团队和 IT 团队的协同。

5. 高效的连接集成能力

在数字化业务时代，大企业税务既要快速响应内部需求，调整业务方向；又要很好地连接外部资源，扩展企业能力边界。因此，开放互联、轻松集成和数智互联是数字时代的刚需。连接集成平台能够通过统一的接口和协议，实现数据的快速交换与共享，对内外部的不同系统、应用和数据源进行动态连接。一般情况下，平台的混合云网关还具备穿透多方网络的能力，能够为企业提供安全稳健、开箱即用的混合云服务。

（四）核心基础能力

云计算、大数据分析与应用等技术是企业构建现代化开发和应用模式的重要基础，同时，容器、微服务、DevOps 等云原生技术也广泛用于一体化开发、测试、交付流程的构建。这些核心基础能力应能够快速迭代更新，帮助企业打造云上云下一体、多维数据引擎存算一体、工程化以及端到端、标准化的应用创新流程。

1. 云原生的应用开发能力

企业在利用云计算的弹性、可扩展性和高可用性等优势的同时，可以进一步考虑基于容器化的微服务架构，使用自动化的工具和流程构建、部署和管理新一代应用程序。同时，云原生技术提供了包括服务网格、容器编排和自动化扩展在内的强大平台化能力，可以让企业应用程序轻松拥有高可靠、高可用、易扩展等优势特性。

2. 云上云下一体的交互能力

云计算和传统本地计算的结合，对企业具有显著的现实意义。云上云下一体化的应用既可以保证云端的大规模计算和存储能力，同时也可以充分兼容本地化的实时数据交互和处理需求，这是一些对监管、合规有严苛要求的企业或业务场景在用云、用智时的最佳选择。

3. 多维数据引擎存算一体的能力

企业在进行海量数据的存储、管理、分析和展示时，可以利用多维数据引擎的存算一体特性，在时间、地域、产品等不同维度开展实践活动。多维数据引擎能够帮助企业在数据处理方面获得竞争优势，更有效率地利用数据进行决策和管理。

4. 工程化的软件开发能力

作为企业软件开发中不可或缺的能力要素，工程化能力将企业软件开发的各个环节进行充分的规范化、标准化和自动化，能显著降低开发的时间成本和业务风险。

（五）安全可靠的保障能力

拥有全栈服务能力的数智底座须具备面向全栈安全和整体架构可靠性、可用性的保障能力，这涉及一体化、细粒度的动态运行监测，以及在部署、运行和迭代过程中的风险预警、安全事件管理、容灾备份等实践过程。特别是在云原生和分布式技术快速发展的背景下，大量的 PaaS 层组件能够为云原生安全提供强有力的保障。

（六）社会化的连接能力

除上述以构建内部体系架构为主的关键能力外，大型企业机构还应结合当前的经济社会特征，打造支撑社会化协作、产业互联进程的外部连接能力。因此，企业数智底座的对外的生态开放服务也十分重要，特别是面向供应链和生态伙伴的数据有序开放服务，将帮助企业在高效开展外部合作的同时为整个行业的繁荣发展做出领军者的贡献。

1. 连接社会化资源的能力

企业利用云所提供的全栈能力、协作工具和技术平台，与外部的社会化资源进行安全的信息共享、知识传递和相关协作，可以有效提高组织的创新能力、运营效率，最大化利用社会化的商业资源发展壮大。

2. 接入广泛的生态伙伴的能力

企业通过数智平台与第三方开发者、合作伙伴形成广泛合作，如接入电子税局或者乐企，携手构建生态系统，共同创造价值，助力整个行业的繁荣和发展。

二、涉税数据管理

进入数字化、智能化时代，数据以超乎想象的速度进行量的扩张，数据特征和价值在广度和密度等方面也发生了深刻的变化。2023 年 8 月，财政部印发了《企业数据资源相关会计处理暂行规定》，规定 2024 年数据将作为企业资产，纳入资产负债表中进行管理。数据作为新型生产要素，已列为比肩土地、劳动力、资本、技术的“第五要素”。涉税数据管理，是每个大企业税务管理人员都不得不面对的一个问题。

（一）涉税数据管理设计思路

1. 管控体系

没有健全的数据管理机制，缺乏权威的数据管理组织，也没有那么多成熟的能够高效执行的工具，再加上对数据管理的认知错位，这些就是涉税数据管理面临的现实难题。在进行涉税数据管理整体设计时，需将数据管理工作与业务价值变现相结合，建立一整套数据治理的体系，进而形成制度和规范，确保数据管理工作能够长久有效运转下去，直至将数据资产有效沉淀下来。

一般情况下根据企业的管理和业务现状，涉税数据管理管控体系主要由数据资产管理委员会、数据资产管理中心和各业务部门构成，如图 9－2 所示。

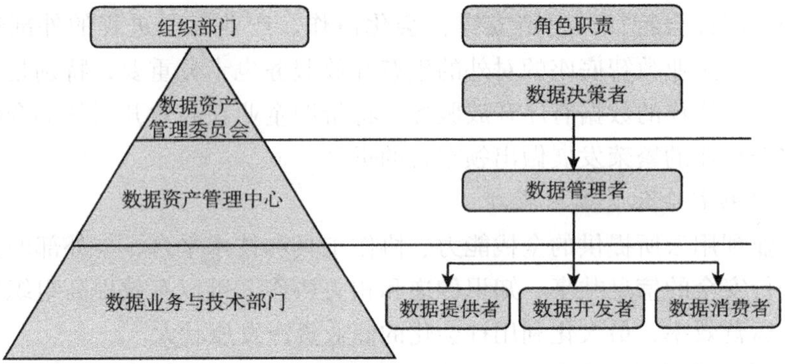

图 9－2　涉税数据管理管控体系示例

设立数据资产管理委员会作为企业数据管理和应用的最高决策机构，统筹企业数据资产管理工作，负责制定企业数据战略并监控数据战略的执行情况。成立数据资产管理中心，负责企业数据的管理和运营，负责数据管理的日常管理维护。数据提供与使用部门是数据管理中的最终用户。针对不同的数据服务，数据业务与技术部门既可能是数据的提供者，也可能是数据的开发者，还可能是数据的消费者。数据管理的角色分工如表 9－1 所示。

表 9 - 1　　数据管理角色分工列表

组织机构	角色	角色说明	角色分工
数据资产管理委员会	数据决策者	由 CEO、CFO、CDO、CIO 等公司高层领导组成。	负责领导整体企业数据资产管理工作； 制定企业数据战略，把控数据资产管理和应用方向； 对数据管理和应用过程的重大问题进行决策。
数据资产管理中心	数据管理者	由公司组织建立的数据管理和应用的部门，统一由 CDO 领导。	负责数据中台的整体管理、运营、组织和协调； 负责组织企业数据资产的盘点和梳理，形成企业数据资产目录； 负责牵头制定数据资产的相关管理政策和流程，定义数据标准； 负责组织数据资产认责，协调解决数据资产认责过程的各种冲突； 负责为从数据提供者处采集数据，形成数据资产，并为数据消费者提供所需的数据服务。
数据提供及使用部门	数据提供者	相关数据的所有者和权限管理人员。	负责配合制定本领域的数据管理制度、流程、标准和规则； 负责遵守相关的数据标准和管理制度，并对本领域业务中的数据质量负责； 负责对不符合数据标准的数据进行整改，从源头规范数据质量。
	数据开发者	各部门相关的数据开发团队或人员。	负责应用系统或数据的开发，并在开发过程遵守数据标准，保证数据质量； 遵守相关的数据管理制度和流程要求，从技术的角度维护数据的质量和安全； 有权利对数据标准、制度或流程提出改进意见； 对数据安全和质量负有责任。
	数据消费者	数据的使用人员，包括企业内部用户和外部用户。	负责提供数据使用需求； 配合数据标准、制度和流程的制定； 按照既定的流程、制定要求下合规使用企业的数据资产。

在涉税数据管理管控体系中除了需明确数据管理的组织架构、职责外，也需要明确数据资产管理、使用的相关流程。在这里，我们也分别列示了数

据资产管理流程，如图 9－3 所示；数据资产使用流程，如图 9－4 所示。

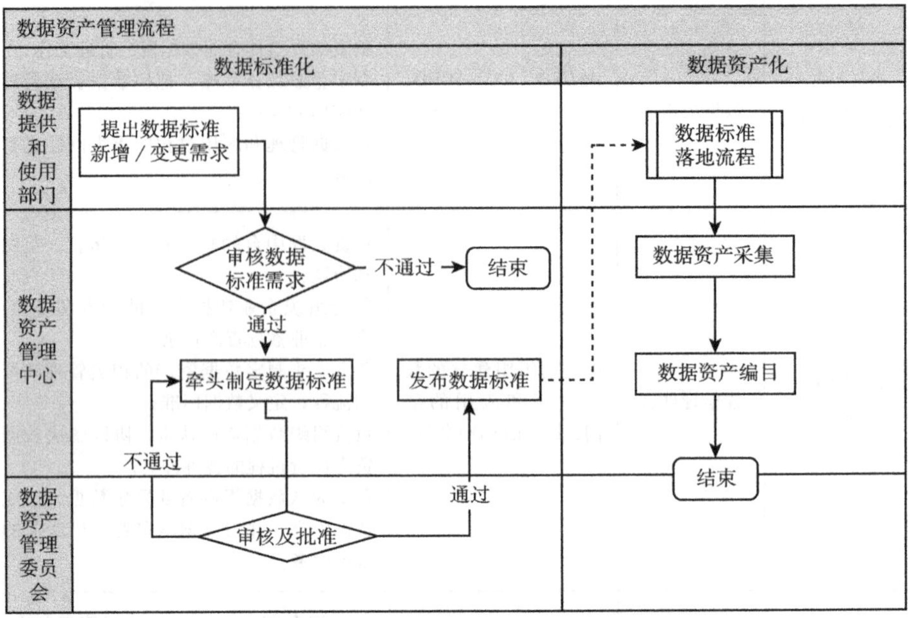

图 9－3　数据资产管理流程

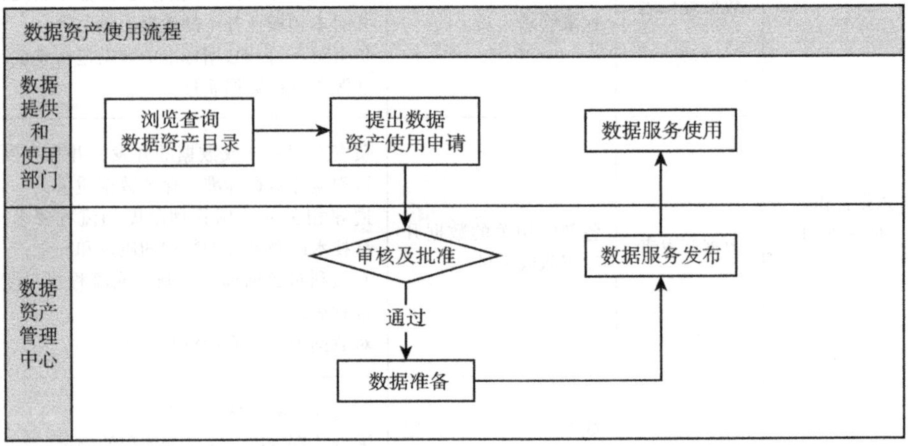

图 9－4　数据资产使用流程

2. 建设原则

涉税数据管理的建设，要立足长远规划和数据的持续增值应用，并遵循以下原则：

统一规划，分步实施：建设必须遵循“统一规划，分步实施”的原则。规划要考虑企业发展的趋势和未来的管理体制，考虑平台的总体性和扩展性，避免投资浪费。同时，实施时标准先行、打牢基础，并区分业务的成熟度和紧急程度分步来实施，分步取得效益。涉税数据管理的建设工作，无论从思想上还是技术上都要有一个循序渐进的过程。

加强宣传，导入理念：企业长期的数据管理模式，业务模式根深蒂固，在涉税数据管理建设的过程中，需要对引入数据集中管控的理念，从数据管理带来管理的高效性、易用性，数据管理在企业数字化转型过程中的重要地位及数据资产的高可用性等长远的利益等方面加强宣传，为用户良好的使用打好基础。

小步快跑，不断完善：在涉税数据管理的建设中，要小步快跑，不断验证、发现问题，并及时解决，尽可能地从更长远的角度考虑问题，保障系统的稳定性以及良好的生命周期。

经验引入，能力转移：建设过程中应考虑引入有数据管理项目建设经验的第三方共同实施的方式进行，充分利用第三方在数据管理建设中经验的引入，同企业及三方人员确立共同实施的方式，在实施过程中注重转移数据管理的实施和应用经验，为以后企业内部进行的应用扩展和运行维护提供方便。

3. 总体架构

涉税数据管理，应以业务需求为驱动，进行数据资源的梳理和治理，为企业沉淀可复用的数据能力，使得系统轻便快捷，能够快速开发；财税操作人员和管理人员能够快速分析和决策，助力企业以更轻盈的步伐应对瞬息万变的市场环境。涉税数据管理总体架构如图 9－5 所示。

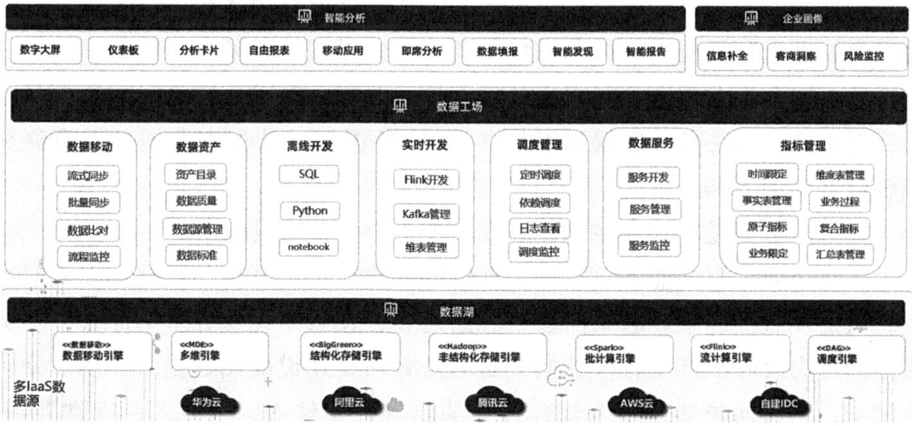

图 9－5　涉税数据管理总体架构

涉税数据管理，以云原生、微服务、大数据和人工智能等数据加工处理技术为基础，统一数据标准，构建数据模型，分析展现，实时分析辅助决策，支撑企业实现全面数据智能。

数据工场提供数据移动、数据资产、数据开发、指标管理、数据服务等功能对数据进行采集、加工、处理、分析、探索，提供数据资产产品对数据进行治理，提供数据访问和数据任务监控。在此基础上，企业利用数据管理可以建立各种面向业务的数据中心，使用智能分析等产品把数据进行智能化分析和展现，支撑企业的各种业务分析场景，以数据驱动业务的快速创新。

数据湖是数据管理的技术底座，主要提供海量数据的存储和计算的能力，包括数据同步引擎、多维计算引擎、结构化数据存储和计算引擎、非结构化数据存储和计算引擎、批量计算引擎、流式计算引擎和调度引擎，支持主流的 Hadoop、spark、flink 等大数据技术，实现企业级海量数据的处理。

（二）何时进行建设

多数企业都意识到数据的重要性，都希望利用数据来驱动业务发展。但经常会听到这样一句话："我们企业现在业务都还没做起来，连数据都没有，还不到考虑数据利用的时候。"这句话在某种程度上代表了一部分企业对于数据利用的认知，即数据利用从先有数据开始。而数据是在应用建设后存到数据库里的，所以先建设应用，然后等数据库里有了数据后，再考虑如何利用数据。听上去，这个逻辑完全正确。但其实这就是很多企业对于数据利用的误解，即先建设应用，再考虑数据利用。如果用这样的思路建设，过了一年以后，这个企业就会立刻提出新的问题："多个应用系统之间的数据打不通，对不齐，不一致，数据用不起来。"这种误解，从根本上说是没有充分理解数据利用的两个本质。

第一，数据是客观存在的，不取决于企业建不建设应用。

一个企业，只要业务在运行，哪怕没有建设任何系统，数据都在实时产生，只是没有把它采集起来而已。数据是业务在数字化世界里的原子，业务流程和行为会时刻产生各种数据，而不是必须要建设应用数据才产生。举一个例子，当快递员接到一个快递订单的时候，发件人、收件人、货物类别、发货地、运输工具类型、距离等数据就已经产生。信息化系统的支持只是改变了这些数据的记录和传递的手段，是一张纸还是一个网络而已。这些数据是客观存在的，不会因为信息化系统本身而改变。

企业要从本质上认识到，数据是业务在数字化世界里的投影模型，它是业务的镜像，是客观存在的。只要有业务，那么就存在对应的数据。应用只是把数据通过软件采集到存储设备里而已。

第二，数据利用的规划要早于应用和流程的建设。

在建房子之前，要做整体设计，规划各种利用场景，只有这样才能设计出一个符合预期的房子。现在，每个企业都意识到，数据是企业的核心资产，应用是采集和利用这些资产的工具。为了数据在采集后得到充分的利用，每个企业必须在规划应用和流程之前，完成数据利用的规划。这就包括企业的数据资产目录的规划、数据利用场景的规划、数据存储的规划、处理分析数据的技术平台的规划等。

企业构建数据驱动的架构体系，既是一个技术工作，也是对企业组织和文化的升华。企业进行顶层设计，需要从一把手的视角进行规划，看到整个企业的痛点，打通企业运营的七经八脉。建议企业在组织上配套建立平行于IT的数据管理组织，赋予组织更多的预算和决策权力。数据管理组织不仅要承担企业数据驱动的技术和业务落地，同时也要推动企业数据驱动的文化建设，帮助业务部门在决策上基于数据“说话”。在规划、组织、文化上的思路统一后，一般来说企业数据驱动的转型和执行就不会有大的偏差。在实施上选择更靠谱的供应商、更先进和更开放的技术，可以帮助企业少走弯路，直奔目标。

（三）涉税数据管理的实施

涉税数据管理的实施，可以分为以下六个步骤开展建设工作。分别为：数据管理顶层设计、数据资产盘点、平台部署与数据入湖、数据建模治理服务、数据分析可视化以及数据的智能化应用。

接下来，我们分别就这六个步骤进行展开，简要介绍这六个步骤的实施内容。

1. 数据管理顶层设计

数据管理顶层设计包含现状调研、现状评估与需求分析、体系规划与架构设计、实施规划四个方面内容，如图9－6所示。

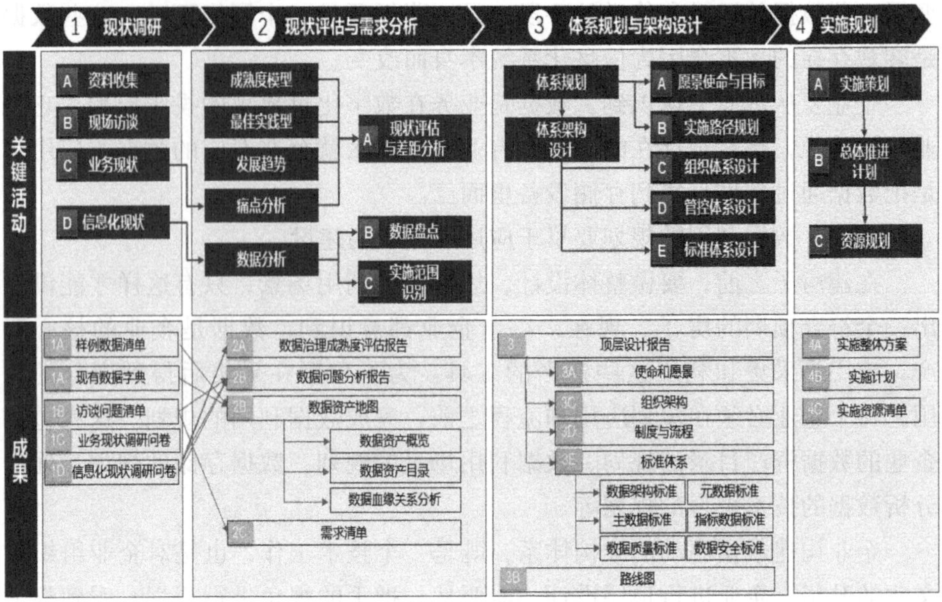

图 9－6　数据管理顶层设计

2. 数据资产盘点

采用自上而下或自下而上的方法对企业涉税数据资源进行盘点和梳理，按照一定的业务规则对数据进行分类分级，识别数据实体，设计数据模型，形成企业级数据资产目录。数据资产盘点方法如图 9－7 所示。

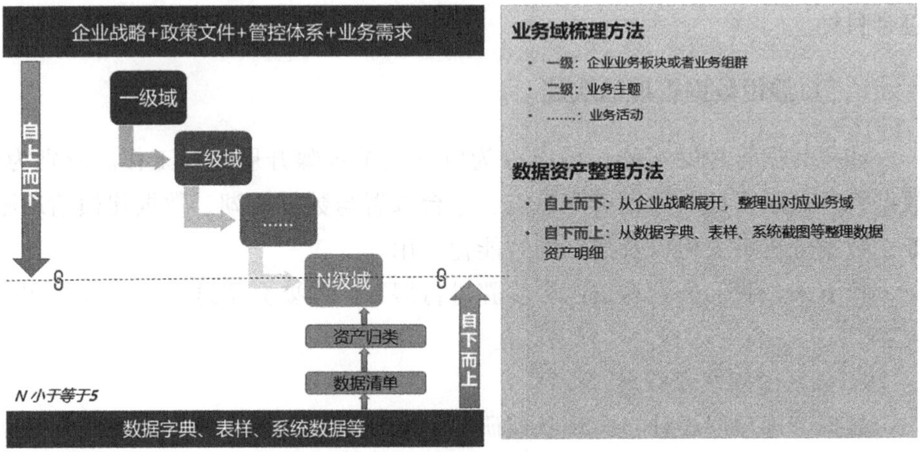

图 9－7　数据资产盘点方法示意图

盘点数据资源、规划数据资源、获取数据资源，并将所有数据资源进行完整呈现；这里的盘点，不对数据进行移动，是把数据源连接统一的管理平台上，把数据变成可见的、可管理的企业资产。数据资产呈现示意如图9－8所示。

图9－8　数据资产呈现示意图

3. 平台部署与数据入湖

分析每个数据资产的数据源，规划数据存储，通过数据移动工具将数据源的数据移动到数据中台相应的存储位置。数据资产入湖流程如图9－9所示。

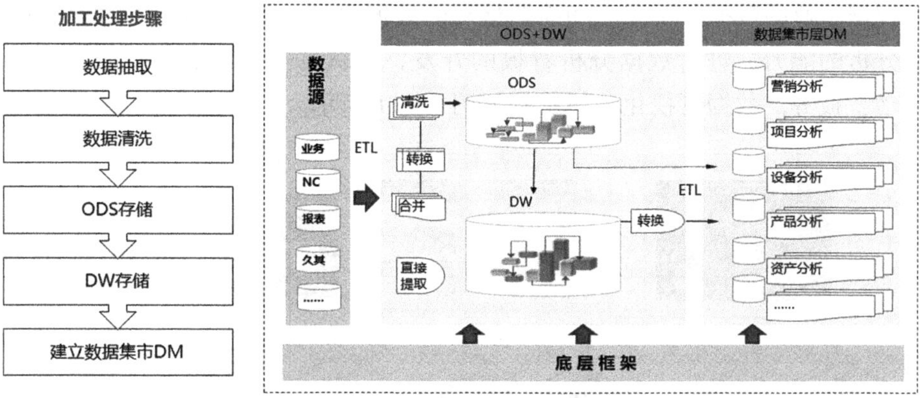

图9－9　数据资产入湖流程图

4. 数据建模、治理与服务

根据企业数据应用需求，按照数据仓库分层建模的原则进行数据仓库模型设计，包括分析主题规划、指标体系设计、数仓模型设计等，为数据智能分析提供支撑。数据管理主要提供数据资产目录、数据质量管理、数据服务管理等功能，实现对企业数据资产的有效管理。数据建模与数据服务关系如图 9－10 所示。

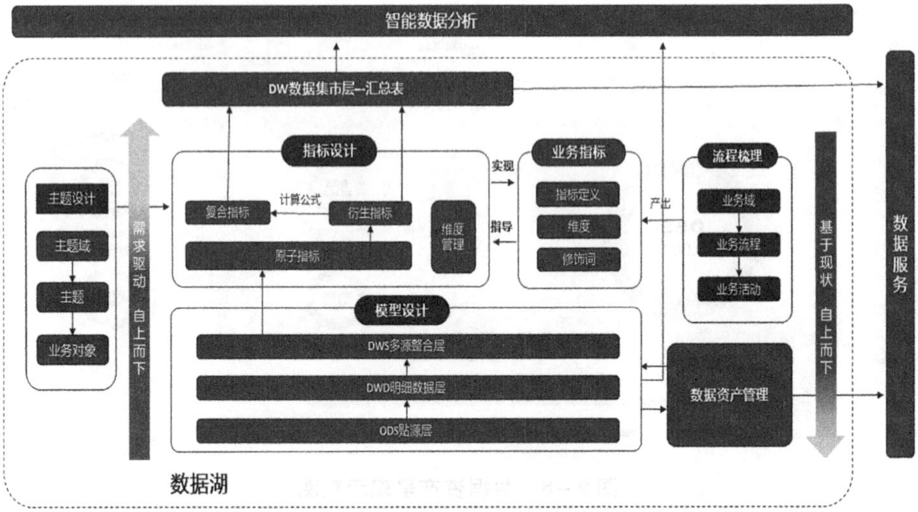

图 9－10 数据建模与数据服务关系图

5. 数据可视化分析

建设数据管理最重要的是让数据用起来，在完成数据建模后，下一步需要根据企业的数据分析需求和前期整理的数据原型，基于数据中台的数据智能分析的能力，进行数据分析看板的开发，包括可视化图表、报表、大屏、移动看板等。数据可视化分析示例如图 9－11 所示。

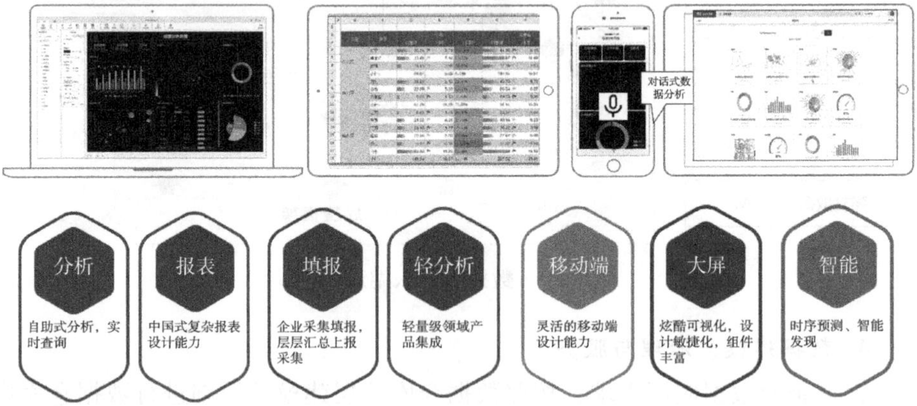

图 9－11 数据可视化分析示例图

6. 数据智能化应用

基于数据资产目录或数据源生成数据 API 服务，前端的业务应用调用数据中台的服务完成相关数据应用的开发，避免了各业务前端“重复造轮子”的情况。数据智能化应用示例如图 9－12 所示。

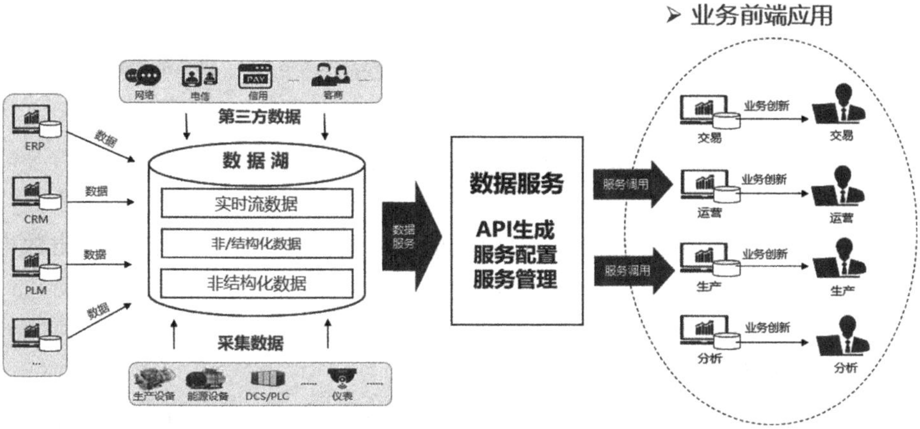

图 9－12　数据智能化应用示例图

涉税数据管理对于大企业来说具有非常重要的意义。通过解决传统税务管理方式的痛点，引入数字化工具和技术，加强数据安全保障，以及构建涉税数据应用平台等方式，可以实现涉税数据的有效管理和应用，为企业税务管理和决策提供有力支持，并推动企业的科技税务进程。

三、发票管理

随着增值税发票的不断变革，我国的税收征管体系信息化建设也历经了金税一期、金税二期、金税三期，从无到有、从小到大、从功能单一到全面覆盖，目前已进入金税四期建设的新阶段，开启税收治理现代化建设的新征程。增值税发票演化发展进程如图 9－13 所示。

金税四期重点围绕智慧税务建设，以全面数字化的电子发票为突破口。全面数字化的电子发票简称为“数电票”。它是依托可信身份体系和电子发票服务平台开具的增值税发票票种，以去介质、去版式、标签化、要素化、授信制、赋码制为基本特征，覆盖全领域、全环节、全要素，与纸质发票具有同等法律效力。传统电子普票和电子专票称为“纸电发票”。截至目前，数电票开票、受票试点范围已覆盖了全国除港澳台地区的全部 36 个省市。从

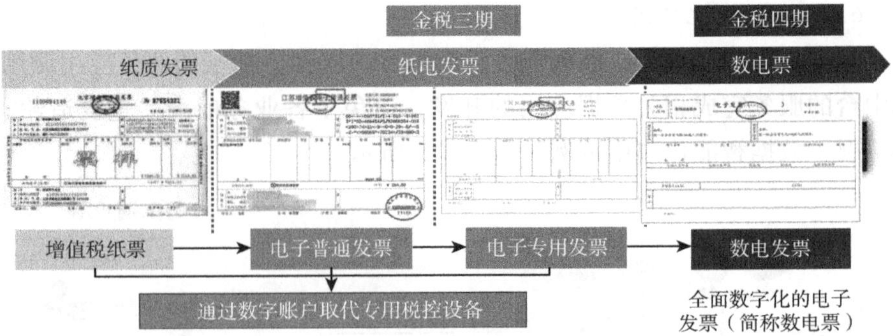

图 9－13　增值税发票演化发展进程

国家紧锣密鼓颁布的政策和税局对数电票推广的高度关注上，不难看出数电票在全国范围内的应用已是大势所趋。

（一）发票开具接收途径

目前，数电票的试点工作已经覆盖了全国大部分省份，对于试点地区的存量企业还在逐步分批推进试点工作，仍有部分纳税人尚未纳入到数电票的试点范围内，故现阶段是数电票与税控发票的双轨并行阶段。对于大企业集团来说，分支机构遍布全国各地，在进行销项发票管理的数智化规划时，需考虑到不同省份数电票的推进时间节奏，对数电票与税控发票的管理进行兼容性支持。

就现阶段而言，税局侧提供的发票开具途径主要有三个，如图 9－14 所示。

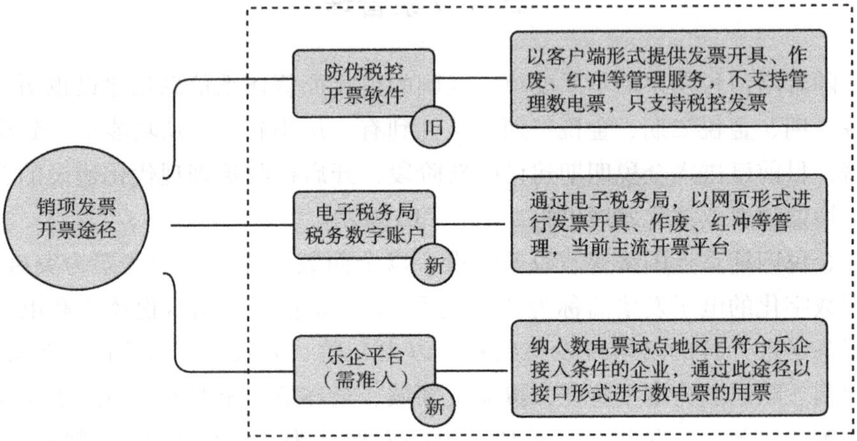

图 9－14　销项发票开票途径

防伪税控开票软件，是国家税务总局指定使用的增值税发票管理软件。它以客户端的形式，为企业提供增值税纸质发票、纸电发票的开具、打印、红冲等功能，必须配合税控设备同时进行使用。值得注意的是，防伪税控开票软件无法支持数电票管理，因而随着数电票的不断深化推广，防伪税控开票软件终将逐步退出历史舞台。

电子税务局税务数字账户，是依托于各省电子税务局面向数电票试点纳税企业，归集各类涉税数据的平台。纳入数电票试点地区的一般企业，可以通过此途径以页面形式进行数电票的开票处理。它也是当前主流企业使用的数电票开票平台。

乐企平台，是指国家税务总局向符合条件的企业，通过税务系统与企业自有信息系统直连的方式，提供规则开放、标准统一的数字化电子发票等涉税服务的平台。纳入数电票试点地区且符合乐企接入条件的企业，通过此途径以接口形式进行数电票的开票处理。对于大企业集团来说，乐企平台是最适合的开票途径。通过乐企平台，企业能有效实现全面的总对总税企直连涉税数据管理中心，从而支撑建立一流财税管理体系，降低税企之间信息不对称程度。因此，对于大企业集团来说，乐企平台是最适合的开票途径。

税局侧发票的接收途径主要有以下三个，如图 9 – 15 所示。

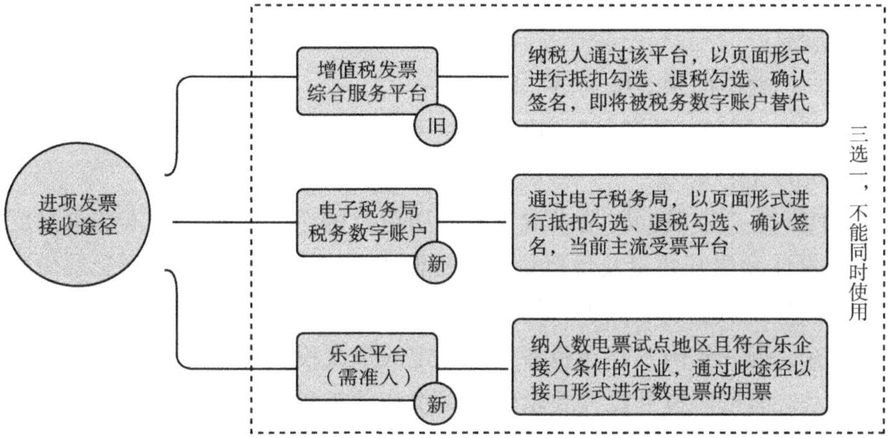

图 9 – 15　进项发票接收途径

增值税发票综合服务平台，是由国家税务总局提供给企业进行包括增值税发票的代办退税勾选、进销项发票下载、成品油消费税管理、网上抵扣勾选、进项发票查询等功能的网站，必须配合税控设备同时使用。随着数电票时代的全面来临，和开票软件一样，增值税发票综合服务平台也将慢慢退出历史舞台。

另外两种途径，分别为电子税务局税务数字账户和乐企平台，在前面开具途径中已经进行了介绍，在这里就不再赘述。但区别于税局提供的开票途径，发票接收的三种途径只能在综合服务平台、数字账户、乐企平台三者中，选其一进行使用，不能同时使用。企业在进行发票接收的途径选择时，应充分考虑各途径的优劣势后，谨慎进行选择。

（二）乐企平台接入

1. 乐企接入条件

乐企服务对象涉及直连单位和使用单位两类。直连单位是指直连平台所有者，即主要责任单位，应为总分支机构的总公司、集团企业总部、具备股权控制关系的实际控制单位等。使用单位是指通过直连平台使用相关乐企服务的使用者，应为总分支机构的总分公司、集团企业总部及其下属成员企业、与直连单位具备股权控制关系的关联企业等。乐企平台具体的接入标准如下：

（1）直连单位接入条件，具体如下：

第一，已纳入全面数字化的电子发票（以下简称“数电票”）开票试点纳税人范围；

第二，纳税信用等级为 A、B 级；

第三，本企业及同时请求成为其使用单位的企业上一年度营业收入合计 5000 万元以上；

第四，本企业及同时请求成为其使用单位的企业，发起接入请求月度前 12 个月累计发票开票量及受票量合计不低于 5 万份或累计发票开受票份数低于 5 万份但开票金额不低于 5 亿元；

第五，近三年内不存在税务机关确定的重大税收违法行为；

第六，能按照税务机关要求依法提供相关涉税数据，包括但不限于使用单位身份信息、取酬账户信息、经营收入情况等，以及需要特别提供的货物流、资金流、现金流等其他涉税数据；

第七，医院、热电、公共交通等民生保障类行业纳税人，营业收入及开受票量等不满足以上条件的，税务机关可根据实际情况适当降低接入条件标准。

（2）使用单位接入条件，具体如下：

第一，已纳入数电票开票试点纳税人范围；

第二，为直连单位或与其为同一总分公司、集团企业或具备相互股权控制关系的企业；

第三，纳税信用等级为 A、B、M 级（B、M 级纳税人需要定期提供货物流、资金流、现金流的有关数据；非独立核算分支机构等可不参与纳税信用等级评价的除外）；

第四，近三年内不存在税务机关确定的重大税收违法行为；

第五，能配合直连单位按照税务机关要求依法提供相关涉税数据。遵循税务机关管理要求，如实向税务机关报告重大变化和使用情况。

2. 乐企接入流程

（1）发起接入请求。

符合第二章所列接入条件的企业应在电子税务局的乐企平台模块（以下简称“乐企平台”）发起接入请求。

第一，直连单位：按照属地化管理原则，符合要求的直连单位通过乐企平台向其主管税务机关发起接入请求，并提交以下材料：《乐企直连服务接入信息表》；《乐企直连服务协议书》；企业自有信息系统的软件著作权或使用权证明；《项目报告》：应包括业务部分、技术部分、管理部分，其中业务部分至少应包括接入应用的开发项目说明、项目规划、业务量等内容。技术部分至少应包括网络环境、安全方案、硬件环境、系统设计、技术实现等内容。管理部分至少应包括技术支撑管理、安全管理、运维管理等内容；《授权委托书》（直连单位授权其关联企业建设、管理平台，或授权不具关联关系的第三方企业建设平台时提供）；《乐企服务网络地址备案表》；税务机关要求的其他材料。

第二，使用单位：使用单位发起使用请求的两种方式：由直连单位邀请的，使用单位收到邀请通知，通过乐企平台确认邀请信息并填写主管税务机关、与直连单位的关系，向使用单位主管税务机关发起使用请求；使用单位申请授权的，使用单位通过乐企平台向直连单位发起授权申请，取得直连单位同意后再向使用单位主管税务机关发起使用请求。

使用单位需提交以下材料：使用单位应提供能够证明与直连单位关联关系的相关材料。使用单位为省级及以上税务机关确定的铁路、民航、公路等隶属于统一政府业务监管部门的，无须提供。税务机关要求的其他材料。

（2）请求结果查询。

发起请求的企业可以在乐企平台中查询税务机关发送的确认结果及相关意见。

（3）能力订阅请求发起。

企业开通乐企服务后，直连单位可通过乐企平台能力中心查看相关能力开通状态及有效期，并对未开通的能力发起能力订阅请求。

（4）能力订阅测试。

直连单位发起能力订阅请求后，乐企平台测试中心为直连单位提供能力使用的仿真测试环境。直连单位参考乐企平台提供的能力说明文档完成乐企自用开发后，进入乐企平台测试中心进行能力使用联调测试，通过测试后生成测试报告，确认无误后可提交税务机关确认。

（5）能力开通。

直连单位提交的能力测试报告经税务机关确认通过后，即可开通对应的能力。

（6）能力授权。

直连单位可向使用单位发起能力授权，邀请对方使用其直连平台已开通的能力，使用单位确认授权后，即可通过直连平台使用该能力。对于部分针对特殊行业或用途的能力，使用单位应符合相应的行业资质等要求。

（三）销项发票管理

销项发票管理的科技税务应用，主要是通过信息化的手段完成增值税发票开具侧的管理。销项发票管理可以为企业集团及下属单位提供专业化的增值税发票开具服务。目前仍处于数电票与税控发票双轨并行的阶段，因此建设销项发票管理服务，需要考虑到对不同发票的种类的兼容支持，如数电票、增值税电子发票、增值税电子普通发票、增值税专用发票、增值税普通发票等多票种的开具支持；针对不同子公司、不同业务场景提供多样化的开票方式，对接税局税控系统，整合集团企业内部共享、收款、发票、入账等环节，帮助企业集团加快实现税务系统信息一体化管理。

在销项发票管理的建设规划时，需要考虑与企业内部销售系统的交易记录、结算信息，或是OA系统的开票申请单在内的数据进行集成，以接口的形式同步待开票数据。同时，税务管理系统可以通过导入、手工录入等方式获取待开票数据。税务管理系统在对待开票发票数据进行数据处理后，进行发票开具工作。除了需要考虑到发票的开具，还需要考虑通过系统化的方式对发票回写、发票交付、发票红冲、作废等进行管理；发票数据形成销项发票台账，可以支持按照纳税主体、会计主体、项目名称、发票号码、代码、种类、状态、税率等多维度进行查询、统计，并支持导出查询结果。针对大企业集团分子公司众多的情况，可以通过系统设置控制各级、各角色的分工，实现发票集中开具、集中管控等功能。销项发票管理整体应用架构如图 9 – 16 所示。

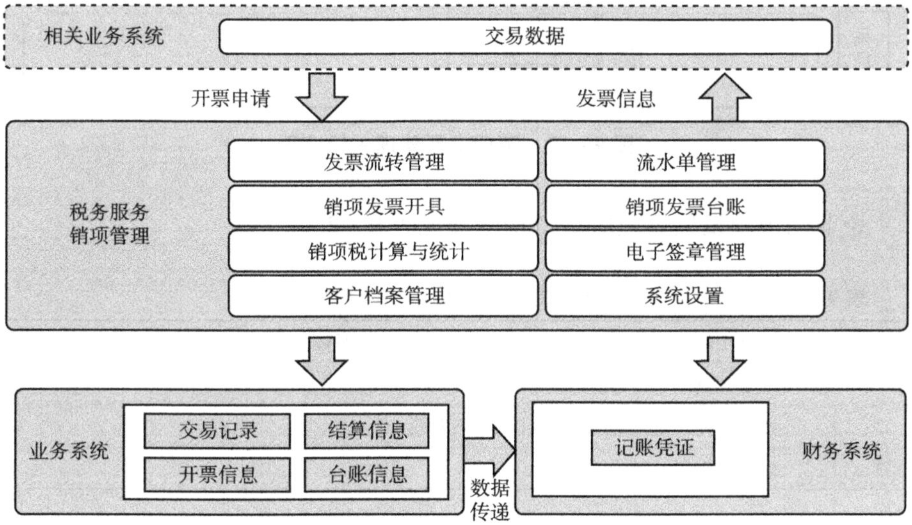

图 9 – 16　销项发票管理整体应用架构

销项发票管理的科技税务应用，主要通过信息化的手段完成增值税发票开具侧的管理。待开票数据通过销售业务系统接口传递或手工导入等方式进入税务管理系统的发票管理模块，系统会根据预先设置的参数规则及开票规则进行处理，将需要开具发票的交易明细同步到税局侧进行开票处理，同时将开票结果回传至销售业务系统或将开票信息同步至财务核算系统进行账务处理。对已经开具完成的增值税发票，可以进行自动化交付、批量打印等操作。系统会归集所有发票，形成销项发票统计台账，可以生成包括增值税申报表在内的各类统计数据。销项发票管理关键流程如图 9 – 17 所示。

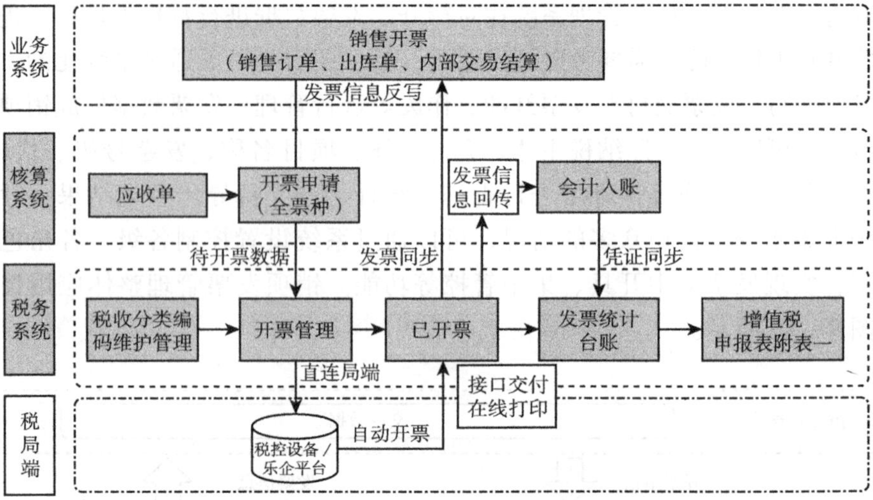

图9－17　销项发票管理关键流程

企业的销项发票管理应具备功能详见表9－2。

表9－2　　　　　　　　　　销项发票管理核心功能列表

序号	关键功能	具体描述
1	发票开具	实现全票种开具。
2	发票红冲	对应蓝票开具红字发票。
3	发票作废	作废发票。
4	发票存管	满足财政部、国家档案局《会计档案管理办法》《中华人民共和国档案法》《关于规范电子会计凭证报销入账归档的通知》等规章制度对会计电子档案年限及归档的相关要求，对电子发票进行存管。
5	发票查询	支持多维度发票查询，联查单据。

（四）进项发票管理

进项发票管理的科技税务应用，要通过信息化的手段完成增值税发票、定额发票、火车票、飞机行程单等票种在内的接收管理。进项发票管理服务，通过对各类进项发票进行接收、查验、认证抵扣等管理，建立集团统一的企业受票台账，及时发现问题票、假票、重复报销的发票，降低财务风险、简化财务流程。在进行进项发票管理建设规划时，需考虑到企业税务信息多样化的需求，既可在税务管理系统中直接对发票进行操作，也可对接企业自有业务系统，由业务系统发起对发票的采集、查验、认证动作，满足多场景的业务诉求。

进项发票管理服务需要考虑到支持多票种的数据采集、图片采集、信息存储、状态存储管理。利用 OCR 票据识别技术，一键拍照自动识别发票信息；支持对发票自动验真，自动防重，以及发票全票面业务合规性检查，取代财务人工核对。数据进入企业发票池，同时集成企业内部的费控系统、采购系统、财务系统等，同步相关票票税信息。支持在线批量勾选及认证增值税发票信息；实时获取认证结果；实现异地集中统一认证，并可以按照纳税主体、会计主体、项目名称、发票号码、代码、种类、状态、税率等多维度进行查询、统计。进项发票管理整体应用架构如图 9－18 所示。

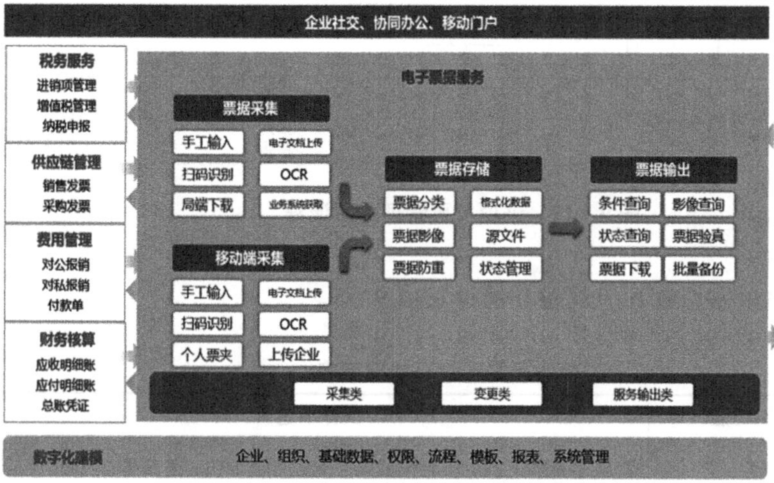

图 9－18　进项发票管理整体应用架构

企业内部的采购、报销相关的进项税发票，可以通过扫描仪扫描、源文件导入等多种形式进行发票的采集、签收处理。通过发票解析、OCR 识别技术，获取发票的全票面信息后，对发票自动验真，自动防重，以及发票全票面业务合规性检查。完成校验的合规发票数据进入企业发票池，同时集成企业内部的费控系统、采购系统、财务系统等，同步相关票票税信息，如发票记账状态、发票报销状态等。月末，根据发票的记账、报销状态，直连税局实现增值税专用发票、海关缴款书自动勾选认证管理，或者用户通过高速扫描仪识别勾选发票或手工勾选发票，企业收到发票，根据供应商开给企业和企业员工报销产生的进项发票不同，根据发票类型对票据进行分类储存，分别计入不同的台账，如采购台账、报销台账、进项税额转出台账等。支持按照纳税主体、会计主体、项目名称、发票号码、代码、种类、状态、税率等多维度进行查询、统计，并支持导出查询结果。进项发票管理关键流程如图 9－19 所示。

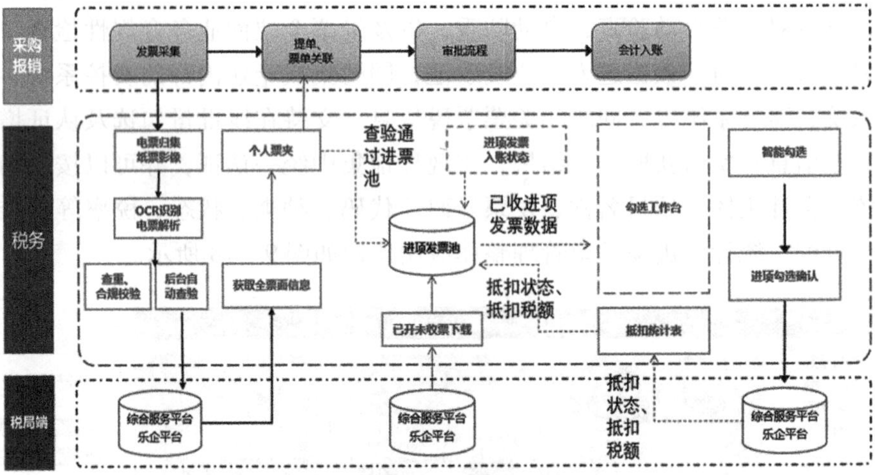

图 9－19　进项发票管理关键流程

企业的进项发票管理应具备功能详见表 9－3。

表 9－3　　　　　　　进项发票管理核心功能列表

序号	关键功能	具体描述
1	电子发票归集、存储、下载服务	提供多种方式的电子发票归集，如邮件、卡包、上传等； 电子发票票面数据解析； 对归集的电子发票提供文件存储服务； 提供电子发票的下载、打印服务。
2	电子发票验伪、防重	对上传平台的电子发票，平台提供自动解析、查验功能，对不符合规范的发票以疑票台账方式列示； 对已上传发票提供防重控制，不允许重复提交、重复入账。
3	纸票信息采集	通过扫描枪或手机识别纸质发票票面二维码，获取发票票面关键要素信息； 通过扫描仪 OCR 识别，对纸质发票全票面信息进行识别获取。
4	发票查验、登记	对纸质发票或电子发票打印件，连接税局发票查验平台进行单张及批量查验发票、全票面信息获取，保证查验结果与人工登录国税查验平台查验结果一致； 登记台账，建立进项发票池数据。

续表

序号	关键功能	具体描述
5	进项数据获取	根据企业税号，获取企业在税局勾选认证平台的所有进项发票数据。
6	进项发票入账	对接报账等系统，对发票的入账状态进行获取、更新控制。
7	发票认证	提供专票勾选功能并直连税局认证抵扣，可根据进项发票池发票状态数据，智能匹配勾选数据。
8	进项税额转出	可根据发票用途做进项转出，记录转出原因；提供进项转出台账，记录发票的抵扣和转出状态。
9	发票台账	管理企业进项发票数据，记录抵扣状态，对企业进项明细数据和状态进行管理。
10	查询统计	根据收票情况，自动生成进项发票台账； 支持多维度统计、查询和分析；导出处理等。

（五）数电票推广对企业的影响

电子发票的全面推广可能分为两个阶段：在数电票推广的初期，发票电子化是仍然将是“纸电并行”，甚至在某些企业中仍以纸质发票为主。随着消费终端和供应链中的数电票普及，经济活动中的个体将逐步接受电子发票是唯一的税务交易凭证，从而实现真正的电子发票全领域覆盖。而对于企业而言，提前做好准备，并尽快利用数电票的优势就显得非常必要。

1. 规划开票额度

数电票额度与现有发票最高开票限额共用。要根据合同、交易特点、自身管理能力、受票方情况等多种因素综合考虑。比如，大宗贸易行业单笔交易金额大，而下游企业在双轨阶段同时存在纸电两种发票，如果未能妥善使用开票额度，可能导致无法开出发票，进而影响回款速度。

2. 借助授信做管控

数电票授信额度是基于开票用量、纳税信用、涉税风险等综合因素变动的。授信额度的变化也应当成为集团管控下属企业的一个重要指标。特别考虑到税务机关在金税四期中采用“信用 + 风险”的征管方式，下属企业授信额度的变化就为集团指明了税务管理的重点对象。

3. 梳理优化凭证管理

企业档案管理也可以随着发票电子化趋势逐渐向单套制归档过渡。目前，档案单套制受限于不同业务部门的实操要求，仍然困难重重，而电子发票的推广可以让财务及档案团队通过系统建设等方式，要求业务端提供电子文档，进而取消报销等环节的文件打印、文档装册要求。

4. 全面梳理发票及涉税相关管理现状

数电票的应用将改变税务核算的方式，如通过记账标签分析未开票收入差异的原因，通过集团发票池收集各成员单位开票、抵扣情况等，都可以将集团企业的流转税核算、申报加以集中处理。而在上线数电票前，企业就可以结合现有的系统和税务管理制度，开展梳理工作。

在此背景下，建议企业利用科技税务管理模式，经过流程规范、数据治理等多项措施，全面实现多业务类型自动批量开票、批量交付、批量回写，并让单据、凭证和发票相关联，解决业财税差异问题。通过规范业务流程和制定数据标准，让单据、凭证和发票相关联，实现业财税对账轻松实现；支持多维度智能勾选，并自动生成勾选抵扣明细和旅客运输抵扣明细。这些功能的实现大大提高了企业的工作效率，减少错误率，并降低企业的财务风险。

四、计税管理

计税管理对于大企业集团来说非常重要，且具有必要性，它不仅是企业必须履行的法律义务，也是企业财务管理、资源配置、声誉建设、内部控制等方面的关键环节。对于保障国家财政收入、维护企业形象和促进企业发展都具有必要性。与此同时，现阶段税务机关也在更多地利用税务登记信息、计税管理信息、财务会计信息、备案资料信息、第三方涉税信息等内在规律和联系，依托现代技术手段，对企业的计税管理税款计算的逻辑性、申报数据的合理性、税收与财务指标关联性等进行扫描、比对和分析，企业的纳税遵从压力不断攀升。

结合我国税收征管的数字化转型及企业内部计税管理的诸多管理难点，通过传统手工方式进行大企业集团的计税管理，显然已不合时宜。大企业集团亟须利用信息技术手段，建立符合内部管理需求的计税管理信息化系统，提高纳税申报、税款缴纳等的效率和规范性。

（一）增值税管理

增值税申报是适用范围最广的税种申报，理想的增值税管理系统要求：

准确核算记录开票系统、财务系统、业务系统之间销售收入差异，发票号码关联到凭证或者订单号，业务系统或者财务系统记录当期未开具发票清单；税务核算口径与财务核算和业务核算有差异，税务平台需按税务口径计算销项税金；特殊行业如房地产有扣除项目，要求核算到项目、房间维度（如土地价款抵扣台账）；进项发票实现自动对账、税会差异管理、自动勾选等功能。以上建设重点难点要求财务系统、业务系统的数据核算清晰、颗粒度精细，系统相互之间可以满足核算需求。大企业集团多涉及众多业务板块，各板块使用业务系统情况可能不一样，所以税务平台前期的业务梳理、建立统一的数据核算标准非常重要。增值税管理应用架构如图 9－20 所示。

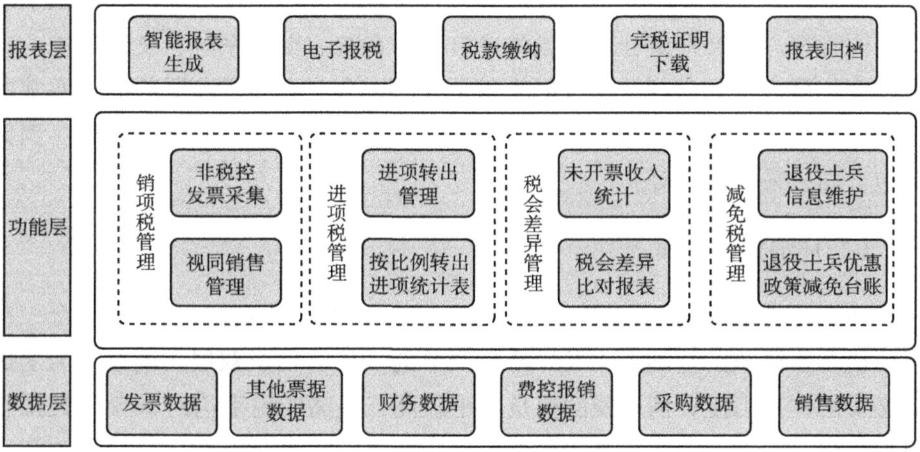

图 9－20　增值税管理应用架构

增值税的大致业务流程为：

第一，数据采集：税务平台按期从财务系统获取科目余额表、科目明细账数据，从销售订单系统获取销售订单明细数据，从采购系统和费用系统获取采购和费用税金数据，从增值税发票管理系统获取当期进销项发票数据，形成增值税计税基础；

第二，创建申报事项：税务平台根据各个机构的纳税申报模式和周期，自动创建申报事项，并显示在经办岗的待办列表中；

第三，税务规则配置：在申报设置中配置申报规则以及取数配置；

第四，生成工作底稿：在创建申报事项的同时，税务平台根据“纳税属期管理”中维护的适用表单，自动生成申报事项对应的工作底稿；

第五，纳税调整：事项创建后，经办岗在工作底稿中录入纳税调整事项；

第六，生成纳税申报表：通过对增值税计税台账取数，包括视同销售台账、进项转出台账、预征税款台账、纳税检查台账等，计算出相应增值税申报表各附表数据。

增值税及附加税的管理，对于部分企业来说，还会涵盖到增值税及附加税的预缴管理。增值税预缴适用于跨县（市）提供建筑服务、房地产开发企业预售自行开发的房地产项目、出租与机构所在地不在同一县（市）的不动产，为确保数据准确性，一般要求核算到项目，对于房地产要求更高，税务核算需要精细到房间，方便后续土增税预缴、企业所得税预缴核算。

对于增值税及附加税的预缴管理，需要考虑到以项目维度申报或各项目汇总申报，其中项目维度核算收入（包括建筑服务、销售不动产、出租不动产合同管理、销项发票管理）通常取自业务系统、财务系统、发票系统。项目维度核算成本（包括采购合同、租赁合同、分包合同及进项发票）通常取自费用系统、合同系统等。项目计税金额 = 项目销售额 - 项目扣除额（例如分包合同，采购成本等）。

（二）消费税管理

消费税是我国现行流转税中的一个重要税种，它与增值税相互配合，在增值税普遍调节的基础上，发挥特殊调节的功能，形成双层次调节。为了达到必要的调控力度，消费税的税负水平较高，最高的税率达到 56%，其税收负担不仅足以左右普通百姓的消费行为，而且关系到企业的经营状况和利润水平。企业的目标，不在于利润的最大化，而在于税后利润的最大化。因此管理好消费税，不仅可以促进消费税应税产品的销售，也可以为企业节省税费支出。

如何减少税务风险的同时为企业节省消费税税收开支？企业应做到依法纳税，同时不多缴税，应享尽享消费税税收优惠，达不到享受条件创造合理合法的条件享受；消费税管理难点较多，常见问题包括以下几个方面：

（1）消费税征税依据容易扩大。

应税消费品有特定范围，企业尽量控制在最小范围，应税消费品和非应税消费品避免一起销售，例如：应税消费品的包装物出售改为出租，收取押金且不超过 12 个月（按《消费税暂行条例实施细则》第十三条规定：应税消费品连同包装物销售的，无论包装物销售是否单独计价以及在会计上如何核算，均应并入应税消费品的销售额中缴纳消费税）。

（2）混合销售消费税从高计税。

不同应税消费品税率不一致，组合销售时，需从高计税。例如酒厂促销组合白酒黄酒包装后销售，需从高税率缴纳消费税，我们如何降低税负呢？改变成套消费品的销售包装方式，采用“先销售后包装”的方式将两种酒分别核算销售额，同时配送礼品盒，在客户购买两种酒后再用礼品盒进行组合包装，即可降低消费税负。

（3）消费税管理落后。

对于集团企业，成员企业多，地域分布散，税务人员水平参差不齐，手工重复处理事项多，效率低，成本高，税务风险大，需要建立统一规范的流程，集中化管理，智能化管理。

基于消费税目前管理水平落后和税负率高的现状，集团企业需建立消费税数智化管理平台，支持消费税相关参数项目能灵活配置，支持数量的转换，支持管控特定应税消费品外购或者委托加工扣除管理，支持科目映射取数等。通过消费税的数智化管理，可以帮助集团企业在税务管理方面提高效率、降低成本、控制税务风险、确保税务事项处理合规合法，为集团企业科技税务管理建设转型添砖加瓦。消费税管理应用架构如图 9－21 所示。

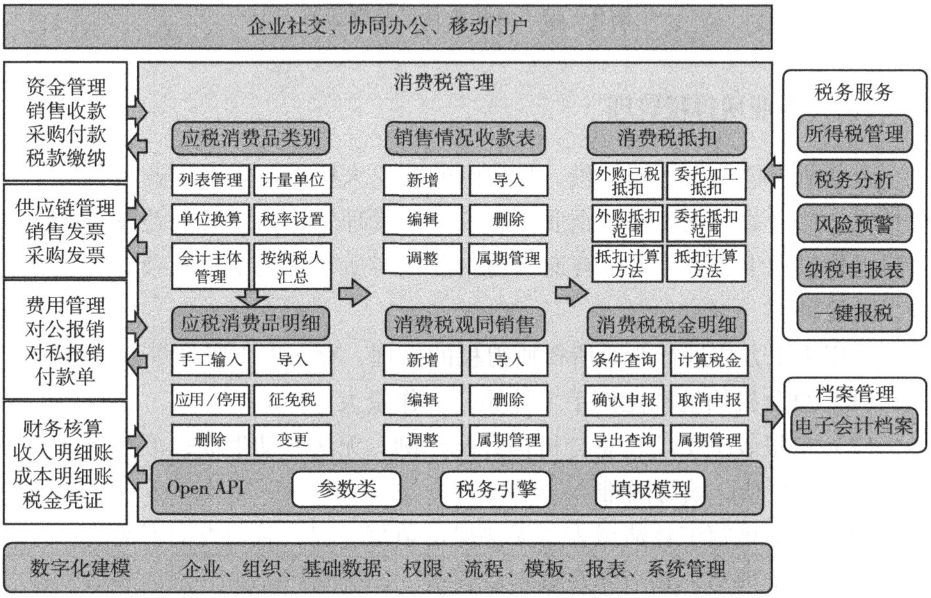

图 9－21 消费税管理应用架构

消费税的科技税务管理包括消费税基础设置、销售情况收款表、消费税视同销售、消费税抵扣、消费税税金明细；主要用来自动获取应税消费品的销售情况数据，管理消费税的计税依据、减免税明细，完成消费税税金自动计算，并按照相关税收法律法规要求，自动生成消费税纳税申报表，自动完成消费税及附加的申报扣款和报表完税凭证存档。

消费税的大致业务流程为：应税消费品设置—产品名称设置—维护销售台账—税金计算—生产申报表——键申报，如图9－22所示。

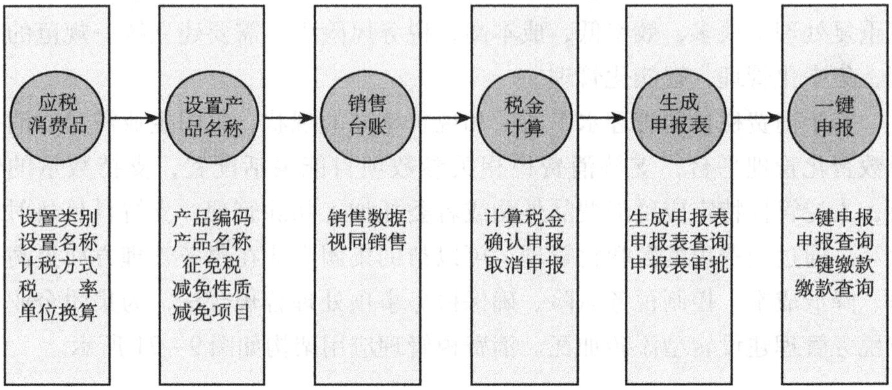

图9－22　消费税管理关键流程

（三）企业所得税管理

企业所得税仅次于增值税，是我国的第二大税种。随着企业所得税主体税种地位的日益显现，强化企业所得税计税管理工作的重要性益发突出。在实际操作过程中，税务人员普遍认为企业所得所得税是申报复杂、管理难度较大的税种。

采用手工方式进行企业所得所得税的处理，存在以下管理难点：

（1）总分机构纳税比例手工计算，工作量大。

（2）申报表手工填写总分机构分配比例，无法自动生成；汇算清缴表单众多、业务复杂、填写困难。

（3）手工填写汇算清缴表单无法保留填写过程，后期查询不便。

（4）手工填写汇算清缴数据容易丢失。

通过企业所得税信息化系统，可以管理数据填写的全过程、方便留痕、方便查询、提高工作效率、降低人为差错。

企业所得税实行按月提取、季度缴纳、全年清算汇缴的办法，因此企业所得税的管理包括企业所得税预缴管理以及企业所得税清算汇缴两部分内容。由于企业所得税纳税申报表，特别是汇算清缴的纳税申报表每年都有所变化，因此在进行企业所得税系统管理的设计上，要特别注重系统的灵活性和可延展性。

企业所得税的数智化管理架构示例如图 9－23 所示。

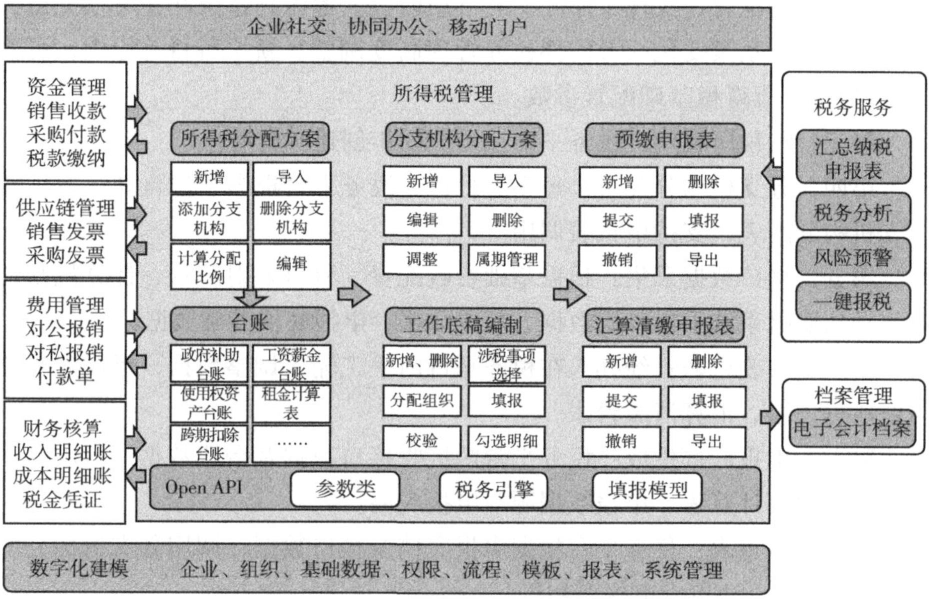

图 9－23 企业所得税管理应用架构

对于涉及总分支机构汇总纳税的集团型企业，需在系统中分别设置企业所得税总机构汇总分配方案和分支机构分配方案，包括按照三项因素计算分配比例后并将结果提交给总机构。企业所得税汇缴清算的纳税调整，计算过程复杂、烦琐，在填写申报表之前需要先填写各项调整台账、工作底稿，以便企业依次填写并记录填写的过程。工作底稿编制节点能够对企业所得税申报表数据进行有效的统一调整、预计算和预检测，方便企业依次填写工作底稿，以防遗漏申报表所需要的底层数据。通常情况下，企业涉及的调整台账包括但不限于政府补助递延收入调整台账、工资薪金台账、跨期扣除台账、捐赠类台账、应收预付损失台账、使用权资产台账、租金计算表、使用权资产纳税调整明细表。这些台账为汇算清缴工作底稿编制提供补充数据源，与科目余额表、凭证均可以通过设置取数公式以实现汇算清缴工作底稿取数及联查数据，底稿编制完成后，汇算清缴申报表可以自动从底稿取数。

企业所得税管理关键流程如图 9 - 24 所示，具体包括如下步骤：

第一，与各核算系统等数据源进行对接，同步企业所得税计算所需相关数据，完成各种不同数据的对接。

第二，通过基础参数配置、科目映射取数配置、法定扣除比例参数配置、计算规则配置，实现工作底稿的自动取数。考虑到系统配置可以支持灵活修改，如因政策变化或者内部税务管理制度调整、新增科目等原因，可修改/添加企业所得税基础配置参数。

第三，纳税所属期：税务平台按月/季/年创建所属期。

第四，分支机构分配表：每年 1 月初，税务平台根据数据自动计算生成分支机构分配表，支持申报表调用。

第五，接口数据采集：根据基础参数配置、科目映射配置、计算规则配置自动从业财系统采集基础数据，形成台账、申报底稿基础数据。

第六，修改台账：经办人在税务平台内手工输入调整数据，形成完整的企业所得预缴、汇算清缴台账。

第七，申报底稿生成：税务平台内接收接口数据及台账数据，形成台账汇总、所得税计算表、申报数据源等申报底稿。

第八，申报表：税务平台根据申报底稿及接口数据，调用分支机构分配表（如有），自动生成申报表初稿。

第九，申报表手工调整：经办人员对于部分调整项，可在税务平台内手工输入数据，调整申报表初稿，形成最终申报表。

第十，复核审批：经办人在税务平台内向复核岗提出复核申请，复核人员在税务平台内对申报表进行复核。复核通过后，向审批岗提交审批。复核/审批不通过时，复核岗和审批岗录入原因说明，系统自动将事项退回至经办岗。

第十一，分配表盖章（如有）：税务审批通过后，线下完成分配表盖章并上传盖章后的分配表。

第十二，完税归档：支持上传审计后财务报表、审计报告、申报表终稿、税收缴款单或银行付款单、税审报告、研发加计扣除鉴证报告及留存备查材料、对高新资质备查材料。

第十三，数据分析：从不同维度对年度申报计算过程中的数据进行统计分析及监控，包括：申报表主表分析、纳税调整分析、税收优惠节税统计、高新资质分析、暂时性差异统计等。

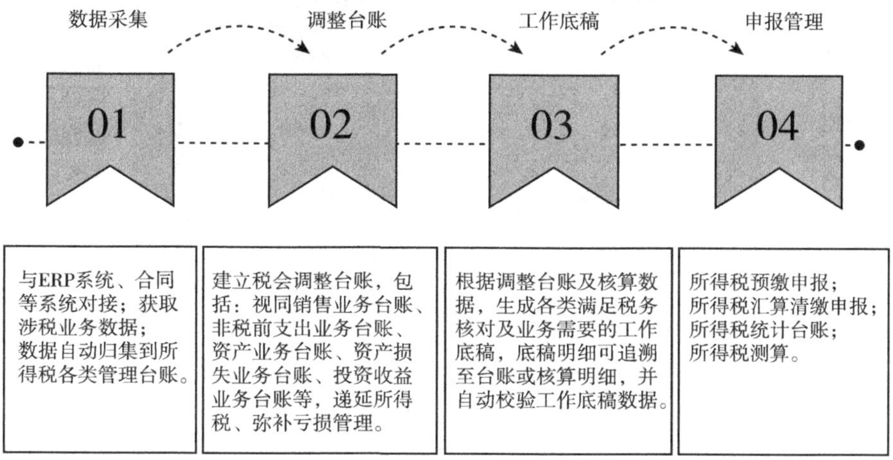

图 9－24　企业所得税管理关键流程

（四）财产行为税管理

财产行为税是指纳税人拥有的财产数量或者财产价值为征税对象，或是为了实现某种特定的目的，以纳税人的某些特定行为为征税对象的税种。例如我国现行的印花税、契税、车船税、房产税等都属于财产行为税范畴内。2021 年 4 月，国家税务总局发布《关于简并税费申报有关事项的公告》，决定全面推行财产和行为税合并申报。虽然财产行为税税金占企业整体税赋的比重较小，但其管理难度却不小，且财产行为税的征收问题税收风险点也很多，所以企业都不应忽视对财产行为税的管理。

通常来说，财产行为税日常管理过程中，会面临如下困难：

（1）征收种类繁杂，优惠政策适用不一致；

（2）税源管理难：来源多样化，各地标准不一致；

（3）税费计算口径和申报口径不一致，过程复杂，多依靠人工；

（4）申报表需要手工填写，数据准确性较低；

（5）税源管理、税费核算、申报表维护流程不连贯，导致数据流断层。

财产行为税管理为企业提供印花税、房产税、城镇土地使用税、环境保护税、资源税、车船税、耕地占用税、契税的台账、明细及申报表管理。财产行为税管理应用架构如图 9－25 所示。

图 9－25　财产行为税管理应用架构

财产行为税的业务处理流程如图 9－26 所示，大致如下：

第一，维护基础参数：系统上线前，初始化基础参数。上线后，如因政策变化或者内部税务管理制度调整等原因，需要修改基础参数时，由经办岗在税务平台中维护税务规则（税目税率、映射规则、征收规则）等台账的管理。

第二，数据采集：税务平台每月从合同等相应系统获取应税信息，形成计税基础数据。

第三，创建申报事项：税务平台自动创建申报事项，并显示在经办岗的待办列表中。

第四，生成工作底稿：在创建申报事项的同时，税务平台根据“纳税属期管理”中维护的适用表单，自动生成申报事项对应的工作底稿。

第五，手工登记：事项创建后，经办岗在工作底稿中录入无法自动取数等信息。

第六，纳税调整：经办岗审阅税务平台自动生成的相应计税结果，必要时人工进行纳税调整。税务平台根据纳税调整结果自动生成财产行为税计算表、纳税申报表。经办岗确认无误后提交复核岗复核。

第七，复核审批：复核人员在税务平台内对申报表进行复核。复核通过后，向审批岗提交审批。复核/审批不通过时，复核岗和审批岗录入原因说明，系统自动将事项退回至经办岗。

第八，完税归档：上传完税证明，事项办结。

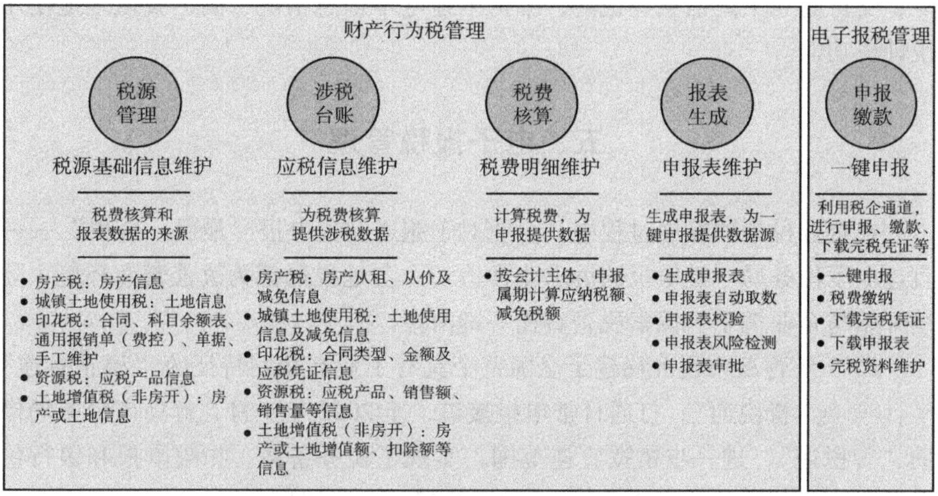

图 9-26 财产行为税管理关键流程

从财产行为税涵盖的各个税种来看，有些是全部企业都会涉及的税种，比如印花税、房产税、城镇土地使用税；有些则是特殊行业或部分企业才会涉及的税种，比如契税、环境保护税、土地增值税等。在这里，我们就所有企业都会涉及的印花税、房产税、城镇土地使用税展开进行介绍。

印花税是对经济活动和经济交往中书立、领受具有法律效力的凭证的行为所征收的一种税。因采用在应税凭证上粘贴印花税票作为完税的标志而得名。印花税涉及 14 种应税项目，主要涉及的是合同，因此规范合同管理是印花税信息化建设的重点难点，企业合同管理系统需记录满足印花税核算要求的字段，例如：合同生效日期、金额，合同类型，框架合同，无合同金额的订单管理等。

房产税管理，需要考虑与资产管理系统、业务系统、财务系统对接集成，实现自动获取房产税申报数据，同时根据税务法规要求支持系统自定义取数来源和进行计税申报规则的设计和配置，实现房产税申报表的自动生成；对于不能自动获取数据的情况，支持数据导入和手工录入功能；支持建立房产信息登记簿，维护房产基本信息情况，满足房产税计税功能。

城镇土地税管理，需要考虑与资产管理系统、业务系统、财务系统对接集成，实现自动获取土地使用税申报数据，同时根据税务法规要求支持系统自定义取数来源和进行计税申报规则的设计和配置，实现土地使用税申报表的自动生成；对于不能自动获取数据的情况，支持数据导入和手工录入功能；支持建立土地信息登记簿，维护土地基本信息情况，满足城镇土地使用税计税功能。

五、电子报税管理

在企业税务的发展过程中，企业对于跑通纳税申报“最后一公里”——直连电子税务局一键申报的诉求非常迫切。各地税局都为改善营商环境，陆续开始与企业携手，探索税企直连一键申报。

2017 年青岛市税务局建了全国首个具有工业互联网特征的“税企直连”平台——“智税通”，打通日常申报接口，至 2022 年 4 月，青岛市税务局借助“智税通”，进一步拓宽直连范围，实现了税务备案、扣缴申报和银行付汇等跨境业务相关的直连申报。2020 年 12 月，深圳市税务局税企直连平台（一期）项目招标。至 2022 年 9 月，深圳市局公布了三期招标要求，进一步加强系统建设和扩展业务覆盖范围，丰富税企直连涉税业务广度。2022 年 8 月，安徽省税务局启动大企业直连平台建设。美的集团在皖的 30 家成员单位全部成功接入，在 7 月申报期内实现了在皖企业纳税申报的集成化、便捷化。

在各省税务机关探索税企直连申报的方式时，国家税务总局也在今年启动了“乐企”平台建设，建设全国统一接口并开放给企业。乐企平台是在税企直连模式下，建设全电发票数字可控接入平台，建立覆盖“业、财、税”三域的全电发票信息交换标准，通过 SDK 引擎、API 服务、库表等多种接入方式，实现数据赋能、安全接入和有效监管，从而提升发票服务体验、提高征管效率、降低征纳成本，促进企业发展。通过乐企平台，企业可接入税局电子发票服务平台进行直连开票，并可在平台上进行报销、入账、认证等操作，满足企业需求的同时，降低企业成本，并切实“赋能企业数智化转型”。因此，它的推广意义深远，不仅是支撑企业智慧税务架构和申报数智化的基础服务，而且是构建税企直连模式、实现“以数治税”税收监管的体系升级。

电子报税管理可以避免税务会计手工填写财务申报表数据，减轻税务会计手工工作量并提高申报数据准确度。帮助企业实现各类申报表“一键申报”“线上缴款”“自动下载完税凭证”“完税资料集中管理”“申报和缴款数据全方面展示和动态追踪”，切实提升企业申报质量和办税效率。

虽然电子报税工作仍然处于探索阶段，但我们观察到这些创新举措已被国家税务总局及各地税务机关逐渐实现。我们大胆畅想，未来所有纳税人都能够在全国统一的申报接口中，完成税务数据的申报。税企直连“一键申报”可以梦想成真。

六、税务优惠管理

近年来，我国税收政策不断优化，逐渐建立了较为完善的税收体系。如何在合法合规的前提下，享受减免政策，降低税负，成为很多大企业集团非常关注的话题之一。有效地利用国家的税收优惠政策，可以帮助企业做到“应享尽享”，有效降低税负，提高经济效益。由于税收优惠管理涉及范围较广，下面我们以研发费用管理和固定资产加速折旧管理这两项为例，为大家介绍如何通过科技税务方式来实现企业的税务优惠管理。

（一）研发费用管理

党的二十大报告强调，坚持创新在我国现代化建设全局中的核心地位。研发费用加计扣除政策是国家鼓励科技创新的重要政策抓手。近年来，国家多次优化完善研发费用加计扣除政策，加大支持力度，在鼓励研发方面发挥了积极作用，受到企业的普遍欢迎。

3 月 24 日召开的国务院常务会议决定，将符合条件行业企业研发费用税前加计扣除比例由 75% 提高至 100% 的政策，作为制度性安排长期实施。为进一步激励企业加大研发投入，更好地支持科技创新，财政部、税务总局近日联合发布《关于进一步完善研发费用税前加计扣除政策的公告》（财政部 税务总局公告 2023 年第 7 号），明确研发费用税前加计扣除政策有关问题。国税总局与 2023 年 3 月 29 日发布《研发费用税前加计扣除新政指引》，包含政策适用主体、适用活动范围、费用范围，委托、合作、集中研发费用加计扣除政策，研发费用加计扣除政策会计核算与管理，相关问询解答等内容。

企业应按照财务会计制度要求，对研发支出进行会计处理；准确归集核算当年可加计扣除的各项研发费用实际发生额。如果企业在一个纳税年度内进行多项研发活动，应按照不同研发项目分别归集可加计扣除的研发费用。企业应对研发费用和生产经营费用分别核算，准确、合理归集各项费用支出，对划分不清的，不得实行加计扣除。委托外部研究开发费用实际发生额应按照独立交易原则确定。受托方应向委托方提供研发项目费用支出明细情况。企业共同合作开发的项目，由合作各方就自身实际承担的研发费用分别计算加计扣除。如果是大企业集团，集团根据生产经营和科技开发的实际情况，对技术要求高、投资数额大，需要集中研发的项目，其实际发生的研发费用，可以按照权利和义务相一致、费用和收益相配比的原则，合理确定研发费用的分摊方法，在受益成员企业间进行分摊，由相关成员企业分别计算加计扣除。企业为获得创新性、创意性、突破性的产品进行创意设计活动而发生的相关费用，可按照规定进行税前加计扣除。

通过科技税务方式对企业的研发费用进行管理，需要将与研发费用相关的信息按研发项目维度进行管理。在业务端，需要企业判断到底哪些研发项目满足加计扣除条件，同时可以支持按照研发项目维度对研发费用明细进行拆分，更高效便捷地享受税收优惠。

研发费用管理的数智化管理架构示例如图 9－27 所示。

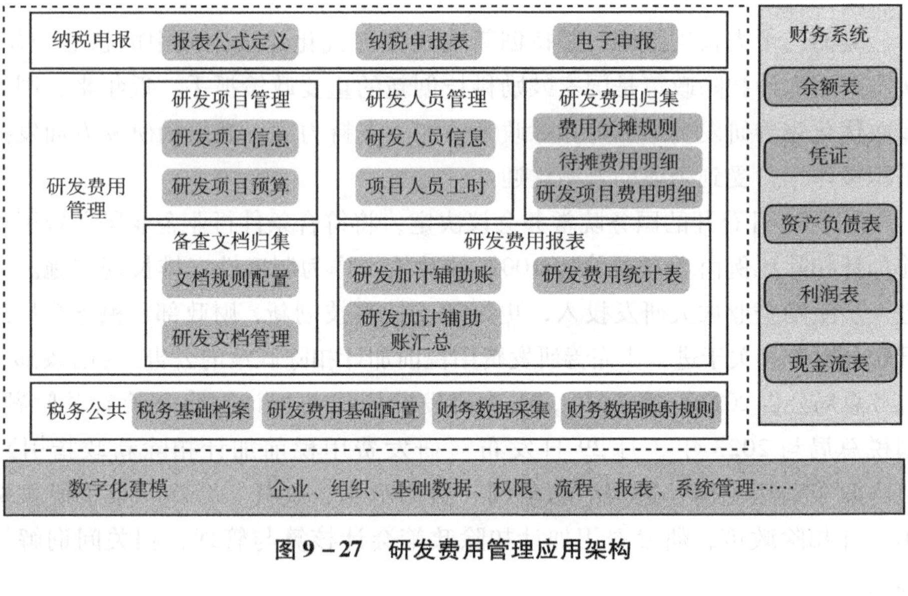

图 9－27　研发费用管理应用架构

研发费用管理的操作流程如图 9－28 所示。

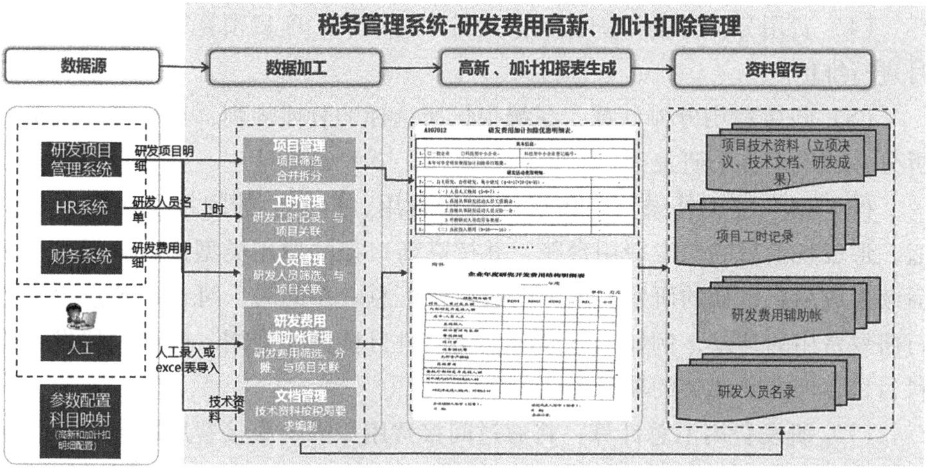

图 9－28　研发费用管理关键流程

1. 研发项目登记管理

根据文件要求，税务总局首先对项目识别是否准确最为关注；因此项目如何筛选、如何识别是享受该项政策的关键。

（1）项目信息录入：由技术部在研发费用管理系统上录入项目数据，并提交技术部管理人员审批。

（2）项目筛选：技术部管理人员根据系统设定的筛选规则，进行项目筛选和审批。

（3）建立项目档案：形成筛选后的项目档案、并建立相关的人员组成信息等，便于后续费用分摊归集。

2. 研发费用的分摊归集

在项目档案形成的基础上，研发费用加计扣除政策要求按照研发项目维度建立辅助账。

（1）与财务系统对接：获取研发支出科目下的所有费用明细。

（2）科目映射配置：配置研发支出科目信息与项目辅助账中费用类别的对应关系。

（3）建立费用归集规则：

①直接费用归集规则设置：识别直接费用以及费用类型，将直接费用直接归集至对应的研发项目；

②间接费用分摊规则设置：识别间接费用以及费用类型，并设置该费用类型的分摊规则；

（4）费用分摊标准维护：包括人员工时记录、项目预算等，由技术部每月进行维护。

（5）间接费用分摊计算：系统根据所选择的分摊规则，自动将间接费用拆分并归集至各个研发项目。

（6）研发费用补录：归集后的直接费用、拆分后的间接费用整合到一起，形成各项目的研发费用台账，并按高新口径的费用类型进行分类，用于后续生成高新口径的研发支出辅助账以及汇总表。同时，可在该节点手工进行研发费用的补录，例如未通过研发支出科目核算的费用、已通过研发支出科目核算但需要调整的项目等。

（7）研发费用汇总计算：将通过间接费用分摊、直接费用以及手工补录的研发费用全部汇总至该节点，用于查询。同时，在该节点设置结转功能，结转后自动生成项目辅助账、汇总表、加计扣除优惠明细表。

（8）辅助账：根据研发费用汇总计算节点结转的费用生成项目辅助账以及汇总表。支持撤销以及重新生成。

（9）加计扣除优惠明细表：根据项目辅助账，生成加计扣除优惠明细表。对于研发费用加计扣除口径与高新口径存在差异的地方，可在该节点进行手工调整。支持生成项目维度的加计扣除优惠明细表。

3. 留存备查文档的登记管理

财务部门牵头归集留存备查资料时，需要多方协调技术部、人资等部门配合，因此，可根据高新技术或加计扣除政策要求的留存资料，将研发项目全流程管理涉及的所需文档进行预置、分责进行归档式管理。

（1）预置归档文件名称及类别：可根据政策以及内部管理要求设置需归档的文件，并可上传参考文件，便于各个部门最终提交的文件比较符合标准。

（2）分文档设置归档责任人：根据不同的文档类型，设置具体提交文档的责任部门或责任人。根据资料的内容可分给责任部门，将留存备查资料的准备与收集嵌入日常的工作中，并可根据材料可提交的时间进行进度的跟踪。文档的归集以项目为主维度，若需对外提供备案材料或备查材料可根据项目进行查询。

此外，由于人员工资保密性原因，人资无法提供研发人员、中试人员等的工资明细以及分摊归集逻辑，但该部分资料也是属于法定要求的留存备查资料，因此应提醒人资合理保留和留存备查。

4. 统计分析

在进行研发费用的管理时，企业较关注的数据统计分析内容包括研发投入与预算的差异、节税金额、研发投入中各费用大类的占比等，因此在该模块中需考虑对研发预算、研发实际投入、节税金额、研发投入中各费用大类的金额以及占比进行统计以及分析。

通过分析数据，可看到研发投入与预算的差异、节税增长情况等，以便对研发投入与预算的差异进行实时的监控，检测日常项目及费用归集中是否存在不规范的操作，从而完善内部管理，有利于其更有效的节税。

（二）固定资产加速折旧管理

近期，为引导企业加大设备、器具投资力度，财政部与国家税务总局联合发布了关于设备、器具扣除有关企业所得税政策的公告（财政部 税务总局公告 2023 年第 37 号），明确企业在 2024 年 1 月 1 日至 2027 年 12 月 31 日期间新购进的设备、器具，单位价值不超过 500 万元的，允许一次性计入当期成本费用在计算应纳税所得额时扣除，不再分年度计算折旧；单位价值超过 500 万元的，仍按企业所得税法实施条例、《财政部 国家税务总局关于完善固定资产加速折旧企业所得税政策的通知》（财税〔2014〕75 号）、《财政部 国家税务总局关于进一步完善固定资产加速折旧企业所得税政策的通知》（财税〔2015〕106 号）等相关规定执行。

自该政策发布以来，资产加速折旧及一次性税前扣除政策再次成为税务人员讨论的热点话题。从政策上可以看出，可享受资产加速折旧、摊销及一次性扣除的行业范围、资产范围很广。然而，根据我们的观察，实务中实际落地享受该优惠政策的企业却不是很多。有的企业认为享受该政策需要对资产进行全生命周期的税会差异管理，增加工作量，却仅起到递延缴税的效果，因此不倾向使用。有的企业以为享受该政策会影响企业会计利润，导致企业盈利降低，为了使企业能呈现更好的盈利情况，不愿意适用该政策。也有的企业担心享受该优惠政策会面临税局更严格的监管，如果企业税务人员对政策理解不透彻、操作不合规，反而会给企业带来损失。

针对上述企业存在的顾虑，企业可考虑通过科技税务解决方案，对是否可享受资产加速折旧、摊销及一次性扣除政策，以及哪些资产可享受该政策进行智能判断和筛选，并根据系统预制的计算规则，对享受加速折旧摊销或一次性扣除的资产的税务折旧额等进行自动计算、自动生成相关申报表等，实现对资产全生命周期的自动化税会差异管理，以确保享受该优惠政策的合规性与税会差异管理的准确性，达到税收优惠应享尽享的目的。固定资产加速折旧管理应用架构如图 9－29 所示。

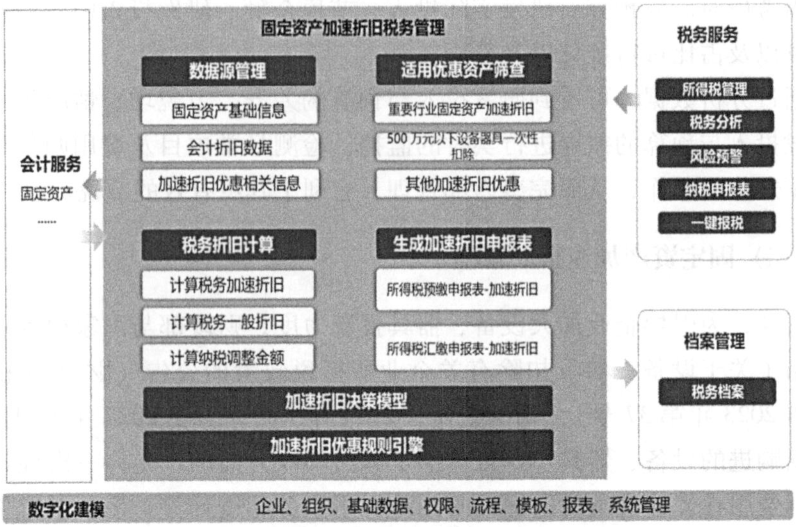

图 9－29 固定资产加速折旧管理应用架构

固定资产加速折旧功能可以将企业享受加速折旧的固定资产及折旧数据进行有效的管理，自动计算税收加速折旧和税收一般折旧，以辅助填写所得税预缴、汇算申报表。包括固定资产智能筛查、折旧明细表、固定资产台账等业务操作。

固定资产加速折旧管理的操作流程如图 9－30 所示：包括设置—固定资产智能筛查—固定资产台账—折旧明细表—生成加速折旧申报辅助表——键申报这几个步骤。

1. 固定资产智能筛查

享受资产加速折旧或一次性扣除政策能起到递延缴纳企业所得税、缓解企业资金压力的效果。需提醒注意的是，该效果实现的前提，是企业当年有足够的税前利润来覆盖资产加速折旧、摊销的费用。对于利润总额不足或持续亏损的企业，税务上选择加速折旧或一次性扣除政策本身不仅无法起到抵税的效果，反而可能会加大企业的税务亏损额。而我国税法对企业税务亏损

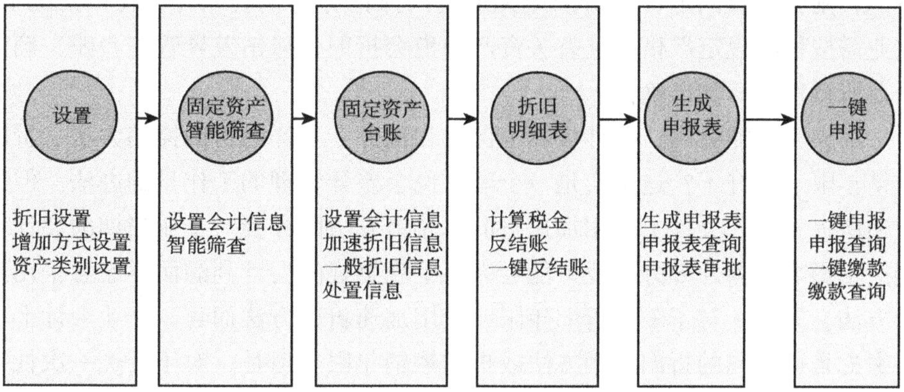

图 9－30　固定资产加速折旧管理关键流程

的结转年限有明确的规定，例如一般企业最长不得超过 5 年，部分企业为 8 年或 10 年等。在企业税务亏损扩大的情况下，如果后续没有足够的利润来弥补亏损，则可能导致有关税务亏损无法在税法规定年限内弥补完，反而会给企业带来损失。

此外，如企业在税务亏损状态下或在免税期时享受加速折旧、摊销，则虽然前期可抵扣较多的折旧、摊销费用，但对企业现金流没有明显的影响，等到后续实际获取利润、需要缴税时，可以抵扣的折旧、摊销费用反而变少，则无法充分利用资产加速折旧、摊销政策缓解现金流压力的作用。

因此，对于在免税期或亏损状态的企业，税务上建议选择直线法计提折旧、摊销，在免税期过后且有足够的利润时选择享受资产加速折旧、摊销政策，以充分利用该政策的效果。通过系统的方式，可以帮助企业判断是否可享受资产加速折旧、摊销及一次性扣除政策，并筛选哪些资产可享受该政策。

2. 资产税会折旧台账管理

前述国家税务总局下发的资产加速折旧、摊销及一次性扣除政策，是与企业资产折旧、摊销计算相关的企业所得税文件，规定的是企业在计算企业所得税时应如何计算可税前扣除的资产的折旧、摊销费用。而企业在会计核算上选用哪种折旧、摊销方法，如何确定折旧、摊销年限等，应根据企业会计准则的规定，结合企业固定资产或无形资产的实际情况进行判断。

基于此，如企业在税务上和会计上选用的折旧摊销方法、折旧摊销年限不同，则会导致固定资产折旧或无形资产摊销存在税会差异。在该情况下，企业需按税法规定严格建立有关资产的税会折旧、摊销差异管理台账，确保企业所得税计算的准确性。

那大家可能会问，会计核算上保持和税务上一样的折旧摊销方法、折旧摊销年限不就好了？这确实是一个减少税会差异管理的工作量的办法。但如前述所提到的，会计上采用加速折旧、摊销方法同样会对企业当期的会计利润产生影响，因此部分企业可能会为了呈现更好的会计利润而不愿意采用这种方法。另外，对于缩短折旧年限或采用加速折旧方法而言，企业会计上可以考虑采用相同的折旧摊销方法或折旧摊销年限。但是，对于资产一次性扣除而言就不一定了。举例来说，对于一套购入单价为人民币 300 万元、可使用超过 1 年的生产设备，税务上可以选择一次性扣除，但会计上也一次性计入费用就不明显符合企业会计准则的要求了。因此，对于这种情况，税会差异的产生在所难免，也就必然会涉及资产税会折旧摊销差异的管理。

此外，企业还应注意在优惠享受时间与留存备查资料要求：享受资产加速折旧、摊销或一次性扣除政策的企业，应按照法规的规定，在企业所得税预缴或汇算清缴时进行相应的申报，并留存有关资料备查。

七、税务专项管理

税务专项管理，对如建筑涉税项目、地产税项目、海外税这些企业特定业务进行专项管理，可以使企业在资源有限的情况下，更高效地满足特定业务管理的需求。

（一）建筑涉税项目管理

建筑施工企业作为国民经济支柱产业，近几年，建筑企业总产值与利润总额持续增长，增速放缓，行业产值利润率连续五年下降，利润空间进一步缩小，与此同时，建筑企业普遍存在债务率高、资金周转偏慢、回收期长等情况，建筑市场进入了发展平缓期，粗放式经营已不适合当下的大环境，需向精细化管理、产业化协同、数字化赋能方向转变。

税务管理作为企业核心管控抓手之一，高效的税务管理能够为建筑企业带来竞争优势。建筑企业以项目管理为主线，税务管理成了建筑企业通过数字化手段提质增效，从项目管理中要效益、要利润的重要手段。随之而来的，建筑企业税务管理如何进行数智化转型，如何通过税务管理数智化赋能业务，也是建筑企业当前面临的重要课题。建筑施工企业和其他行业的企业相比，不论是日常基础操作、计税申报，还是多维度的税务统计上都大相径庭，因此我们对建筑施工企业的税务数智化管理单独进行介绍。

建筑施工企业由于其业务特性、管理模式、组织结构等行业特性，导致其计税规则复杂，税务管理相对难，比如：项目周期长，涉及税种多；分布地域广，税收差异大：业务流程长，业财税一体化要求高；组织层级多，对账、汇总、统计分析工作复杂；等等。由于各级组织税务管理分散，管理规范不一致，难以实现统一管控。因此，在税务管理上面临合规成本高、风险管控弱、统筹规划难等许多问题。

建筑企业税务管理核心需求如图 9－31 所示，包括如下几个方面。

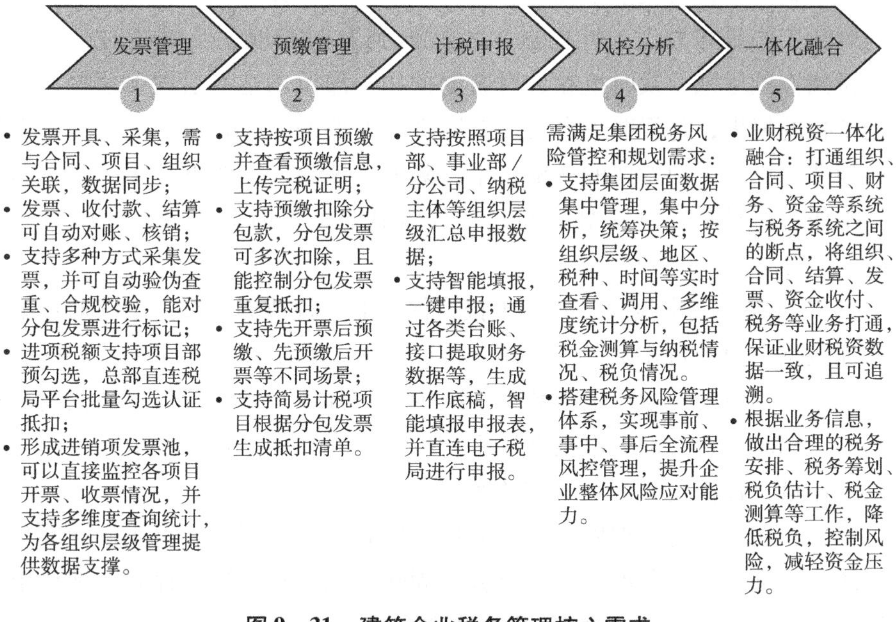

图 9－31　建筑企业税务管理核心需求

想要实现上述税务管理需求，是无法离开信息化系统的辅助的。通过构建建筑企业数智化税务管理平台，打破系统孤岛，以项目为主线，以业务为源头，数据为桥梁，业财税一体化为建设路径，是建筑企业税务管理数智化建设的道路。具体的数智化转型路径可以分为以下几步：

首先，打通系统断点，实现涉税业务线上化、标准化、自动化。打通主数据、合同、项目、结算、税务、收付款、核算流程，对涉税涉票流程进行梳理、优化，通过系统集成和数据传递实现一体化开票、收票、认证、税金计算与申报，凭证推送等的自动化水平，保证业财税数据一致，提升税务管理效率，降低人工成本。具体业务处理如下：

（1）一键开票、实时监控销项数据，提效率、控风险：销售业务业财税一体化集成，直连税控开票，实现线上自动开票，消除开票员人为二次录入工作；降低开票信息导出、拆分、合并、人工开具的工作量，减少人工处理出错率；对接结算、收款等自动制证，提高账务处理效率，减少人为干预和不及时处理问题；建立销项发票池，对销项发票的开具、入账、计税过程跟踪。

（2）多种方式采集发票，自动验伪查重，智能认证，应抵尽抵：实现多种方式采集发票，对发票票面信息验证发票真伪，并发现不合规发票，减少人为判断工作量和失误；针对进项发票做到及时获取、及时核对、及时认证，做到应抵尽抵、及时抵扣，对逾期抵扣和滞留未达专票进项预警，减少不能抵扣的损失；与报账平台对接获取进项发票的入账状态，系统提供批量智能勾选，提高进项发票的认证效率，降低、消除人工线下收集、手工勾选认证工作；对异常进项发票定期监控异常状态，及时分析处理，减少涉税风险。

（3）自动生成申报表、一键申报，保证业财税数据一致：系统通过抽取发票池数据、税务台账数据与总账科目数据，自动生成项目级、核算主体级、税号级别每月预缴、申报数据，减少人工计算与对账工作量，提高数据准确性。同时支持与网上申报系统客户端对接，自动申报，减少人工填报和核对工作量，提供税务人员工作效率。

其次，建立涉税数据库，税务数据可监管、可追溯。涉税业务标准化是建立统一标准、统一制度、统一流程，固化发票管理、税金计算、纳税申报等流程，规范涉税业务，提高税务处理合规性，避免人工干预，减少出错率，排除人为操作失误带来的涉税风险。加强税务风险监控和税务分析能力，即数据集中管理，实时查看、调用、分析；实现税务监控指标库，建立风控模型，实现税务风险动态监控，及时预警、分析、处理，集中管控；给予统一的税务数据标准，提升基于大数据分析架构的税务分析能力，实现集中分析、多维分析、统筹决策。

最后，构建数据资产。基于税务数据库沉淀的涉税数据，利用大数据优势，自动生成相关统计报表，为企业管理提供抓手，联通计划、经营、采购、成本、商务等部门，做出合理的税务安排、税务筹划、税负估计、税金测算等工作，以确保税务合规的基础上，降低税负，控制风险，提高税务管理价值，以发挥税务数据对企业经营管理的作用，助力企业进行集约化管理。

建筑企业税务管理架构如图 9－32 所示。

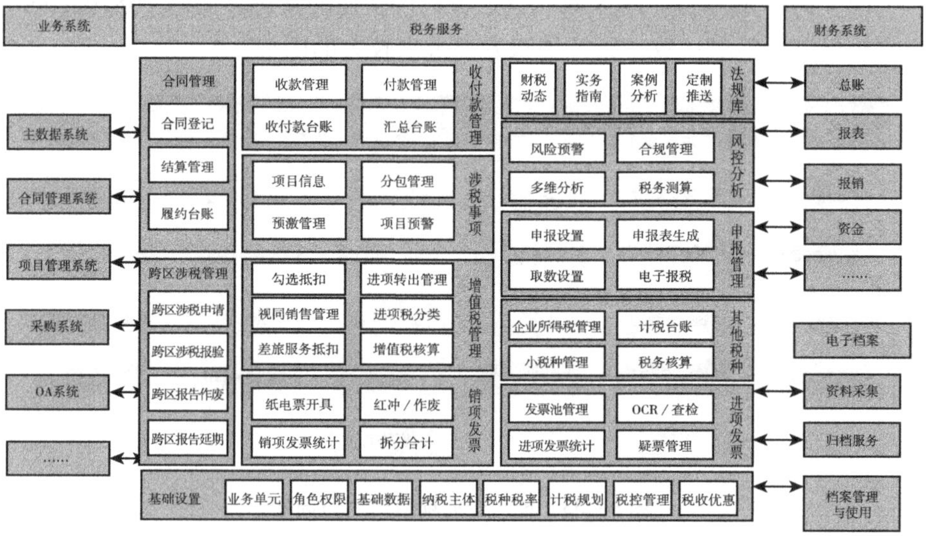

图 9－32　建筑企业税务管理架构

（二）地产涉税项目管理

随着金税四期建设的推进以及全面数字化电子发票的加速推广，税务征管不断向数字化、智能化转型，加快推进智慧税务建设，深化税收大数据共享应用，实现从“以票管税”到“以数治税”分类精准监管转变。房地产行业税收问题，是公认的最具有挑战性的行业税收问题之一。无论是税务征管部门还是房地产企业，对于房地产税收的实务处理都高度关注，并且时有纷争。在智慧税务潮流之下，房地产企业的税务管理数智化转型是房地产企业管理层的悬顶之剑，刻不容缓。

房地产行业税收业务的综合性、复杂性，有其客观原因：

（1）产业链条长。房地产行业上下游，涉及金融、建材、建筑、家装、物业等多个相关产业，税收处理关联度很高。

（2）业务环节多。房地产开发涵盖了土地获取、方案设计、项目招标、建设施工、预售/销售、项目交付等多个业务环节，内外业务关系十分复杂。地产企业项目全生命周期如图 9－33 所示。

（3）涉及税种复杂。房地产企业涉及的税种繁杂，税务管理难度大，遵从成本高。税费支出是房地产开发企业主要现金流出之一，对整个项目利润影响重大，直接影响项目经营的成败。

（4）跨区域经营。跨区域经营是房地产企业的常态，而由于区域之间的税收执行口径不尽一致，给征纳双方都带来较大的困扰。

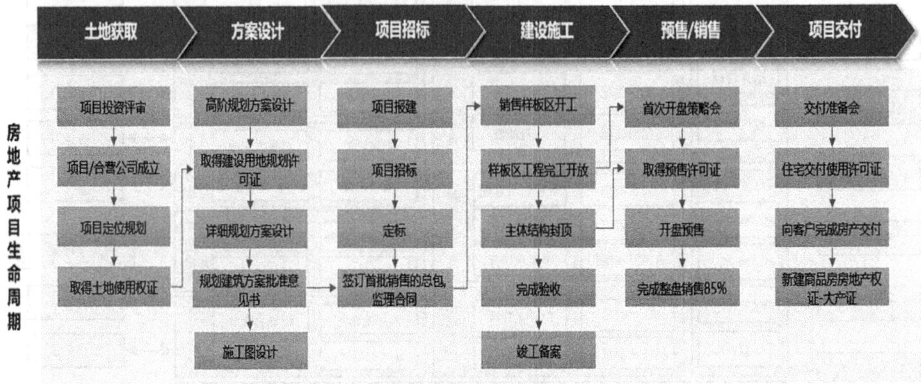

图 9－33 地产企业项目全生命周期

在这样的业务特性之下，如何从数智化的角度出发助力房地产企业税务管理转型，使房地产企业的税务合规管理变得更加简单、税务风险管控前置、税负成本合理降低，是很多地产企业在税务数智化转型过程中一直以来致力并探索的方向。

地产行业税务数智化关键应用架构如图 9－34 所示。

一方面，地产企业通过搭建统一的税务平台深化业务端与财税端，构建业财税制的一体化数字平台，实现多业务数据融合，围绕房地产项目全生命周期对涉税涉票流程进行梳理优化，通过系统集成和数据传递，实现业财税票资档一体化。另一方面，地产企业可以充分发挥税务数据资产的要素作用，在数据标准化的基础上，加强税务风险管控和税务分析能力，实现房地产全生命周期土地增值税预测、增值税预测等，真正做到赋能业务、优化税负。

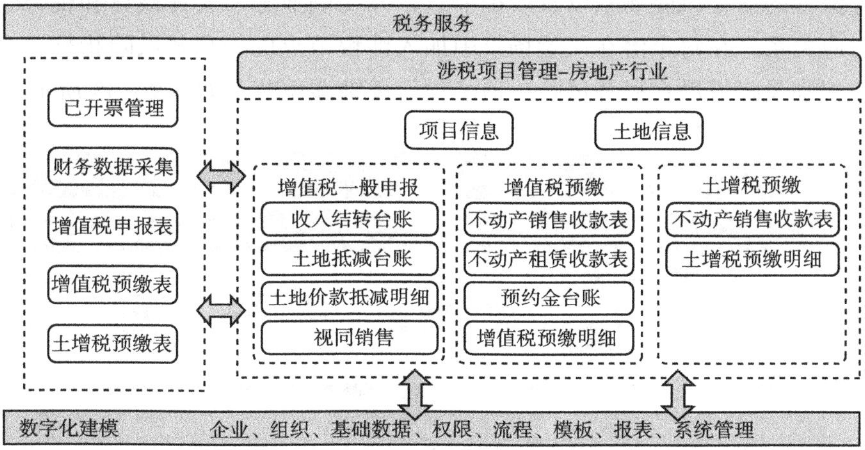

图9－34　地产涉税项目管理应用架构

1. 涉税项目管理

房地产开发企业在开展业务时，主要以项目的形式开展，部分税种如增值税预缴，土地增值税预缴、清算，需要按照项目维度进行申报，同时在财务核算上也有按照项目维度核算的需求。因此，房地产开发企业涉税项目管理主要提供涉税数据接收、项目基础信息的维护、涉税参数设置等功能，确保项目数据的准确性，为项目全生命周期的税务管理做好基础准备工作。

2. 发票管理

在销项开票环节，实现业务端一键开票、云上开票的功能，支持业务前端随时随地开具电子发票并即时递交客户。在进项收票环节，实现所有票种的发票信息采集、价税分离、查验查重、合规校验，并且基于发票与业务单据、记账凭证关联关系，实现进项发票智能勾选、自动对账，大幅提升发票认证勾选效率；同时直连电子底账库，下载各纳税主体的进项发票，形成集团统一的全量的进项发票池，为业务追票、税金预算等提供数据支撑。

3. 计税申报管理

在计税申报环节，通过业务与数据梳理，打通系统断点，实现计税数据源自动抽取、税金自动计算、一键申报、实缴税金一键统计以及税金自动核算等功能，为税金预算、税务分析与税务风险管控提供数据支撑。

4. 税务风险管控

房地产企业涉及的税种繁杂，核心税种为增值税、所得税和土地增值税。在税务风险管控层面，通过对房地产企业全业务链条的分析，以识别在业务流程的潜在风险场景以及涉税节点，并明确业务、会计核算和税务管理的对应关系，在每个潜在风险场景中加入涉税节点的管理及风险指标，协助企业识别及降低潜在税务风险。地产项目关键涉税节点如图 9－35 所示。

图 9－35　地产项目关键涉税节点

5. 涉税数据分析与预测

增值税、企业所得税和土地增值税是房地产开发企业的三大核心税种，尤其土地增值税，是决定房地产企业税负高低的关键点。

在数据分析层面，在房地产项目前期规划、执行的过程中，对房地产开发项目进行全生命周期的多维度的税金分析与预测，并根据税金分析与预测结果，综合判断项目可行性，调整项目经营模式、运营节点等，实现房地产项目税务成本的合理控制，提升集团总部监控能力和决策支持能力。地产项目涉税数据分析与预测如图 9－36 所示。

面对房地产企业税务管理，数智化的管理模式可以帮助房地产行业实现全新的税务数据标准化、税务计算自动化、税务风控数字化、税务规划智能化，推动房地产企业税务管理迈向“数智驱动”，从“提升税务信息质量”向“提升税务管理价值”转型，从而引领房地产行业财税数智化转型，助力房地产企业向世界一流财税管理体系迈进。

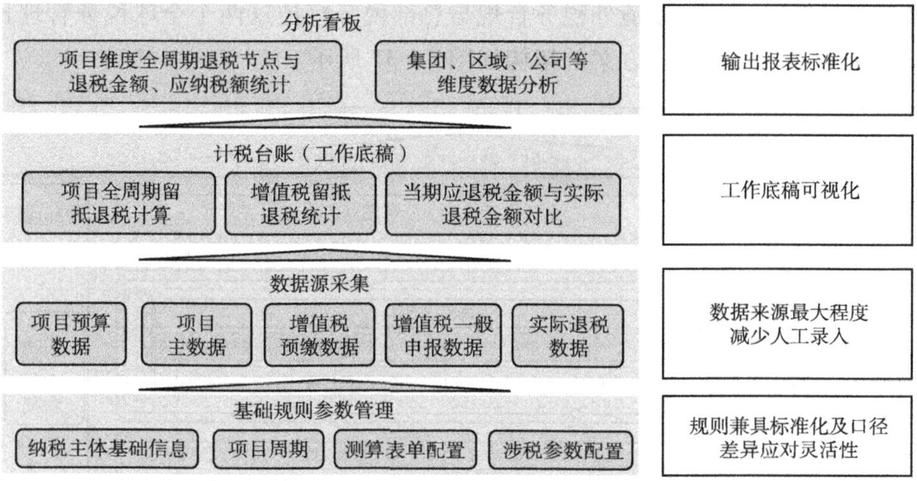

图9－36　地产项目涉税数据分析与预测

（三）海外税管理

在加速的全球化进程中，跨国企业在全球纳税遵从层面面临着多重挑战，不仅需遵循集团总部所在国的税制要求，也受到境外各国税制、国际税收协定、国际反避税规则的限制。同时跨国企业也面临着数字化的压力。在数智化时代，境内外税务机关加强信息交换，提升国家税务机关的信息化建设，在税务遵从的合规性、税务信息披露的透明性等方面给跨国企业持续增压。具体包括：

在基建期与初创期，踏入投资热土的企业面临着境外语言不通，税制陌生而复杂，监管要求不明，而具备国际或境外税收知识储备的人员不足的困境。

在扩张期与增长期，企业面临的是，税收协定网络复杂且境外政府经济实质要求不一，给境外实体股息分红预扣税管理与协定待遇享受带来压力；以及全球供应链下跨境交易频繁，涉税风险复杂，给境外实体税务合规带来挑战。

在成熟期，随着BEPS2.0逐步推进，跨境支付利息、特许权使用费、服务费等非贸项目呈现高风险状态；而全球投资架构不断延伸，兼顾境内外投资实体的税务合规与税收效益难度极高。

在此背景下，跨国企业面临着前所未有的纳税遵从要求与信息化压力，需要境内集团总部与境外机构协同搭建业财税一体化的数智化税务管理平台才能有效应对。立足于境外税务合规与总部税务管控这两个全球税务管理目标，全球税务管理解决方案的架构如图 9－37 所示。

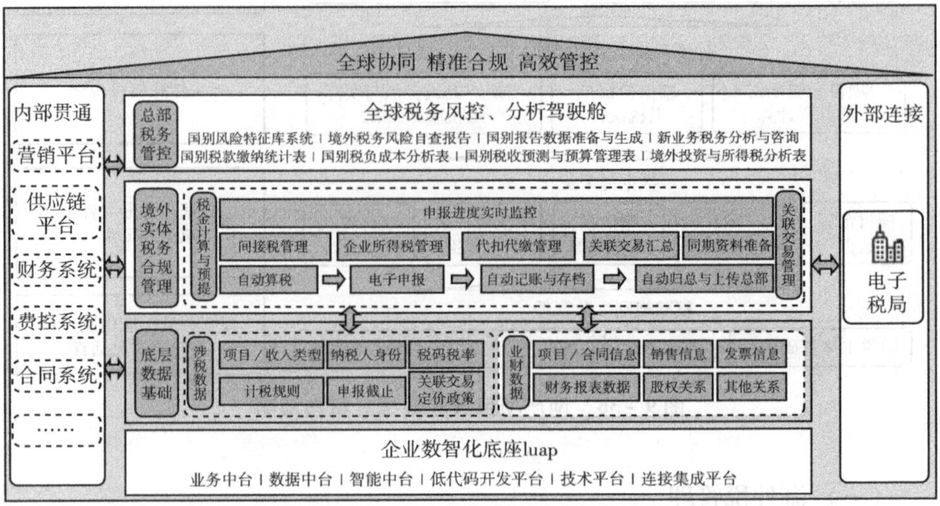

图 9－37　海外税管理应用架构

在涉税数据层，打通业务系统的合同数据、项目信息、销售信息，财务系统的发票信息、银行流水、财务报表数据后，通过内置的税务规则，境外实体将依托于税务合规管理平台的基础纳税申报、关务与贸易管理、关联交易管理板块完成税款计算、申报与缴纳、涉税资料报送等基础税务合规任务。在总部层级，通过税务分析、筹划与风险系统，实现自上而下的税务管控职能。

在全球税务管理的境外机构层级：首先，在纳税申报管理板块，业务与财务系统的交易、流水、发票、财务数据等会通过数据采集端口连接到税务管理系统，通过内置的分税种税码税率、纳税时点、计税方式、代扣代缴等税务规则，实现多税种的自动算税、一键申报、税务资料归档与上传等功能；其次，在跨境交易的关务合规管理板块，业务与财务系统的流水、订单、出口发票、报关单等数据与增值税申报表、加工贸易等申报数据通过数据采集端口连接到关务合规管理系统，通过与生态合作伙伴一起定义的关务规则，完成关单、配单、申报、出口退税等项目的合规管理，实现进出口关税和增值税的自动计算、统计、一键申报、账册管理、归档与上传等功能；最后，在跨境交易的转让定价合规管理板块，业务系统的交易或项目数据、财务系统的所得税税率、可弥补亏损等财务报表数据，以及人工维护的功能风险定位、目标利润率水平等数据，通过数据采集端口连接到转让定价合规管理系统，通过与生态合作伙伴一起定义的转让定价规则，实现关联交易类型与金额、对外支付项目与金额、毛利率、完全成本加成率等指标的自动化统计，并按功能风险定位、关联交易类型、实际税负率、国别或期间实现多维度统计数据与分析报表的生成。

在全球税务管理的顶层，境外机构的税务、关务与转让定价管理的合规数据归总上传到总部层级：首先，总部将借助数智能化平台搭建税务数据、规则与知识储备：编制境外税务内控制度流程手册，梳理境外税收制度知识与案例库和税务风险特征知识与案例库，并定制标准化的分国别、分业务税收贡献统计与利润率分析、税负成本分析、境外投资与所得信息统计、税收预测与预算管理，以及税务风险自查报告等报表。然后，总部将通过数智能化平台实现税务管控的实施与应用。具体包括：在业务活动中嵌套税务管控点，将税务风险与筹划控制点前置；按月/按季生成税务管理报表与税务风险自查报告，及时识别的业务活动相关税务风险点和筹划点，评估其风险等级和优先级；筛选出风险等级较高的风险点和优先级较高的筹划点，初步推送相关应对措施及案例供管理层决策参考。最后，总部将通过数智能化平台实现税务管控效果的追踪与管理。针对重大风险事项，管理层决策选择合理的应对措施后，税务管控系统将跟踪统计处理情况与处理结果；针对重大筹划事项，税务管控系统将定位可采取的优化手段，形成管理层决策所需的税务影响测算支持；针对新市场/新投资/新交易/新业务模式，税务管控系统将提供业务层级的税务影响分析数据支撑。

最终，事后管理层面，按年统计并展示集团境外税务风险应对效果与税务筹划效益，便于未来税务事项的规划。

搭建这样一个跨国企业全球税务管理平台，企业需要具备的基础技术能力包括但不限于：多语种展示与输出、多时区记录与任务设置、多格式展示与输出，以及多币种转换；深度的业财税融合能力，支持多国会计准则报表、多类型税收法律法规分析、多结算支付方式规则配置以及全球化的差旅费控管理。对于大部分企业来说，海外税务管理都是不小的难题。

八、税务风险管理

依靠传统的手工方式进行税务管理，是无法发现企业税务管理当中细小的风险点的，唯有借助于专业的税务信息化系统，方能实现此目标。税务信息化系统，可以建立纳税指标评估体系与预警策略，帮助企业快速计算、评估各纳税实体的税务风险。大企业可以通过建设税务风险管理系统，配置全国同业的税务风险指标对标值，定期进行自动预警，供各机构税务管理人员实时掌握与应对相关税务风险，及时发现税务管理中的不足与问题，加强企业的税务风险管控能力。

2021 年，中共中央办公厅、国务院办公厅发布《关于进一步深化税收征管改革的意见》，展示了税务征管机构在税务征管体系建设的阶段性成果，也展示了征收管理未来的方向。未来金税四期正式运行之后，税务机关对企业的税务监督将会更加严格，倒逼着企业提升自身的税务管理水平，税务风险提高了企业的经济压力，使企业形象受损，不利于企业的整体发展，因此，企业需要进行税务风险控制，包括识别税务风险、分析风险产生原因、整体评估风险等级及影响范围、提出风险应对方案。

税务系统的数字化、智能化转型发展是企业数智化转型的重要组成部分，当前新的技术不断涌现、飞速发展，云计算、人工智能、大数据、区块链等新一代信息技术的发展不但引领企业业务和组织的变革，也应用于税务局的税收征管与服务升级中。税务局通过金税四期的建设逐步实现自动算税、上云赋智和以数治税。在企业税务数智化转型中，新技术不断驱动税务管理体系、运营模式、合规风控方式和税务规划等方面的变革。随着税务局金税四期系统的建设，通过推进税务数智化转型强化风险防控，是中国企业亟待解决的一项重要挑战。在“以数治税”的大环境下，企业的税务风险管理，亟须由过去的税局通知事后的“被动反应型应对”转变为“主动型和预测型风险管控”。

从企业税务数智化转型的角度出发，税务风险管控转型的核心在于：从被动型税务风险应对模式，逐步过渡到主动预测型税务风险管控模式。

当前，我国财务会计制度和企业会计准则基本完善，税收制度也逐渐健全，但财务会计与税法规定之间的差异将长期存在。为避免税务风险，企业须把握上述差异，致力于管理水平的提高和风险意识的增强，在传统内控手段的基础上，充分利用现代化知识和技术手段，将税务风险管控前置，建立一套可操作性强、便于控制的税务风险管理体系，紧紧围绕“可管、可控、可视”三个原则，闭环工作流程，从源数据和税务工作流程全环节把控质量，识别风险，支持税务分析和决策，提升合规，实现精准纳税，规避系统风险。

税务风险管理体系的搭建核心是企业建立有效的税务风险快速反应机制和环环相扣的税务管理体系，运用数智化手段和管理工具实现税务风险管理的落地执行。企业借助系统化的方式进行税务风险管理体系搭建，将税务风险管理的各个要点前置到各个流程环节中，在巩固好风险监控措施的同时，提前做好风险预防，变被动为主动，实现税务风险管控落地。

税务风险管理应用架构示例如图 9－38 所示。

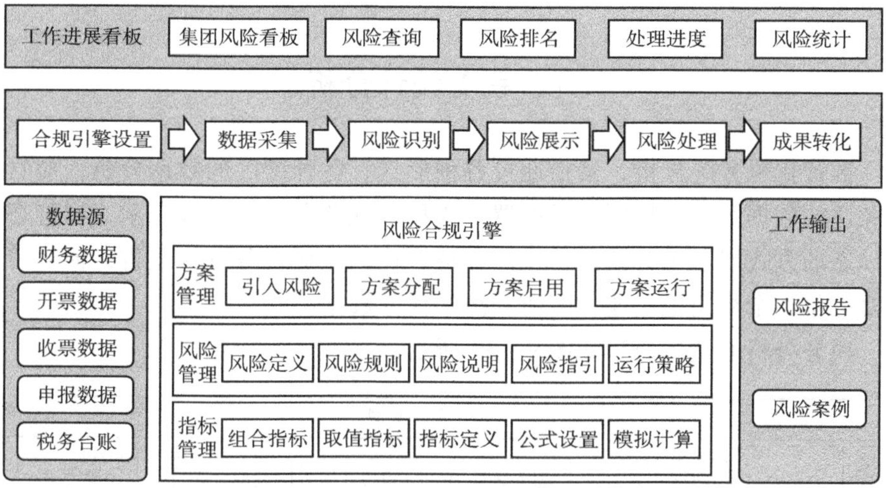

图 9－38　税务风险管理应用架构

税务风险管理的大致业务流程为：

第一，构建风险指标体系：结合企业需求和税收监管的重点，定义并灵活配置相关税务、财务风险预警指标和分析模型。自定义设置指标的置信区间或风险值，灵活配置管理指标计算公式。

第二，风险实时监控与预警：对风险进行分类和分级管理，按企业管理需求定义风险等级。自定义风险运行周期和运行策略，自动扫描预警，分级处理风险。

第三，风险分析与报告：多维度的税务风险指标分析体系，对已触发及已处理的风险预警进行统计分析，多维度可视化企业税务风险情形。定期生成风险分析报告，并按管理范围自动进行风险预警事项报告推送，由相应层级的税务管理人员审阅风险预警事项的处理进度和处理结果。

第四，风险追溯与跟踪：通过系统流程对风险原因等整个风险处理过程进行记录。闭环风险识别到风险追踪的工作流程，规避系统风险。

企业通过对税务风险进行数智化管理，配置税务风险分析指标和税务风险预警值，实时获取涉税数据并按照相对应的策略自动运行，实时监控和预警，评估企业潜在税务风险，将税务风险管理由“期间型管理”升级为“实时性监控”，对税务风险管理的总体状况、风险点、风险处理进度等实现全流程、无障碍的可视化管理，向不同层级的税务管理者展现税收风险分布状况，提示风险点，充分发挥税务风险前置化管理对提升税务合规管理能力的重要支撑作用。

九、税务统计分析

数智化税务统分析，是指通过各种形式、各种维度的数据分析，对管理层关注的数据及数据指标灵活配置，支持可视化分析、大屏展示，以静态或者动态的方式展示税务数据，支持穿透查询，生成税务分析报告，便于管理层全方位、全视角地快速了解所关注的税务数据。

税务分析的整体流程如图 9－39 所示。

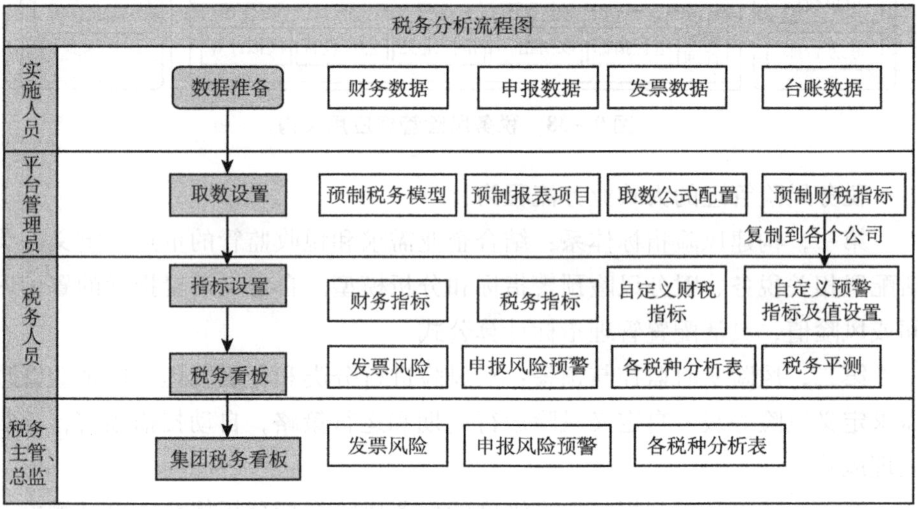

图 9－39 税务分析关键流程

（一）数据采集

需支持多种类型数据源接入，包括财务系统集成、申报表核心数据导入、申报表数据手工导入。同时，要考虑到支持历史数据导入：包括支持申报表模板上传和手工填写。

（二）预制税务模型

依据不同数据源预制多维度税务模型，为企业提供全口径、全级次纳税预测分析服务。

1. 多维模型数据层设计

把各税源数据转化成多维数据模型 1、2 等；预制税务模型，数据模型 1、2 映射到预制的税务模型；在税务模型自定义指标，设置指标取数公式，设置公式或以切换数据 1 或数据 2 来设置取数公式；预制一批企业常用的指标，如财务类指标、税务类指标，再创建财务与税务综合类指标（如图 9－40 所示）。

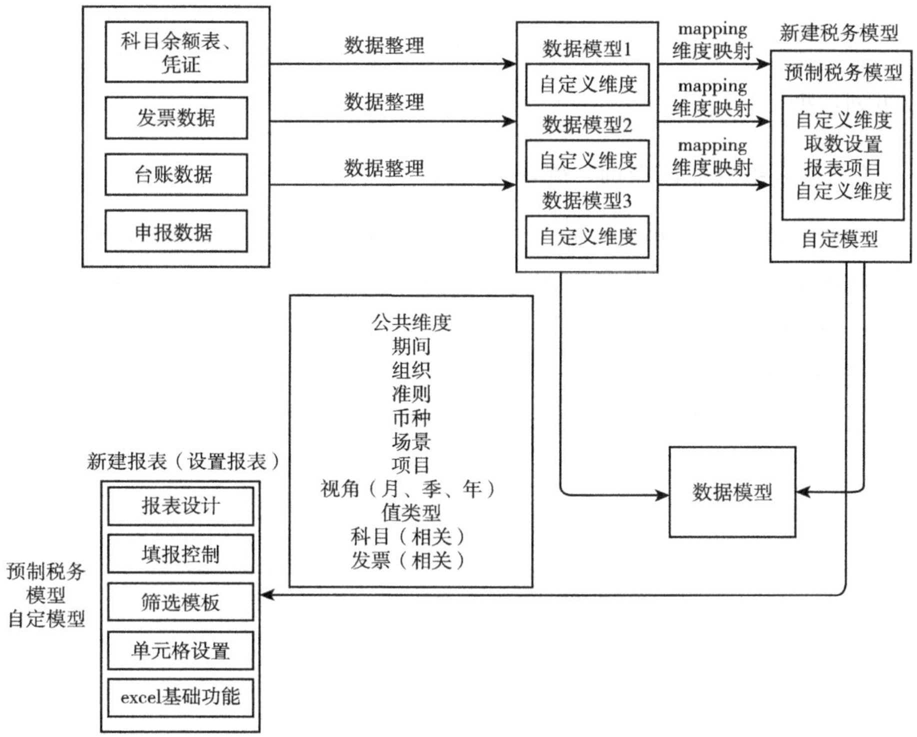

图 9－40　多维度税务模型设计示例

2. 预制税务模型

预制税务模型，支持复制模型和编辑模型，支持搜索组织。

3. 自定义指标及公式配制

自定义税务报表项目及成员，可快速聚合；自定义成员属性；支持税务报表项目档案导入、导出；支持多数据源公式配制。

预制指标，一般全局指标由管理人员统一管理。预制指标来源报表项目，在报表项目新加指标，指定到财务指标下损益类指标、资产负债表类指标、现金流量指标或税务指标、重点分析指标、预警指标。

具体指标库有企业所得税、增值税、印花税、个人所得税、房产税及土地使用税等各税种的年度入库目标金额，年度公司、分公司、子公司增值税税负、项目增值税税负、项目非常规税负率、重点项目查账征收率等，由企业税务管理人员设定、维护并导入系统。

公司、子公司及下属分公司税收指标的设定支持由全面预算系统数据导入、手工设定、调整。项目税收指标的设定支持从项目管理系统推送项目税收策划数据。

（三）多维度数据查询、统计与分析

按照不同组织、税种、地区、行业、时间、税收优惠等多维度，全方位、全视角的快速展示管理层所关注的税务数据，并支持穿透查询。

1. 税种统计表

根据不同组织汇总和展示各个公司或集团应纳税总额，支持穿透到各个核算组织下的各个税种。税种统计表示例如图 9－41 所示。

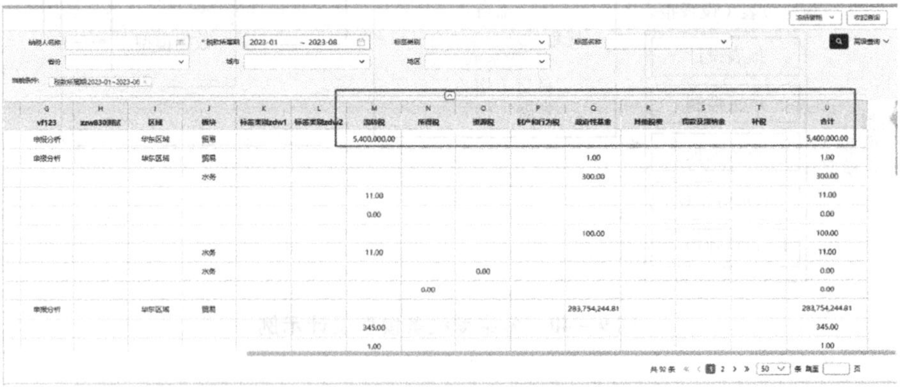

图 9－41　税种统计表示例

2. 多维度税务数据统计、查询和导出

以表格、图形化的形式，以静态或者动态的方式展示税务数据，便于管理层全方位、全视角地快速了解所关注的税务数据。支持多维度（包括但不限于期间、主体、税种、地区、税局等）的税务数据统计、查询和导出。多维度税务数据统计示例如图 9－42 所示。

图 9－42　多维度税务数据统计示例

支持多主体的统计汇总，例如，将客户按照期间、主体、税种、地区、税局进行多维度分类统计；支持将报表导出为 PDF、HFML、CSV、WORD 等多种流行的字处理软件、数据库及电子数据表格式，极大满足业务人员的工作习惯。

具备刷新查询功能，用户可以修改查询条件从而分析自己想要的数据。

（四）管理驾驶舱

通过管理驾驶舱，按照企业集团视角，可以让管理层和领导者充分了解公司税务经营状况。管理驾驶舱是为企业内部领导及相关高管提供的决策分析型功能模块。打破数据隔离，实现数据分析及决策场景落地。通过详尽的数据，实时反映企业的运行状态，将采集的数据形象化、直观化、具体化。从管理者的决策环境、企业管理综合指标的定义以及信息的表述，最大化地发挥高层经理了解、领导和控制公司业务的管理室（即驾驶舱）。管理驾驶舱示例如图 9－43 所示。

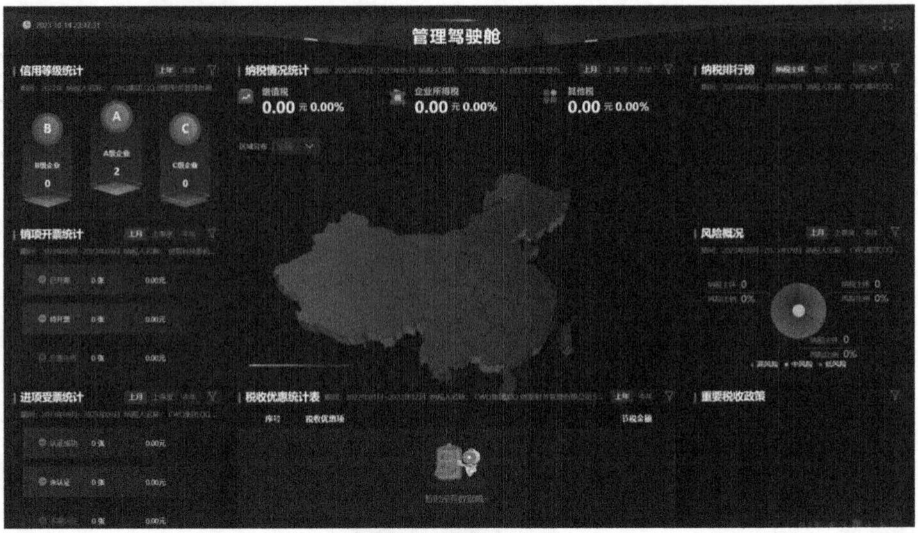

图 9-43　管理驾驶舱示例

数智化的税务系统分析，可以聚合多个业财系统的数据进行统一管理，在此基础上可以根据各业务部门的需求，通过自助拖拽式创建分析决策报表，激活数据价值，让数据服务于业务决策。大数据自助分析能够解决数据及时、准确获取的问题，减轻分析报表制作人员的工作量。各决策层、业务线、分子公司能够直观地了解与自己相关的关键数据和指标预警。不同岗位的税务人员可以基于同一份数据展示不同的分析维度，同时能够逐层下钻查看明细数据。

基于科学管理决策的角度，让业务数据直观展现、科学预测、快速决策，服务于设定的发展战略，通过仪表盘、图表、地图等图示化方式将信息呈现出来，让各级数据使用人员能够实时、准确地了解当前集团税务业务现状和成果，并辅之以示警等应用，让数据使用者更加有的放矢。

十、税务知识管理

在税务数智化建设过程中会产生大量的知识，在税务管理系统运营阶段，同样会形成新的知识并完善现有知识。对于税务管理系统来说，知识管理是税务管理系统的重要工作内容，利用税务知识管理，将税务数智化建设运营中大量有价值的方案、流程、经验等知识进行分类和管理，积累知识资产避免流失，构建知识管理体系，能有效地促进知识的学习、共享、创建和运用，从而降低组织运营成本并强化核心竞争力。

数字化赋能税务知识沉淀与分享，是指通过建立各种税务知识库，收集、解读、分享、传播税务相关的知识经验和案例，从而完成税务知识的沉淀与分享。典型的功能包括：税务法规库：系统提供税收政策法规管理功能，收集相关法规，方便企业内部人员查看税收政策、学习税务知识；税务案例库：支持收集内部、外部税务案例，方便跨组织、跨层级分享、学习；税务问答库：记录前端业务、财务部门提出的税务问题，进行任务分解，追踪税务解答情况，提炼有价值的问答，汇总后分享。

税务法规库，除了需要典型的税收政策法规管理功能外，为方便业务及财税人员查阅学习，还应具备消息提醒功能，并对法规原始数据进行分类标识，并将分类处理后的数据推送给用户，以方便用户查询。税务知识管理对法规库进行分类，包括主题分类、行业分类、地域范围、发文机关等类别，并可以进行相关检索，能够在上述各个类别下进一步多层级详细展开。

另外数据的及时更新是税务法规库的基本要求，可能的情况下税务法规库的更新应尽量采用每个工作日的频次进行。如遇到特殊情况，比如某些重大法规发布，更应第一时间同步到税务法规库，确保数据更新满足专业人士的工作需求。

税务案例库，除了支持收集内部、外部税务案例，方便跨组织、跨层级分享、学习，还需要考虑根据用户权限和角色设置查看范围。

十一、税务绩效管理

有效的绩效管理可以使得管理者和税务管理组织的每一名员工清楚自身的位置和岗位职责、目标，以保证税务管理组织为内外部客户提供稳定、持续改进的优质服务。所以绩效管理是税务管理中非常重要的一个维度，它涉及组织、人员、流程、系统等方方面面，强调组织目标和员工目标的一致性，强调组织和员工共同成长。

实现科学、有效的绩效管理，应分别从设置科学的考核指标、形成有效的评价体系、制定完善的绩效管理机制、依靠智能化的系统工具几个方面进行。

（一）设置科学的考核指标

设置科学的考核指标是绩效管理的前提，且考核指标的科学性、合理性将直接影响绩效管理工作的成功。对于绩效管理，平衡计分卡是目前的主流方法。其中包括财务、客户、内部流程以及学习与成长四个维度，将这四个维度分解转化为四个维度的量化指标，可形成整体的绩效考核指标体系。指标体系又分为组织绩效和个人绩效两个方面。

1. 组织绩效

组织绩效可借助平衡计分卡，通过设计和税务管理定位及不同成熟阶段的组织目标直接相关的量化指标体系，来全面指导共享服务中心运营及管理水平的持续提升和改善，具体细化指标维度参考如下：

第一，财务维度。初期成本：软件成本、实施成本、培训成本、试点成本。人力成本：人员薪酬成本。成本与收入比：成本利润率。计划完成情况：经营计划完成率。

第二，客户维度。客户满意度：客户的整体满意度。问题处理是否到位：投诉处理率。服务水平协议：服务水平协议达成率。

第三，内部流程维度。时效：业务处理效率。准确率：业务差错率。流程标准化：业务标准化率。风险控制：对于风险的控制及监控情况。

第四，学习与成长维度。新业务培训：培训目标完成率。新业务推广：新业务响应及时度、新业务响应质量。推广完成：是否按规划达成推广的阶段性目标。知识分享：知识上传下载数量。制度体系建设：制度体系建设的完整性。创新应用：创新情况，如引入机器人等。

2. 个人绩效

个人绩效是由组织绩效自上而下分解而来，与组织绩效目标一致，个人绩效指标的制定对于员工有很大的影响作用，要能够激励员工主动追求对组织的贡献及自我成长，具体细化指标参考如下：

第一，财务（效率）维度。工作量：根据不同业务设置员工每月的标准工作量，每超过标准工作量增加相应的分值，低于标准工作量扣减相应的分值。

第二，客户（服务）维度。客户满意度：客户对个人业务处理的满意度情况，有个人投诉情况扣减对应的分值。

第三，流程（SLA）维度。业务处理时效：员工的业务处理效率，超出

SLA 约定时效扣减相应的分值。准确率：员工业务差错率，低于 SLA 约定正确率扣减相应的分值。

第四，学习与成长维度。培训考试：积极参加培训并通过培训考试。新员工培养：负责培养新员工。知识分享：包含知识贡献、知识学习、知识分享积分。流程优化：积极协助开展流程优化工作。创新应用：提出各种创新观点等。

（二）形成有效的评价体系

另外，绩效管理在不同发展阶段有不同的侧重点。因此形成不同阶段有效的评价体系，将直接影响到税务数智化管理的效率和服务质量。建议对税务数智化管理不同阶段、不同类型的工作岗位设定不同的评价标准，分别规定具体的考核要求和评价方法，并赋予一定的权重，定期通过绩效报告的形式进行统计、分析与考核。

1. 组织绩效

由于各企业税务数智化建设所处的阶段不同，其工作侧重点也不一样。因此对于不同阶段的税务管理，考核要求和考核重点均不一样。

（1）建设阶段：要衡量税务管理通过财务及相关业务的整合，降低成本及提高财务工作效率的程度。此时主要考核财务维度、内部流程维度。

（2）优化阶段：更加关注各个方面的流程优化情况。此阶段主要以财务维度及内部流程维度为主，对业务的标准化情况、差错情况及财务数据质量进行考核，同时客户维度的满意度也应稍加衡量。

（3）稳定运营阶段：重点关注税务管理的服务质量。此阶段客户维度尤为重要，需要对满意度及投诉情况进行重点考核，同时关注财务维度数据质量的提升和内部流程维度新业务流程优化，学习成长维度需要衡量业务开拓情况。

（4）卓越运营阶段：重点衡量客户的开拓情况。此阶段重点衡量客户维度及学习与成长维度，财务维度需要考虑是否衡量外部客户的拓展费用与收益情况，内部流程维度关注内部流程持续优化、信息安全、财务质量等。

2. 个人绩效

对于员工个人绩效，由于各岗位工作职责和工作内容、工作重点不一致，应结合人员岗位特点制定差异化绩效管理目标、绩效考核体系及权重。

（1）业务处理序列岗位：以客观量化评价为主，主要考核财务维度、内部流程维度，结合少量的定性评价。

（2）运营支持序列岗位：以定性和定量相结合的方式评价，主要考核内部流程维度、客户维度。

（3）管理序列岗位：以定性评价为主，增加考核学习与成长维度，税务管理的负责人和各组组长的个人绩效评价，应综合考虑其组内成员的综合评价。

（三）制定完善的绩效管理机制

最后，税务部门作为一个独立组织，应建立完善的绩效管理机制并实行全过程绩效管理。这对于促进和提升组织和员工的绩效、形成良性循环具有重要意义。税务管理的绩效管理也应遵循 PDCA 的循环，即绩效的计划、实施、考核、结果应用。

1. 绩效管理全流程

税务管理的绩效报告编制需根据绩效考核的频率设定，由绩效管理岗负责编制与发布。

（1）绩效计划：结合战略目标和岗位职责分工进行考核指标体系设计，签订个人绩效合同。

（2）评价绩效：由绩效管理岗根据系统或线下获取的相关数据进行汇总。

（3）编制绩效报表：绩效管理岗计算出最终的组织绩效和个人绩效结果，形成绩效报告。

（4）审批：税务负责人对绩效报告进行审批。

（5）发布绩效报表：审批通过后，绩效管理岗发布组织和个人绩效报告。

（6）归档：绩效管理岗负责将已发布的报告存档备查。

2. 绩效评价的频率

（1）组织绩效：一般按季度、半年度和年度进行评价。

（2）个人绩效：按月度、半年度、年度进行评价。

3. 绩效结果的应用

对绩效评价结果一定要进行实际应用，这样才能发挥绩效管理的作用。税务管理基于评价结果可提升税务管理整体绩效水平。通过绩效结果的应用，税务管理基于评价结果可进行制度、流程、分工等方面整改，提升税务管理整体绩效水平；员工能够了解自己的工作的情况，并针对不足进行改进，保证税务管理人员的良性循环。对于考核结果优良的人员可采取正向激励，例如薪资调增、职位晋级、提供外出学习培训的机会、纳入人才资源池作为后备管理干部进行培养等。对于考核结果不合格的人员可采取压力传递，例如薪资调减、职位降级、参加业务培训和考试、重新分配岗位等。

4. 绩效管理的持续优化

绩效管理的各项内容并非一成不变，需要随着税务数智化的建设而不断发展，具体的评价指标和评价标准也需要根据实际情况动态进行调整和优化。比如：建设初期，绩效考核指标或者评价标准可以适当放宽，给予新组织充足的时间和机会不断完善优化自身；在全面推广阶段，绩效考核指标和评价标准可适当提高，以便更加客观地反映绩效的真实水平，并据此不断改进；在系统运行稳定后，绩效考核指标和评价标准可再次调整，以便能够更好更快地适应企业业务的创新发展。

（四）依靠智能化的系统工具

我们可以看到绩效管理涉及很多的指标和评价模型，需要大量数据的支撑，如果全部靠线下手工统计的方式，取数难度和工作量非常大，质量也难以保证。因此，有一个智能化的系统工具能支撑数据的采集、加工并形成有价值的数据资产是非常重要的。

通过智能化的系统工具进行绩效管理，可以分别从运营分析和绩效评价两个方面进行，帮助大型企业更快更准地获取数据、分析数据，保证业务的及时执行、问题的有效聚焦、时效和质量的持续提升、绩效评价的客观公正等。

运营分析主要通过获取发票服务、申报服务多个应用数据，进行数据明细整理、分层加工，最终按绩效管理的关注重点形成工作进度、工作量、工作时效、工作质量四大主题分析，为税务管理各层级用户提供多面的运营分析数据。

绩效评价分为组织评价和个人评价，主要包括：绩效建模、绩效统计、工作组 \ 人员的绩效评价。组织绩效评价旨在通过多维度评价一个税务组织的运营及管理水平，并基于评价结果进行整改，以此提升税务管理整体绩效水平；员工绩效评价基于不同的绩效目标，创建不同的绩效体系，基于体系细化评价维度、评价指标，帮助税务管理实现人员的多层次多维度绩效评价，并通过对员工工作绩效的评价，进行奖优惩劣，从而提升员工绩效水平。

由此可见，税务信息化系统除了可以帮助企业实现税务工作的自动化和规范化，从而提高工作效率和质量，也可以借助于系统实现对税务组织、税务人员的绩效进行管理。通过对于组织及人员的绩效进行有效管理，可以指导企业内部税务体系管理活动的有序开展，提升组织效率，提高作业质量，消除非增值环节，提高员工满意度，从而达到提升运营能力、实现组织价值最大化的目标。

第十章　大企业税务数智化转型案例：以建筑行业为例

建筑行业税务管理相比其他行业更为复杂，管理难度大，重点税种包括增值税、企业所得税和印花税等。由于全国各地执行税收政策并非完全一致，一些建筑企业可能到税负较低的地区申请开发票，这也存在极大的税务风险。

建筑行业的税务管理主要有以下几个方面：一是建筑项目通常涉及多个环节，包括设计、施工、验收等，每个环节都可能产生不同的税务问题。同时，建筑项目往往周期较长，涉及的税务政策、法规也更为复杂，这给税务管理带来了更大的挑战。二是建筑行业综合税负较高，增值税留抵或退税难度大，因此合理的税务管理对于降低建筑企业成本、提高竞争力、增加利润非常关键。三是所得税管理难度较大。建筑业常出现开发项目实施时间持续一年以上的情况，如果按照正常的以会计年度为单位核算，则很难对收入、配比结转成本等进行准确计算。加上有效开发项目的流动性，给个人所得税的征收和管理造成更大不便。四是项目管理复杂性。建筑业通常涉及多个项目，每个项目的税务管理都需要单独进行。这包括单独的税务规划、税务申报、税务审计等，这增加了税务管理的难度和复杂性。

因此建筑行业需要特别重视税务管理，建立健全的税务管理制度，规范企业的财务管理和纳税行为，以降低企业的税务风险和成本，提高企业的竞争力和经济效益。

一、企业概况

建筑行业由于其行业的特殊性，在税务管理方便需要应对多方面的挑战，例如项目周期长，因此在成本发票和销售收入确认的风险上需要更加细致的处理方式和关注度，一方面，由于涉及众多供应商，工期长、流动性大，成本发票的获取不及时、不易核对；另一方面，建筑行业的货到付款结算方式通常为80%，剩下的部分一般等审计结果公布后才能申请，因此导致收款和发票的开具时点管理较为困难。异地施工是常态，且施工地点特别分散，因此纳税的主管税务机关确认及纳税地点也是日常税务征收需要关注的重点。经营模式多样，挂靠、分包、转包等模式在行业内是普遍情况，模式的不同对发票的开具和税款的计算及缴纳方式有着重大的影响。建筑企业在计税方式方面也存在风险，对于建筑企业而言，简易计税和一般计税是两种不同的选择，而选择不同的计税方式会直接影响到后续的预算造价等。除此之外，最重要的是当前绝大多数的建筑行业企业过于关注项目建设和规模的扩张，往往忽视了企业内部的税务管理建设，风险意识也较为淡薄，急需加强内部管理建设，才可以更为合规、高效的处理涉税业务，有效地防范税务风险。

以下以建筑行业代表企业A企业，介绍该行业的税务管理建设经验。

A大型集团企业（以下简称A集团），是以工程建设、房地产开发为主业，集建筑设计、建筑科研、设备安装、装饰装修、市政路桥、环保节能、物流配送等为一体的大型企业集团。

二、项目背景

随着科技的发展企业税务管理进入了数字化、智能化的时代，当前企业对税务管理的要求逐步从粗放型向精细化的转变，特别强调以信息技术为支撑，结合集团发展的战略指引，建立符合企业内部管理特征及要求的税务管理体系，同时对日常涉税事项的处理提出了高效、精准的工作要求，提升以集团自上而下的税务筹划、风险管控的管理模式。

当前，A企业的现状及需求涉及以下三个方面：

第一，各个系统孤立，分散式运营管理，集团无法做统一管控。

集团经营的快速发展，对A集团财税管理提出了更高的要求。从财务政策、财务制度、财务核算、资金归集、税务管理、管理会计数据分析要求上，A集团虽然实行了集团的统一管理，但实际管理过程中并没有真正能做到统一。主要表现在：

一是总部与下属组织之间信息化联系薄弱，系统孤立，数据不联通不共享。所属二级集团及分子公司依据集团管理要求，各自运营。虽然各单位都使用了财务管理系统，但系统版本老旧，较多独立、分散运行，各单位应用水平也是参差不齐，这便导致A集团从下到上，集团总部与二级集团、子公司之间，以及各业务部门之间信息是孤立的，数据相互不关联、不共享。

二是从集团总部层面不能在第一时间得到完整的贯穿到项目的核算、报表数据，不能有效进行多口径汇总统计分析，也不能第一时间快速汇集数据为决策层提供有力的支持，以此来规避财务、税务及资金风险。

第二，业财税一体化建设是发展方向，也是响应“十四五”战略规划的一项重要工作。

基于集团整体管控需求，业财税一体化信息平台建设是必然路径。以财务管理信息系统改造作为抓手，统筹资源配置，打通业财税系统，实现业财税联动，逐步实现财务管理从核算到管理向更高价值的转型，以达到集团“标准通、数据通、横向通、纵向通”的目标。

（1）标准通：统一财务主数据（财务会计科目、辅助核算、合同、税率、账户等）和业务事项标准（收入核算规则、成本核算规则、税务核算规则等），从账务处理规范化、数据统计标准化的角度出发，确保财务人员入账规则统一。

（2）横向通：实现业务驱动财务、税务，财务、税务管控业务的业财税融合横向一体化，实现业务流、财务流、资金流、税务流、档案流财务企业内部横向一体化。

（3）纵向通：实现集团财务从上到下多维管控，从下到上逐级执行。包括资金管控、税务管控、成本费用管控、资产管控、绩效考核等。

（4）数据通：实现数据标准化，加强数据治理，提高数据质量，实现财务数据全集团实时互联互通，实现财务数据分析智能化，风险预警自动化。

第三，外部税收征管与内部税务管理双重挑战。

A 集团税务平台建设既有来自金税四期时代“智慧税务”征管新模式的外部压力，也有来自内部税务管理精细化的内部要求。

在外部层面，金税四期时代“智慧税务”新模式通过全面推行发票电子化实现从“以票治税”到“以数治税”的转型，通过发票数据、纳税申报数据、非税项目缴费数据等沉淀涉税数据，不仅可以分析企业的税务合规状况，也可以形成一户式、一人式的税务风险画像，实现基于大数据的精准风险监管与稽查。大型企业集团只有通过建设数智化税务平台，才能有效应对“智慧税务”征管新模式下纳税人的税收数据日益透明化带来的巨大压力。

在内部层面，大型企业集团组织多、层级复杂、业务多样、经营地域分布广或跨区域经营，相应地，业务场景多样、适用税种繁多、计税规则复杂、合规成本高，单纯依靠人工操作无法满足集团全面的税务合规管理与税务风险管控需求，更不能满足精细化的税务管理需求。因此，只能通过打通业财税系统才能发挥税务数据的资产价值，建设标准化的涉税数据、业务场景和计税规则，实现高效合规遵从、精细风险管控并赋能业务发展。

三、建设内容

构建集团税务服务与税务管控平台，打破系统孤岛，以业务为源头，数据为桥梁，业财税一体化为建设路径，充分发挥税务平台作用，实现企业税务数据标准化、税务计算自动化、税务风控数字化、税务规划智能化，提升税务管理与风险管控水平，提高集团集中管控力度，建立企业税务数据资产，充分发挥税务数据价值，使企业税务日常业务处理、税务风险、税务分析和管控等由基于经验和部分信息的人为决策，转变为基于数据的实时、精准、智能决策，全方位实现企业业财税一体化数字化管理，帮助企业实现以数而智，化智为能，实现智慧税务时代“以数治企”。A 集团税务管理平台整体功能架构如图 10 - 1 所示。

（1）打通系统断点：打通主数据、合同、项目、结算、税务、收付款、核算流程，实现一体化开票、收票、认证、税金计算与申报，凭证推送，保证业财税数据一致，提升税务管理效率，降低人工成本。

（2）涉税业务标准化：统一标准、统一制度、统一流程，固化发票管理、税金计算、纳税申报等流程，实现涉税业务线上化、标准化、自动化，避免人工干预，减少出错率。

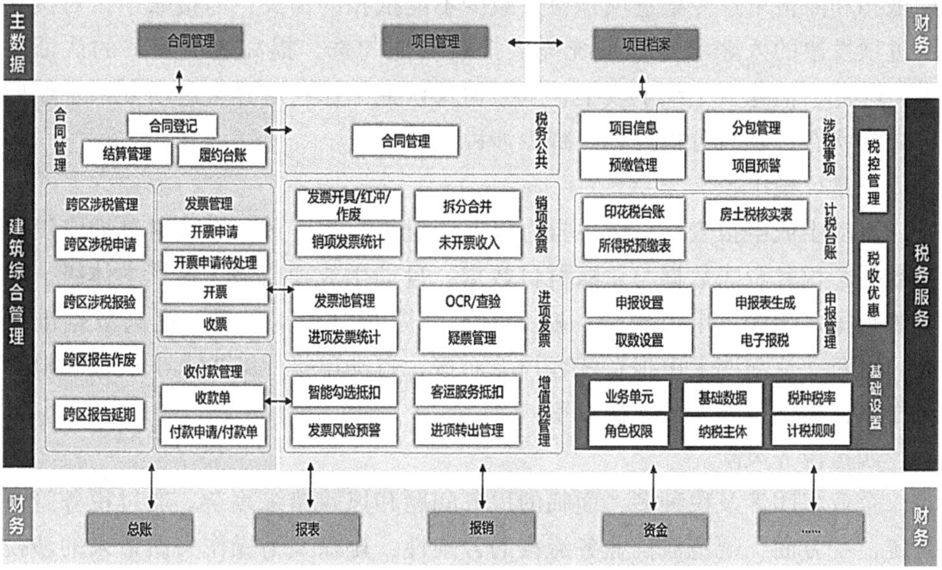

图 10－1 A 集团税务管理平台整体功能架构

（3）提升集团管控：数据集中管理，实时查看、调用、分析；税务风险动态监控，及时处理，集中管控；集中分析，统筹决策。

（4）建立数据资产：基于税务数据库沉淀的涉税数据，利用大数据优势，自动生成相关统计报表，助力企业进行集约化管理。

一是销项管理。

打通系统断点，实现涉税业务线上化、标准化、自动化，实现一键开票、实时监控销项数据，提效率、控风险。

构建共享服务平台和税控设备之间的桥梁，直连税控开票，实现线上自动开票，消除开票员人为二次录入工作；降低开票信息导出、拆分、合并、人工开具的工作量，减少人工处理出错率，对接结算、收款等自动制证，提高账务处理效率，减少人为干预和不及时处理问题，建立销项发票池，对销项发票的开具、入账、计税过程跟踪。

二是进项管理。

多种方式采集发票，自动验伪查重，智能认证，应抵尽抵。

通过与移动端票夹对接，实现多种方式采集发票，对发票票面信息验证发票真伪，并及时发现不合规发票，减少人为判断工作量和失误，针对进项发票做到及时获取、及时核对、及时认证，做到应抵尽抵、及时抵扣，对逾期抵扣和滞留未达专票进项预警，减少不能抵扣的损失；与报账平台对接获取进项发票的入账状态，系统提供批量智能勾选，提高进项发票的认证效率，降低、消除人工线下收集、手工勾选认证工作；对异常进项发票定期监控异常状态，及时分析处理，减少涉税风险。

三是计税申报。

自动生成申报表、一键申报，保证业财税数据一致；系统通过抽取发票池数据、税务台账数据与总账科目数据，自动生成项目级、核算主体级、税号级别每月预缴、申报数据，减少人工计算与对账工作量，提高数据准确性。同时支持与网上申报系统客户端对接，自动申报，减少人工填报和核对工作量，提供税务人员工作效率。

四是税务风险。

企业集团涉及税种多，面临的税务问题和风险错综复杂。通过税务管理系统，一方面，规范涉税业务流程的合规性，排除人为操作失误带来的涉税风险；另一方面，利用集团化的发票数据和税务相关信息的采集和分析，实现集团的税务风险动态监控。

五是税务分析。

税务管理还可为企业管理提供抓手，基于税务数据库沉淀的涉税数据，利用大数据优势，自动生成相关统计报表，助力企业进行集约化管理。

四、项目历程

A 集团于 2021 年 10 月开始启动税务管理信息化建设工作，于 2021 年 12 月底完成调研及业务解决方案工作，2022 年 5 月底上线。具体的建设历程如图 10－2 所示。

A 集团税务数智化平台建设项目采用整体规划、分布建设的建设思路逐步建设落地。

项目准备（2021 年 10 月）：在此项目启动前期，A 集团结合自身的信息化建设目标及建设规划，确定了本项目的建设目标，制定建设计划，成立项目组，明确人员组织、分工、责任范围、责任人等事项，并组织各方关键人员召开了项目启动会，标志着 A 集团税务数智化平台建设项目正式启动。

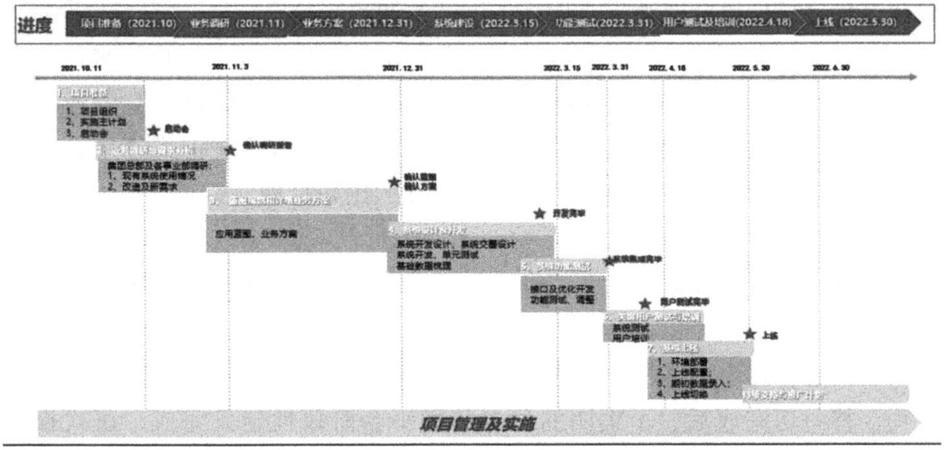

图 10－2　A 集团税务数智化平台项目建设历程

业务调研（2021 年 11 月）：项目启动会召开后，接下来就是业务调研与需求分析阶段，本次业务调研的范围是集团总部及各事业部的关键用户，调研内容包括现有的信息化系统使用情况，当前的业务管理规范及业务处理范围、内容、流程等信息。调研完成后形成调研纪要，建设方需要对这些获取的纪要信息进一步进行需求分析，做初步的建设落地判断。

业务方案（2021 年 12 月）：这个阶段的主要工作是结合调研信息以及 A 集团的目标要求，进行蓝图方案的规划设计以及详细业务方案的设计。从 A 集团实际情况出发，对其税务业务的管理层、操作层、数据层、流程层、技术平台层等维度的要求进行整体规划，该规划确保符合 A 集团的建设目标、要求，且可落地。因前期已经对 A 集团内部的税务业务做过调研，因此蓝图规划后，可以对详细的业务解决方案进行设计，当然在这个阶段撰写详细解决方案时，需要建设方和需求方紧密的配合，对一些细节的问题都需要了解得清清楚楚。

系统建设（2022 年 3 月）：业务方案确认后，最重要的阶段就是如何把方案落地成信息系统，这个阶段要做的工作有系统开发设计、系统交互设计、系统开发及单元测试，除此之外就是基础数据的梳理准备。当这些工作都完成后，就是我们日常信息化建设所说的实施配置及试运行上线阶段。本阶段因为要做的工作很多，所以持续时间长，也会更细致地分为开发、测试、实施、试运行等子阶段。另外，除核心系统的建设之外，还有一个重要的事项是针对业务涉及的其他第三方系统需要做系统的接口开发及优化工作，开发完成后也会双方配合做功能测试及调整。

用户测试及培训（2022 年 4 月）：当上述工作都完成后，接下来就是真正的试运行阶段，需要关键用户对建设系统进行测试，结合自身的业务场景，不同角色的用户测试不同的系统流程及功能。当然在正式使用该系统前，建设方会给不同的用户进行详细的培训，比如管理员、开票员、税务会计、税务主管等各个角色。

正式上线（2022 年 5 月）：前期做了很多细致完善的工作，最后就是系统的正式上线阶段，也就是投产全面应用。在这个阶段，建设厂商会按照 A 集团的信息管理要求进行环境部署、上线配置、期初数据录入及上线切换等工作，待一切完成后，A 集团的税务管理平台阶段性建设完成，正式投入使用。

五、实施效果

通过建设税务管理平台，打通整个业、财、税环节，实现开票、收票、收付款、计税申报、风险分析全流程一体化管理，降本增效，挖掘数据利用价值，提升管理能力。

第一，实现多组织多税盘集成开票，销项发票数据集中管理，与合同、项目档案紧密关联，与用友 NCC 发票入账核对，杜绝已开票未及时入账和未开票收入的不准确，并能实时比对展示各合同和项目下预收款、开票、收款、结算情况。

第二，统一发票采集入口，实时进行发票验伪、查重、合规校验与风险控制，建立集中发票池，实时实现全员发票集中采集、智能填报、智能勾选认证，并与付款实时关联。

第三，实现纳税申报表自动计算，逐级汇总，一键申报。

第四，实现业财税系统一体化建设，提高数据利用率，减轻多级人工对账工作，并基于财务数据、申报数据提供稽核比对、税务风险指标评估预警管理，实现涉税数据的端到端管理。

第五，实现多维度销项、进项、计税、申报等统计分析。特别是组织维度，实现项目部、事业部、总部多级对账、查询、统计分析，极大地降低了人工工作量，提高了数据准确性。

第六，落实共享咨询成果，提升管控能力。

通过共享服务咨询成果和系统实施，对涉税涉票流程进行梳理、优化，提升税务管理信息化水平，规避涉税风险。通过系统集成和数据传递逐步实现开票、查验、认证、计税、申报、入账等的自动化水平，提高税务管理工作效率。

六、经验与启示

（一）项目建设经验

1. 业务调研与需求评估

一般综合型的大型集团企业涉及的业务板块、业务场景较多，对应的涉税环节处理流程、处理节点、处理规范及处理要求也不尽相同，需要提前了解企业概况、现有的信息系统建设情况以及业务开展相关情况，在此基础上可以借鉴同行业企业的一些建设经验，有效地准备调研提纲。调研提纲需要覆盖该企业的所有涉票涉税业务，同时具备引导客户准确回复的提问方式和问题设置；调研提纲梳理完成后接下来就是对客户全量业务需求的提炼梳理，形成调研报告及建设分析结论。

2. 建设规划与方案设计

一般集团性的信息化建设项目都是结合集团战略指引而立项的，多为综合性建设项目，结合整个集团项目的建设背景、目标、范围及要求，接下来要做的就是对税务系统建设进行整体的建设方案规划和方案设计工作。一般建议企业整体规划、分布建设的方式逐步实现税务数智化平台的建设；税务整体建设方案规划结合了 A 企业的 3 年战略规划目标进行设计，为了实现能够在要求的时间周期内保障系统上线的阶段目标以及效果、稳定性、安全性等要求，一般落地建设会采用成熟的税务管理平台 + 行业领先实践 + 特殊需求开发 + 内部系统连接集成的方式进行实现。对技术平台、数据规划、系统架构、应用架构进行整体设计，先把“地基打好”，把主体架构搭建好，把涉税数据规划好，在业务场景梳理清楚，再结合税务事项、需求范围、需求重要性、实现复杂性等方面考虑，从管票到管税，从增值税到全税，从单板块到全板块或从分事项进行逐步建设实现。一般优先支持普遍使用场景，非重要、必要需求个性化特殊场景上线前期建议简单处理，之后阶段再做完善。

（二）项目建设启示

1. 用户层面

调研阶段引导用户全量提出税务需求，与用户充分沟通各需求点适用范围、难易程度、把控好需求实现阶段；管理和引导客户建立税务信息化建设思路，平台建设原则：普遍需求→个性化需求，标准产品→标品开发→项目化开发。

2. 项目组层面

调研阶段：实施顾问与业务专家需要一起参与调研，详细了解客户需求，确保实施阶段更容易快速上线客户所需功能，提高与用户沟通效率，需求不外扩，实现快速高质量交付。

方案阶段：业务解决方案和实施方案前期充分沟通，形成统一方案，无论用户、项目组实施人员、后续运维人员，均可详细清晰了解税务平台项目整体解决方案实现路径，能更好地服务客户，同时方案也能在同行业同类领域项目快速复用或参考，提高项目交付效率。

3. 产研层面

客户多元化、精细化税务管理需求需要产品架构师能够精准灵活地做设计实现；不同行业、不同板块客户需求多样化，具有普遍适用性；新需求需要及时反馈给产研做快速响应，例如建筑行业特殊场景。

税务管理纵向统计维度：按组织结构，从项目部、事业部、总部、核算主体维度进行查询、统计分析；税务管理横向统计维度：按税种、地区、时间、票种、预缴等维度进行查询、统计分析等。

第十一章 大企业税务数智化转型案例：以房地产行业为例

房地产行业与其他行业相比，税务管理难度较高，主要体现在政策复杂多变、涉税环节众多、涉税信息获取难度大以及风险管理难度大等方面，主要涉及的重点税种包括增值税及附加税、土地增值税、印花税和契税、企业所得税等。

房地产行业的税务管理主要有以下几个方面：一是经营环节复杂。房地产行业的经营环节非常复杂，包括土地获取、项目开发、销售等多个环节，且涉及不同税种的计税依据、税率等各不相同，每个环节的税务处理都各有特点，需要针对不同环节进行精细化的税务管理；特别是房地产企业的关联交易复杂，涉及多个企业和人员，容易出现虚假交易、阴阳合同等问题，给集团税务管理带来了很大的挑战。二是土地增值税管理问题。土地增值税是房地产企业涉及的主要税种之一，其税率较高，且计税依据和优惠政策较为复杂，企业需要精细化管理以避免出现税务漏洞。三是风险管理难度大。由于房地产市场的波动性较大，政策变化频繁，如果企业不能及时了解和应对政策变化，就可能导致税务风险的发生，企业需要建立完善的税务风险管理制度，以降低风险发生的可能性。且房地产行业的开发过程中涉及的法律问题非常多，如土地使用权、房屋预售等，这些法律问题都可能涉及税务问题。且法律法规也较为复杂，需要专业的税务人员进行精细化的处理。

所以，房地产行业较其他行业来说，需要更加加强税务管理，健全税务管理制度，提升税务管理效率，规范税务管理和纳税行为，以降低税务风险和成本，提高盈利能力和市场竞争力。

一、企业概况

房地产行业企业一般的主营业务为房地产开发项目，通常在税务管理上比较有难度，因其涉税业务复杂，应税判断和计税处理环节信息化较为落后，大部分企业当前对税务的处理是靠人工的，由于区域、政策、业务特性的原因，因此易发涉税问题，也是税局重点关注的行业。

以下案例以 B 集团为代表，分析房地产行业的税务管理建设历程及经验。

B 集团自成立以来一直坚持房地产开发、大服务、产业、商业四大主航道业务协同发展，形成了以房地产开发为主，同时涉及物业管理、智慧家居、商业物业、文旅、装配式产业等多元业务体系。

二、项目背景

房地产开发是 B 集团企业的主营业务，税费支出是房地产企业主要现金流出之一，对整个项目利润影响重大，直接影响项目经营的成败。因此，房地产开发企业普遍非常重视房地产开发项目的税务筹划与税务管理。B 集团的业务处于高速发展阶段，对税务筹划能力和涉税数据分析能力的要求越来越高。

加之房地产开发企业的涉税业务复杂，应税判断、计税规则等过于依赖税务人员个人的专业能力，难以保证准确性与合规性。而房地产开发行业由于涉税问题易发，一直以来都是税务机关监管的重点。随着税局端信息化建设的不断加强，多部门信息共享与联合稽查惩处，大数据精准监管等都给企业端带来不小的外部压力，B 集团开始探讨构建集团统一的税务管控以及数据分析平台。

（一）税费支出是房地产企业主要现金流出之一

房地产开发项目开发周期长，前期开发现金流开支大，现金流入通常发生在中后期，资金融资需求大，财务风险高，而税费支出作为房开企业三大主要现金流支出之一（土地、建安、税费），对项目利润影响巨大，直接影响项目投资的成败。此外，如何充分利用税收政策（例如增值税期末留抵退税等），保持现金流的稳定，合理调配现金流也是房地产企业财税管理的重要内容。

（二）业务多元化，需要精细的财税管理

房地产行业处于从成长期到成熟期的过渡阶段，集中度越来越高，呈现多元化发展趋势。由于涉及业态多，投资主体复杂，整体税负较高，需要精细的财税管理流程与之相适应。

（三）易发涉税问题，是税务机关重点监管对象

房地产开发企业由于涉及税种多，税务处理复杂，容易发生涉税问题，因此一直以来都是税务机关重点监管的对象。这就要求房地产企业在对自身的税务合规水平有充分的认知的基础上，提高税务风险管控能力，避免因税务合规问题导致不必要的现金流出。

当期 B 企业处于业务高速发展阶段，如何提高企业的税务合规水平、税务规划能力和税务风险管控能力等，是 B 企业财税管理团队所面对的一大挑战。

三、建设内容

基于上述背景，2021 年 B 集团启动建设覆盖全税种全业务全流程和数据分析应用的税务信息化平台，实现税务纯手工作业模式向系统化、数字化模式转变，打通业财税金档一体化的最后一环。

第一，对集团税务管理模式、涉税业务流程、交圈系统现状等进行全面调研、现状诊断及痛点分析，梳理交圈系统数据需求，设计分税种计税底稿，并通过计税底稿穿行测试，验证数据的可获得性、准确性、完整性。

第二，业务端一键开票，并全面推广增值税电子普通发票，实现云上开票功能，支持业务前端随时随地开具电子发票，并即时递交客户。

第三，对接影像系统，采集各纳税主体已收到的发票，标记记账状态，

实现进项发票的智能认证、旅客运输类发票自动计算可抵扣税额，大幅提高认证勾选效率；同时直连电子底账库/电子税局数字账户，下载各纳税主体的在途进项发票，形成集团统一的进项发票池，为业务追票、税金预算等提供数据支撑。

第四，通过业务与数据梳理，打通系统断点，将需要前端把控的事项和规则预制到前端业财系统中，倒逼业财规范化、精细化管理，实现核心税种计税数据源自动抽取、税金自动计算、一键申报、实缴税金一键统计以及税金自动核算等功能，为税金预算、税务分析与税务风险管控提供数据支撑。

（一）税务管理难点与痛点

1. 业财税脱节，税务合规工作效率较低

日常税务合规工作（发票管理、纳税申报、税金统计等）的工作量大，复杂度高，业财税系统未打通，税金计算、统计等多依赖手工切换多个系统取数进行对账、计税以及填报申报表等，工作效率低、出错率高，企业有限的税务人员疲于应付基础的税务合规性工作，没有精力从事其他更高层面的涉税分析与筹划等工作。

2. 知识数据难以沉淀

房地产企业的涉税判定、税金计算等对个人税务专业能力要求较高，涉税处理存在地区特性等，且数据权限分散，税务人员流动性又大，企业税务管理制度、业务流程、操作手册、计税规则梳理等知识沉淀没有体系化建立与维护。

3. 税务风险管控滞后

局端通过金税三期、四期的建设、发票电子化、税收大数据等，正在逐步构建强大的现代化税收征管系统，为智慧监管提供条件和基础。相比之下，B 集团没有建立税务风险的事先预警机制，经常需要被动应对税务检查或税务稽查，税务不确定性高。项目公司遭遇税务检查或稽查往往会带来额外的巨额税务成本，给项目经营造成沉重打击。

4. 集团管控缺乏抓手

业态多、层级多、数据标准不统一、数据传输落后等，导致集团总部管控缺乏抓手，无法进行及时有效的税务规划以及风险管控。

综上所述，无论从外部因素的驱动还是 B 集团内部管理的要求上看，税务管理都需要一个统一的税务数字化管理平台，规范企业日常发票和税务管理标准，统一税源采集口径和数据来源，打通业财税管理应用流程，实现税务合规工作的自动化、标准化、集中化管理，以提高税务管理效率，提升税务规划以及风险管控能力，不断为业务部门赋能、为管理提供决策支持。

（二）建设规划与建设内容

在项目蓝图规划阶段，前期做了充分的调研准备，包括对 B 集团税务管理现状的调研，找差距、定位问题并分析业务痛点、难点和堵点，综合详细分析其税务平台的需求后，进行了蓝图规划设计及报告，指导企业未来 3—5 年的税务数字化规划和接下来的实施工作。税务信息化项目实施方法论如图 11 –1 所示。

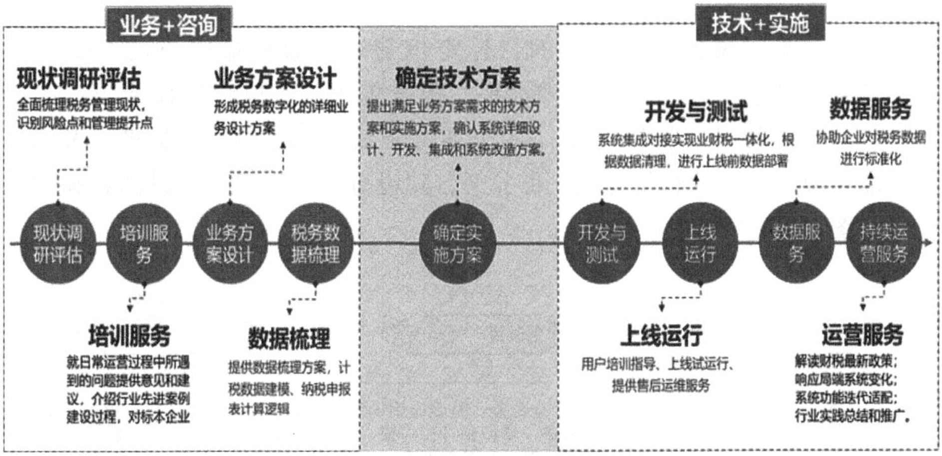

图 11 –1　项目咨询实施方法论

集团企业的税务平台系统架构，首先要满足组织层级和业务板块的覆盖。在房地产行业的集团企业，一般组织层级需要覆盖从集团总部到业务板块、大区和终端每个项目，同时兼顾物业、产业和商业的税务服务和管控需求；在核心应用架构规划上，分三个层级，依次从基础的发票服务，到全税种的计税申报服务，再到集团管控层级的税务风险、税务分析和专项管理等服务。B 集团数智税务管理平台系统架构如图 11 –2 所示。

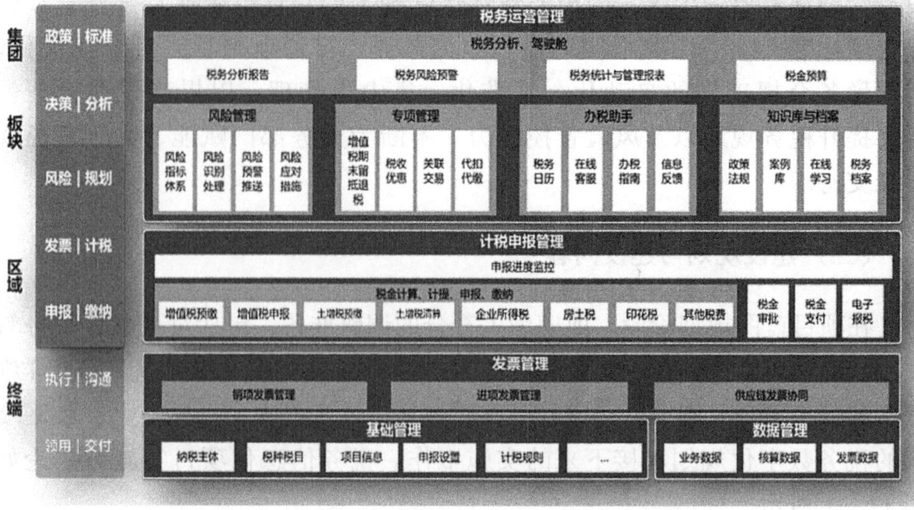

图 11－2　B 集团数智税务管理平台系统架构图

房地产集团税务平台建设的目标定位是通过数据梳理与税务平台建设，帮助集团提高税务合规管理水平，提升集团税务风险管控能力、促进税务管理价值提升。根据 B 集团各个业务板块和总部的管控诉求，考虑各个功能模块的重要性和紧迫性，税务平台建设分三个阶段，建设内容和实施范围如图 11－3 所示。

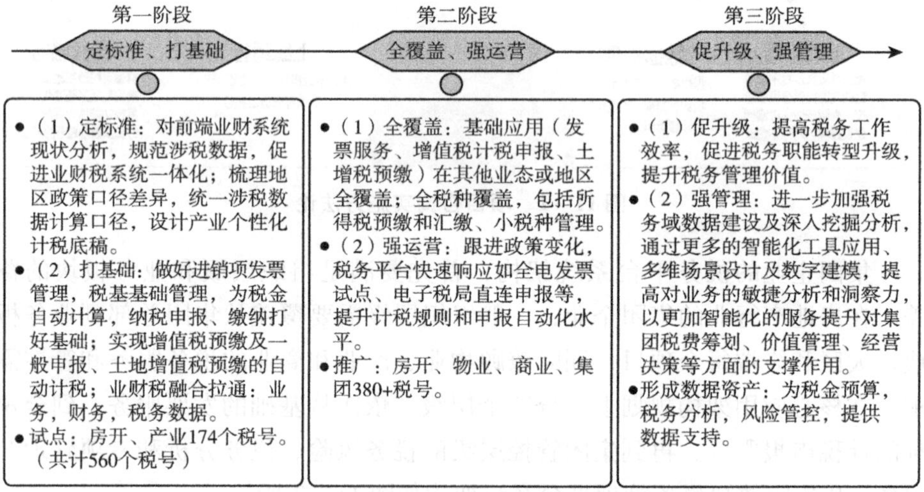

图 11－3　B 集团建设内容和实施范围示意图

（三）核心应用场景建设

税务平台建设是一项税务专业性很强、税法合规性要求很高的任务，需要对税务专业知识有全面、准确的理解，否则不仅无法达到项目建设的目标，而且会产生新的税务风险及管理风险。在B集团财税管理层和IT公司高层的支持下，在税务平台整体规划和建设路线图的指引下，从实际业务场景来，最终也要回到业务场景中去，在多个涉税核心应用场景上实现既定目标。B集团税务平台如图11－4所示。

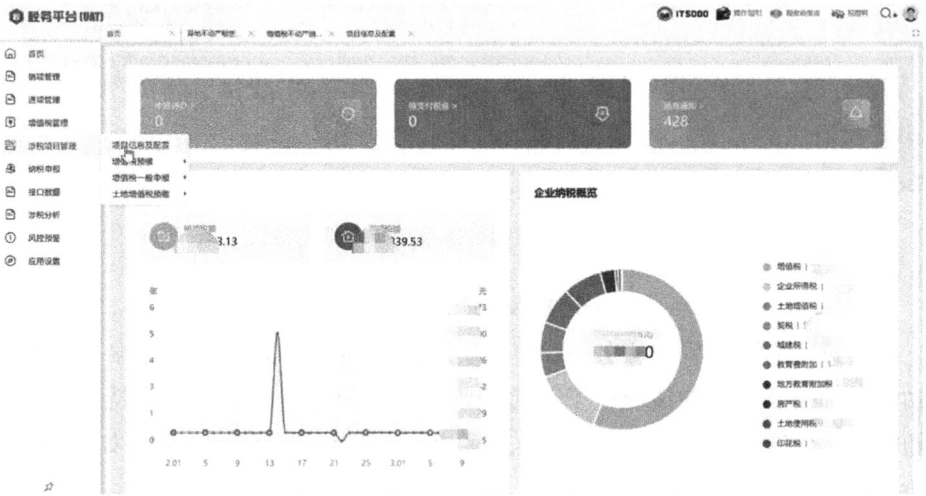

图11－4　B集团税务平台展示

B集团税务平台关键应用场景分享如下：

1. 统一技术平台，完全自主可控

无论从经济效益出发还是集团管控要求，B集团的税务平台都必须是统一技术平台的，减少各业务板块、下属分子公司的各自为政、重复建设与发票和税务相关的系统，同时考虑到系统未来的功能可扩展性、技术开放性和运营运维可持续性，需要税务平台做到B集团IT团队的自主可控。基于新一代技术平台的税务云和合作共建模式，税务平台完全能支撑企业税务对技术平台的依赖和自主可控的诉求。B集团税务平台技术架构特性如图11－5所示。

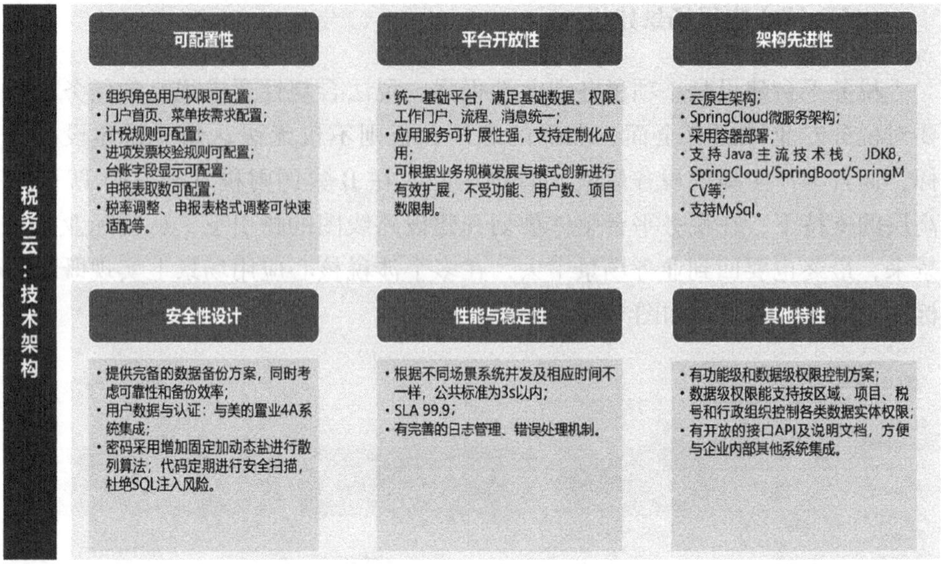

图 11－5　B 集团税务平台技术架构特性

2. 业务直连开票，统一进项发票池

通过税务平台发票服务，B 集团实现了不同业务板块在业务端一键开票功能，并全面推广增值税电子普通发票，实现云上开票功能，支持业务前端随时随地开具电子发票，并即时递交客户。B 集团平台部署示意图如图 11－6 所示。

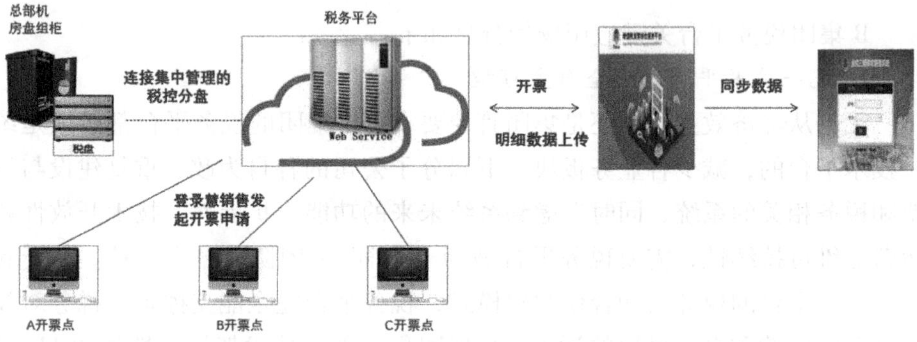

图 11－6　B 集团平台部署示意图

通过直连电子底账库和软证书模式，下载每个纳税主体的进项发票，包括增值税专用发票和普通发票，提供发票验真、查重服务、智能认证，减轻财务人员稽核发票工作量，大大提高了发票管理效率。未来发票服务将向 B 集团各个产业的上下游供应链延伸，提供发票协同服务，提升整体供应链协同效率。B 集团供应链发票协同场景如图 11－7 所示。

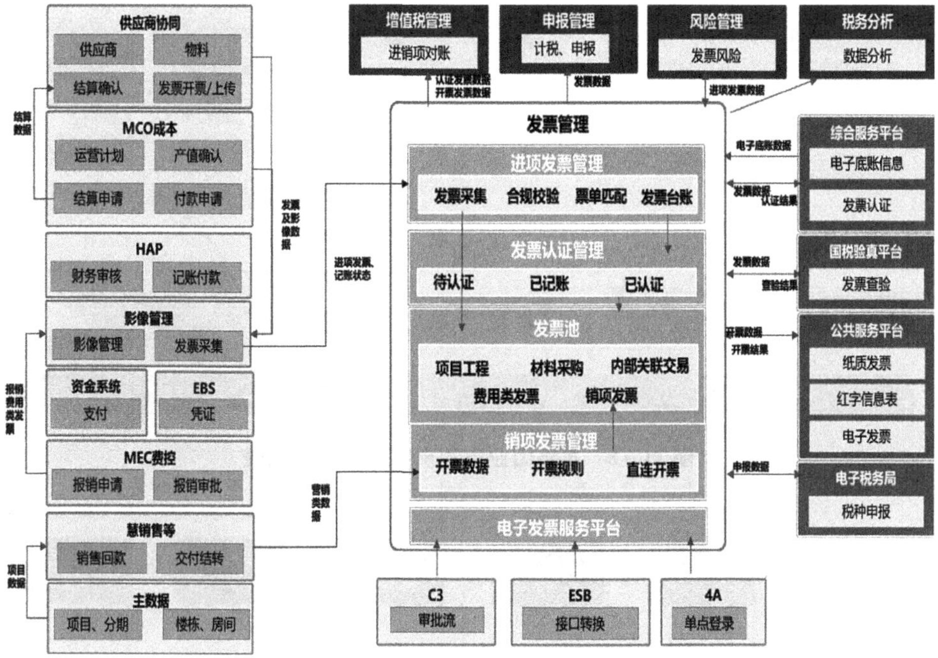

图 11－7　B 集团供应链发票协同场景

3. 打通业财税资，集中管理涉税数据

通过对税务数据的梳理，B 集团税务平台的建设确认交圈系统 22 个，并通过对前端业务系统改造，将需要前端把控的事项和规则预制到前端业务系统中，实现数字化、智能化赋能业财税一体化管理，为税务赋能前端业务创造了条件。同时，业财税资系统的打通奠定了数据共享并形成数据资产的基础，为税金预算、税务分析、税务风险管控等提供数据支撑。B 集团业财税档系统交互场景如图 11－8 所示。

4. 计税申报自动化，核心税种全流程管理

此外，B 集团通过税务平台一期，实现了增值税预缴、增值税一般申报、土地增值税预缴计税的自动化，即将覆盖企业所得税、小税种等全税种的计税申报。在解决计税复杂问题、提高税务合规工作效率的同时，也提高

了数据的准确性和及时性，降低了税务人员的专业门槛，为进行集约化管理打下良好的基础。B 集团计税申报场景如图 11 -9 所示。

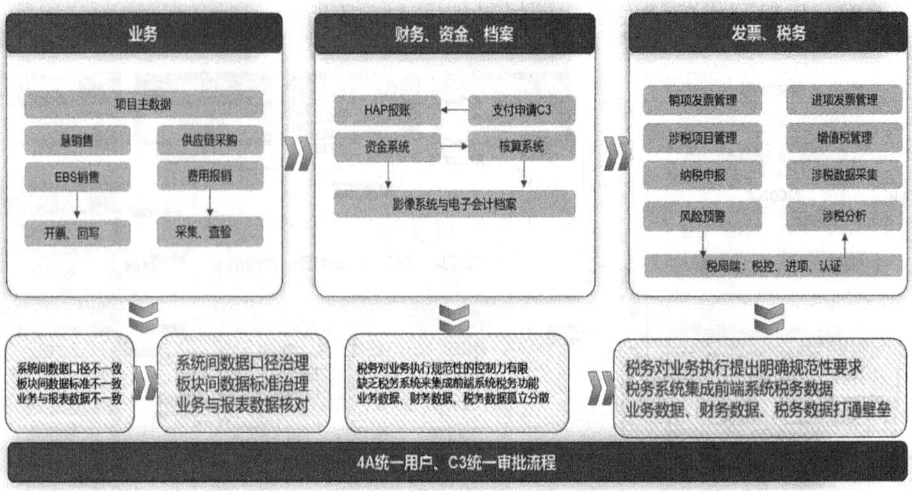

图 11 -8　B 集团业财税资档系统交互场景

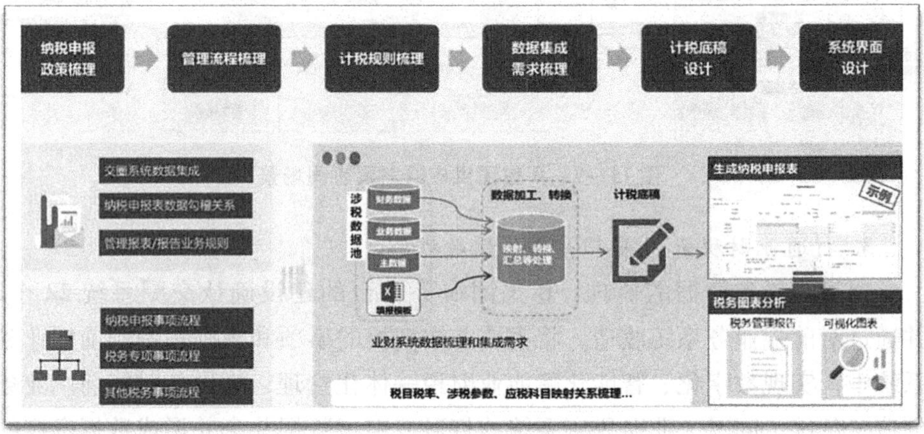

图 11 -9　B 集团计税申报场景

5. 税金引单备付，降低资金备付风险

由于各个开发项目合作方式多样，资金又是在集团集中管理的，各个纳税主体要在每个征期税金缴纳前按时按量的完成税金申请、备付、扣款和记账，以免扣款失败造成纳税风险。税务平台支持税务会计根据应纳税额表提交“税金支付单据”，并完成在C3审核审批通过，审批通过的税金支付单据传入核算系统，核算系统审批通过并生成付款申请单，资金系统成功付款，税务平台对单据状态实时跟进，降低资金备付风险，提交审批效率。税务平台税金支付应用场景如图11－10所示。

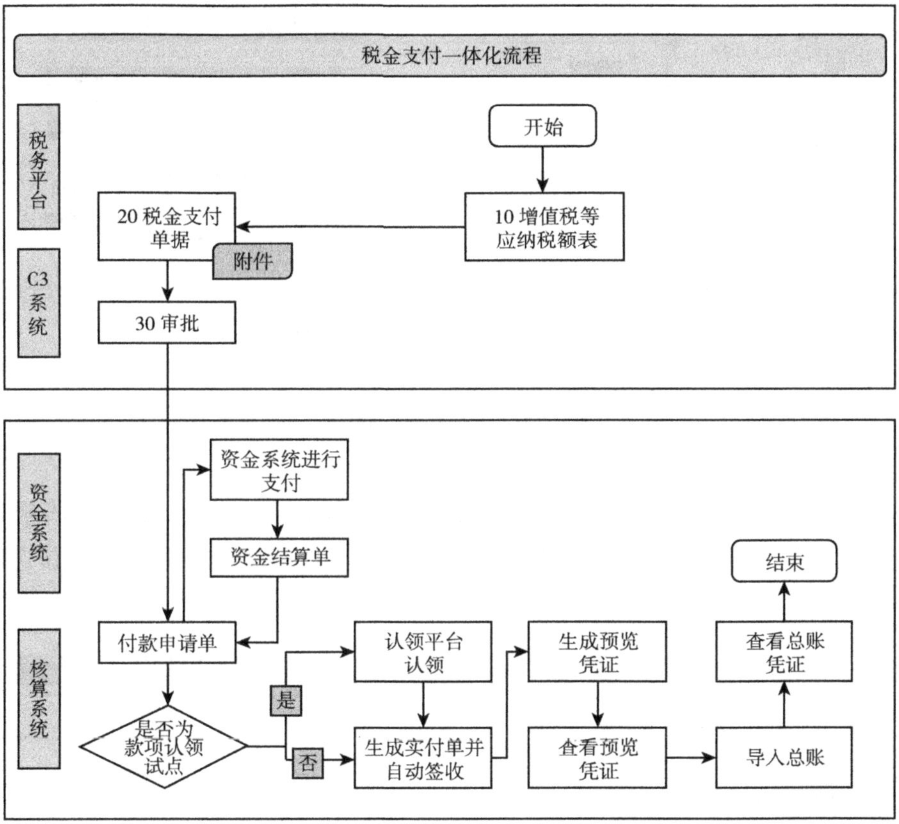

图11－10 税务平台税金支付应用场景

6. *涉税数据分级汇总，灵活统计分析*

涉税统计报表之前依赖一线税务人员手工Excel上报、归集，颗粒度粗、工作量大、效率低、时效性低，无法支持大数据量、复杂维度分析。在税务分析上线后，实现自动采集纳税申报数据和财务数据，逐步实现涉税数据的集中管理。按层级自动汇总，实时查看结果，可按预定义主题和报告模板，自动统计、输出分析报告，灵活支持大数据量、多维度数据分析需求。B集团涉税数据汇总统计场景如图11－11所示。

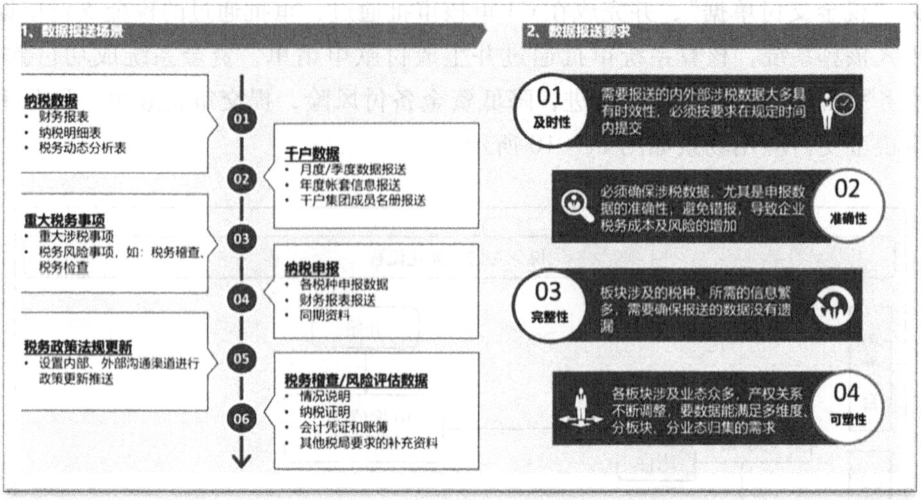

图 11－11　B 集团涉税数据汇总统计场景

四、项目历程

B 企业的税务数智化建设历程历时半年度的时间（如图 11－12 所示），与此同时，同步建设的信息化系统还有内部的其他版块的业务系统，其建设背景是在 B 集团大的数智化转型战略。

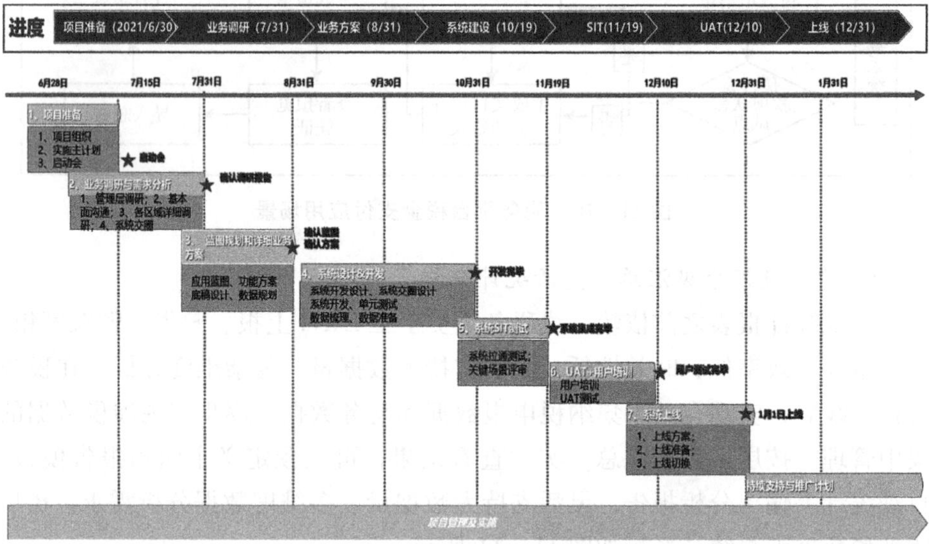

图 11－12　B 集团项目历程

项目准备（2021 年 6 月）：根据 B 集团的整体战略规划，明确本次税务平台建设项目的目标及范围，制定项目计划，确认项目组支持人员，并组织项目干系人召开项目启动会。

业务调研（2021 年 7 月）：本项目的业务调研方式与其他同行业的调研方式有所差异，B 集团客户对内部税务管理的要求、需求、目标等事项非常清晰，因此针对本次业务调研，B 集团关键用户给出了说明及要求，系统承建方针对输出的需求进行分析、整理、确认、明确。

业务方案（2021 年 8 月）：根据输出的业务调研结果进行整体建设方案的设计及详细落地方案的设计，包括技术架构、业务流程、功能设计、集成方案、数据应用等，业务方案完成后与各业务部门进行确认。

系统建设（2021 年 10 月）：B 集团系统建设阶段采用双方共建的合作方式进行，B 集团内部具有统一开发平台，税务平台与其业务系统的集成对接都是通过统一对接 B 集团的统一开发平台实现的，包括涉税数据的采集、工作流程的定义、业财系统的交互等。

UAT 测试（2021 年 12 月）：系统建设完成后，针对关键用户做了角色、权限、操作、管理等方面的详细培训。

上线切换（2021 年 12 月）：上述阶段完成后，双方项目组技术人员一起完成了上线准备，B 集团税务系统与部分相关业务系统一同完成切换上线。后续就是对上线系统的日常运维支持，确保系统的稳定性和可靠性。

当然，在整个项目建设的过程中，也会遇到一些其他的风险事项，项目总监需要对整个项目过程做细致的过程管理，需要对多方的团队协作做有效的沟通协调，才能够确保项目的顺利推进并达成目标。

五、实施效果

伴随着数字化工具和系统的落地和施行，大大提高了税务工作的效率与准确性，有效降低税务管理成本，加强了集团层面对各区域、城市、项目公司的税务管控能力，实现业财票税金档一体化管理。具体实施效果包括：开票效率提升 80%；进项认证效率提升 80%；税务核算、税金统计效率提升 100%；涉税业务流程规范化、统一化；集团税务管控力度大幅提升。

六、经验与启示

B 集团由于多业务、多税种、跨区经营，且地产行业涉税业务复杂、计税规则地区差异明显，交圈系统众多等问题，其税务信息化方案的设计、落地实施等都存在较高难度。从 B 集团建设案例本身，我们可以总结出房地产行业税务数字化转型的几个核心因素：

第一，需要有专业的数智化支撑团队。支撑团队要有足够的高度和对业务思考的深度，全面思考和分析企业在运行过程中存在的困难。

第二，全面进行业务调研、现状评估，综合考虑差异化需求进行系统设计。比如，房地产行业计税规则的地区性差异明显，这就需要对区域的涉税业务的计税规则进行全面的梳理，并进行灵活的配置来满足各板块、区域纳税主体的需求。

第三，大型企业集团通常涉及多业态、多组织、多税种、多地区及多个交圈系统模块，项目实施专业性强，建议采用集团统一规划、实施试点、分期推广的推进策略，才能在成本可控的情况下实现提效提质降本促合规、为业务赋能的目标。

从房地产行业税务系统建设经验中，我们可以得到以下启示：

整体建设规划考虑：企业需要认真考虑并梳理自身税务业务管理的规范性要求和智能化应用的想法、需求及目标，除了政策法规的一些规范要求，对集团下属组织的整体管控、风险防控、组织规划，以及业务场景、流程、事务风险、多维分析、税务筹划等都需要清晰考虑。

注重团队建设和培训：税务系统建设需要一个专业的伙伴团队来实施和管理，团队成员需要具备税务、IT 和技术等各方面的能力。同时，需要对税务人员进行细致的培训，提高不同角色人员的系统操作能力、税务知识水平、税务管理意识等，以确保系统上线应用的顺利推广。

建立数据管理机制：税务系统需要处理大量的数据，因此企业内部需要建立数据管理机制，包括数据采集、存储、处理和分析等，以满足税务系统的数据需求。同时，需要保证数据的准确性和可靠性，避免因数据错误导致的问题。

持续维护和升级：当前金税四期及乐企平台的推广，给大企业税务系统提出了更高的要求，内部税务管理系统需要结合局端的动态进行维护和升级，以满足不断变化的业务需求和技术环境。因此企业必须自己建设或者选择一支具有强大稳健技术能力强的团队进行后续的运营支持，才能够有效地保障业务的开展。

第十二章　大企业税务数智化转型案例：以酒行业为例

酒行业的税务管理相比其他行业有一些特殊之处，重点税种是增值税、消费税及企业所得税，其发票管理也较为复杂。除此之外酒行业还存在一些特殊的税务问题，如酒类产品的真假鉴别、税收征管的规范性和合法性等，这些问题都是企业重点关注的税务问题。酒业的税务管理主要有以下几个特点：一是税收优惠较多。酒行业的市场竞争非常激烈，企业需要通过税务筹划来降低成本，增强竞争力。同时，为了促进酒类市场的健康发展，政府对酒行业实行了一系列税收减免政策，企业需要了解和利用这些政策，以降低税收负担。二是政策变化频繁。酒行业的政策变化相对频繁，企业需要及时了解和调整税务筹划方案，以适应政策变化。三是税务风险较高。如纳税不规范、虚假发票等问题，这些问题可能导致企业面临税务处罚和信誉损失，企业需要通过税务筹划来规避风险，防范税务风险的发生。四是上下游产业链复杂。包括原材料采购、生产、销售等多个环节，每个环节的税务处理都各有特点，需要企业进行全程化的税务管理。同时，与上下游企业的合作也涉及税务问题，需要企业进行合理的沟通和协商。

因此，酒行业的税务管理较其他行业更加严谨和精细，需要企业建立完善的税务管理制度和团队，及时了解和应对政策变化，以确保企业的税务合规性和风险可控性。

一、企业概况

酒行业涉及的税种比较多，包括增值税、消费税、企业所得税等，每个税种的征管要求和政策都不同，且消费税在酒行业是特别重要的税种之一；酒行业在原材料采购、生产、销售等，每个环节都可能存在税务风险，特别是涉及的原材料及产品种类繁多，价格波动较大，给税务管理带来了很大的困难和挑战，需要进一步加强内部管理及政策了解，以便更好地应对风险，提高内部的税务管理效率及税务合规，促进行业的健康发展。

下面将以酒行业的 C 集团为例，阐述分享酒行业的税务管理建设经验。

C 大型集团涉足多个产业，重点围绕各类酒的制造、销售以及相关配套产品制造和服务拓展市场，以现代化管理机制体制推进企业内部信息系统的整体建设。

二、项目背景

随着金税四期的试点上线，国家税收征管效能从“经验管税”到“以票管税”再到“以数治税”的智慧税务蓝图，企业的税务管控数智化还处于基础搭建状态，传统的基于手工算税、报税、统计、分析、靠经验管税的传统模式已经难以适应时代发展要求，尤其是在智慧税务逐步推广的背景下，大型集团企业的传统税务管控向税务管控数智化转型是企业税务管理体系建设的重要内容。

加之，面对外部政策变化挑战和世界一流财务体系建设要求，C 集团税务管理现状面临诸多挑战，重点表现为：一是存在大量手工计税申报，日常涉税挂历工作重复性高、效率较低；二是业财税系统之间的一体化程度较低，涉税数据获取质量不高，缺少有效管理工具支撑；三是总部税务管控缺乏有效抓手，对风险指标设置和预警缺少管理工具；四是严监管对计税申报的合规性、精准性和及时性要求较高，基于涉税数据的税负分析和风险预警不足。

三、建设内容

（一）税务管控难点和痛点

第一，进销项发票管理借助税务系统和业财系统融合，为税务管理打下良好基础，在数电票支持、供应链发票协同、农产品计算抵扣和智能勾选认证缺少系统支撑。

基于现有进销项发票管理亟待升级优化，支持数电票的开具试点和全程电子化的合规要求，与供应商结算业务的发票协同能力不足需要进一步梳理和优化，进行发票智能勾选认证和农产品计算抵扣缺少系统的支撑，对增值税、消费税的视同销售数据采集不便捷、不及时，对未开票收入确认、进项转出政策判定和计税口径存在不统一、效率不高的问题，也给C集团税务计税口径和风险管控带来困扰。

第二，税务管理存在大量手工计税申报，工作重复性高效率较低，涉税数据获取质量不高，缺少有效管理工具支撑。

股份公司及下属企业等的纳税申报（如增值税纳税申报，消费税核价以线下上报数据、人工测算为主）、风险管理、税务统计以线下人工处理方式为主，取数、查数、对数以财务系统导出账务数据为主，对账、税会调整以手工Excel台账为主，从总部层面无法及时获取准确的申报过程和申报结果数据，不利于涉税数据的分析和利用。

基于行业对消费税征管和监管要求，需要对相关政策法规和案例信息及时获取、宣贯，需要对关联公司营销数据实时获取，生成计税价格并建立波动预警机制，当前的关联公司营销数据获取方式、获取效率和准确性无法保障。

第三，总部税务管控缺乏有效抓手，对风险预警和控制缺少管理工具。

总部对下属企业的税务管控缺乏有效抓手，税务专职税务人手不足，日常税务管理和税务处理工作以专职或兼职岗位的人工线下方式为主，部分企业委托税务代理协助报税，税务专岗人员配置不足；因为所处行业的特点，所以对风险预警和管控非常重视，但现有管理方式和手段缺少现代化的信息系统工具作为支撑。

第四，严监管对计税申报的合规性、精准性和及时性要求较高，基于涉税数据的税负分析、风险预警和税费预测能力不足。

C集团整体税负较高，严监管迫切要求计税和申报数据更加合规、精准和及时。手工条件下，涉税数据分散，无法集中数据并建立数据标准，对涉税数据标准化、分析模型和利用不足，不能辅助多维度的税负分析、风险预警和税费预测决策。针对不同业务板块、不同企业的不同税种，需要及时、准确地统计税负水平和同比环比精准分析。

（二）建设规划和建设内容

根据C集团税务管理的系统定位和系统功能需求理解，以业财一体化整体规划和税务管理系统整体架构设计为指导，用友BIP税务服务从C集团税务管理现状和系统需求出发，完全覆盖C集团对税务管理系统所提功能需求，确保系统的易用性和业财系统的协同性。C集团税务管理系统，包括税务管理层、运营层和系统基础层的应用，完全覆盖税务管理系统九大核心应用需求，实现全税种的计算、计提、申报和缴纳管理，包括C集团的消费税计算价格管理、研发费用加计扣除管理、政策法规及案例库管理、税务全面风险管理和税务分析管理。C集团整体规划如图12－1所示。

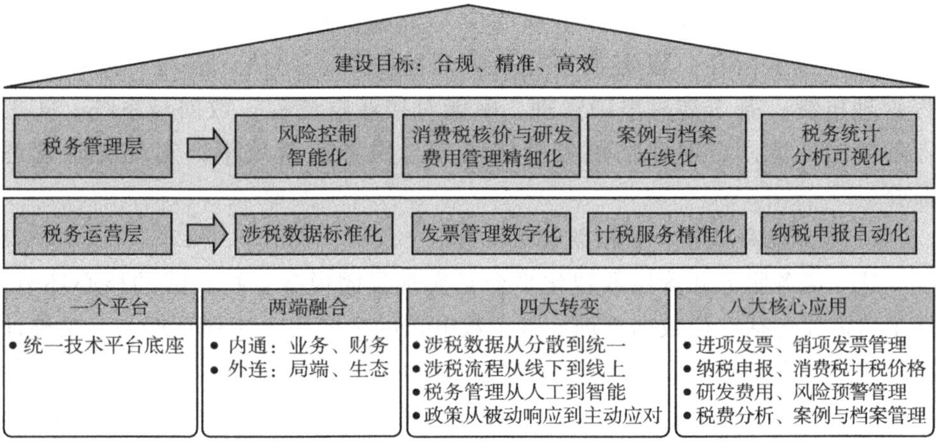

图12－1　C集团整体规划

应用架构：应用服务架构面向C集团多层组织架构，面向C集团税务管控职能，面向下属分子公司的纳税主体，提供发票服务、涉税信息申报、税务风险管控、税收数据统计分析及预警分析服务等。

组织范围：支持C集团下属多业务板块的纳税主体，包括股份及下属所有纳税主体，组织范围支持扩展。

票种范围：增值税发票（增值税专用发票、增值税普票发票、增值税电子普通发票、增值税电子专用发票）、数电票（数电专票、数电普票、数电农产品收购发票、数电不动产租赁发票等）、海关缴款书、费用报销类票据（除增值税发票外，支持航空行程单、火车票、客运汽车发票、出租车发票、过路费发票、机打发票、定额发票）、财政票据（医疗门诊、医疗住院、财政非税票据）等多种票据。

税种范围：增值税及附加（城建税、教育费附加、地方教育费附加）、消费税及附加、企业所得税、房产税、城镇土地使用税、土地增值税、印花税、车船税、耕地占用税、车辆购置税、契税、环境保护税、个税、残疾人保障金、文化事业建设费税费。

业财数据一体化应用范围：包括核算、预算、资金、法务、资产、报账、电子影像和电子会计档案系统实现一体化融合。

1. 全面提升集团税务管控能力

企业着眼于提升集团总部的税务管控能力，制定全面税务管理、重点监控的税务管控框架，以降低税务风险、提升税务合规。通过建立自动化税务申报机制流程，满足日常报税需求及财税税局管理需求；制定应对税务稽查、税务检查等特殊事项的应对机制，并通过数字化手段建立信息共享与线上留存；设定数字化税务风险识别、评估、应对、反馈全流程管理机制；基于涉税事项管理，赋能对接业财流程、数据与系统，实现业务协同支撑；定期评估税务管控情况与税务运营效率，实现实时管理监督。

2. 建立税务服务和管控数智化平台

建立税务服务和管控数智化平台是实现集团税务管控实践的核心环节。该平台需要包括涉税数据管理、基于数电票的全要素全流程管理、全税种计税自动化处理和报告生成、涉税数据分析和挖掘等功能模块。涉税数据采集和整合可以通过统一技术底座、主数据对接、业财税流程融合等方式实现；基于数电票的全要素全流程管理通过统一发票服务、业财系统深度融合、乐企平台对接等方式实现；全税种计税自动化处理和报告生成可以通过自然语言处理技术、计税规则引擎和自定义报表技术等方式实现；涉税数据分析和挖掘可以通过人工智能技术、机器学习技术等方式实现。

3. 业财税融合，提质增效促合规

打通业财税系统，实现全税种涉税数据的源头管理，如消费税管理，可以通过获取关联公司销售数据，为消费税核价和计税提供数据源；增值税、消费税视同销售管理，通过获取供应链出库和领用信息做视同销售判定；在智慧法务和资产系统上线基础上，获取法务合同、资产的房土信息作为企业印花税、房产税和城镇土地使用税的计税数据源。

4. 实现集团全税种管理，精准计税申报

获取业务、财务和发票数据，为多达 15 个税种的精准计税申报提供依据；覆盖企业增值税及附加、消费税及附加、企业所得税预缴、财行税、个税代扣代缴及其他税费的计算、计提、申报和缴纳。

5. 强化集团税务风险管理，统筹风险控制

建立政策法规库案例库，分业务、分税种梳理涉税风险点，制定防控措施，定期开展税务风险监督检查；按风险监控和自查自检的风险指标做检测预警，强化风险监管与应对处理，统筹风险控制。

6. 用数赋智，加强集团税务分析

借助数智税务应用和业财数据，建立企业对税务分析、决策需要的数据源和分析模型；开展税务数据分析，挖掘税务数据价值，助力数据赋能支持业务和投资决策，提升税务数据对决策的信息支持能力。

（三）核心应用场景建设

C 集团业财税档核心场景示例如图 12－2 所示。

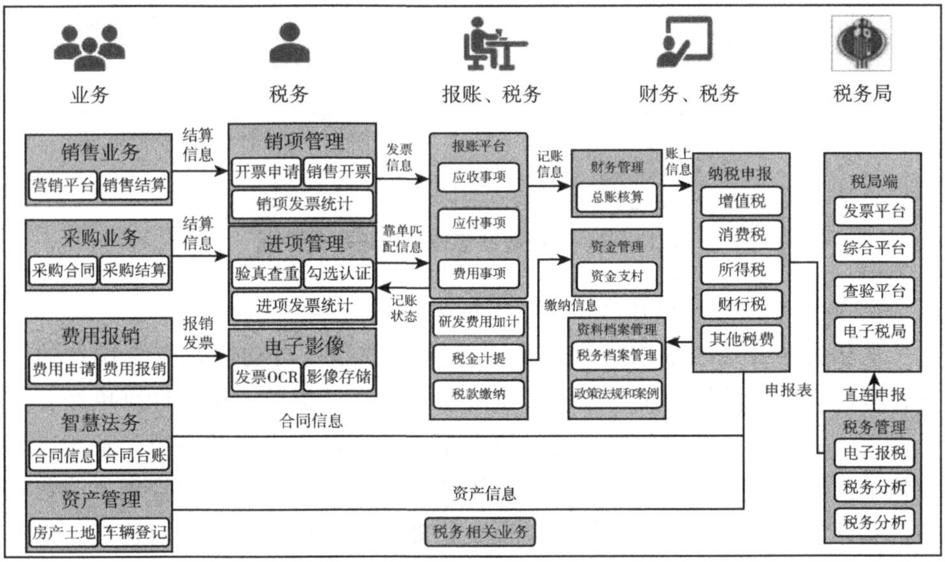

图 12－2　C 集团业财税档核心场景示例

1. 打破信息孤岛，统一集团涉税数据管理

涉税数据管理的主要目标是能够做到数据可使用、数据可追踪、数据可管理，实现数据资源在各组织机构部门的共享，推进信息资源的整合、对接，从而提升企业税务数字化水平，更好地满足企业税务风险管理、计税申

报、经营决策的需要，发挥更大价值，最终实现企业税务数智化。涉税数据管理从涉税数据采集入手，协助企业将分散于企业内部系统及线下各处的涉税数据进行统一归集和整合，打破企业内部当前“涉税数据孤岛”的局面，形成完整的涉税数据池，为涉税数据治理奠定扎实的基础。涉税数据管理及优化建议示例如图 12－3 所示。

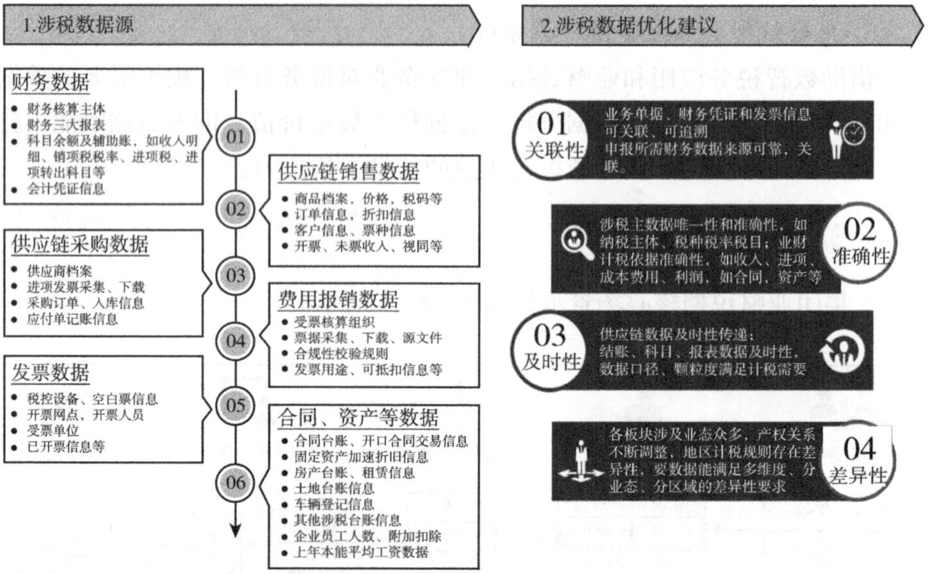

图 12－3　涉税数据管理及优化建议示例

2. 集团全税种计税自动化处理和报告生成

从相关涉税系统抽取数据或者人工导入数据，自动进行应缴税费的计算，将税金计算单推送至财务核算系统生成税金计提单，税金计算单经复核无误后生成符合税务机关要求的纳税申报表，自动实现税款申报、解缴，将缴款单推送至财务核算系统生产缴款凭证。实现增值税及附加管理、消费税核价和计税申报管理、企业所得税预缴管理、财行税和其他税费管理。对审批通过纳税申报表进行数据打包、加密签名；支持电子税务局开放接口的地区和税种的一键纳税申报，同时支持纳税申报报表导出。C 集团全税种计税自动化处理流程如图 12－4 所示。

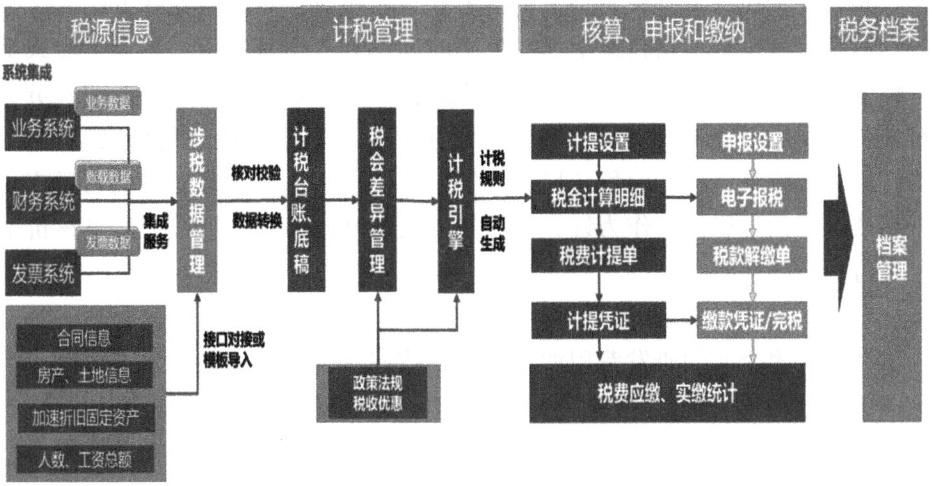

图 12－4　C 集团全税种计税自动化处理流程

3. 消费税核价和计税管理

从现有营销管理系统、终端管理系统、电商平台等所有终端销售关联方获取销售数量、价格信息现有已实现，对接税务服务平台，实现消费税核价管理、消费税计税和申报应用。消费税核价及计价管理应用如图 12－5 所示。

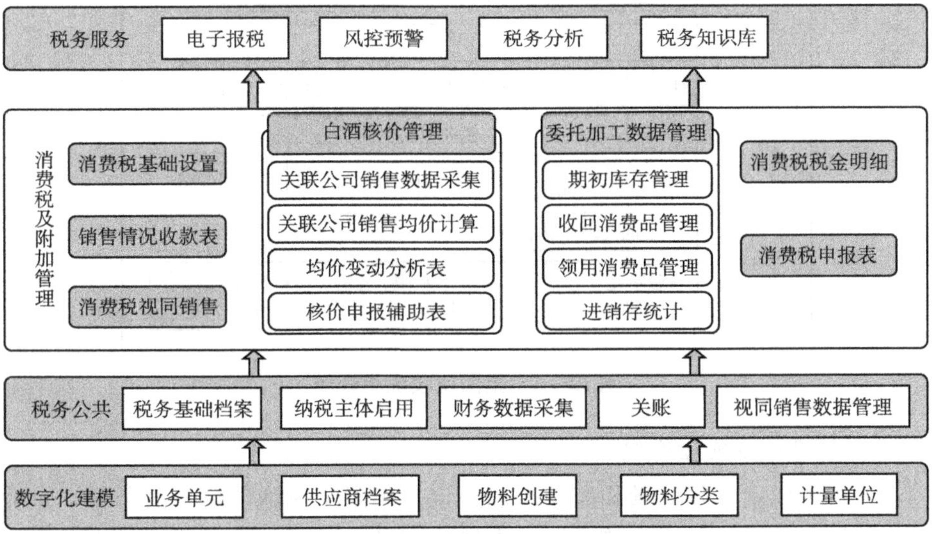

图 12－5　消费税核价及计价管理应用

实现消费税最低计税价格波动预警和重新核价，对销售关联方销售价格进行监督，当销售价格持续上涨或下降时间达到3个月以上、累计上涨或下降幅度在20%（含）以上情况下，细数据来源均可追溯，税务管理人员可对计税价格明细表进行自动获取；数据按照设定公式生成计税价格明细表，支持复核、编辑；支持对税务局最终核定后的价格进行管理。将消费税应税产品核定后的计税价格作为计算税金和申报的基础，并能够根据后续核价情况进行更新。

4. 集团税收优惠管理

针对集团企业的研发费用加计管理，按照研发项目归集投入人、财、物等费用，自动生成研发费用汇总明细表，同时每笔发生费用均可追溯至原始凭证，税务管理人员可对汇总明细表进行复核、编辑操作，最终形成研发费用管理报表。集团税收优惠管理如图12－6所示。

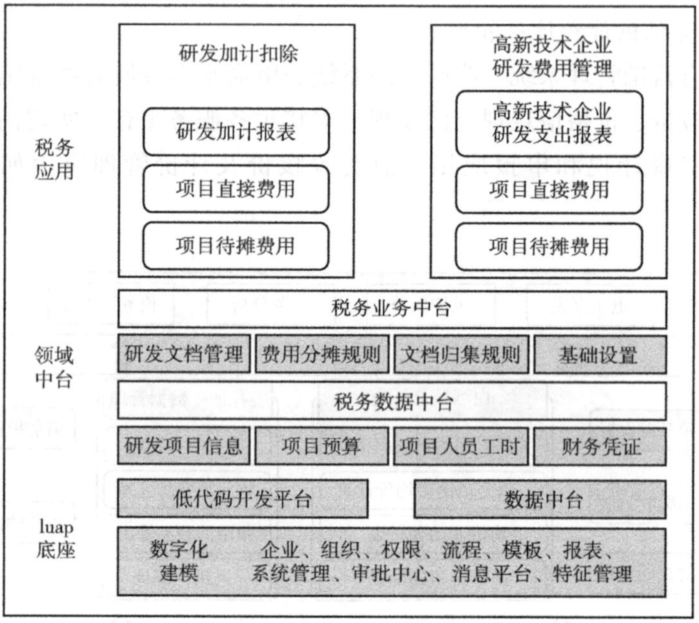

图12－6 集团税收优惠管理

5. 集团税务风险管理

分税种设定风险场景和监控指标，包括不限于对增值税、消费税、企业所得税等税种设定风险预警指标，支持纳税动时可视、及时提醒，实时监控税务风险。集团税务风险管理应用如图12－7所示。

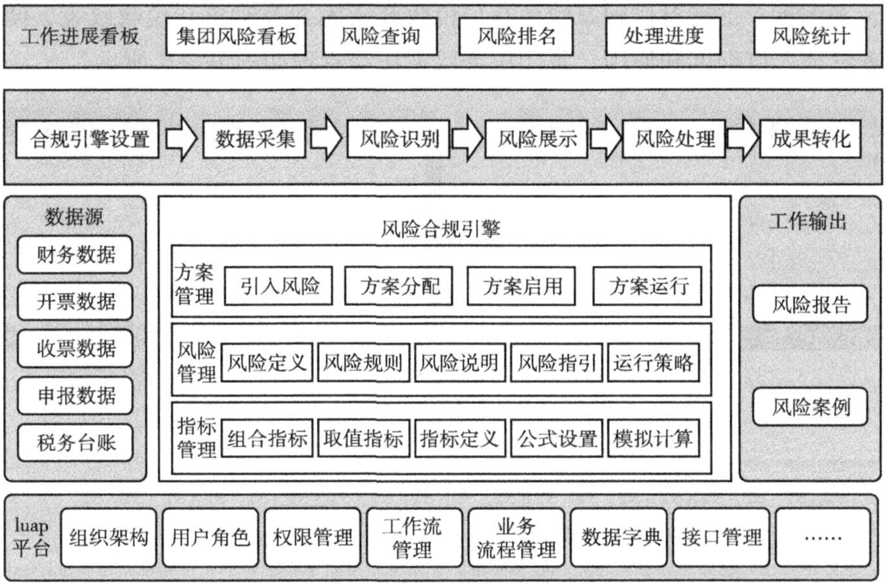

图 12－7　集团税务风险管理应用

6. 集团税务统计分析

分税种对全公司涉税数据进行统计分析，包括涉税预测分析、涉税自助分析、对解缴税款按照上缴中央、留存地方情况进行统计等，最终形成分析报告。集团税务分析应用如图 12－8 所示。

图 12－8　集团税务分析应用

7. 集团税务政策知识库

通过财税信息库，可以查看财税最新信息，包括法规、财税报告、专题、案例等。支持对接国家税务总局税收政策库并及时更新税收政策，便于税务管理人员查询和使用。集团税务政策法规管理如图 12 –9 所示。

图 12 –9　集团税务政策法规管理

四、项目历程

集团数智化税务管理平台项目建设历程如图 12 –10 所示。

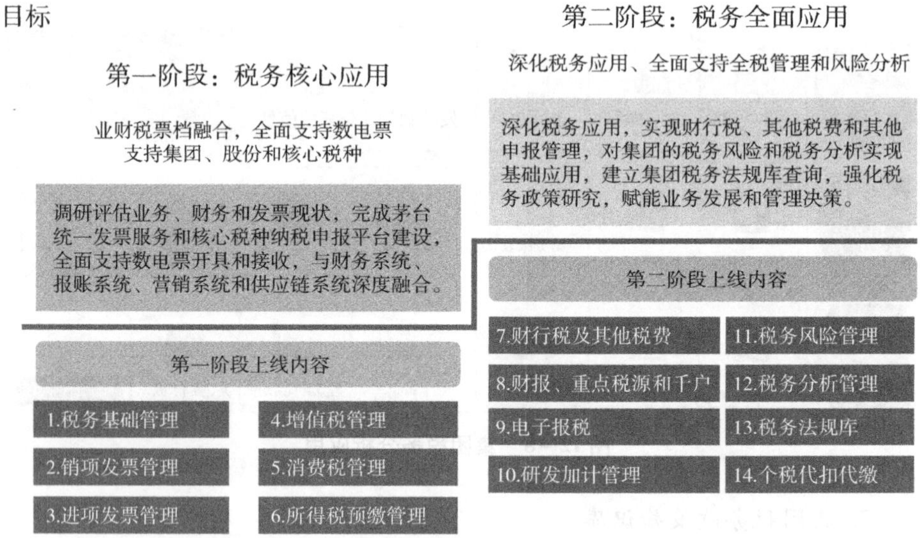

图 12 –10　集团数智化税务管理平台项目建设历程

C集团数智化税务管理平台建设是按照整体规划、分布建设的思路进行的。整体目标是实现全集团的全面税务管理及税务风险管理，并能够对下属组织的日常涉税业务风险全面监控、预警、分析，便于从集团层面掌控信息，落实各项规范要求，纳税遵从从被动变为主动、自动遵从。

第一阶段的目标实现税务的核心应用，也就是操作层级的系统应用建设，本次建设的思路是从业务出发，将税务发票、税务事项规范的能力应用与业务深度融合，并能够全面支持金税四期数电票的应用。该部分的建设周期历经半年的时间，也是最重要的基础建设。

第二阶段的目标主要是深化税务应用，全面支持财行税、其他税费和税务申报管理，同时基于数据沉淀，对整体的税务风险管理体系做了梳理，并结合法规要求及管理要求将其转化为风险指标预置到系统中，起到自动监控风险的作用。同时，为了能把优惠政策用足，响应金四的应交尽交、应享尽享的目标，建立了政策法规库，以便及时获取与自身业务相关政策进行分析，赋能业务发展。

五、实施效果

借助税务管控数智化的建设和应用，进一步强化集团对税务的管控力度，不仅实现了集团全级次范围内的税务数据的集中管理和共享，提高了税务管理的效率和精确度；同时，也为企业的税务规划和风险管理提供了更多的支持和保障。通过数智税务的建设，集团税务管控能力得到进一步加强和提升，实施效果总结如下。

涉税数据聚合能力：建设符合企业税务运营诉求的税务数据池，实现涉税数据的集中存储并提升数据质量。

税务运营决策能力：通过平台税务专项事项处理能力及涉税判定规则的完善，为税务人员参与业务运营决策提供助力。

精准合规能力：统一和规范企业各级机构税务作业的操作流程计税标准和口径，有效提升企业税务遵从度。

提质提效能力：持续提升税务管理自动化应用能力，提高人员工作效率，将更多精力投入到分析、风险管控等高价值工作。

集团风险管控能力：建设税务风险管控体系，帮助税务中高层管理人员有效识别企业税务风险并及时应对。

从集团企业税务管控数智化转型分析，构建数智化税务管控体系是大型企业强化集团税务管控和一流财税体系的必然选择，越来越多的集团企业把税务数智化建设作为税务职能变革的重要抓手，积极探索通过集团税务管理进行集约化管理、标准化处理、专业化运营，有效提升运行效率、管理水平、风险防控能力，支撑服务集团业财战略和高质量发展。

六、经验与启示

税务管理体系建设：在金税四期的背景下，企业税务管理不仅要做到合法合规，更要做好自上而下、自下而上的税务风险管控，同时也要具备利用好税收政策，真正做到应享尽享，来提高企业的经济效益，因此建立企业内部完善的税务管理体系非常重要，企业应该立足实际，建立符合自身业务特性的税务管理模式，以实现规范化的企业税务管理体系，支撑企业涉税事项的工作处理，及时掌握税收政策信息，采取动态的管理模式，为企业经营决策做出有效的分析参考。

税务管理系统建设：集团企业税务管理系统建设需要综合考虑诸多因素，结合企业整体战略规划，基于自身的业务规模、业务板块、业务类型、内部管理要求等因素及当前的新技术应用，围绕税务合规、风险防范及价值创造等建设目标，从税务管理的角度兼顾考虑整个集团下属分支机构的管理模式，比如集团强管控模式、中心强管控模式、共享集中管控模式等，管理模式将影响后续的税务管理系统建设方向、整体的建设规划、内部协作流程、涉税事项处理节点及规范等；结合以上因素确定整体建设规划后，接下来的系统建设需要充分考虑详细的业务场景、发票及税务处理流程，以提高日常税务事项处理的高效率和合规性要求，同时也要从集团层面搭建税务风险防控体系，从集团层面对下属单位的涉税事项做重点多维度的涉税分析、风险防控、税务筹划等；除此之外，系统建设应充分考虑平台的安全性、稳定性、可扩展性，在满足当下建设需求的情况下，兼顾考虑未来集团业务的发展、税务制度的变化可能会带来的系统建设新需求或者系统功能的调整。

税务管理人才团队建设：集团性企业的涉税事务相对来说较为复杂，对税务管理人员的专业要求非常高，既要了解税收知识，又要理解业务，还必须要具备良好的道德素养，因此企业必须高度重视税务管理人才团队。大企业税务管理建议设置税务专管部门及人员，根据税务管理工作设置岗位并明确岗位职责，并且要重视税务工作人员的专业能力、素质以及对税收相关法律法规、相关税收优惠政策的研究理解力，能够针对本企业的业务场景，集中统一做票税业务处理以及税务筹划，以便更高效地进行日常涉税事项处理，更好地应用税收优惠政策，更大力度地从集团层面进行税务风险防控，从而更好地助力集团各业务的开展。同时，对于人才团队也要制定一些培训计划，让税务岗位的人员加强学习和成长，这样才能够更好更深入地了解各项政策，并加强团队对税务岗位的责任意识，从而更好地完成税务管理工作。

参考文献

[1] OECD. Tax Administration 3.0: The Digital Transformation of Tax Administration [M]. OECD, Paris. 2020.

[2] OECD. Tax Administration Responses to COVID - 19: Assisting Wider Government [M]. OECD·Policy Responses to Coronavirus (COVID - 19), OECD, Paris. 2020.

[3] OECD. Supporting the digitalisation of developing country tax administrations [M]. OECD, Paris. 2021.

[4] OECD. Tax Administration 2021: Comparative Information on OECD and other Advanced and Emerging Economies [M]. OECD, Paris. 2021.

[5] OECD. Tax Administration 3.0 and the Digital Identification of Taxpayers: Initial Findings [M]. OECD Forum on Tax Administration, OECD, Paris. 2022.

[6] 蔡昌，马刘丁，蔡一炜. 云计算推进税务管理创新研究 [J]. 财政研究，2021 (09): 113 - 125.

[7] 巢忠炜. 以共享模式推动税务数字化转型 [J]. 国际商务财会，2022 (11): 60 - 64.

[8] 陈林春. 关于推行以票管税的几点思考 [J]. 税务研究，1997 (3): 54 - 57.

[9] 杜莉. 支柱二全球反税基侵蚀立法模板解读与实施难点分析 [J]. 税务研究，2022 (3): 65 - 72.

[10] 樊勇，杜涵. 税收大数据：理论、应用与局限 [J]. 税务研究，2021 (9): 57 - 62.

［11］樊勇，姜辛．论我国税收征管理论体系建设的推进［J］．国际税收，2021（11）：42－47．

［12］樊勇．税收管理［M］．北京：高等教育出版社，2023．

［13］国家税务总局安徽省税务局课题组，张德志，张柯达，李军，汪海洋．数字化智慧化税费服务建设的国际经验借鉴与思考［J］．国际税收，2023（05）：58－63．

［14］国家税务总局北京市税务局课题组．新发展阶段大企业税收管理问题与对策［J］．税务研究，2022（06）：123－128．

［15］国家税务总局深圳市税务局课题组．以 ChatGPT 为代表的生成式人工智能在税务领域应用的思考和建议［J］．税务研究，2023（06）：5－9．

［16］国家税务总局税收科学研究所课题组，孙红梅，燕晓春，谢宗炜．《支持发展中国家税收征管数字化》报告综述及对我国的启示［J］．国际税收，2023（08）：69－74．

［17］何杨，廖鎏曦，杨宇轩．全球最低税博弈：支柱二 GloBE 规则最新方案述评［J］．国际税收，2022（07）：14－22．

［18］靖树春．部分发达国家“互联网＋税务”的实践与借鉴［J］．税收经济研究，2016（06）：22－28．

［19］李平．国际视角下的税收治理数字化探析［J］．税务研究，2020（04）：62－68．

［20］刘和祥，李欣，张纪宇．税收征管数字化转型实践的国际比较及借鉴［J］．税务研究，2023（06）：84－90．

［21］刘同洲．税收征管数字化转型实践的国际比较及借鉴［J］．税务研究，2023（06）：84－90．

［22］毛杰．OECD 国家电子税务服务的实践及启示［J］．国际税收，2016（02）：12－17．

［23］倪娟，李彦璋，周睿．人工智能助力税收管理数字化转型的对策分析［J］．税务研究，2021（04）：92－96．

［24］王迪，邵学峰．数字技术加持下的制度效率——基于服务业税收管理的分析［J］．江汉论坛，2023（07）：32－38．

［25］王丽娜．数字经济下税收征管数字化转型的机遇与挑战［J］．国际税收，2021（12）：65－70．

［26］王婷婷，高向东，胡若醒，等．契机、挑战与应对：智慧税务建

设的国际经验及启示［J］. 国际税收，2023（06）：43－50.

［27］王志平，张景奇，杜宝贵．新坐标、新维度框架下的智慧税务建设研究［J］. 税务研究，2021（12）：124－128.

［28］吴越．OECD 税收征管 3.0 实践经验对我国税收征管数字化的启示［J］. 税务研究，2023（06）：91－96.

［29］谢波峰，尹天惠．智慧税务的实践现状和发展探索［J］. 国际税收，2021（10）：21－26.

［30］谢波峰．智慧税务建设的若干理论问题：兼谈对深化税收征管改革的认识［J］. 税务研究，2021（9）：50－56.

［31］谢峰波．税收管理现代化的历史演进试析——改革开放四十年来中国税务管理的历程［J］. 财政科学，2018（9）：31－39＋65.

［32］杨森平，余丽莎．以 ChatGPT 为代表的生成式人工智能对税收管理带来的机遇和挑战［J］. 税务研究，2023（06）：16－20.

［33］叶姗．中国税收征管法的重塑与再造［J］. 中国法律评论，2018（6）：26－34.

［34］赵金梅，刘胜花．“智慧税务”背景下企业集团税务管理数字化转型路径［J］. 财会通讯，2023（16）：155－158.